Erwin Singer

Hallenhandball

Erwin Singer

Hallen Handball

Technik – Taktik – Konditionsarbeit

Mit einem Beitrag von Dr. Bongen, Facharzt für Chirurgie und Sportmedizin

CD-Verlagsgesellschaft Stuttgart

4. Auflage 1979, 16.–20. Tausend. Verfasser: Erwin Singer, Raiffeisenstraße 44, 7320 Göppingen-Bartenbach, und Dr. med. H. Bongen, Facharzt für Chirurgie und Sportmedizin, Göppingen. Illustrationen: Karlheinz Grindler, Leinfelden. Fotos: D. Baumann, Ludwigsburg. Herstellung: Hausdruckerei des Verlages. Printed in Germany.
ISBN 3-921432-11-1 4. neubearb. und erw. Aufl. (ISBN 3-921432-01-4 3. Aufl.)

Dieses Buch widme ich
meiner verständnisvollen Frau

Vorwort

Wenn hiermit die 4. Auflage des Werkes „Hallenhandball" von Erwin Singer vorgelegt wird, so zeugt dies nicht nur von der Beliebtheit dieses Buches und der überzeugenden Vermittlung des Autors, sondern auch von dem beständig steigenden Interesse am Hallenhandballspiel durch seine starke nationale und internationale Verbreitung.

Die Erringung der Weltmeisterschaft durch unsere Nationalmannschaft im Februar 1978 in Dänemark hat dem Hallenhandballspiel erneut großen Aufschwung gegeben. Nicht nur in der aktiven Sportausübung, sondern auch beim Publikum wird unsere Sportart laufend attraktiver. Der Deutsche Handball-Bund fördert diese Entwicklung und begrüßt es, daß immer neue und überarbeitete Literatur für eine wissenschaftliche und theoretische Bearbeitung dieses Spiels der Praxis stets neue Impulse geben kann.

Die vorliegende 4. Auflage wurde von Erwin Singer überarbeitet und ergänzt. Möge auch diese Ausgabe erneut dazu beitragen, das Hallenhandballspiel weiterzuentwickeln sowie Aktiven, Trainern und Lehrern, aber auch den interessierten Freunden dieser Sportart wertvolle Anregungen für ihre Arbeit und ihre Freizeitgestaltung zu geben!

Bernhard Thiele
Präsident des Deutschen Handball-Bundes

Vorwort

Mit Freude ist festzustellen, daß die bisherigen Ausgaben des Handball-Lehrbuchs überall sehr schnell Freunde gefunden haben.

Der dynamische Autor ließ es bei dem bisherigen Stoff nicht bewenden und hat die Neuauflage erneut durch die Aufnahme neuer Themen erweitert.

Spielreihe, Spielbeobachtung, Finten und Sportverletzungen bilden eine ausgezeichnete Ergänzung des bisher fachlich schon gut fundierten Lehrbuches. Es wird allen Übungsleitern und Handballbesessenen eine Lektüre für die moderne Handballschule bieten, in die man sich mit Interesse vertieft.

Viele Spieler, Helfer und Mannschaften werden durch diese Neuauflage neue Erkenntnisse vermittelt bekommen, die es ihnen ermöglicht, das Handballspiel noch perfekter als bisher pflegen zu können.

Willi Mühleisen
1. Vorsitzender des Handballverbandes Württemberg
Präsident des Süddeutschen Handballverbandes

Einleitung zur 1. und 2. Auflage

Seit der Veröffentlichung des ersten Bandes „Handball leicht gemacht" sind fünf Jahre vergangen. Seitdem hat sich das Hallenhandballspiel weiter entwickelt und ist zum beliebtesten Hallenspiel geworden. Der erste Band war hauptsächlich dem Schul- und Jugendhandball gewidmet, der zweite ist auf die Vereine und auf die Neigungsgruppen der Schule ausgerichtet. Er umfaßt ein großes Angebot an Übungs- und Spielformen, die der Lehrer und Übungsleiter methodisch sinnvoll aneinanderreihen kann.

Dieses Buch trägt der internationalen Entwicklung Rechnung. Es beschränkt sich auf das Hallenhandballspiel, ohne damit die Bedeutung des Feldhandballspiels schmälern zu wollen. Die Fülle des Stoffes zwingt den Verfasser zur Konzentration und Abgrenzung auch verwandter Gebiete. Das Angebot an körpertechnischen, balltechnischen und spieltechnischen Übungen und Variationsmöglichkeiten wird immer größer. Deshalb habe ich versucht, eine Auswahl zu treffen, die den Bedürfnissen unserer Vereine und Neigungsgruppen in den Schulen angemessen ist.

Der Übungsleiter kann sich leicht zurechtfinden, da jedem Übungsgebiet eine Übersicht vorausgeht. Außerdem sorgt ein ausführliches Inhaltsverzeichnis dafür, daß sofort das gesuchte Stundenbild aufgeschlagen werden kann. Die Diagramme am Ende eines Teilgebietes erlauben dem Übungsleiter, Spieler zu beobachten und dies schriftlich festzuhalten. Mit Hilfe von Auswertungstabellen und Leistungsbögen geben die Tests Auskunft über den konditionellen und technischen Stand der Spieler.

Für die Anregungen zu diesem Buch danke ich herzlich Bundestrainer Werner Vick, Bundeslehrwart Heinz Busch, Sportschulleiter Hermann (Steinbach) und dem Lehrstab des Handballverbandes Württemberg.

Die CD-Verlagsgesellschaft und der Illustrator, Herr Grindler, haben sich alle erdenkliche Mühe gegeben, das Buch informativ zu gestalten und anspruchsvoll auszustatten.

Ich wünsche allen, die mit diesem Buch arbeiten, viel Freude und vor allem Erfolg.

Erwin Singer

Einleitung zur 3. Auflage

In den letzten drei Jahren hat sich das Handballspiel enorm weiterentwickelt. Diese Entwicklung spielte sich nicht nur auf der Ebene der Vereine, sondern auch in der Schule und dem Jugendhandball ab. Ich habe mich bemüht, in der völlig neu überarbeiteten Auflage Gebiete anzusprechen, die dem Handball neue Impulse vermitteln können. Dies soll eine Diskussionsbasis für Schule, Verein und Spieler innerhalb und außerhalb des Deutschen Handball-Bundes sein.

Für das Spiel im Verein wurden die Spielbeobachtung, die Leistungskontrolle und die Finten neu aufgenommen. Die Spielreihen und die Erweiterung und Systematisierung der „Kleinen Spiele" und der „Kleinen Sportspiele" sind vor allem für die Arbeit in der Schule und in den Jugendmannschaften der Vereine gedacht. Ergänzt wird diese neue Auflage durch einen erfahrenen Sportarzt, Dr. Bongen. Er versucht eine Zusammenfassung der spezifischen Sportverletzungen im Handball in der Reihenfolge Ursache – Folgen – Maßnahmen – zu geben.

Bei der Erarbeitung der 3. Auflage haben mich unterstützt: Lehrstab des HVW, Bundeslehrstab, Übungsleiter des HVW.

Erwin Singer

Einleitung zur 4. Auflage

Nach dem 4. Platz bei den Olympischen Spielen in Montreal und der Erringung der Weltmeisterschaft 1978 in Dänemark durch die Mannschaft der Bundesrepublik Deutschland haben sich auf dem Gebiet der Trainingsgestaltung neue Aspekte ergeben. So wurde das Angriffsmittel Stoßen ausgeweitet, die Schulung der Kreis-, Außen- und Rückraumspieler erfährt eine grundlegende Überarbeitung. Neue Erkenntnisse beim Über- und Unterzahlspiel wurden verwertet, die Periodisierung den modernen Trainingslehren angepaßt. Die alten Testreihen wurden durch effektivere ersetzt und die Probleme der Mannschaftsführung in einem ausführlichen Kapitel angesprochen. Herr Dr. H. Bongen hat seinen Beitrag gründlich überarbeitet und neue Erkenntnisse der Sportmedizin einfließen lassen. Weil in meinem neu erschienenen Buch ,,Spielschule Hallenhandball – Vom rollenden Ball zum Mini-Handball“ der Entwurf einer Spielreihe ausführlich abgehandelt wird, entfällt er hier.

Das Bildmaterial wurde neu von dem Sportfotografen Dieter Baumann zusammengestellt, und Herr K. H. Grindler zeichnet für die neuen Skizzen verantwortlich.

Erwin Singer

Höher geht es nicht mehr!

Inhaltsübersicht

Zeichenerklärungen

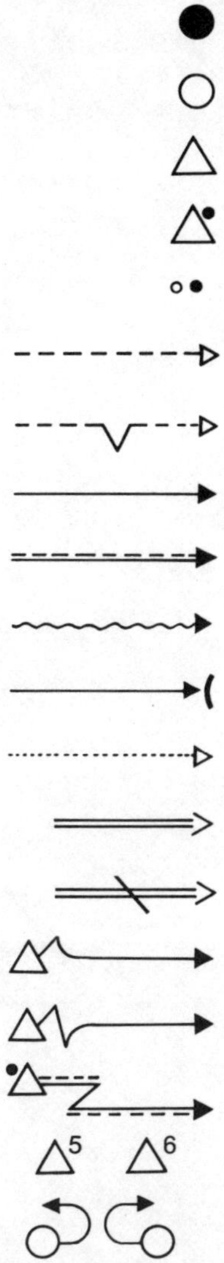

Torwart
Abwehrspieler
Angriffsspieler
Angriffsspieler mit Ball
Ball
Ballweg
Ballweg mit Tippen
Weg des Spielers
Weg des Spielers mit Ball
Prellen
Sperren
Blickverbindung
Torwurf
Angetäuschter Torwurf
Einfaches Täuschen ohne Ball
Doppeltes Täuschen ohne Ball
Täuschen mit Ball
Numerierung der Spieler
Übernehmen

A. Körperbildung

I. Trainingsmethoden

1. Intervalltraining

2. Circuittraining

II. Körpertechnik

1. Geschicklichkeit

2. Ausdauer

3. Schnelligkeit

4. Schnellkraft

A. Körperbildung

Das Handballspiel verlangt heute von jedem Spieler eine Vielzahl von Bewegungsformen wie Beugen, Strecken, Springen, Täuschen, Hakenschlagen, Sprints, Abstoppen usw. Diese Vielseitigkeit findet man kaum in einer anderen Sportart. Deshalb ist es unerläßlich, daß der Spieler zuerst seine Körpertechnik formt, bevor er an technische und taktische Probleme herangeht. Was nützt ihm z. B. seine enorme Wurfkraft, wenn er beim Sprungwurf über die Abwehr kaum vom Boden wegkommt?

Man kann für das Handballspiel 4 Teilgebiete herausarbeiten:

1. Geschicklichkeit
2. Ausdauer (speziell und allgemein)
3. Schnelligkeit (Schnelligkeitsausdauer)
4. Schnellkraft

Um diese Eigenschaften mit einer Mannschaft zu erarbeiten, muß man sehr hart arbeiten. Der Übungsleiter sollte wissen, daß diese Übungen nicht zu lange und einseitig durchgeführt werden. Durch geschicktes Wechseln der Geräte, der Gruppen und der Intensität (Spielformen) erhält der Übende unmerklich die notwendige physische Fitneß. Die Wirkung der körpertechnischen Übungen ist in der Vorbereitungsphase am größten und am notwendigsten. Kurz vor und während der Saison treten diese Zweckübungen in den Hintergrund, und die Arbeit mit dem Ball nimmt den Hauptanteil ein. Dabei muß allerdings die „Grundkondition" schon erarbeitet worden sein, um die spielnahen Übungen durchführen zu können. In diesem Buch kann man natürlich nur eine kleine Auswahl bringen und Anregungen geben, sich mit der Fachliteratur auseinanderzusetzen.

I. Trainingsmethoden

Für das Handballspiel haben sich in den letzten Jahren zwei Trainingsmethoden sehr gut bewährt:

das Intervall- und das Circuittraining.

1. Intervalltraining

Das Ziel des Intervalltrainings ist es, bei ca. 70 bis 80prozentiger Belastung die nötige Schnelligkeit und Ausdauer zu erhalten. Dies wird durch mehrmalige Wiederholungen erreicht, wobei die Leistungs- und Erholphase aufeinander abgestimmt sein sollten. Die Pulsfrequenz sollte nach der Leistungsphase 180 nicht übersteigen, während der Erholphase sehr schnell abklingen, um bei etwa 120 Pulsfrequenz wieder beginnen zu können. Die Pause muß entsprechend dem Leistungsstand der einzelnen gewählt werden, da lange Pausen die Wirkung auf den Organismus schmälern und zu kurze Pausen ihn schädigen können. Die Dosierung der Leistung und die Festlegung der Pause müssen in einem richtigen Verhältnis stehen. Die Erholphase muß eingehalten werden, da der Reiz erst in der Pause wirksam wird und die Bewegung dann ökonomischer ausgeführt werden kann.

2. Circuittraining

Das Circuittraining entwickelt vor allem Kraft und Ausdauer. Es stellt eine Ergänzung des Intervalltrainings dar. Der Zirkel sollte nicht mehr als 10 Stationen umfassen, maximal 3 Durchgänge zulassen und eine Arbeitszeit von 20 Minuten nicht überschreiten. Die Übungen müssen einfach sein und verschiedene Muskelgruppen beanspruchen. Keine Übung sollte länger als 1 Minute dauern oder mehr als 30 Wiederholungen aufweisen. Die Betonung liegt hierbei auf dem Zuwachs an Schnellkraft, so daß auch die verwendeten Gewichte maximal 30% des Körpergewichts nicht überschreiten sollten. Leichtere Gewichte mit mehr Wiederholungen erzielen für den Handballspieler eine größere Wirkung.

Den Zirkel sollte man 4–5 Wochen beibehalten, wobei er mindestens einmal in der Woche gelaufen werden muß. Jeder Teilnehmer führt eine Kontrollkarte. Hat der Spieler gute Fortschritte gemacht, kann die Zahl der Wiederholungen und die Belastung erhöht, die Zeitspanne der Erholphase verkürzt werden.

Da der Handballspieler einer vielseitigen Belastung ausgesetzt ist, nützt es ihm nichts, wenn er nur Schnelligkeit, nur Ausdauer oder nur Kraft besitzt. Alle 3 Teilgebiete sollten

Abb. 1

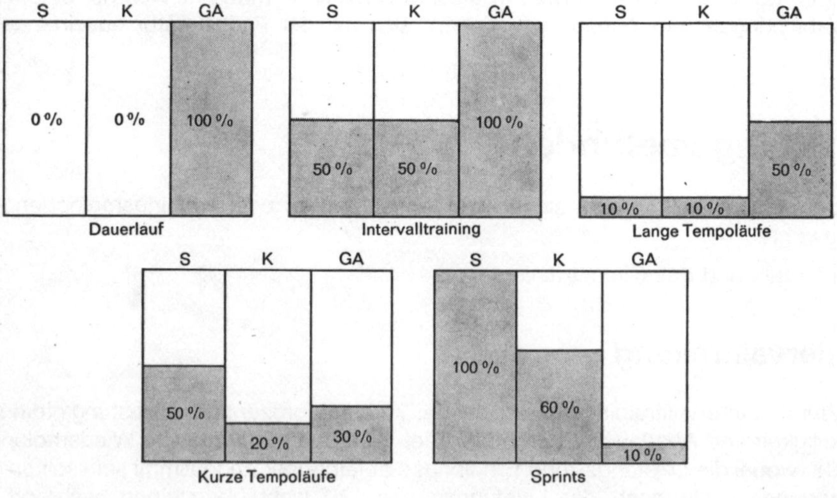

miteinander verbunden werden. Aufgrund dieser Tatsache haben tschechische Sportärzte Untersuchungen angestellt, die im folgenden in einem Auszug wiedergegeben werden sollen. Es wurden Belastungen verschiedener Art durchgeführt:

Dauerlauf, Intervalltraining, lange Tempoläufe, kurze Tempoläufe, Sprints. Anschließend wurde, soweit als meßbar, der Zuwachs an Schnelligkeit, Kraft und Gesamtausdauer errechnet. Eine Spalte ist jeweils 100% des Erreichbaren (Abb. 1).

Die Tabellen zeigen ganz deutlich, daß das Intervalltraining den Erfordernissen des Handballspielers am nächsten kommt. Die Schnelligkeit nützt ihm nicht viel, wenn er nach dem 5. Antritt schon langsamer wird, obwohl er in einem Spiel ca. 50 Sprints durchführen muß, wobei der letzte so schnell wie der erste sein sollte. Folglich kommt zur Schnelligkeit noch die Ausdauer hinzu, die sog. Schnelligkeitsausdauer. Die Kraftschulung bildet die dritte Komponente. Der Handballspieler muß außerdem sehr vielen Übungen unter Sauerstoffschuld standhalten, um dem Spielgeschehen gerecht zu werden. Dies sollte man beim Intervalltraining berücksichtigen und des öfteren die Belastungsphase nach kurzer Pause wieder aufnehmen.

II. Körpertechnik

1. Geschicklichkeit

a. Ohne Gerät

Hakenschlagen, Täuschbewegungen, Seit- und Rückwärtslaufen, Seithüpfen, Schattenlaufen, Abstoppen, vorgetäuschtes Springen und Bücken nach Bällen.

Abb. 2

b. Mit Gerät

Sämtliche Geräte in der Halle und auf dem Sportplatz können hier verwendet werden. Vor allem das Geräte-, Boden- und Hindernisturnen führen sehr schnell zum Erfolg. An Hand eines Beispiels (Gerätebahn) soll dies erläutert werden (Abb. 2).

2. Ausdauer

Wir müssen hier zwischen einer allgemeinen und spezifischen Ausdauer unterscheiden. Die allgemeine Ausdauerschulung wird nur in der Vorbereitungsphase angewendet. Dauerläufe über 3000 bis 5000 Meter, 1000 Meter Schwimmen und Radfahren führen hier zum Erfolg. Die spezifische Ausdauer erlangt man durch lange Tempoläufe (bis 500 m), kurze Tempoläufe (100 m) und häufige Wiederholung der Übungen.

LK Leistungskontrollen

Auf dem Weg zu einem bestimmten Ziel sollte man immer wieder Kontrollen einbauen, um den Erfolg überprüfen zu können. Die Überprüfung dieser Ziele nennt man Leistungskontrollen. Hierbei kann der Trainer oder Lehrer sich überzeugen, ob der Schüler oder Spieler die Fähigkeiten und Fertigkeiten beherrscht. Die einzige Schwierigkeit liegt hier im spieltaktischen Bereich, da ein Messen sehr fraglich ist. Hier beschränkt sich die Kontrolle häufig nur auf das Beobachten. Die Leistungskontrollen sollten zu einem festen Bestandteil des Trainingsplans werden.

Einige Hinweise:

Leistungskontrollen müssen einfach sein und die wesentlichen Lernziele enthalten.

Kontrollkarten müssen geführt werden.

Ergebnis muß den Schülern und Spielern bekanntgegeben werden.

Es müssen aus dem Ergebnis Rückschlüsse auf die einzelnen Spieler gezogen werden können.

Sie müssen im konditionellen und spieltechnischen Bereich meßbar und vergleichbar sein.

Leistungskontrollen müssen in regelmäßigen Abständen durchgeführt werden.

LK Leistungskontrolle

Was Ausdauer
Wie 2000 m und 3000 m

3. Schnelligkeit

Wie schon oben erwähnt, muß die Ausdauer mit der Schnelligkeit parallel laufen. Dies erreicht man durch kürzere Strecken und häufigere Wiederholungen. Nach meinen Berechnungen legt ein Spieler bei einer Spielzeit von 2 mal 30 Minuten im Schnitt 2800 Meter zurück. Aufgegliedert auf Strecke und Geschwindigkeit gäbe dies folgendes Bild:

15mal 20 m in absoluter Schnelligkeit (Sprint)
35mal 25 m in mittlerer Geschwindigkeit (ca. 60–70%)
50mal 30 m in langsamerem Lauf

Bei diesen Zahlen ist auch die Abwehrarbeit mit berücksichtigt. Außerdem sollte man bei guten Spielern ein Limit über 30, 100, 400 und 1000 m setzen.

Beispiele:
30 m mindestens 4,2 sec.
100 m mindestens 12,1 sec.
400 m mindestens 54,0 sec.
1000 m mindestens unter 3 Min.

KS Kleine Spiele

Vor allem bei aktiven Mannschaften muß man versuchen, die Schnelligkeitsschulung in Spielformen zu „verpacken", da die Motivation bei ihnen sehr häufig fehlt. Ebenfalls gilt dies bei Jugendmannschaften, vor allem C-, D- und E-Jugend.

Pendelstaffeln in allen Variationen

Schwarzer Mann

1–2 Spieler der gegnerischen Partei versuchen so viel wie möglich von der entgegenlaufenden Gruppe abzuschlagen; die Fänger dürfen nur vor- und seitwärtslaufen.

Haschspiele

„Kettenhaschen"

2–5 Spieler sind miteinander durch die Hände verbunden (Kette). Sie versuchen die „Hasen" abzuschlagen, die dann neue Ketten bilden. Wer bleibt übrig?

„Kauer-, Stütz- und Hockhaschen"

Beim Kauern, Stützen und Hocken darf nicht abgeschlagen werden.

„Fleckhaschen"

Auf die abgeschlagene Stelle wird eine Hand gelegt und mit der anderen abgeschlagen (Abb. 3).

Abb. 3

Abb. 4

„Schleifenrauben"

Jeder Übende hat hinten in die Turnhose eine Schleife so gesteckt, daß sie deutlich sichtbar herunterhängt. Wer raubt am meisten Schleifen in kürzester Zeit? Wer behält seine eigene am längsten?

Intervallhaschen

Es werden Dreiergruppen A, B, C gebildet. A fängt B, B fängt C usw.

Überholen in Reihe und Doppelreihe

Der Letzte überholt die langsam trabende Reihe und setzt sich an deren Spitze. Der nächste überholt. Jetzt dasselbe in Doppelreihe (Abb. 4). Partnerform mit Einer und Zweier. Alle Einer überholen die Zweier, alle Zweier die Einer.

Abb. 5

Abb. 6

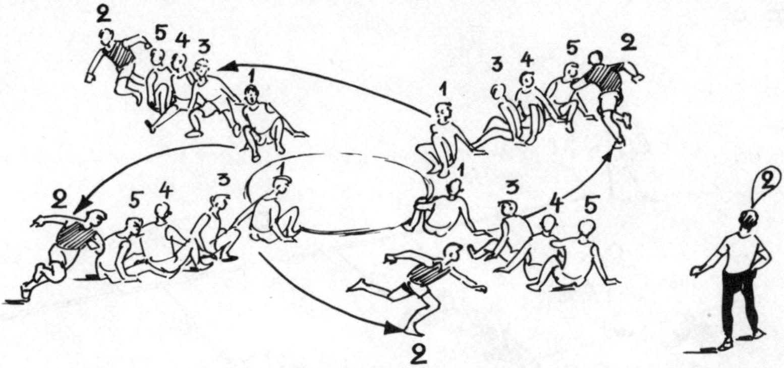

„Nummernwettlauf"

Zwei parallele Reihen im Abstand von ca. 4–5 Metern. Die Übenden sitzen hintereinander (3 m Abstand zum Vordermann). Jeder hat eine Nummer und seinen Gegner in der anderen Reihe. Die aufgerufene Nummer läuft eine volle Umrundung und setzt sich wieder hin. Wer ist zuerst an seinem Platz? (Abb. 5).

Variation

4 Reihen im Viereck mit Blick zum Diagonalenschnittpunkt. Auf Zuruf laufen 4 Spieler eine volle Umrundung der Reihen. Wer ist zuerst an seinem Platz? Punkte austeilen! (Abb. 6).

„Tag und Nacht"

Eine Gruppe „Tag" (schwarz), eine Gruppe „Nacht" (weiß). Die aufgerufene Gruppe fängt die andere. Grenzlinien festlegen. Variationen: aus dem Knien, Sitzen, Liegen, Handstand, Liegestütz usw. (Abb. 7).

Abb. 7

Abb. 8

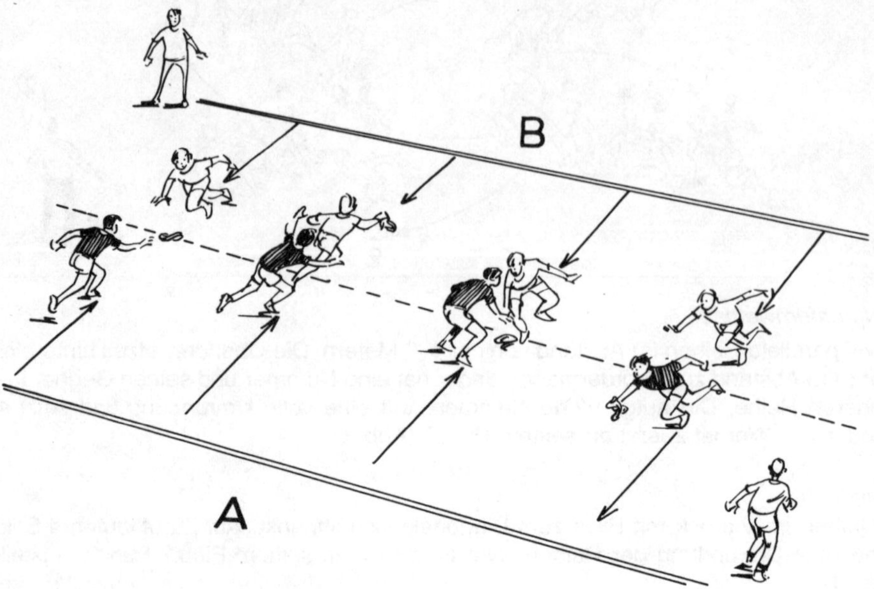

„Turnschuhrauben"

Zwei Parteien A und B. In der Mitte zwischen 2 Partnern liegt ein Turnschuh (Band, Seil usw.). Jeder der beiden versucht, den Turnschuh zu rauben und ohne vom Partner abgeschlagen zu werden, loszuspurten. Sobald der Turnschuh berührt wird, darf abgeschlagen werden (Abb. 8).

Variation

Nur eine Partei darf den Turnschuh rauben und muß versuchen, durch selbsterdachte Übungen, die der Partner nachmachen muß, sein Gegenüber in eine schwierige Situation zu bringen, um den Turnschuh ungehindert schnappen zu können.

„Diebschlagen"

In der Mitte der Halle liegen je nach Zahl der Partner Bänder oder Seile. Die eine Gruppe ist ca. 7 m, die andere ca. 14 m entfert (je nach Hallengröße). Jede Zweiergruppe hat eine Nummer, wobei der Partner gegenübersitzt. Die aufgerufene Nummer läuft los, versucht ungehindert das Band aufzunehmen und läuft auf seinen Platz zurück. Der Partner, der den längeren Weg hat, versucht, ihn vor seinem Mal abzuschlagen (Abb. 9).

Abb. 9

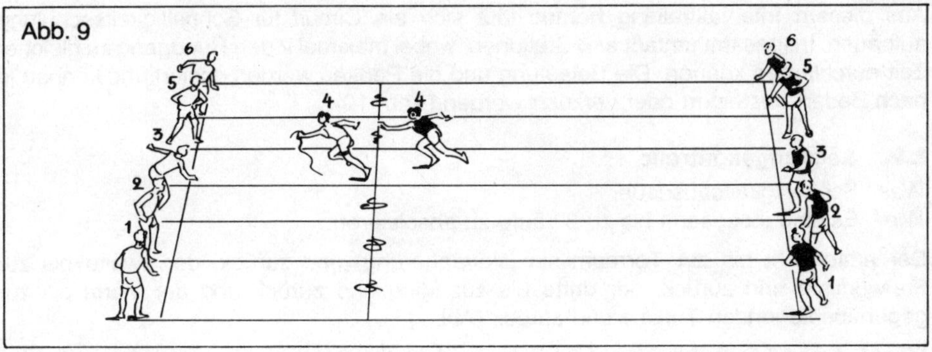

Ü Übungsformen

Schnelles Skipping, Fallstarts, Starts auf akustische und optische Zeichen, Intervallsprints, Intervalltempoläufe bis zu 100 m, Slalomläufe.

An Hand von einigen Beispielen sollen die Möglichkeiten aufgezeigt werden:

Intervalltempoläufe über 100 Meter

Wiederholungen	15 mal
Zeit	15 sec
Pause	2–3 Minuten, je nach Leistungsstand

Intervallsprints über 20 Meter

Wiederholungen	15 mal
Zeit	volles Tempo
Pause	30 sec bis 1 min, je nach Leistungsstand

Abb. 10

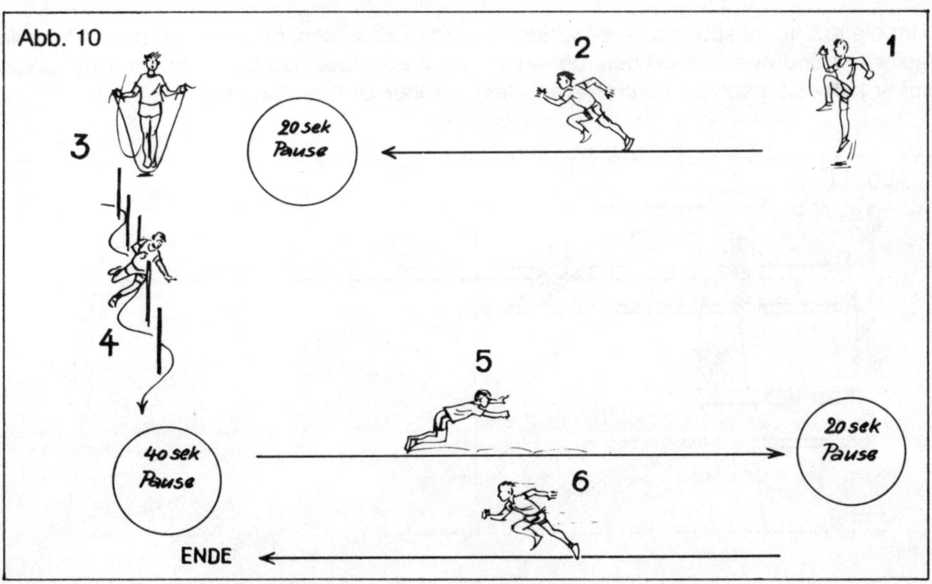

Aus diesem Intervalltraining heraus läßt sich ein Circuit für Schnelligkeitsschulung aufbauen. Insgesamt umfaßt er 6 Stationen, wobei maximal 2 den Rundgang zu gleicher Zeit durchlaufen können. Die Belastung und die Pausen werden dosiert und können je nach Bedarf gesteigert oder verkürzt werden (Abb. 10).

LK Leistungskontrolle

Was Schnelligkeitsausdauer

Wie Es sind insgesamt bis zu 8 Läufe zu absolvieren.

Der erste geht bis zur Torraumlinie (Verlängerung) und zurück, der zweite bis zur Freiwurflinie und zurück, der dritte bis zur Mitte und zurück und der vierte bis zur gegenüberliegenden Torlinie und zurück (Abb. 11).

Männl. Jugend C–B: insgesamt 6 Läufe (bis Mittellinie)
Männl. Jugend A und Männer: insgesamt 8 Läufe
Weibl. Jugend C–A: insgesamt 6 Läufe (bis Mittellinie)
Frauen: insgesamt 8 Läufe

4. Schnellkraft

Wie schon am Anfang erwähnt wurde, muß man beim Krafttraining darauf achten, daß das Übungsziel die Schnellkraft und nicht die statische Kraft ist. Diese Übungen sind dem Spiel nahe verwandt, denn beim Sprung und Wurf wird vor allem die Schnellkraft benötigt. Da der Handballspieler einige Muskelgruppen besonders kräftigen muß, muß man auch hier Schwerpunkte setzen.

a. Kräftigung der Arm-, Schulter-, Brust- und Rückenmuskulatur

Um die Kräftigungsübungen voll wirksam werden zu lassen, müssen zuerst die Muskeln gelockert und gedehnt werden. Je länger die Muskelfaser bei der Dehnung wird, desto mehr kann sie nachher kontrahieren, desto größer ist ihre Wirkung.

Abb. 11

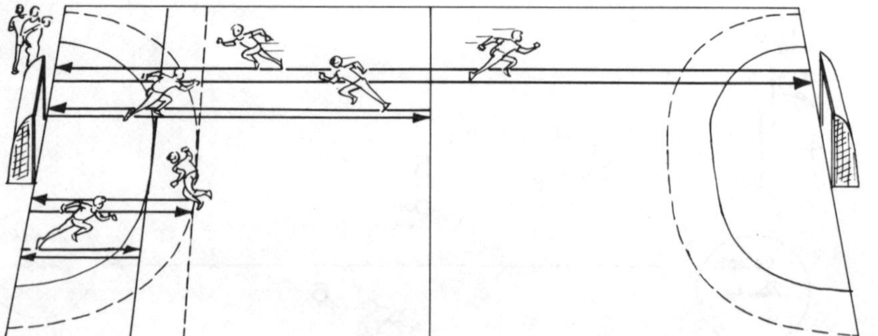

Abb. 12–16

Lockerung und Dehnung

Pendelschwingen mit den Armen, Armkreisen vor- und rückwärts, Achterkreisen, Schulterrollen.

Partnerübungen

Rumpfwippe (Abb. 12), Schulterstrecken mit Ausfallschritt (Abb. 13), Doppelwippe (Abb. 14), Bogenspanner (Abb. 15) und Spannbeuge (Abb. 16).

Kräftigung

Ohne Gerät

Liegestütz: dabei in die Hände klatschen, auf eine Seite drehen; Boxstöße, Handstand, Radschlagen.

Abb. 17–19

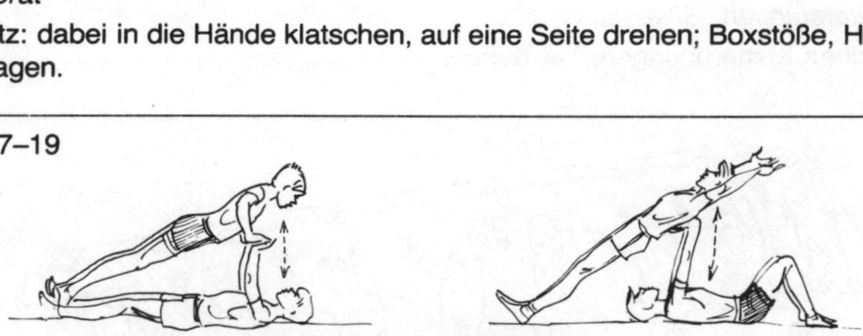

Abb. 20

Partnerübungen

Schubkarrenfahren, Doppelliegestütz (Abb. 17), Hochprellen (Abb. 18), Liegestützkampf (Abb. 19).

KS Kleine Spiele

Hebe- und Tragestaffeln, Zieh- und Schiebekämpfe, Gruppenziehen und Gruppenschieben (Abb. 20).

Mit Gerät

Taue, Kletterstangen, Gitterleiter

Alle möglichen Kletterübungen; Tauziehen.

Abb. 21

Abb. 22–23a

23a

Sprossenwand

Hangübungen in Verbindung mit Übungen für Bauch- und Rückenmuskulatur.

Bank

Bank als „Stützgerät“: Auf- und Abgrätschen, Drüberziehen, Hockwende, Übungen mit eingehängter Bank (Sprossenwand).

KS Kleine Spiele

„Kieler Achter“

6–8 Spieler sitzen im Grätschsitz hintereinander neben der Bank. Die nach oben geöffnete banknahe Hand faßt die nahe Seite der Bank, die andere Hand greift über die Bank. Hochheben mit gestreckten Armen, Vor- und Rückwärtsbeugen. Aufstehen mit der Bank ohne loszulassen, hinsetzen und gehen mit der Bank (Abb. 21).

Medizinball

Ball hochwerfen (links und rechts, mit beiden Händen), Ball an die Wand werfen, Bauchlage auf dem Ball (vorstützen und zurück) (Abb. 22), Bauchlage – eine Hand stützt auf dem Ball – Wechsel der Stützhand (Abb. 23), Wurfübungen mit dem Medizinball, Zielwerfen, Einwürfe; aus der Bauchlage über die Bank werfen (Abb. 23a).

Abb. 24

Abb. 25

KS Kleine Spiele

„Kampf um den Ball"

Jeder versucht dem anderen den Ball zu entreißen (auch im Knien, Sitzen, Liegen).

„Boxkampf"

Jeder hat einen Medizinball; nur Körpertreffer mit Ball erlaubt (Abb. 24).

„Hammer und Amboß"

Spieler A hält Medizinball mit beiden Händen nach vorne, B versucht ihm mit seinem Medizinball den Ball herauszuschlagen (Abb. 25).

„Tunnelball"

2 Gruppen sitzen sich gegenüber; am Ende jeder Gruppe steht ein Spieler mit Medizinball. Auf Zuruf gehen beide Gruppen in die Rückenlage (Liegestütz), der Ball wird durchgerollt. Der letzte der Gruppe nimmt den Ball auf und läuft nach vorne. Und hoch! (Abb. 26)

Abb. 26

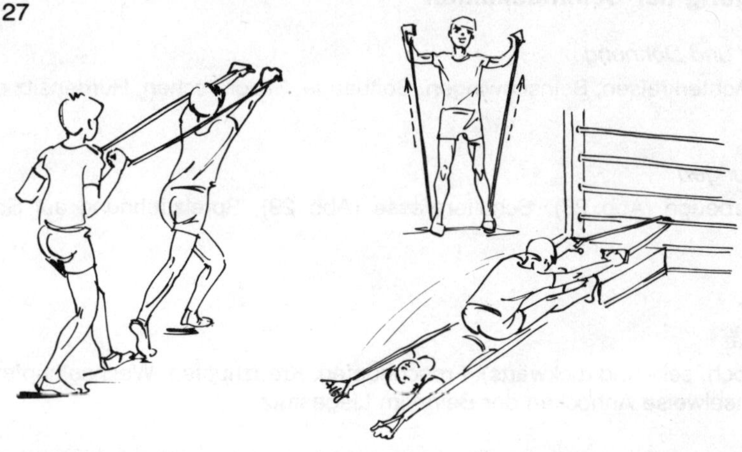

Abb. 27

Fitband (Zauberschnur, Fahrradschlauch)

Das Fitband ist ein ausgezeichnetes Gerät, um die Schnellkraft zu schulen. Es bietet viele Möglichkeiten, gegen verschiedene Widerstände zu arbeiten. Am besten hängt man es an der Sprossenwand oder an einem Haken ein. Auch der Partner kann festhalten (Abb. 27).

Gewichte

Hierfür eignen sich vor allem Hanteln. Beim Gewichtstraining sollte das Gewicht 30% des Körpergewichts nicht überschreiten. Der Übungsleiter muß unbedingt vorher die entsprechende Fachliteratur kennen, da ein falsch aufgebautes Gewichtstraining sehr gefährlich sein kann. Die Technik in der Handhabung der Hanteln und der Gewichte muß geübt worden sein!

LK Leistungskontrolle

Was Schnellkraft der Arm- und Beinmuskulatur.
Wie Weitwürfe mit dem 800-g-Ball. Es darf mit 3 Schritten Anlauf geworfen werden.

Abb. 28–30

b. Kräftigung der Beinmuskulatur

Lockerung und Dehnung

Pendeln, Achterkreisen, Beinschwingen, Seitbeuge, Sitzgrätschen, Hürdensitz mit Vorwippen.

Partnerübungen

Grätschsitzbeuge (Abb. 28), Schulterpresse (Abb. 29), Spreizdehnung auf Schultern (Abb. 30).

Kräftigung

Ohne Gerät

Hüpfen (hoch, seit- und rückwärts), Froschhüpfen, Kreuzhüpfen, Wechselhüpfen, Skipping, wechselweise Anhocken der Beine im Liegestütz.

Partnerform

Kosakentanz (Abb. 31), Hochstoßkampf (Abb. 32), Hahnenkampf (Abb. 33), Partner auf Schultern (Abb. 34).

KS Kleine Spiele

Hüpfstaffeln in allen Variationen

„Kreishüpfen"

In der Mitte des Kreises ein Spieler mit Seil, an dessen Ende ein schwerer Gegenstand befestigt ist (Sandsäckchen oder Ball). Das Seil wird 20 cm über dem Boden geschwungen, und alle im Kreis befindlichen Spieler müssen drüberhüpfen. Wer hängenbleibt, muß in die Kreismitte (Abb. 35).

Abb. 31–34

Mit Gerät

Kasten, Pferd, Bock, Bank

Sprünge über obige Hindernisse in allen Variationen.

Seil

Das Sprungseil ist ein vielseitiges Gerät, mit dem eine große Zahl von Übungen vor allem in Einzelarbeit durchgeführt werden kann.

Springen nach Geräten

Dabei wählt der Übungsleiter Geräte aus, die in ca. 2,70 m bis 3,00 m Höhe angebracht sind oder gehalten werden. Die Spieler springen nach diesen Geräten und achten darauf, daß der Sprung in die Vertikale geht.

Eine Erschwerung dieser Übungsformen ist möglich, indem man Gewichtswesten verwendet.

LK Leistungskontrolle

Was Sprungkraft

Wie Differenzsprung (jump-and-reach)

Der Spieler steht beidbeinig am Boden und versucht seine Fingerspitzen (mit ausgestrecktem Arm) so weit wie möglich an einer Meßlatte nach oben zu schieben. Dies ist die sog. *Reichhöhe*. Anschließend werden die Fingerspitzen mit Kreide markiert, und der Spieler springt beidbeinig nach oben und versucht, die Meßtafel in größtmöglicher Höhe zu berühren. Diese Höhe nennt man die *Sprunghöhe*.

Die Differenz zwischen Sprunghöhe und Reichhöhe ist die effektive Sprunghöhe (Abb 36.). *Sprunghöhe – Reichhöhe = effektive Sprunghöhe*

Abb. 35

Abb. 36

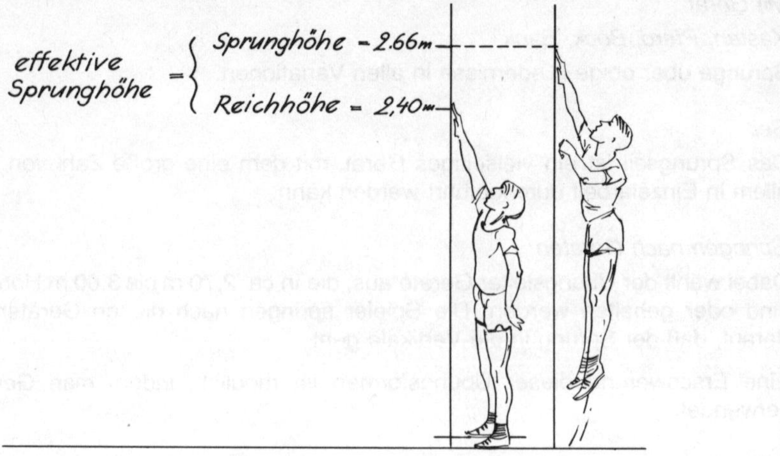

c. Kräftigung der Bauchmuskulatur

Dafür sind alle Übungen im Schwebesitz geeignet. Außerdem Hangübungen an der Sprossenwand mit Anheben der Beine. „Klappmesser". Die verschiedenen Kräftigungsübungen können in einem Circuittraining zusammengefaßt werden. Es beansprucht alle 3 Muskelbereiche.

An dieser Stelle verweisen wir auf das vom Autor dieses Buches verfaßte Grundlagenwerk zur Spielmethodik mit dem Ball „Spielschule Hallenhandball". Es ist, wie das hier vorliegende Buch „Hallenhandball", bei der CD-Verlagsgesellschaft, Stuttgart, erschienen und führt von der Ballgewöhnung über „Kleine Spiele" und „Kleine Sportspiele" zum Mannschaftsspiel Mini-Handball. Mit diesem Werk zeigt der Autor den Jugend- und Übungsleitern sowie den Lehrenden an Instituten und Schulen den Weg von Spielreihen über die daraus resultierenden Übungsreihen zum Erfolg!

Knickwurf

B. Spieltechnik

I. Methodische Reihen

1. Die methodische Übungsreihe

2. Die methodische Spielreihe

3. Wertung der methodischen Übungs- und Spielreihe

II. Schulung

1. Werfen

2. Fangen (Ballannahme)

3. Prellen (Ballführung)

4. Zielwerfen

5. Übungsformen und Kleine Spiele

6. Kleine Sportspiele

7. Wurfarten

III. Zusammenfassung

IV. Übersicht – Methodischer Aufbau der Ausbildung

1. Verein

2. Schule

B. Spieltechnik

Die Schulung im Werfen, Fangen und Prellen (Dribbeln) bildet das Kernstück der spieltechnischen Arbeit. Da vor allem das Werfen und Fangen eine ganzheitliche Bewegung ist, sollte man sie nicht trennen und sofort verbinden. Auch das Prellen sollte so schnell wie möglich in den Bewegungsablauf mit einbezogen werden.

I. Methodische Reihen

Die methodischen Reihen sind auch beim Spiel zum Gerüst jeglicher Lehrweise geworden. Man versteht darunter „eine nach methodischen Gesichtspunkten gestufte, auf ein konkretes Unterrichtsziel ausgerichtete Folge von Übungen und Tätigkeiten"[1]). Durch die neuen Bestrebungen in der Spielmethodik, das Zielspiel über das Spielen zu erreichen, haben sich deutlich zwei Richtungen herauskristallisiert: die methodische Übungsreihe und die methodische Spielreihe.

1. Die methodische Übungsreihe

Es sind „nach methodischen Grundsätzen geordnete Übungsfolgen, die zur Erlernung einer bestimmten motorischen Fertigkeit (Zielübung) oder Aneignung eines bestimmten Ausprägungsgrades motorischer Eigenschaften führen sollen"[2]). Man versucht also durch die methodische Übungsreihe, den Spieler durch gestaffelte Anforderungen von einem bekannten Ausgangsverhalten zu einem gewünschten Zielverhalten zu bringen. Dabei werden die technischen Fertigkeiten und die taktischen Fähigkeiten zu einem Ganzen vereint. Über Vorübungen gelangt man zur Zielübung. Das vorliegende Buch ist nach diesem Prinzip aufgebaut – methodische Übungsreihen mit Kleinen Spielen.

2. Die methodische Spielreihe

Der Begriff der methodischen Spielreihe ist in der Fachliteratur nicht einheitlich. Es liegt der Gedanke zugrunde, daß man durch Summation der Teile nicht immer das Ganze erhält, anders ausgedrückt, daß man über technische und taktische Einzelübungen nicht unbedingt zum Zielspiel gelangt und das Spielverhalten und die Spielfreude nicht so gefördert werden. Die methodische Spielreihe soll eine „planmäßige, methodisch geordnete Reihe von Spielen mit methodischen Zwischenstufen sein, die zu einem Zielspiel führen"[3]). Der Vorteil dieser Methode liegt darin, daß man wirklich zum Spiel gelangt und vor lauter Werfen und Fangen nicht das Spiel verfehlt. Wichtig ist hierbei, daß sich ein „roter Faden" durch die Spielreihe zieht, d. h., daß die Verwandtschaft der Spielidee vorhanden ist. Die Spielidee ist nach Landau die „kleinste Ganzheit, die nicht mehr reduzierbare, einfachste Grundform eines Spiels"[1]). Auf den Hallenhandball

---

[1]), [2]), [3]) Fetz: „Allgemeine Methodik der Leibesübungen"

Abb. 37 a b c

übertragen würde sich diese Spielidee folgendermaßen formulieren lassen: ,,Es gibt ein Spielgerät (den Ball), der mit der Hand auf ein Ziel (das Tor) geworfen wird, und es gibt jemanden (den Gegner), der das zu verhindern sucht und bestrebt ist, seinerseits ein Tor zu erzielen"[2]). Die Spielreihe darf also nur Spiele enthalten, die dieser Spielidee gerecht werden.

3. Wertung der methodischen Übungs- und Spielreihe

Einig ist man sich heute darüber, daß das Spiel ,,spielend" erlernt werden soll, aber man sieht auch die Grenzen der methodischen Spielreihen. Gewisse Fertigkeiten und Fähigkeiten können nur über methodische Übungsreihen erarbeitet werden. Die reine methodische Spielreihe gibt es also nicht. Deshalb ist es wichtig, daß vor allem in der Schule sich beide Methoden ergänzen und auch im Verein die methodische Spielreihe zusammen mit der Übungsreihe in den Jugendmannschaften verwirklicht wird. Man benötigt zur Entwicklung des Hallenhandballs bei Schülern die methodische Spielreihe als ,,Hauptstraße"[3]) und die methodische Übungsreihe als ,,Nebenstraße"[4]). Sie müssen sich gegenseitig ergänzen, um das Zielspiel erreichen zu können. Eine Hinführung zum Mini-Handball über Spiel- und Übungsreihe finden Sie im Band ,,Spielschule Hallenhandball", 1978, ebenfalls erschienen bei der CD-Verlagsgesellschaft.

---

[1]), [2]) Dietrich/Landau: ,,Beiträge zur Didaktik der Sportspiele"
[3]), [4]) Dürrwächter: ,,Volleyball – spielend lernen, spielend trainieren"

d e f

II. Schulung

1. Werfen

Bekanntlich gibt es im Hallenhandball viele Wurfarten und Wurfvariationen. Dem Anfänger sollte man nicht zu viel zumuten und mit dem Schlagwurf in Kopfhöhe (Kernwurf) beginnen. Diese Wurfart bildet den Stammbaum für sämtliche anderen Arten und Variationen. Der Übungsleiter muß den Bewegungsablauf genau kennen, um hier Fehler zu vermeiden, die später kaum mehr zu korrigieren sind. Der Bewegungsablauf wird zuerst im Stand durchgeführt; die beste Organisationsform ist die Gasse.

Bewegungsablauf

Beinstellung und Armhaltung gegengleich, d. h. beim Rechtshänder linkes Bein, beim Linkshänder rechtes Bein vorne.

Die Rückwärtsbewegung des leicht abgewinkelten Armes leitet den Wurf ein. Der Kopf bleibt senkrecht, die Schultern werden nicht hochgezogen.

Die ganze Handfläche liegt senkrecht hinter dem Ball, die Finger sind leicht gespreizt. (Ball nicht festkrallen!)

Die Wurfschulter wird nun schlagartig nach vorne gebracht, wobei der Wurfarm (abgewinkelt) am Kopf vorbeigezogen wird. Der Ball muß von den Fingern einen gleichmäßigen Druck erfahren, um nicht nach der Seite ausweichen zu können. Anschließend erfolgt eine Gewichtsverlagerung auf das Schwungbein (Abb. 37a–f, 38a–f, 39).

Abb. 38 a b c

Abb. 39

Abb. 41 a b c

d e f

2. Fangen (Ballannahme)

Die Technik des Fangens kann man am besten zeigen, wenn man den Ball gegen eine hängende Trainingsjacke wirft. Die Jacke dämpft die Bewegungsenergie des Balles so stark, daß er zu Boden fällt. Auf Grund dieser Erfahrungen lassen sich die Hinweise für das Fangen geben:

Die beiden trichterförmig geformten Hände gehen dem Ball entgegen. Die Arme sind leicht abgewinkelt. Die Daumen bilden mit den beiden Zeigefingern ein Dreieck (Abb. 40).

Die Wucht des Balles wird gedämpft, indem die Arme eine Rückwärtsbewegung zum Körper hin ausführen (Ansaugen!) (Abb. 41 a–f, 42).

Nach dem Fangen wird der Ball sofort gesichert (Körper schützt den Ball!).

Bei Bällen, die unterhalb der Hüfthöhe geworfen werden, ändert sich die Fangtechnik. Die Hände bilden „Schaufeln", wobei die Handrücken nach unten zeigen und die Finger einem Korb gleichen (Abb. 43).

d e f

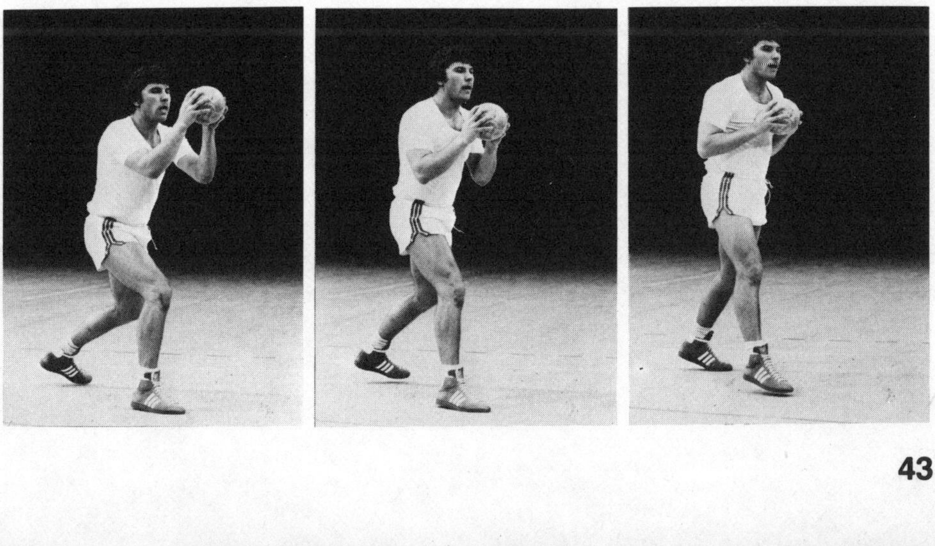

Abb. 40

Abb. 42

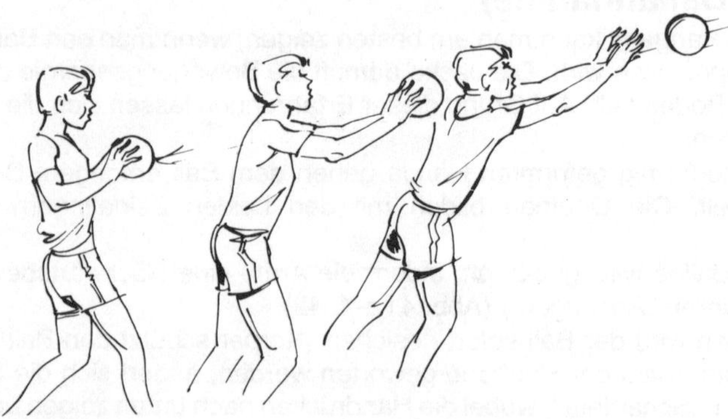

Abb. 44 a b c

Abb. 43

3. Prellen (Ballführung)

Nach den Spielregeln im Hallenhandball muß der Ball nach 3 Schritten oder 3 Sekunden die Hand verlassen. Dies kann in Form des „Tippens" oder „Prellens" geschehen. Beim Prellen wird der Ball mit einer Hand zu Boden gedrückt und darf nicht festgehalten werden. Der Spieler beendet das Prellen dadurch, daß er den Ball mit einer oder zwei Händen festhält. Wird der Ball dagegen nach dem Zurückspringen vom Boden mit beiden Händen gefangen, so erhält man das Tippen. Diese Form darf im Feldhandball beliebig oft, im Hallenhandball nur einmal angewendet werden.

Bei all diesen Formen ist darauf zu achten, daß der Ball seitlich schräg vom Körper nach vorne gedrückt und links und rechts geübt wird. Dies ist notwendig, da sich der Spieler während der Prellbewegung nach vorne bewegt und der Ball die Bewegung mitmachen muß (Einfallswinkel – Ausfallswinkel) (Abb. 44a–f).

d

e

f

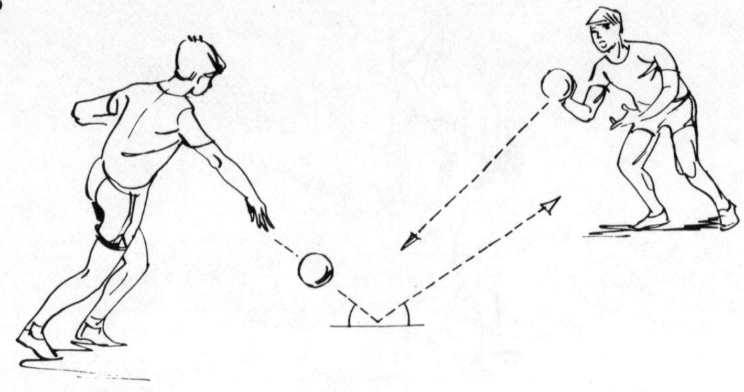

Abb. 45

Häufige Fehler

Der Ball wird geschlagen.

Der Ball wird festgekrallt.

Der Ball wird zu weit vom Körper entfernt geführt.

Blick des Ballführers geht nur zum Ball.

VÜ Vorbereitende Übungen

Prellen am Ort

Leise prellen, in Kniehöhe prellen (Hüfthöhe, Schulterhöhe, Kopfhöhe).

Namen prellen.

Silben prellen.

Links und rechts prellen.

Beim Prellen springen, drehen, in die Hocke gehen . . .

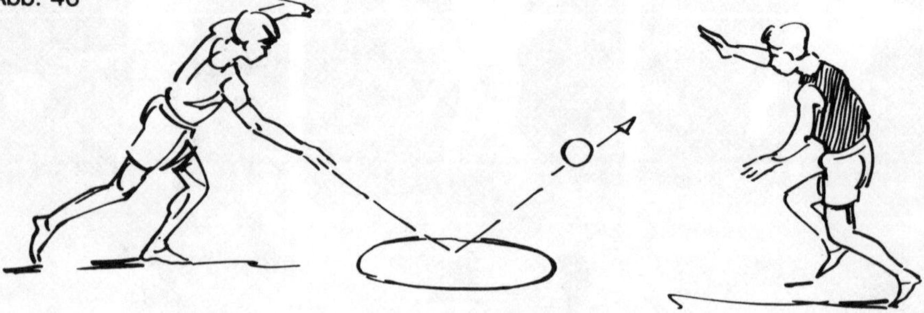

Abb. 46

Abb. 47

KS Kleine Spiele

„Partnerprellen"

Die beiden Partner prellen sich die Bälle zu (Abb. 45).

„Prelltennis"

2 Partner – 1 Reifen; der Ball wird in den Reifen geprellt, vom Partner angenommen und sofort zurückgeprellt (Abb. 46).

„Laufprellen"

Kreisformation – jeder Teilnehmer hat einen Ball; der Ball wird so geprellt, daß er senkrecht hochfliegt. In diesem Augenblick wechseln alle Spieler um einen Platz nach rechts (links) und fangen den Ball des Vorgängers (Abb. 47).

Abb. 48

Abb. 49

Ü Übungsformen

Nachdem die Grobform des Prellens beherrscht wird, kommt ein weiterer Faktor hinzu: die Bewegung. Der Ball wird jetzt in der Bewegung geführt.

Wir gehen, laufen mit dem Ball und prellen. Änderung der Geschwindigkeit, der Höhe, der Ausgangsstellung.

Richtungsänderung beim Prellen – Haken schlagen, Slalomlauf usw.

Einengen des Feldes, so daß die Spieler auf ihre Partner achten müssen, um nicht mit ihnen zusammenzustoßen (Blick weg vom Ball) (Abb. 48).

Prellen mit Blickrichtung auf einen Gegenstand in der Halle (Uhr, Übungsleiter usw.).

Links und rechts prellen.

„Hindernisprellen"

Durch Stangen, Bälle, Reifen, Seile; durch die eigene Reihe, die sich langsam weiterbewegt (Abb. 49).

Abb. 50

Abb. 51

Partnerform; A hält Spieler B an der Hüfte fest, während B versucht, sich prellend vorwärtszubewegen (Abb. 50).

Zwei Gruppen mit Bällen stehen sich auf den Schmalseiten der Halle gegenüber (Torlinie). Auf optisches oder akustisches Zeichen laufen sie prellenderweise los und versuchen, die andere Gruppe ohne Körperberührung zu durchlaufen (Abb. 51).

Prellstaffeln mit allen Variationen.

KS Kleine Spiele

„Autodrom"

Die Spieler laufen durcheinander (kleine Fläche) und versuchen trotz Prellens, Zusammenstöße und Grenzüberschreitungen zu vermeiden. Punkte verteilen (Abb. 52).

Abb. 52

Abb. 53

„Kreisprellen"

In einem Kreis mit ca. 6 m Durchmesser befinden sich 5–6 Spieler mit je einem Ball. Auf akustische oder optische Zeichen beginnt die Gruppe zu prellen, wobei die Kreislinie nicht überschritten und das Prellen nicht unterbrochen werden darf. Ein Beobachter zählt die Minuspunkte von jeder Gruppe (nach 1 Minute Wechsel) (Abb. 53).

„Störungsprellen"

Jeder versucht beim Prellen dem Mitspieler den Ball herauszuspielen und seinen eigenen Ball weiterzuprellen (Punkte zählen) (Abb. 54).

„Tandemprellen"

2 Partner stellen sich hintereinander; der vordere beginnt in allen Variationen zu prellen. Der hintere „prellt nach". Nach einer Minute Wechsel! (Abb. 55).

„Blindprellen"

Wir schließen beim Prellen die Augen, bis der Ball verlorengeht (Ball tief halten). Wer kann es am längsten? (Abb. 56).

„Abschlagen"

Auf den Torlinien stehen die Spieler mit je einem Ball. Auf der gegenüberliegenden Seite befindet sich ein Fänger mit Ball. Auf ein Zeichen startet die Gruppe, und der Fänger versucht, prellenderweise soviel wie möglich mit der freien Hand abzuschlagen. Wer gefangen ist, legt ein Band um und fängt mit (Abb. 57).

Abb. 54

Abb. 55

„Prellzeck"

Die Spieler sind in einem abgegrenzten Feld mit Bällen verteilt. Ein Fänger versucht prellenderweise, Spieler abzuschlagen. Der abgeschlagene Spieler holt sich ein Band und fängt mit (Abb. 58).

Abb. 56

Abb. 57

Abb. 58

„Nummernfangen mit Prellen"

Wir bilden je nach Anzahl der Spieler Gruppen, die nicht größer als 5 Spieler sind. Jeder Spieler jeder Gruppe erhält eine bestimmte Nummer. Durch Zuruf wird eine bestimmte Nummer zum Fänger innerhalb seiner Gruppe. Nach 20 Sekunden Wechsel.

Wir schützen den Ball beim Prellen

Bei den nun folgenden Übungen wird darauf geachtet, daß der Ball geschützt wird. Dies geschieht, indem man die entgegengesetzte Schulter (von der Wurfseite aus gesehen) vorschiebt und damit die ballführende Seite schützt. Vor allem Hindernisläufe sind dafür gut geeignet.

Will man am Gegner rechts vorbei (Rechtshänder), so schützt man den Ball mit der linken Körperhälfte, wobei man eine leichte Drehung nach rechts ausführt (Abb. 59).

LF Leistungsformen

Bei den folgenden Leistungsformen werden die Schnelligkeit der Ausführung und die Intensität enorm gesteigert. Häufige Wiederholungen bringen sehr bald Erfolge.

Abb. 59

Abb. 60

Gasse, die einseitig doppelt besetzt ist (Abstände ca. 10 m). Schnelles Prellen mit Abspielen (Abb. 60).

Abspiel erst nach zweimaligem ,,Umprellen" des Partners (Abb. 61).

Wurfstaffel an die Wand. 4–5 Reihen mit Blick zur Wand. Abstand je nach Wurfstärke 3–6 m. Der Ball wird nun so schnell wie möglich in Kreise an der Wand geworfen. Jeweils der nächste fängt ihn wieder.

Ein Spieler verteilt die Bälle an vorher markierte Punkte, und ein weiterer Spieler holt sie wieder prellenderweise zurück (Abb. 62).

Prellen in einer Richtung. Auf optisches oder akustisches Zeichen drehen und in andere Richtung weiterlaufen.

Abb. 61

Abb. 62

LK Leistungskontrolle

Was Prellen mit schnellem Raumgewinn
Prellen um Hindernisse

Wie Entfernungsprellen
Prellslalom

„Entfernungsprellen"

Man läuft die gleichen Strecken wie beim Test für die Schnelligkeitsausdauer, nur mit Ball (Abb. 63).

Abb. 63

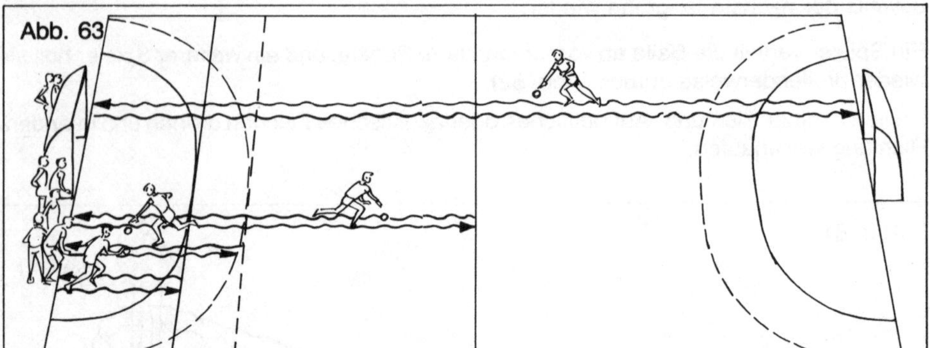

Abb. 64

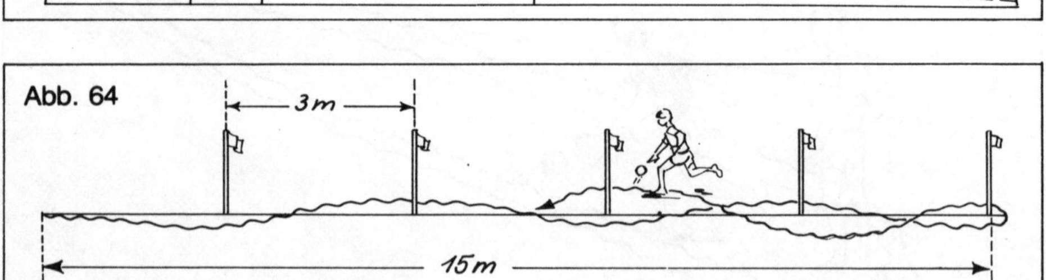

Abb. 65

„Prellslalom"

Die Laufstrecke mit Ball beträgt einfach 15 m, hin und zurück 30 m. Insgesamt sind es 5 Male mit je 3 m Abstand (Abb. 64).

4. Zum Zielwerfen

Nachdem das Werfen, Fangen und Prellen in der Grobform einigermaßen beherrscht wird, bildet das Zielwerfen die methodische Fortsetzung. Es muß vor den Übungs- und Spielformen zum Werfen und Fangen kommen, da hier schon eine gewisse Genauigkeit im Wurf vorausgesetzt wird. Es dient außerdem der Vorbereitung für den Torwurf und dessen Variationen. Das Zielwerfen erfordert vom Übungsleiter gut überschaubare Organisationsformen. Dadurch kann auch die Intensität erhöht werden. Außerdem sollte der Übungsleiter darauf achten, daß die Ziele in einer Höhe von 1,50–2,00 m oder 10–50 cm angebracht sind.

Abb. 66

Ü Übungsformen

Wir werfen auf Medizinbälle, Matten, hochgezogene Eimer, Trainingsjacken, Kastenteile; wir teilen das Tor in Quadrate ein und geben dafür Punkte (Abb. 65). Wir hängen 20 Zentimeter vom Torpfosten entfernt ein Tuch auf. Wer trifft es?

KS Kleine Spiele

„Treffball zu Paaren"

Ballbesitzer zielt auf die Füße seines Partners. Dabei darf er sich nur prellenderweise vorwärtsbewegen. Bei „Abschuß" Wechsel!

„Treffball zu Dreien"

2 Spieler werfen sich in der Bewegung den Ball zu und versuchen, den dritten abzuwerfen.

„Wer trifft den Ball?"

In einem Kreis wirft ein Spieler seinen Ball senkrecht hoch. Wer trifft den Ball im höchsten Punkt? (Abb. 66).

„Kanonenball"

4 Mannschaften sind auf 4 Seiten eines Quadrats mit Bällen verteilt. Jede Gruppe versucht durch Würfe einen Medizinball über die gegnerische Grenzlinie zu treiben (Abb. 67).

„Bälle von der Bank"

2 Bänke mit je 6–8 Medizinbällen sind in der Feldmitte parallel aufgestellt. Jede Mannschaft versucht, die gegnerischen Bälle herunterzuwerfen (Abb. 68).

„Balltreff"

2 Mannschaften stehen sich auf den Längsseiten der Halle gegenüber. Die Bälle werden zwischen den beiden Gruppen durchgerollt, die versuchen, durch gezielte Würfe den rollenden Ball über die Grenzlinie der anderen Gruppe zu treiben (Abb. 69).

Abb. 67

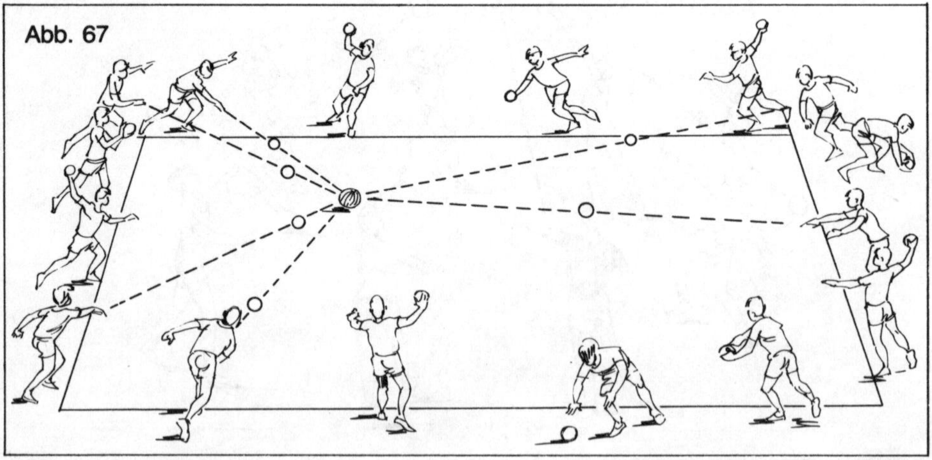

Abb. 68

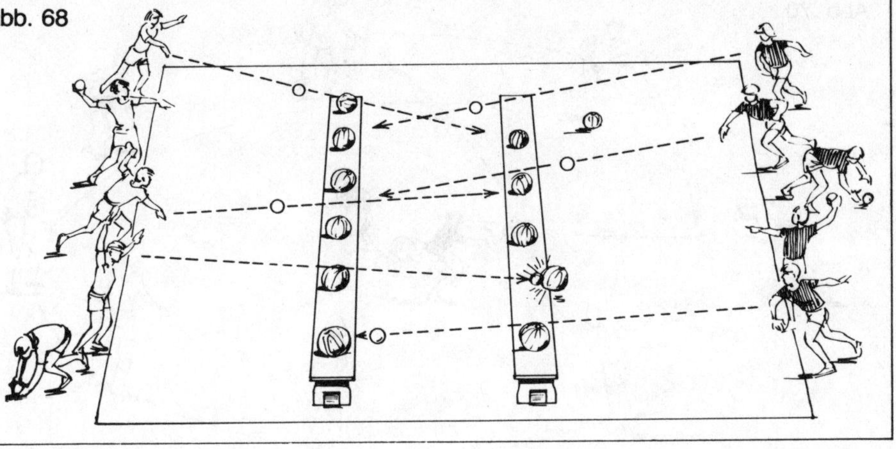

„Wächterball“

In der Mitte eines Kreises mit 5–6 m Durchmesser liegt ein Medizinball (2 Medizinbälle). Er wird durch 1 bis 2 Wächter geschützt, die sich auf einer Kreislinie bewegen (Durchmesser des Kreises ca. 1 bis 2 m). Die Spieler im Außenkreis versuchen, den Medizinball zu treffen (Abb. 70).

„Burgball“

Kreis, ein Spieler in der Kreismitte beschützt mit seinen Händen einen Medizinball auf einem Bock. Die anderen versuchen durch schnelles Zuspiel eine Lücke zu finden, um den Medizinball herunterzuwerfen (Abb. 71).

Abb. 69

Abb. 70

„Balljagd auf Kastenmann"

Kreisformation; die Spieler werfen sich einen Ball gegenseitig zu. In der Mitte steht ein Kasten, hinter dem sich ein Mitspieler verbirgt. Wer trifft den „Kastenmann"? (Abb. 72).

LK Leistungskontrolle

Was Zielwerfen

Wie Würfe auf Torfelder (Abb. 73).

Jeder Werfer hat 6 Versuche von 7–11 m (je nach Alter) und muß in alle 6 Felder treffen. Jedes nicht getroffene Feld gibt 1 Punkt Abzug.

Abb. 71

Abb. 72

5. Übungsformen und Kleine Spiele zu Werfen, Fangen und Prellen

Die Fortsetzung der Grundtechniken des Werfens, Fangens und Prellens bieten sich in Form der folgenden Übungs- und Spielformen an. Sie stellen eine Steigerung durch Veränderung des Ordnungsrahmens dar. Man beginnt in der Gasse, kommt zu Reihe, Linie und Kreis und endet in der Auflösung zur Gruppe (Dreiergruppe, Vierergruppe). Als Grundregel muß man den Anfängern einprägen, daß zuerst die Blickverbindung und dann die Wurfverbindung da sein muß. Als Geräte benützen wir Hand- oder Gymnastikbälle.

Organisationsformen (Abb. 74).

Gasse, Reihe, Linie, Kreis, Gruppe, Dreieck, Viereck.

Abb. 73

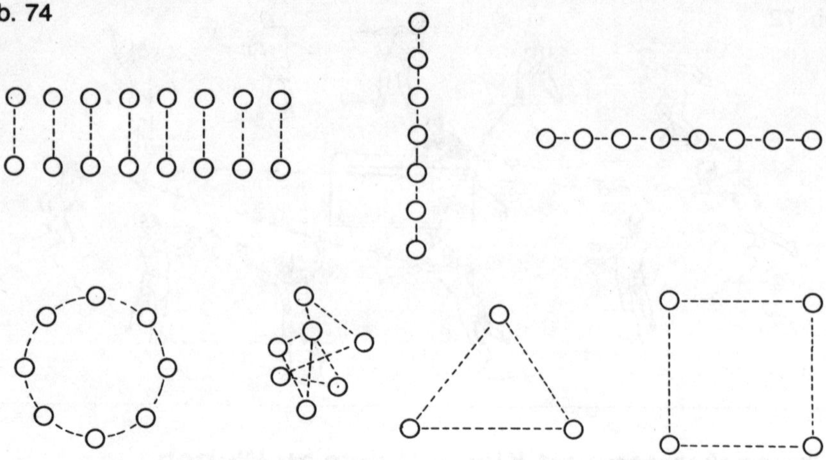

Abb. 74

a. Die Gasse

Die Partner stehen sich in einem Abstand von ca. 5–6 Metern gegenüber, während der Seitenabstand 2–3 Meter beträgt (Abb. 75).

Wir stellen folgende Aufgaben

Links und rechts im Schlagwurf zuwerfen.

Den Partner in verschiedener Höhe anspielen, seitlich anspielen.

Wurfstärke und Abstände verändern.

Beide Partner verändern zur gleichen Zeit die Abstände, laufen also aufeinander zu oder auseinander (Ziehharmonika) (Abb. 76).

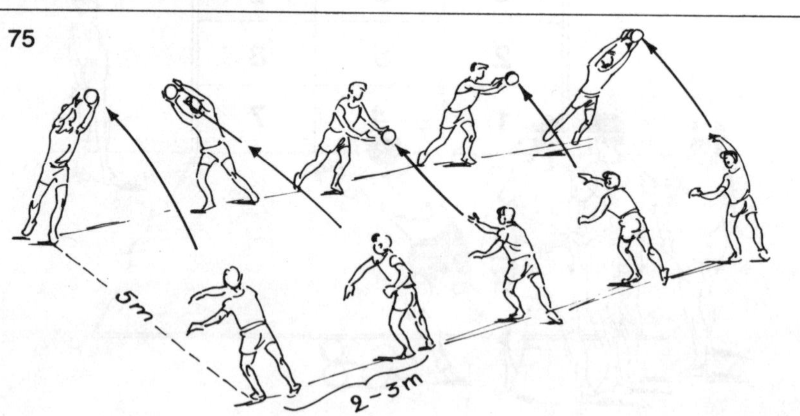

Abb. 75

Abb. 76

Den Ball mit „Aufsetzer" indirekt zuspielen. Dabei springt der Ball ca. 1,5 m vor dem Partner auf und erreicht ihn in Hüfthöhe. Dasselbe durch Reifen.

Den Ball zurollen! Stellung der Beine (Abb. 77).

Der Partner dreht sich auf Zuruf um und fängt den zugespielten Ball. Jeder Spieler hat einen Ball. Die Bälle zu gleicher Zeit werfen. Beide werfen ihre Bälle senkrecht ca. 3 m hoch, wechseln die Plätze und fangen den Ball ihres Gegenübers (Abb. 78).

Im Knien, Sitzen, Liegen zuspielen. Wir fallen beim Wurf auf die nach innen gedrehten Handflächen. Wir werfen im Liegen über Bänke und Kastenteile (Abb. 79).

KS Kleine Spiele

Wer kann dem Partner den Ball in einer Minute so oft wie möglich zuspielen? Wer den Ball fallen läßt, muß von vorne anfangen zu zählen.

Abb. 77

Abb. 78

Abb. 79

Abb. 80-81

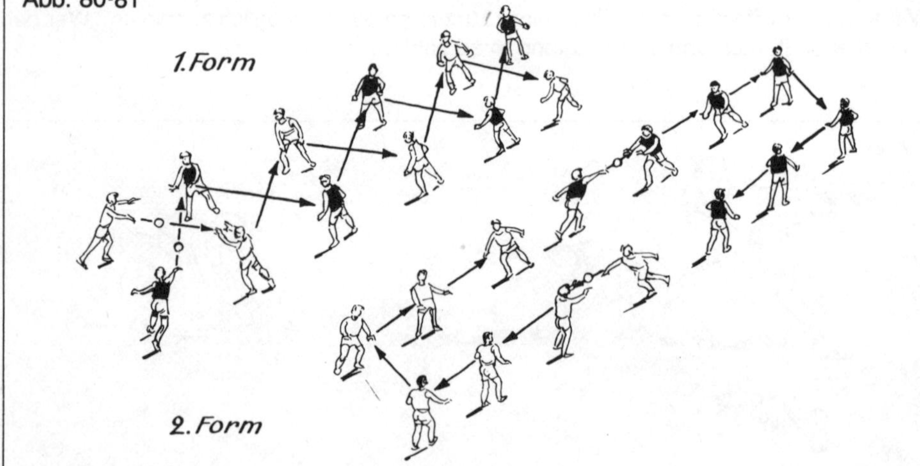

Abb. 82

Ü Schwierige Übungsformen

Der Ball wird über Kreuz gespielt – mit einem oder zwei Bällen (Abb. 80). Der Ball wird im Viereck gespielt (Abb. 81).

Formation der Gasse; eine Linie ist doppelt besetzt. Der Werfer läuft in Ballrichtung (Abb. 82).

„Schräge Gasse“
Wir laufen dem Ball in Wurfrichtung nach. Erreicht der Ball den letzten Mann der Gasse, läuft er zum Ausgangspunkt zurück (Abb. 83).

Aus der Gasse heraus bildet man durch Zusammenrücken 2 Reihen. Zuspiel in der Bewegung (links, rechts, Aufsetzer, Zurollen usw.) (Abb. 84).

Abb. 83

Abb. 84

Die beiden Partner laufen im Abstand von ca. 3 m und spielen sich den Ball zu. Am Hallenende angelangt, führen sie eine Kehrtwendung durch und laufen im Abstand von 10 m zurück. Es ergeben sich 2 gegenläufige Bewegungen (Abb. 85).

b. Die Reihe

2 Stirnreihen stehen sich gegenüber; Zuspiele in allen Variationen. Dabei laufen A und B in ihre eigene Reihe nach hinten (Abb. 86).

Variation

Spieler A steht mit Blickrichtung zur Reihe und wirft den Ball zu B. Spieler B paßt zurück und läuft nach hinten (Abb. 87).

KS Kleine Spiele

„Köpfe weg"

Spieler A wirft B den Ball zu. B geht nach Abspiel zu A in Hockstellung. C erhält den Ball, spielt zurück, geht in Hockstellung usw. Welche Reihe ist zuerst in Hockstellung? (Abb. 88).

Abb. 85

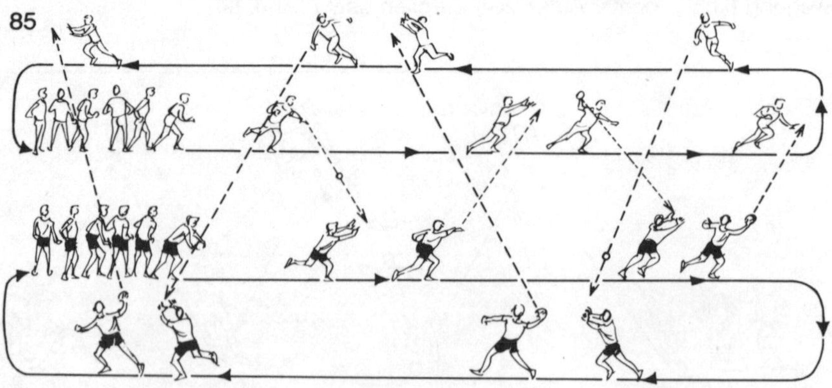

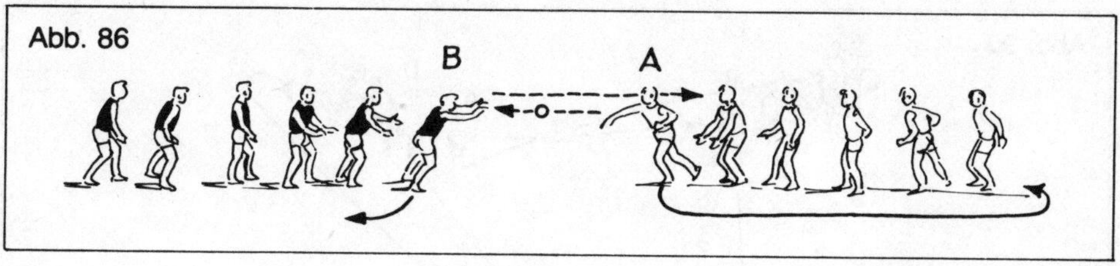

Abb. 86

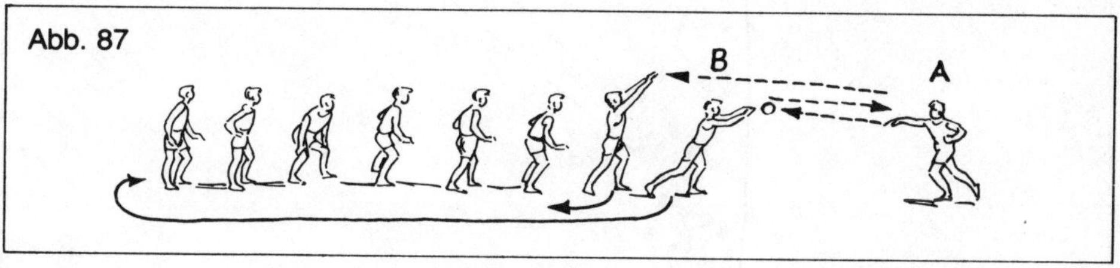

Abb. 87

Reihen in Dreiecksform
A spielt B den Ball, B zu C, C zu D. In dieser Zeit läuft A nach hinten (Abb. 89).

Variation
Jeder läuft seinem Ball nach, nur C läuft ans Ende der Reihe.

Reihen in Dreiecksform
Ball geht von A nach B zu C.

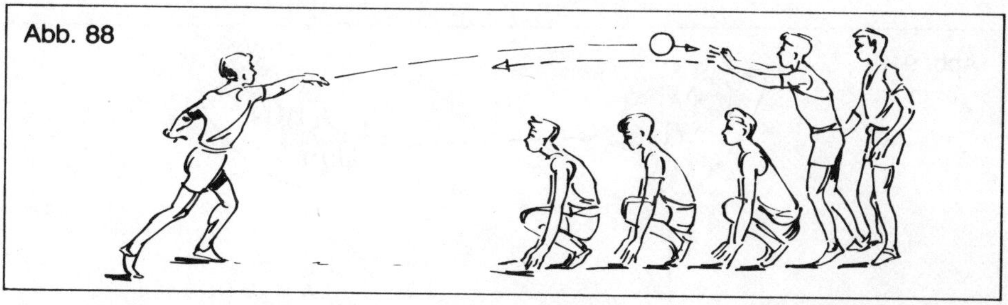
Abb. 88

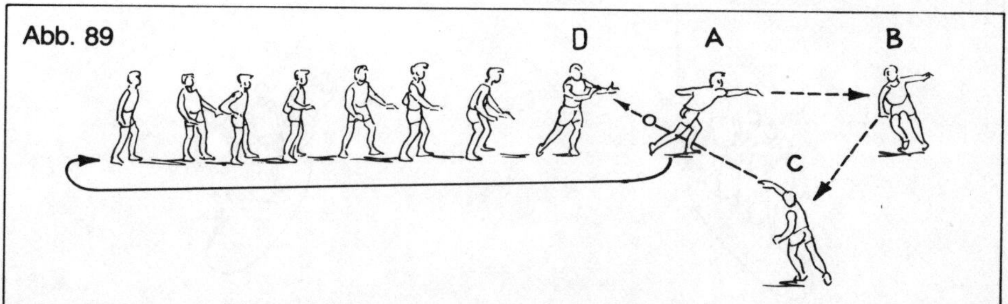

Abb. 89

Abb. 90

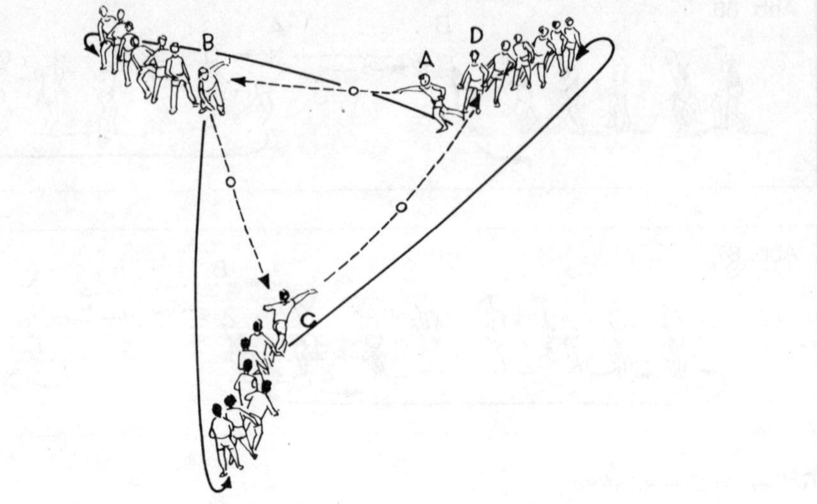

Variation

Der Spieler läuft dem Ball nach und ordnet sich am Ende der Reihe ein (Abb. 90). Es können auch 2–3 Bälle verwendet werden.

Vier Reihen in Form des Vierecks; der Ball wird im Uhrzeigersinn oder entgegengesetzt gespielt. Dabei läuft der Spieler in seine eigene Reihe zurück. Steigerung bis zu 4 Bällen gleichzeitig (Abb. 91).

Abb. 91

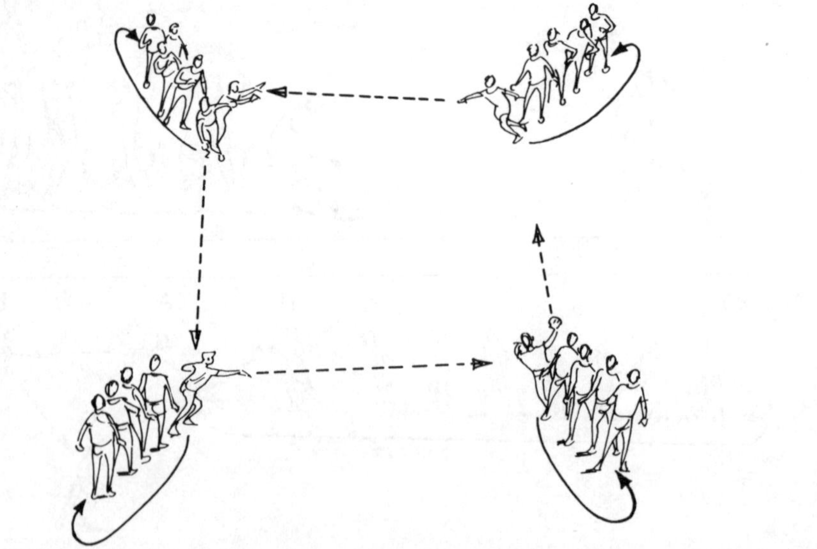

Abb. 92

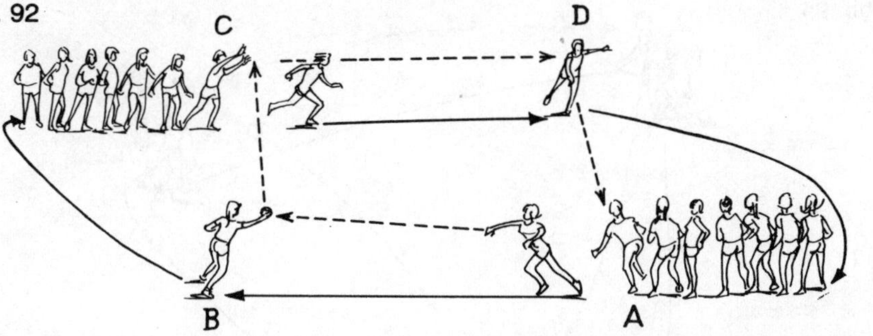

Ü Schwierige Übungsformen

2 Reihen stehen sich um ca. 2–3 m versetzt gegenüber. Jeweils auf der rechten Seite steht ein weiterer Spieler. Ballweg: A spielt zu B und läuft auf dessen Platz, B zu C, B läuft nach hinten; C spielt den Ball zu D und nimmt dessen Platz ein, während D ans Ende der Reihe läuft, nachdem er an E abgespielt hat (Abb. 92).

Aufstellung wie oben. A spielt zu C, während B kurz danach zu E spielt. C ist in die eigene Reihe zurückgelaufen, bevor er zu D abgespielt hat. D spielt zu H, F zu G. Es folgen also Diagonal- und Frontalpaß kurz hintereinander (Abb. 93).

Variation

Wir laufen dem Ball in Wurfrichtung nach.

Abb. 93

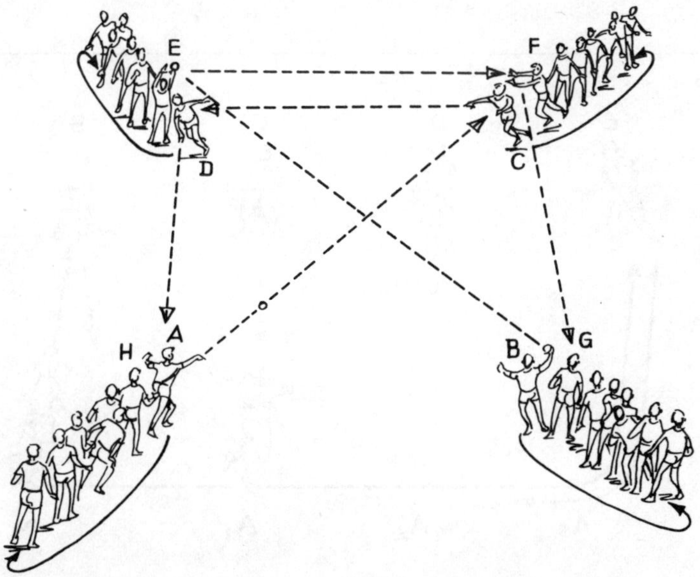

Abb. 94

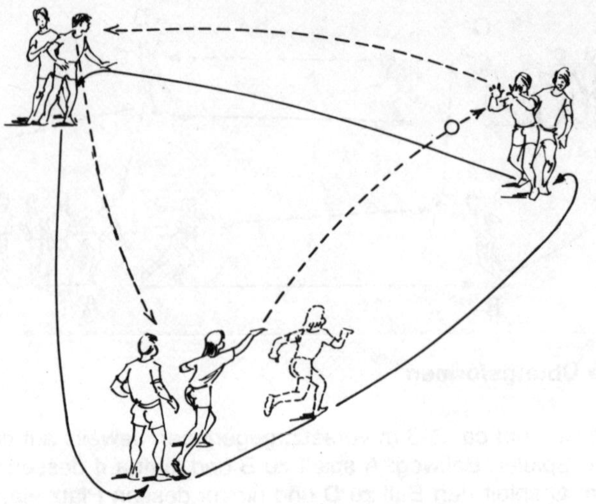

LK Leistungskontrolle

Was Werfen und fangen

Wie Zuspiel im Dreieck mit Platzwechsel (Abb. 94).

Die Anzahl der Bälle, die zu Boden fallen, wird pro Zeiteinheit gezählt. Es kann auch mit 2 Bällen gespielt werden.

Abb. 95

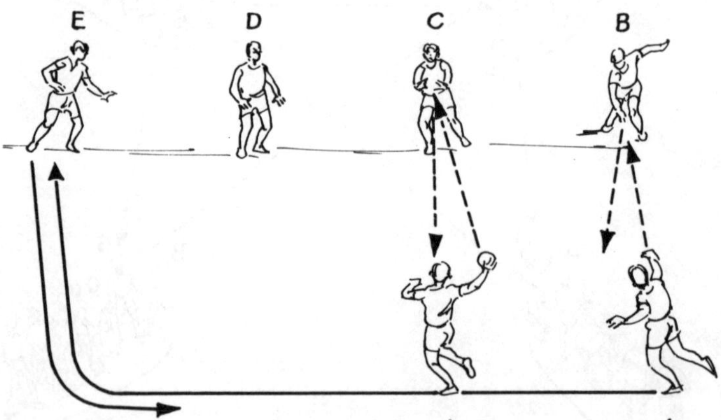

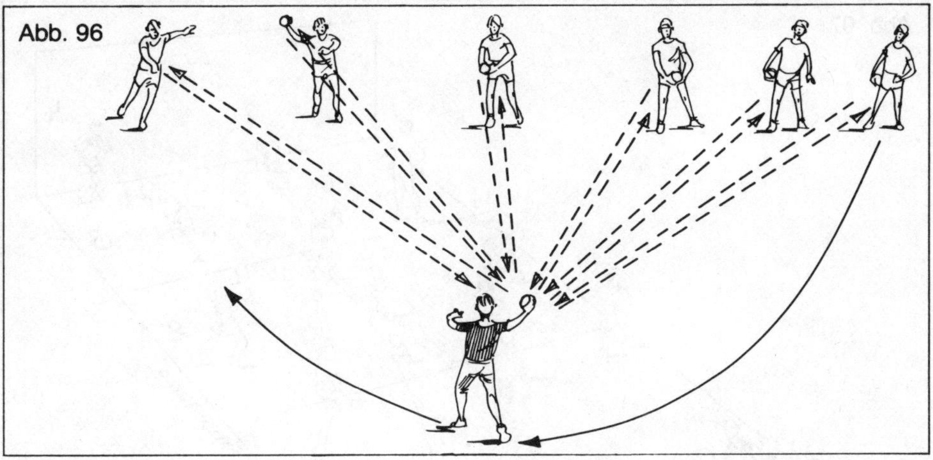

c. Die Linie

Linie mit Blick zum Anspieler. Dies können 2 bis 3 Spieler sein.

Variation

Der Anspieler läuft bis zum letzten der Linie weiter und wechselt mit ihm den Platz.

Die Anspieler laufen am Ende der Linie um die Reihe herum und spielen von der anderen Seite an. Dabei müssen sich die Spieler in der Linie laufend nach beiden Seiten orientieren (Abb. 95).

Linie mit Vorderspieler; dem Vorderspieler werden die Bälle schnell nacheinander zugespielt. Nach 1 Minute Wechsel (Abb. 96).

Variation

Wenn der letzte angespielt wird, wechselt er mit dem Vordermann den Platz, und er erhält die nächste Serie von Bällen.

Kleine Spiele

„Weitwerfen"

Das Feld ist an einem Ende in einen Wurfraum, der Rest in 3 Fangräume eingeteilt. Jeder Spieler aus dem Wurfraum hat einen Wurf. Der Ball muß von der „Fangpartei" ohne Bodenberührung aufgenommen werden. Je nach Fangraum gibt es 1 bis 3 Punkte. Die Wand zählt 4 Punkte. Fällt der Ball beim Fangen zu Boden, erhält die Wurfpartei einen weiteren Punkt (Abb. 97).

Variation

Mit 2 bis 3 Bällen.

„Treibball"

Eine Partei steht im Wurffeld, die andere im Fangfeld. Die Fangpartei darf jedesmal an der Stelle, an der der Ball gefangen wurde, wieder werfen. Fällt der Ball zu Boden, muß man 5 Meter zurück. Überschreiten der Mittellinie bedeutet Sieg für die Fangpartei.

Abb. 97

Wand als „Spielpartner"

Jeder Spieler mit Ball und Blick zur Wand. Abstand zwischen 3 und 8 m. Der Spieler führt soviel wie möglich Würfe an die Wand mit anschließendem Fangen durch, ohne daß der Ball zu Boden fällt (Abb. 98).

Abb. 98

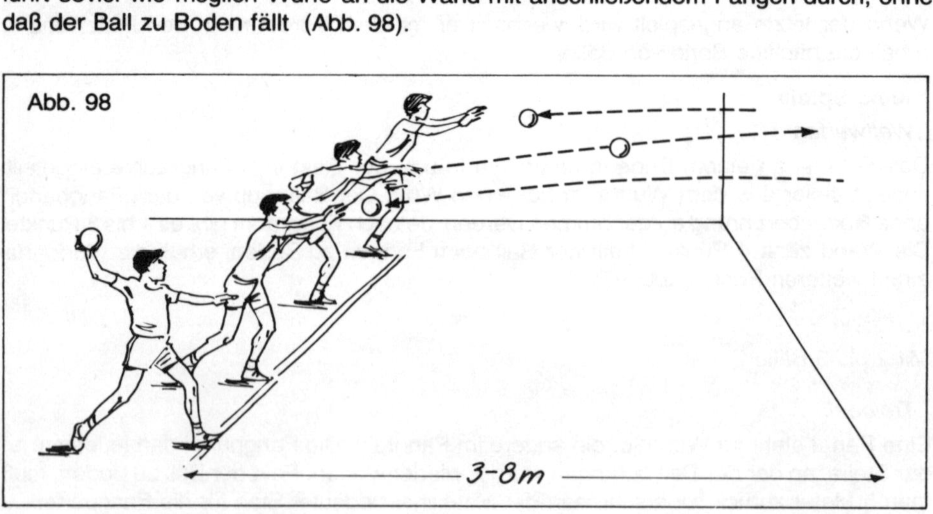

Abb. 99

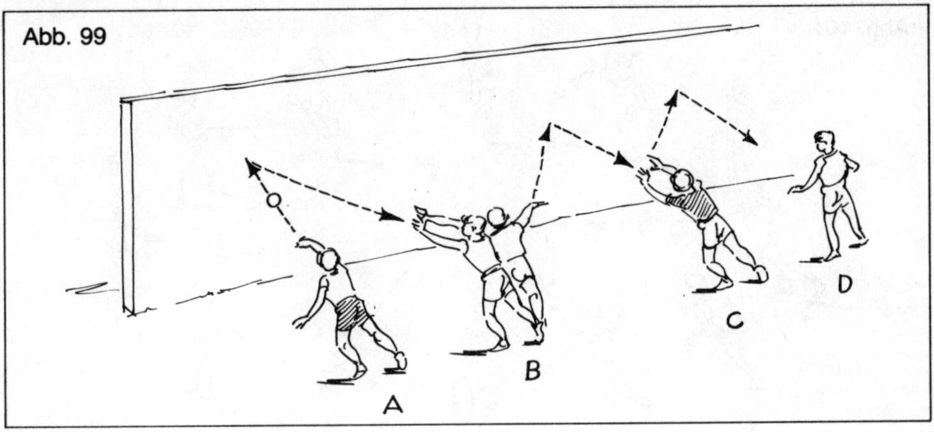

Variation

2 Bälle werden nacheinander an die Wand gespielt. Wer kann so lange wie möglich spielen, ohne daß die Bälle den Boden berühren?

Variation

Nur 3 Mann spielen den Ball an die Wand! (2 Mann).

Linie mit Blick zur Wand; A wirft den Ball schräg gegen die Wand, daß er zu B zurückkommt (Abb. 99).

d. Der Kreis

Die Organisationsform des Kreises stellt eine weitere Steigerung dar, da die Partner sich nicht mehr frontal gegenüberstehen, sondern seitlich angespielt werden.

Wir stellen folgende Aufgaben:

Wir werfen den Ball im Kreis zu (Abb. 100).

Abb. 100

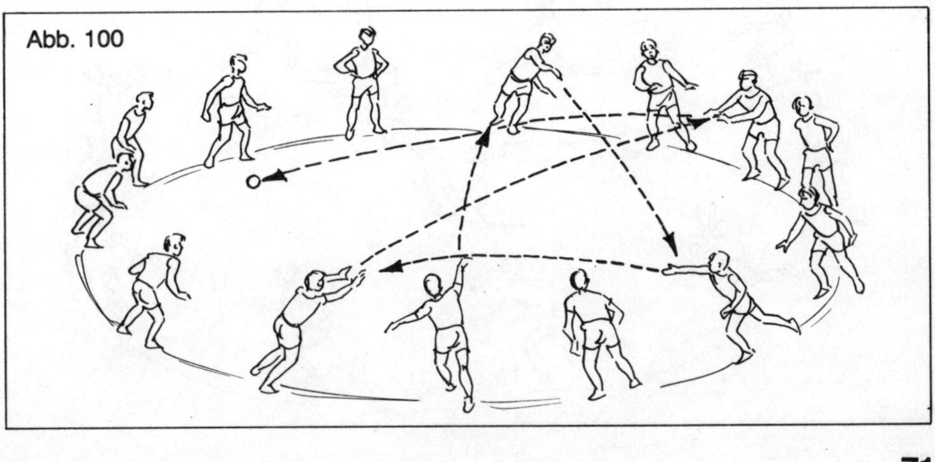

Abb. 101

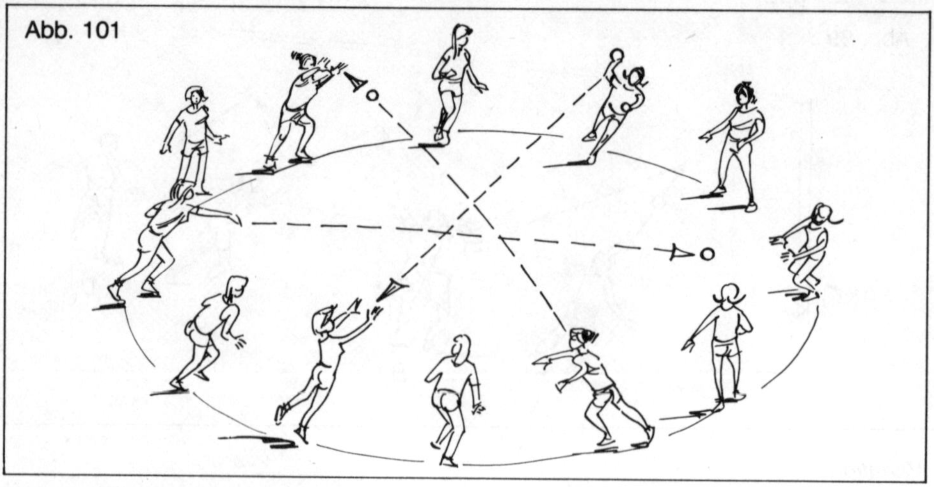

Variation der Abspielarten.

Wir spielen den nächsten, den übernächsten an.

Wir spielen mit 2–4 Bällen quer durch den Kreis (Abb. 101).

1–2 Spieler gehen in den Kreis und werfen die Bälle zu. Die Fänger im Kreis spielen den Ball genau in der Form zurück, wie sie ihn erhalten haben (z. B. Aufsetzer, links, rechts, zurollen usw.).

Der Kreis bewegt sich um den Mittelmann, der den Ball in den Vorraum spielt. Auch mit 2–3 Anspielern möglich (Abb. 102).

Der Kreis bewegt sich im Uhrzeigersinn. Wir spielen den Ball zuerst im Gehen und dann im Laufen: dem Partner über die rechte Schulter, linke Schulter; „Aufsetzer", wir üben den Hüftschwungwurf, nach links und nach rechts; den Rückhandwurf.

Abb. 102

Abb. 103

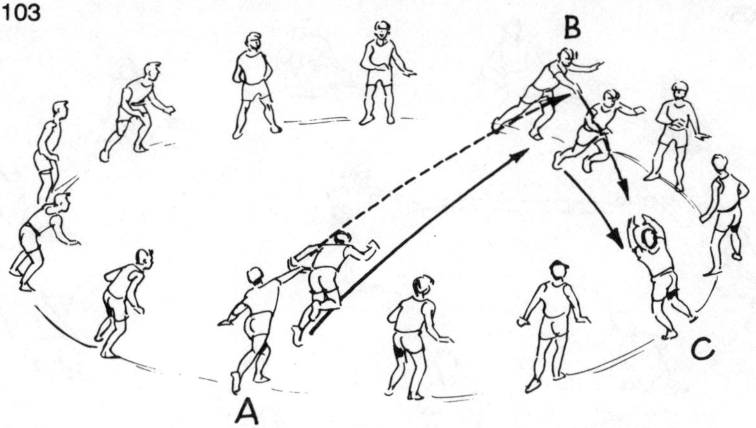

Alle sitzen im Kreis und spielen sich 2–3 Bälle zu. Alle liegen im Kreis! Jeder Spieler läuft seinem Ball in Wurfrichtung nach und stellt sich auf den Platz des Fängers. Beispiel: A spielt B, A läuft auf den Platz von B, B spielt C und läuft auf den Platz von C. Auch mit 2–3 Bällen möglich (Abb. 103).

2 konzentrische Kreise, die in Gegenrichtung laufen. Ballabspiel in allen Variationen (Abb. 104).

Abb. 104

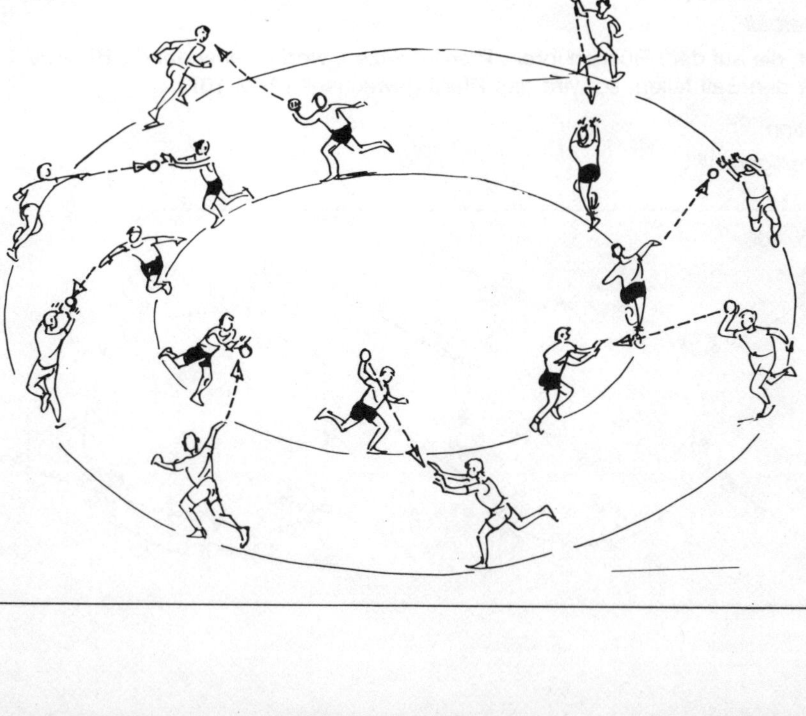

Alle sitzen im Kreis; ein Mittelmann spielt den Ball zu. Beim Fangen des Balles steht der Fänger sofort auf (wenn möglich ohne Hände), spielt den Ball zurück und setzt sich wieder hin (Abb. 105).

2 Kreise im Abstand von ca. 5 Metern und je 2 Anspieler rechts und links der Kreise. Die Kreise bewegen sich gegengleich. Jeder Kreis besitzt ungefähr 4–5 Bälle. Spiel von Kreis zu Kreis oder nach außen ist möglich (Abb. 106).

KS Kleine Spiele

„Reiterball"

Reiter, die auf dem Rücken ihrer „Pferde" sitzen, werfen einander die Bälle zu. Läßt ein Reiter den Ball fallen, so wird das Pferd gewechselt (Abb. 107).

Variation

„Reitertigerball".

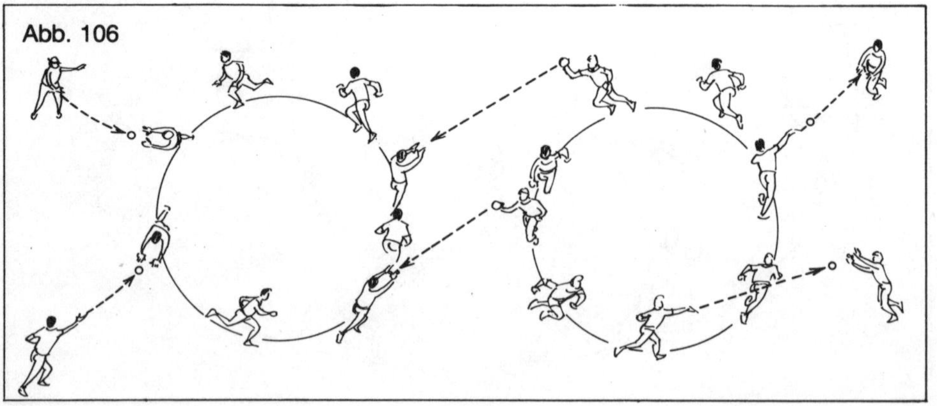

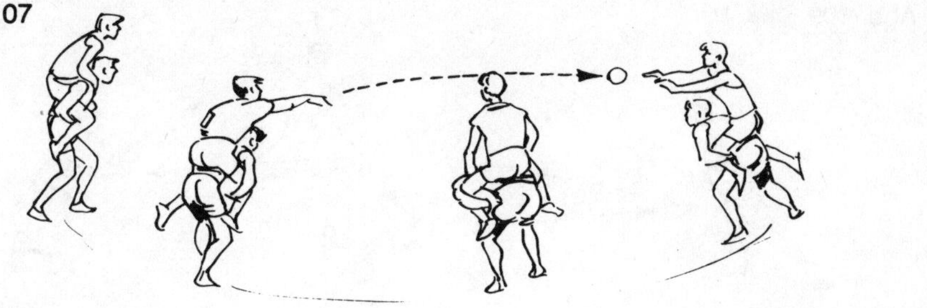

Abb. 107

„Tigerball"

2–3 Spieler im Kreis versuchen die Bälle zu fangen. Derjenige muß hinein, der den Ball als letzter gespielt hat (Abb. 108).

e. Die Gruppe

Die Auflösung der Organisationsformen bringt die letzte Steigerung in der spieltechnischen Schulung. Dabei ist die Möglichkeit gegeben, von der Partnerform über Dreier- und Vierergruppe bis zur Sechsergruppe zu gehen. Die Übungsintensität ist bei der Dreiergruppe am größten, da hier auch die Möglichkeit des Intervalls gegeben ist.

Abb. 108

Abb. 109

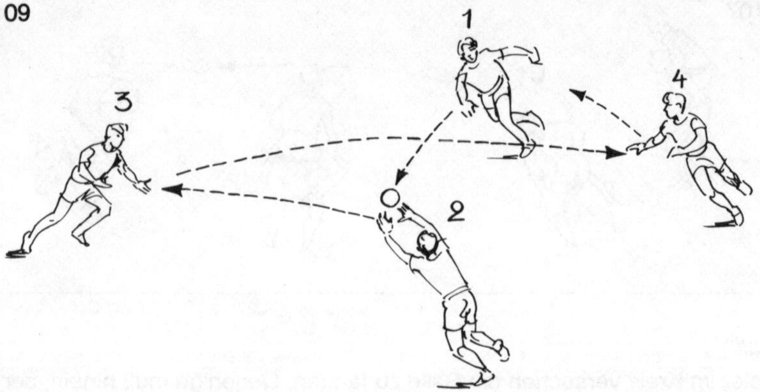

Wir stellen folgende Aufgaben:

Wir spielen den Ball in der Bewegung zu. Dreier-, Vierer- und Fünfergruppen. Alle Ab- und Zuspielvariationen anwenden.

Wir zählen zu vieren ab. Jeder Spieler hat also eine Nummer. Wir spielen in der Folge der Ziffern ab und laufen dabei. Dieselbe Übung kann auch mit 5–7 Spielern durchgeführt werden. Reihenfolge des Abspiels: 1-2-3-4; 4-3-2-1; 1-3-2-4 usw. (Abb. 109).

Variation

Nach Abspiel des Balles läuft der Spieler um ein Mal und kehrt zurück. Mit 2 Bällen!

5–6 Spieler stehen verteilt in der Halle. Der Laufweg wird durch den Übungsleiter bekanntgegeben. Alle Variationen des Zuspiels üben! (Abb. 110).

Dreiergruppe; 3 Spieler stehen auf einer Linie ca. 3 m auseinander. Der Mittelmann C wird jeweils von A und B angespielt. Durch schnelle Drehung versucht er, die angespielten Bälle zu fangen (Abb. 111).

Abb. 110

Abb. 111

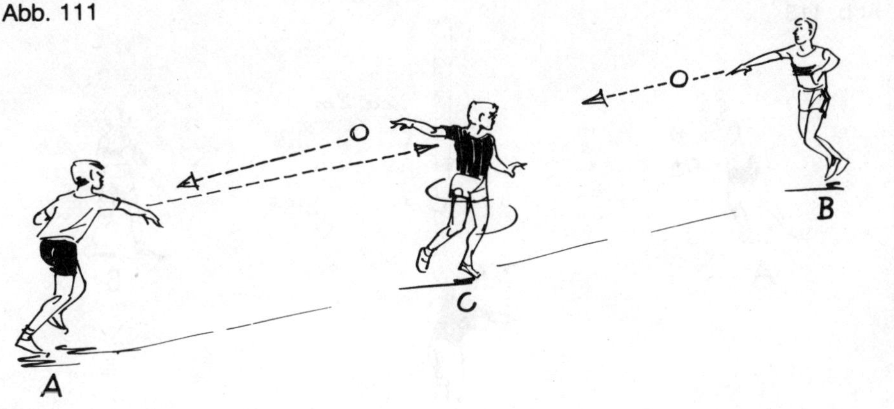

Variation

Der Mittelmann C bewegt sich auf den jeweiligen Partner zu!

Aufstellung in Dreiecksform; 2 Spieler A und B spielen den Partner C abwechselnd an! Nach 1 Minute Wechsel (Abb. 112).

Die gleiche Aufstellung; jeder hat einen Ball. Kurz bevor A den Ball zu C spielt, wirft C seinen eigenen Ball ca. 2 m hoch, fängt den Ball von A, spielt zurück und fängt seinen eigenen wieder auf. Die Übung ist auch als Reaktionsübung für Torwarte geeignet (Abb. 113).

Dreiecksform; 2–3 Bälle wandern so schnell wie möglich im Dreieck nach einer Richtung. Welcher Ball fängt den andern? Abspielvariationen: Rückhandpaß, Hüftschwungwurf, mit einer Hand den Ball zuklatschen (Abb. 114).

Abb. 112

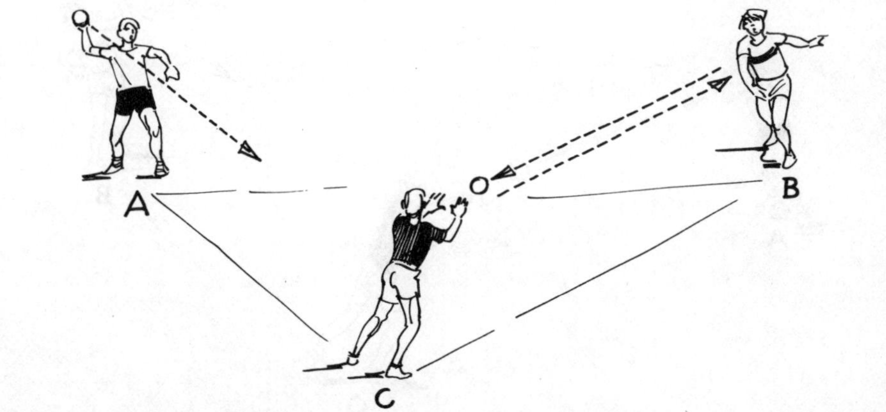

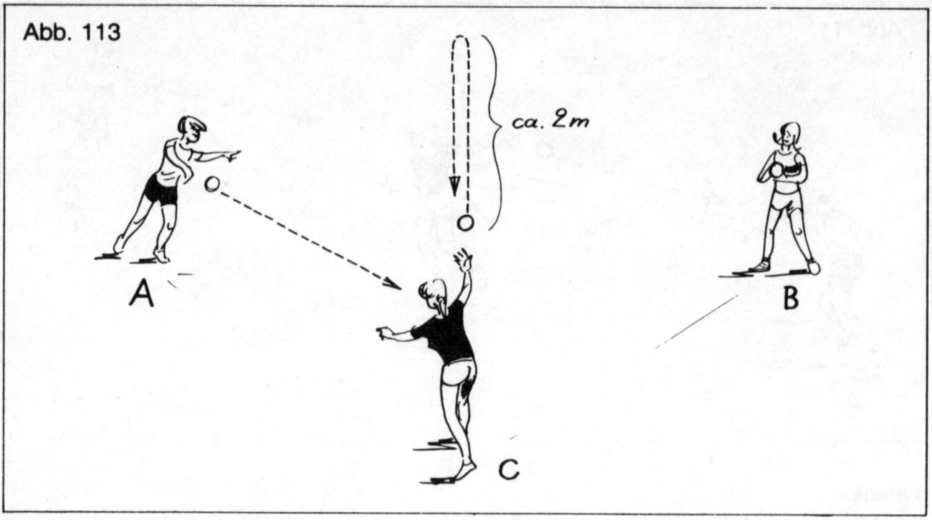

Dreiecksform mit 4 Spielern. Spieler A hat zwei Bälle und spielt sie nacheinander zu B. B spielt einmal nach links zu C, einmal nach rechts zu D. C und D spielen wieder zu A zurück. Tempo steigern (Abb. 115).

2 gegen 1; die Spielfläche muß dabei begrenzt werden, um dem abwehrenden Spieler eine Chance zu geben (Kreis mit 5–6 m Durchmesser oder Rechteck mit 4 mal 5 m). Der Ball darf nicht höher als bis zur Schulter gespielt werden (Abb. 116).

Erweiterung zu Übungsform: 2 gegen 3, 3 gegen 4, 4 gegen 5 oder 2 gegen 2, 3 gegen 3, 4 gegen 4, 5 gegen 5 (Abb. 117).

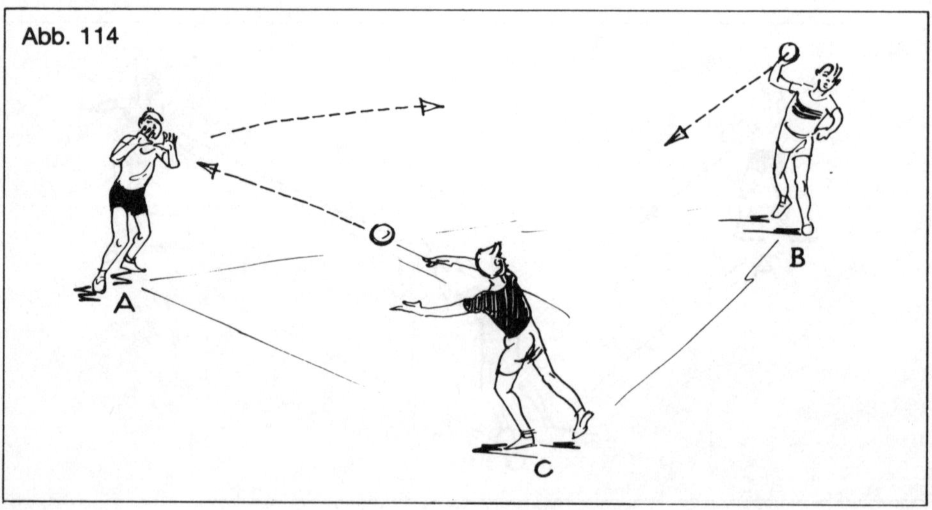

Abb. 115

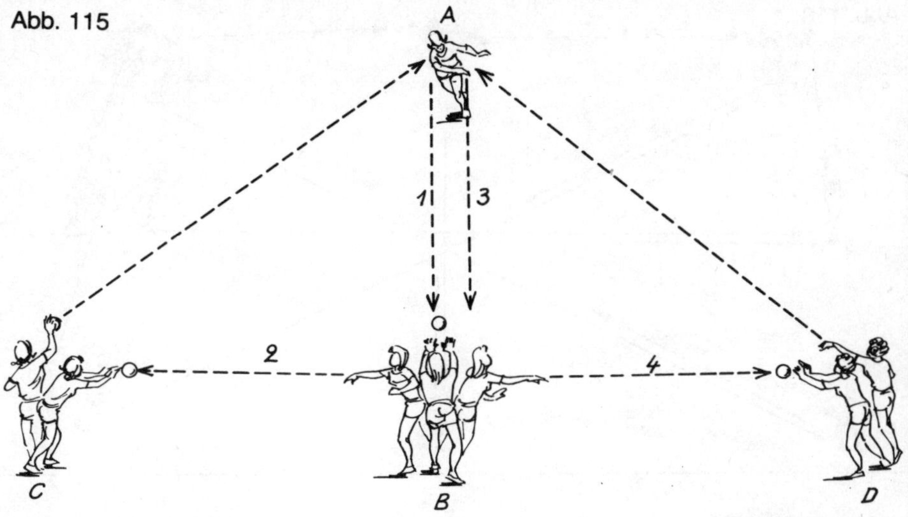

Abb. 116

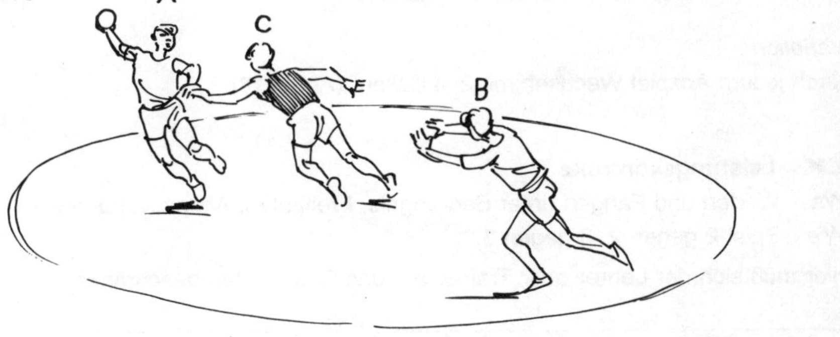

Abb. 117

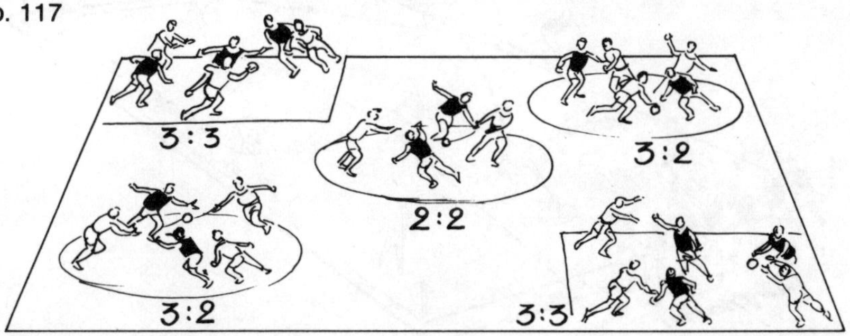

Abb. 118

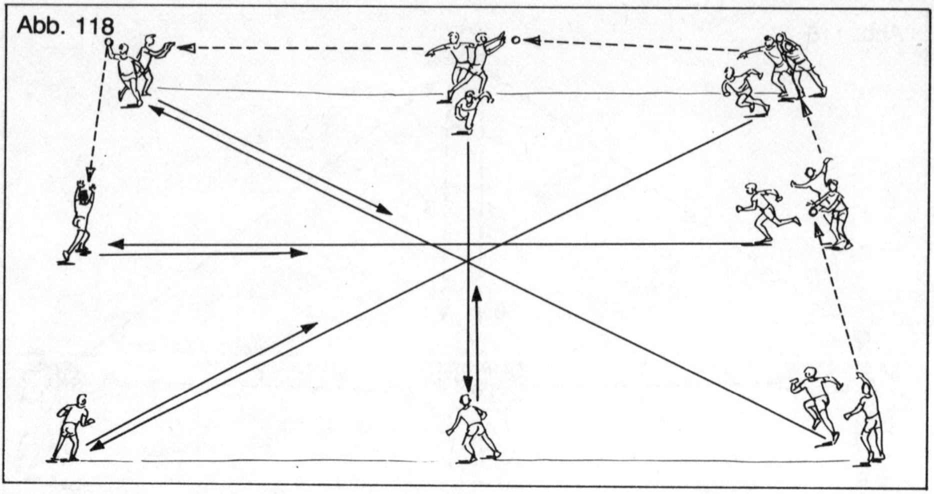

„Klimaviereck“

Insgesamt 8 Spieler haben sich im Viereck aufgestellt. Nach Abspiel der Eckposition wechselt der Abspieler mit seinem Gegenüber.

Variation

Nach jedem Abspiel Wechsel; mit 2–4 Bällen! (Abb. 118).

LK Leistungskontrolle

Was Werfen und Fangen unter Bedrängnis, Freilaufen, Abspielvariationen

Wie Spiel 2 gegen 2, 3 gegen 3.

Hier muß sich der Lehrer oder Trainer auf das Beobachten beschränken.

Abb. 119

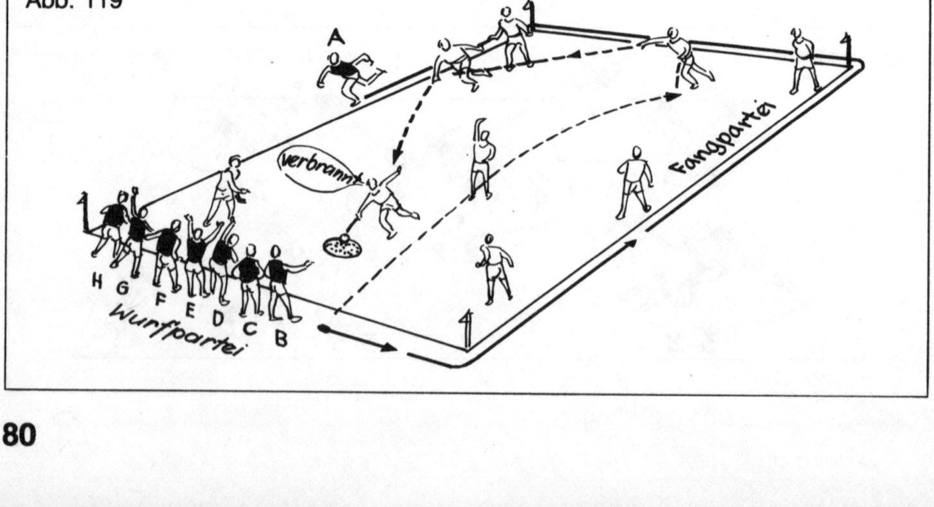

Abb. 120

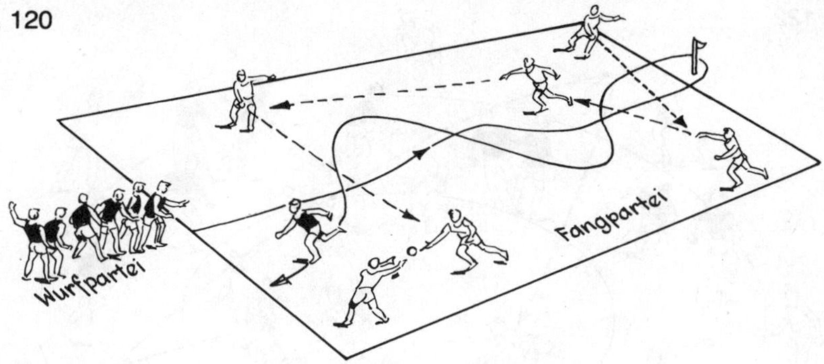

6. Kleine Spiele und Kleine Sportspiele

Nachdem im letzten Kapitel die spieltechnische Schulung mit Kleinen Spielen aufgezeigt wurde, geht dieses Kapitel zu den „Kleinen Sportspielen" über, die handballähnlich sind, d. h., die die wesentlichen Elemente des Handballs enthalten. Sie sind nicht an eine bestimmte Altersstufe gebunden, sondern können bei 8- bis 12jährigen im Rahmen der Spielreihe auf das Zielspiel vorbereiten, bei 13- bis 18jährigen zur Wiederholung und bei Erwachsenen zum Ausgleich dienen.

a. Brennball

2 Mannschaften; eine Wurfpartei hinter der Wurflinie und eine Fangpartei im Feld. Der Ball wird nun von Spieler A ins Feld geworfen, muß dort aufspringen und anschließend von der Feldpartei gefangen werden. A kann nun seinen Rundenlauf beginnen. Die Fangpartei versucht nun so schnell wie möglich den Ball ins Brennmal (Reifen, Sprungbrett oder Seil) zu werfen. In diesem Augenblick muß der Läufer ein Freimal (Fahnen),

Abb. 121

Abb. 122

das sich an den Ecken des Feldes befindet, erreicht haben oder schon wieder im Ziel sein. Er erhält bei voller Umrundung einen Punkt. Ist er „verbrannt", so muß er wieder in die eigene Gruppe zurück und erhält keinen Punkt (Abb. 119).

Variation

Der Läufer rennt nicht ums Feld, sondern im Zickzack durch das Feld zu einem Mal, das sich am anderen Ende in der Mitte des Feldes befindet. Er umläuft es und muß nun versuchen, ohne abgeschossen zu werden, seine Ausgangslinie zu erreichen. Die Spieler der Feldpartei dürfen dabei nicht mit dem Ball laufen und ihn nicht länger als 3 Sekunden je Spieler halten (Abb. 120).

b. Jägerball

2–5 Spieler jagen die „Hasen" mit 1–2 Bällen. Wer abgeworfen wurde, holt sich ein Band und jagt mit.

c. Völkerball

Zwei gleich starke Mannschaften stehen sich auf 2 gleich großen Feldern gegenüber. Jede Mannschaft stellt 3 Grenzwächter ab, die an den Seitenlinien postiert werden. Das Ziel ist es, möglichst viele Spieler der anderen Partei abzuwerfen.

Variationen

„Hindernisvölkerball"

In den beiden Feldern stehen Kästen oder Böcke, hinter denen sie Schutz suchen können (Abb. 121).

Abb. 123

„Kreisvölkerball"

2 konzentrische Kreise mit einem Abstand von ca. 3–4 Metern. Die Partei A befindet sich im Innenkreis und außerhalb der Kreislinie des äußeren Kreises. Die Partei B zwischen den beiden Kreislinien. Partei B wird von A abgeworfen. Abgeworfene Spieler können wie beim Völkerball ausgetauscht werden (Abb. 122).

„Vierparteienvölkerball"

Das Feld ist in 4 gleich große Rechtecke eingeteilt und von einer Partei mit 5–6 Spielern besetzt. Jede spielt gegen die andere. Partei A versucht einen Spieler von B abzuwerfen. Gelingt dies nicht und rollt der Ball ins nächste Feld zu C, dann wirft C einen Spieler der Gruppe D oder B ab. Die Grenzwächterpartei E spielt gegen alle. Wer getroffen ist, scheidet nicht aus, sondern die jeweilige Partei erhält einen Minuspunkt (Abb. 123).

d. Netzhandball

2 Mannschaften; jede Mannschaft versucht den Ball über die Leine (2–2,5 m) zu werfen. Jede Bodenberührung des Balles zählt als Fehler. Die beiden Linien vor dem Seil (1,5 m entfernt) dürfen nicht überschritten werden (Abb. 124).

Abb. 124

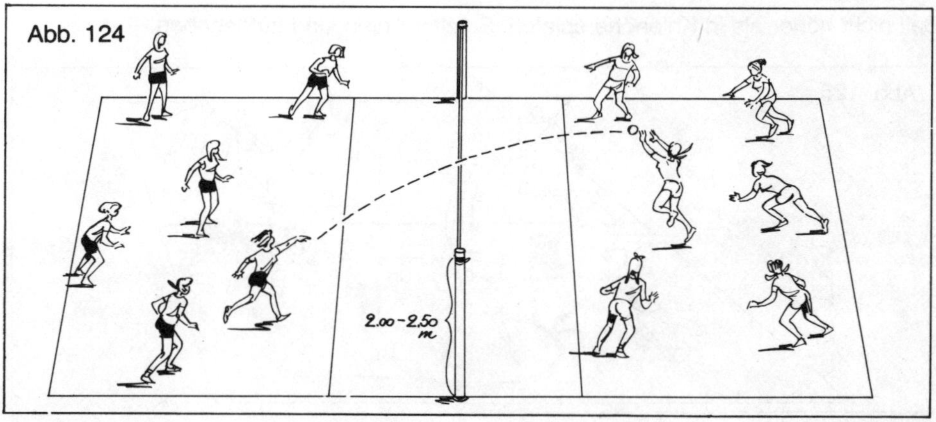

Abb. 125

Variation

Das gleiche Spiel kann mit Torwurf durchgeführt werden. Dabei werden am Ende des Feldes Zauberschnüre in 1 m Höhe gespannt. Jeder Ball, der unter der Zauberschnur durchgeht, zählt als Tor (Abb. 125).

e. Bockball

2 Mannschaften mit 5–7 Spielern. Auf einem Kasten oder Bock liegt ein Medizinball (auf einem Ring). In 3–5 m Entfernung vom Gerät ist ein Kreis gezogen. Jede Mannschaft versucht, den Medizinball des Gegners herunterzuwerfen. Der Kreis darf dabei nicht betreten werden (Abb. 126).

Variation

Der Ball wird durch einen Spieler geschützt.

f. Rollball

Der Ball darf bei diesem Spiel nur gerollt werden. Als Tore können Matten oder Kastenteile dienen (Abb. 127).

Variation

„Bückeball"

Ball nicht höher als in Kniehöhe spielen. Spielfeldlinien sind aufgehoben.

Abb. 126

Abb. 127

Abb. 128

Abb. 129

g. Kastentorball

2 Mannschaften mit je 5–7 Spielern. In 2 Kreisen mit Durchmesser von 4 Metern steht je ein Kastenteil aufgerichtet auf der Längsseite. Es darf von vorne und hinten geworfen werden, wobei der Torwart über das Tor springen kann. Sich hinlegen ist verboten! Es wird nach Hallenhandballregeln gespielt (Abb. 128).

h. Parteiball

Im Feld befinden sich 3 Parteien mit je 4 Spielern und 2 Torhüter, die nicht wechseln. Partei A spielt gegen Partei B, und C hat Pause. Wird von Partei A ein Tor erzielt oder geht der Ball verloren, greift Partei B an, und C muß abwehren (Abb. 129).

7. Wurfarten

Schlag-, Sprung- und Fallwurf bildeten noch vor 10 Jahren die Grundlage der Wurfarten für das Hallenhandballspiel. Man sah kaum Variationen, da man nicht von der Abwehr gezwungen wurde, auf engem Raum Würfe anzubringen. Dies hat sich in den letzten Jahren gründlich gewandelt. Durch die verschiedenen Abwehrformationen, vor allem die 6:0-Formation, mußten Würfe in ihrer Ausführung variiert werden, um noch zum Torerfolg kommen zu können.

Man unterscheidet folgende Wurfarten mit Variationen:

a. Schlagwürfe

Schlagwurf hoch
Schlagwurf hüfthoch
Schlagwurf tief

b. Sprungwürfe

Sprungwurf aus dem Lauf
Sprungwurf am Kreis (Drehsprungwurf)
Sprungwurf über die Abwehr
Sprungwurf am Abwehrspieler vorbei
Sprungwurf von Außenpositionen

Abb. 130 a b c ▷

c. Fallwürfe

Fallwurf aus dem Grätschstand und der Schrittstellung
Drehfallwurf
Seitfallwurf nach der Wurfarmseite
Knickwurf (Seitfallwurf entgegengesetzt zur Wurfarmseite)

d. Rückhandwürfe

Rückhandwürfe mit Drehung (überkopfhoch, schulterhoch, hüfthoch)
Rückhandwürfe ohne Drehung
Rückhandwurf aus dem Stand
Rückhandwurf im Fallen

e. Beidhänder

Beidhänder über den Kopf
Beidhänder als Druckwurf
Beidhänder durch die Beine rückwärts

f. Besondere Wurfarten

Sprung in den Torraum mit Aufnehmen des Balles
Fausten oder Schlagen des Balles ins Tor

a. Schlagwürfe

Schlagwurf hoch

Diese Wurfart wurde im Kapitel „Werfen und Fangen" schon genau beschrieben.

Schlagwurf hüfthoch

Bewegungsablauf

Der Werfer führt einen Stemmschritt durch, der ihn in eine etwas tiefere Körperhaltung bringt. Der abgewinkelte Arm wird in Hüfthöhe schnell vorbeigezogen. Die Fingerspitzen zeigen in Wurfarmrichtung. Nicht kegeln! (Abb. 130 a–f).

d e f

Abb. 131

VÜ Vorbereitende Übungen

In der Vorbereitung des Wurfs sollte man vor allem auf 2 Merkmale achten: den Stemmschritt und das Antäuschen des Wurfes.

Der Stemmschritt

Um zu einem kraftvollen Wurf zu gelangen, ist eine Rhythmisierung des Angehens mit anschließendem Stemmschritt unerläßlich. Dadurch wird auch das häufige Auflaufen vermieden.

Die Übungen zum Erlernen des Dreierrhythmus sind schon bekannt. Als „Gegenspieler" dient ein Bock oder quergestellter Kasten. Der Bewegungsablauf ist folgender (Rechtshänder): links-rechts-Stemmschritt (Ausfallschritt).

Der letzte Schritt ist ein Ausfallschritt. Der Schütze legt hierbei sein Gewicht auf den ausgestemmten Fuß. Um einen Bruch im Bewegungsablauf zu vermeiden, geht der Werfer mit dem Körper etwas tiefer. Alle Übungen werden vorerst ohne Ball ausgeführt (Abb. 131).

Das Antäuschen

Da der Gegenspieler bei einem sofortigen Tiefgehen die Absicht eines Schlagwurfes in Hüfthöhe schnell erkennen würde, ist es angebracht, den Gegner durch einen Schlagwurf in Kopfhöhe zu täuschen, so daß er gezwungen wird, seine Arme zur Abwehr hochzunehmen.

Ü Übungsformen

Ein Mitspieler hält mit beiden Händen einen Medizinball über dem Kopf. Bewegungsablauf (zuerst ohne Ball): links – rechts – Stemmschritt – Torwurffinte – Tiefgehen – Schlagwurf hüfthoch (für Linkshänder umgekehrte Reihenfolge) (Abb. 132).

Die gleichen Übungen werden nun mit Ball durchgeführt. Hinzu kommt, daß die Zauberschnur in Hüfthöhe gespannt wird, unter der man durchwirft.

Abb. 132

Ü Übungsformen

Wir werfen unter Bänken hindurch, die auf Kästen liegen (Abb. 133).

Dasselbe mit Antäuschen.

In Zweiergruppe ohne Abwehr (passiv) des Gegenspielers gegen eine Wand.

In Zweiergruppe mit Abwehr des Gegenspielers gegen eine Wand. Anschließend wird nun der Torwart hinzugenommen.

Wurf mit TW und Zauberschnur.

Mit TW ohne Zauberschnur.

Mit TW und Gegenspieler.

Wir werfen ins „gezogene Eck" (Linkshänder nach rechts und umgekehrt).

Wir werfen aus dem Gruppenspiel heraus.

Wir werfen aus dem Spiel heraus.

Abb. 133

Abb. 135

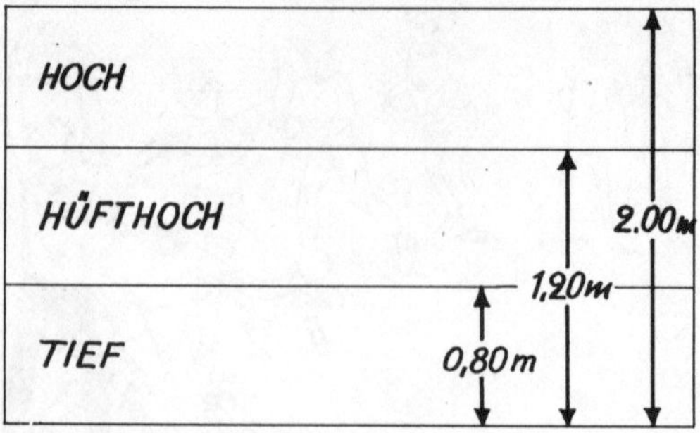

Schlagwurf tief

Diese Variation verlangt noch einen deutlicheren Ausfallschritt und eine größere Neigung des Körpers nach rechts bzw. links. Hierbei kann infolge des weiten Ballweges das Antäuschen wegfallen (Abb. 134 a–f, 135).

LK Leistungskontrolle

Was Schlagwürfe

Wie Ausführung in 3 verschiedenen Wurfzonen

5 Schlagwürfe kopfhoch
5 Schlagwürfe hüfthoch
5 Schlagwürfe tief

Bewertung erfolgt nach Torerfolg und Ausführung.

b. Sprungwürfe

Der Sprungwurf mit seinen Variationen ist heute im Hallenhandball zu dem „Grundwurf" schlechthin geworden. Der Grund ist darin zu suchen, daß man sich durch den Sprung der Abwehr des Gegners entziehen kann. Da bei diesem Wurf Lauf, Sprung

Abb. 134 a b c

▷

Abb. 136

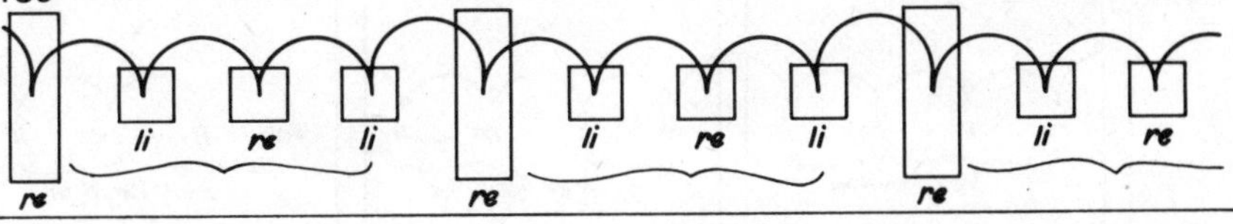

und Wurf koordiniert werden müssen, ist es unbedingt erforderlich, vorbereitende Übungen einzubauen. Im allgemeinen unterscheidet man 5 Variationen:

Sprungwurf aus dem Lauf

Sprungwurf am Kreis

Sprungwurf über die Abwehr

Sprungwurf am Abwehrspieler vorbei

Sprungwurf von Außenpositionen

Sprungwurf aus dem Lauf

VÜ Vorbereitende Übungen

In den vorbereitenden Übungen wird der Schwerpunkt auf den Dreierrhythmus gelegt. Man kann ihn durch rhythmisches Laufen und Springen mit Geräten erarbeiten. Es bieten sich kleine Kästen, Kastenoberteile, Bänke und Zauberschnüre an. Bei der folgenden Form ist der Laufweg stufenweise vorgezeichnet, so daß man kaum Fehler machen kann. Als Geräte benützt man Kastenoberteile und kleine Kästen. Die Zeichnung ist für Rechtshänder.

Der Auftaktschritt erfolgt auf dem Kastenoberteil, und der Bewegungsablauf endet auf dem Kastenoberteil. Dazwischen liegt der Dreierrhythmus (Abb. 136).

Ist diese Übungsform erarbeitet, kann man zum Laufen über Bänke gehen. Die Bank dient hier zur Überleitung, um den Dreierrhythmus von neuem beginnen zu können (für Rechtshänder) (Abb. 137).

d e f

Abb. 137

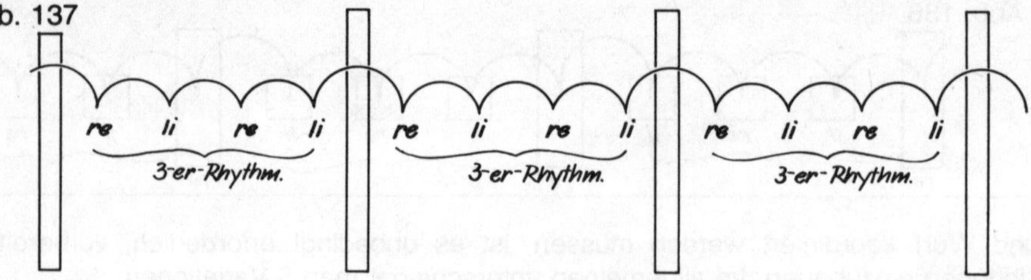

Bewegungsfolge

Sprung über Bank – rechts – links – rechts – links – Sprung über die Bank – rechts usw.

Hilfsmittel: Rhythmus mitklatschen, Ausziehen des rechten Schuhs (Rechtshänder).

Ü Übungsformen

Als neue Organisationsformen wählt man je nach Anzahl 2–4 Reihen, die mit Blickrichtung zur Bank stehen. Der Abstand beträgt ca. 3–4 m, so daß der Rhythmus leicht gefunden werden kann (Abb. 138).

Aufgabenstellung

Überlaufen der Bank im Dreierrhythmus.

Wir landen mit dem Sprungbein (RH: l – r – Sprung – l).

Das Schwungbein wird in der Flugphase angewinkelt und seitlich abgespreizt.

Der Ball wird nach der Landung der Partnergruppe, die schräg gegenübersteht, abgespielt (Abb. 139).

Der Ball wird erst nach dem Kulminationspunkt abgespielt.

Nun erfolgt eine Steigerung. Die Bank oder die Zauberschnur wird in Höhe der Freiwurflinie aufgestellt bzw. gehalten.

Abb. 138

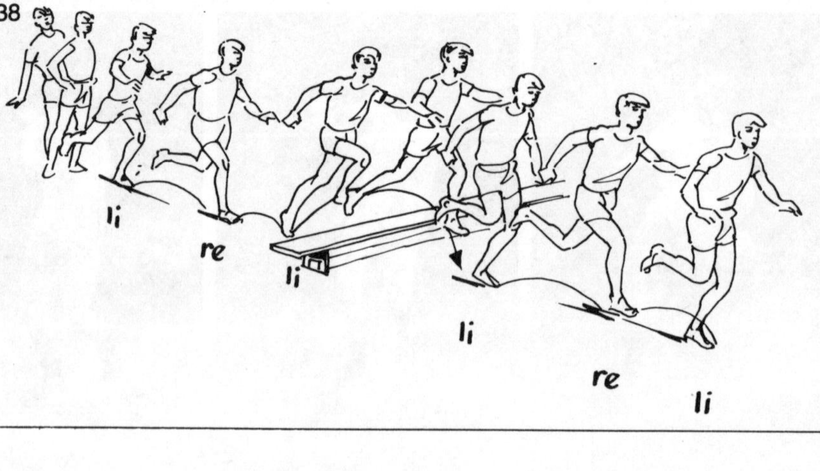

Schlagwurf halbhoch

Abb. 139

Aufgabenstellung

Wurf aufs Tor nach Überspringen der Bank mit Verzögerung.

Wurf aufs Tor mit Zielangabe (ohne Torwart).

Wurf aufs Tor mit Torwart.

Wurf aufs Tor ohne Bank.

Nachdem die Grobform des Sprungwurfs bekannt ist, kann man zu schwierigeren Übungsformen übergehen:

Aufgabenstellung

Prellen des Balles mit anschließendem Sprungwurf.

Zuspiel – Prellen – Sprungwurf (RH).
Schräges Anlaufen – Zuspiel – Sprungwurf.

Sprungwurf nach kurzem Wechsel.

Wurf aus dem Gruppenspiel heraus (2 gegen 2, 3 gegen 4, 4 gegen 4).

Als Erschwerung kann man die Spieler mit Gewichtswesten ausrüsten. Außerdem ist es möglich, auf der Kastentreppe mit Pferd den Wurf zu verfeinern (Abb. 140). (Nur mit guten Spielern!)

Abb. 140

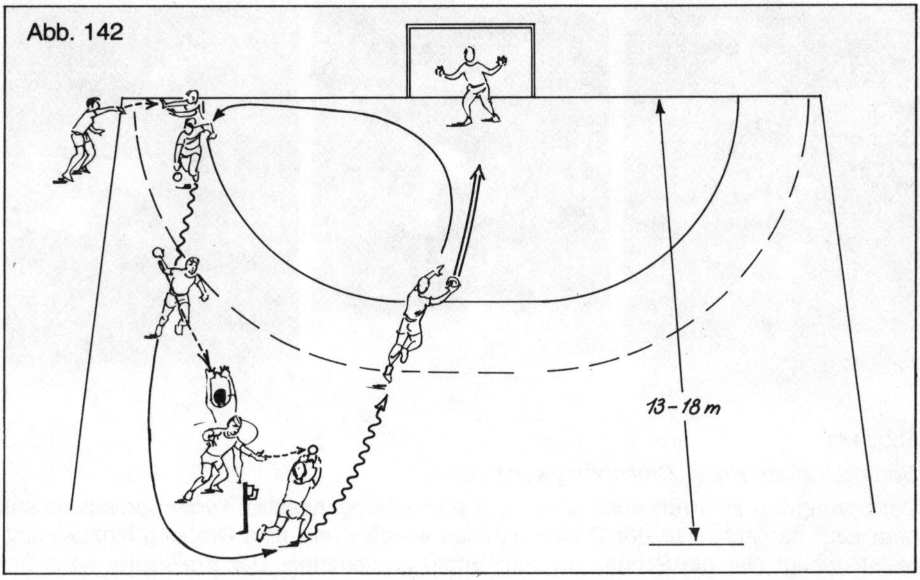

Abb. 142

LK Leistungskontrolle

Was Sprungwurf aus dem Lauf (Abb. 141 a–f).

Wie Umlaufen eines Males mit Zuspiel

Zweimaliges Prellen – Sprungwurf (Freiwurflinie) (Abb. 142).

Wieviel Würfe braucht der Spieler, um 3, 5, 7 Tore zu werfen? Zeitnahme möglich.

Abb. 143

Abb. 141 a b c

Sprungwurf am Kreis (Drehsprungwurf)

Der Sprungwurf am Kreis unterscheidet sich im Bewegungsablauf vom Sprungwurf aus dem Lauf dadurch, daß der Dreierrhythmus wegfällt und eine Drehung hinzukommt. Meist genügt hier ein Schritt, um zum Erfolg zu kommen. Der Kreisläufer kann nur angespielt werden, wenn er zu seinem Aufbauspieler Blickverbindung hat, so daß eine Drehung um 90–180° notwendig wird. Daher der Name Drehsprungwurf (Abb. 143, 144 a–f).

Ü Übungsformen

Als Übungsformen wählen wir die Aufstellung am Kreis mit dem Rücken zum Torwart.

Aufgabenstellung

4–5 Spieler am Kreis – Anspiel – Drehung – Sprungwurf (Abb. 145).

Dieselbe Übung mit Torwart (RH).

Dieselbe Übung mit Abwehrspieler.

Abb. 144 a b c

d e f

Ein Anspieler hat 6 Bälle. Der Kreisspieler wird zuerst auf Linksaußen angespielt – abschließend Wurf, Anspiel auf Mittelposition am Kreis und auf Rechtsaußen. Neuer Durchgang, bis alle 6 Bälle geworfen sind. Mit Abwehrspieler! (Abb. 146).

LK Leistungskontrolle

Was Drehsprungwürfe

Wie Je 10 Würfe mit und ohne Abwehrspieler

Wertung Ausführung des Wurfes und Torerfolg.

Sprungwurf über die Abwehr

Diese Wurfart ist sicher eine der erfolgreichsten im heutigen Hallenhandball. Allerdings setzt sie eine physische Fitneß voraus wie Wurf- und Sprungkraft und eine gewisse Körpergröße (mindestens 1,75 m). Besitzt ein Spieler diese drei Eigenschaften, so wird er mit diesem Wurf bei einem gut aufgebauten Training sicherlich Erfolg haben. Eine gute Übungsmöglichkeit bietet sich in Form des Stufenbarrens.

d e f

Abb. 145

Ü Übungsformen

An den Stufenbarren wird an die erhöhte Seite eine Weichbodenmatte gelegt. Somit kann man die Verletzungsgefahr ausscheiden und dem Schützen und Torwart eine spielnahe Situation liefern (Abb. 147).

Es gibt Weichbodenmatten, die so dick sind, daß sie auch ohne Barren halten. Ferner kann man die Weichbodenmatten auch ins offene Tor stellen (Abb. 148).

Abb. 146

Sprungwurf trotz Behinderung

Abb. 147

Aufgabenstellung

Überwerfen der Matte im Sprungwurf.

Überwerfen der Matte mit Zielangabe (Aufsetzer, hoch, Ecke usw.).

Zuspiel – Wurf.

Im Torraum liegt ein Reifen ca. 1,5 m vor dem TW. Der Ball muß in diesem Reifen aufgesetzt werden.

Als „Abwehr" dient nun ein Abwehrpaar. Wichtig ist hierbei, daß der Werfer die Vertikalbewegung betont und den verzögerten Wurf ansetzt (Abb. 149 a–f).

Überwerfen des Abwehrpaares. Verkürzung des Anlaufs auf 2 Schritte.

Abb. 149 a b c ▷

Abb. 148

LK Leistungskontrolle

Was Sprungwurf über die Abwehr

Wie Zuspiel und Wurf über die Matte (5–10 Würfe)

Wertung Ausführung und Torerfolg

Sehr wurfkräftige Spieler können eine Variation dieses Wurfes anbringen. Sie springen aus dem Stand hoch und werfen aufs Tor (Standsprungwurf). Der Vorteil ist, daß man keinen Anlauf benötigt und der Abwehrspieler überrascht wird. Der Nachteil ist in der geringen Wurfkraft zu suchen.

Sprungwurf am Abwehrspieler vorbei

Wird der Sprungwurf über die Abwehr einige Male ausgeführt, so springen die Abwehrspieler so hoch, daß ein Torerfolg sehr schwer wird. Hier kann man durch eine interessante Variante den Abwehrspieler überlisten. Man setzt einen Sprungwurf über die Abwehr an und wartet, bis die Abwehrspieler gesprungen sind. Dann wird der Arm seitwärts am Abwehrspieler vorbeigezogen, ungefähr in Hüfthöhe des Schützen.

d e f

Abb. 150

Ü Übungsformen

Eine Reihe Angriffsspieler mit Ball, ein Anspieler und ein Abwehrspieler. Zuspiel von A nach B, B nach A, A steigt hoch und täuscht einen Sprungwurf über den Abwehrspieler an und zieht den Arm am Abwehrspieler vorbei.

Steigerung

Wurf ins linke obere oder untere Eck für Rechtshänder (Abb. 150).

Sprungwurf von Außenpositionen

An dieser Stelle werden nur der Wurf des Rechtshänders von links und der Wurf des Linkshänders von rechts behandelt. Die anderen Variationen erscheinen beim Seitfall-

Abb. 151 a b c

▷

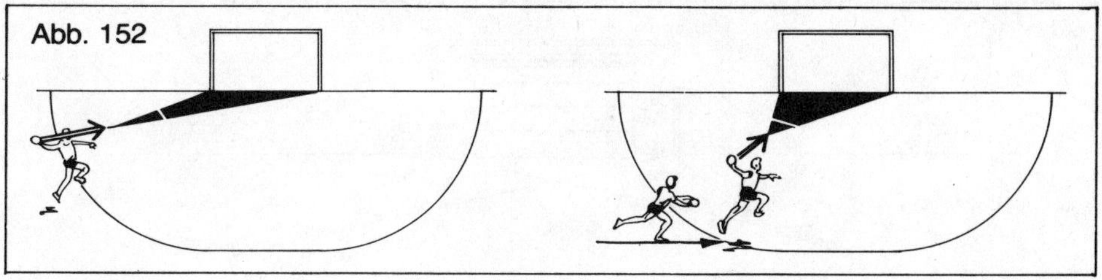

Abb. 152

wurf. Entscheidend bei diesem Wurf ist, daß man beim Sprung von außen viel Raum gewinnt, um sich der Abwehr des Gegners zu entziehen und den Wurfwinkel zu vergrößern (Abb. 151 a–f, 152).

Ü Übungsformen

Der Spieler muß versuchen, beim Sprung von außen zuerst in Richtung Siebenmeterpunkt zu springen. Außerdem ist beim Wurf darauf zu achten, daß ein Schlagwurf in Kopfhöhe kaum zum Erfolg führen wird. Da der TW auf Pfostenhöhe stehen bleibt, muß der Schütze versuchen, einen Sprungwurf anzubringen und dem Ball ein Drehmoment mitzugeben. Je nach Reaktion des TW kann er in das kurze oder lange Eck hoch oder nieder werfen. Der Ball wird so lange wie möglich gehalten.

Aufgabenstellung

Zuerst mit Kasten, kein Torwart wegen Verletzungsgefahr!

Sprung von Links- und Rechtsaußen, Wurf am Kasten vorbei! (Abb. 153).

Angabe der Wurfecke und Wurfhöhe (hoch, nieder, lang, kurz).

Die gleichen Übungen mit TW.

Manche Torhüter gehen dem Schützen entgegen. Dadurch bietet sich sehr häufig die Chance, den Torwart durch einen Bogenwurf („Heber") zu überlisten.

d e f

Abb. 153

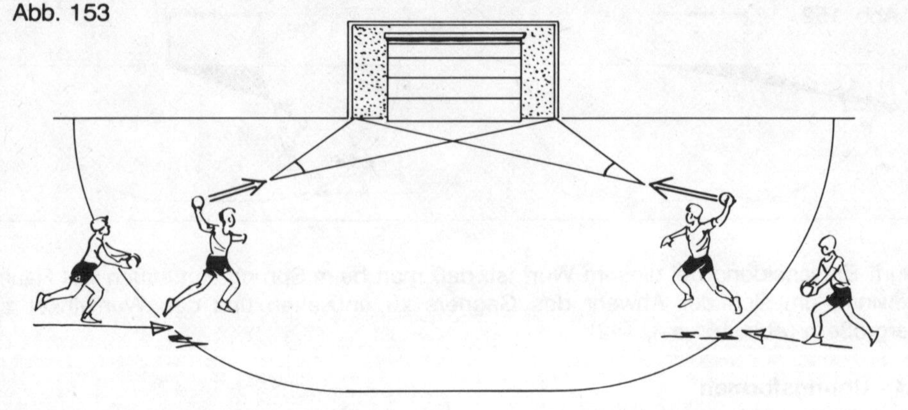

c. Fallwürfe

Diese Würfe werden nur am Kreis und im Freiwurfraum angewendet. Der Spieler kann sich am Wurfkreis der Abwehr des Gegners entziehen, wenn er sich in den Torraum fallen läßt. Der Wurf beginnt mit dem Fallen in den Torraum. Anschließend folgt eine Streckung der Beine und damit ein Aufrichten im Fallen. Man sollte erst nach genauem Beobachten des Torwarts werfen. Die Endphase des Wurfes besteht im Abfangen des Körpers. Hierbei gibt es 2 Möglichkeiten. Das Körpergewicht wird mit nach innen gedrehten Händen abgefangen, oder es erfolgt ein Abrollen über die Schultern.

Die Vorteile des Fallwurfs liegen in der langen Führung des Balles, des Einsatzes des vollen Körpergewichts und der Zeit für die Beobachtung des Torwarts.

Man unterscheidet beim Fallwurf insgesamt 4 Variationen:

Der Fallwurf aus dem Grätschstand und der Schrittstellung.

Seitfallwurf nach der Wurfarmseite.

Drehfallwurf in Verbindung mit Tauchen und Sprung.

Seitfallwurf nach der entgegengesetzten Seite (Knickwurf).

Abb. 155

Fallwurf durch zwei Abwehrspieler

Abb. 156

Fallwurf

Der Fallwurf aus dem Grätschstand heraus wird fast nur bei Strafwürfen verwendet. Trotzdem sollte man mit ihm beginnen, da er am einfachsten zu erlernen ist. Um am Anfang Verletzungen zu vermeiden, sollte man für eine weiche Unterlage sorgen (Matten, Weichboden, Rasen) (Abb. 154 a–f).

VÜ Vorbereitende Übungen

Diese Übungen werden alle ohne Ball durchgeführt, um die Technik des Fallens zu lernen.

Kniestand; man läßt sich nach vorne fallen, wobei das Körpergewicht mit den Händen abgefangen wird (Abb. 155).

Dieselbe Übung aber mit Abrollen über Schulter (Abb. 156).

Stand; fallen mit anschließender Judorolle oder Abfangen mit den Händen (Abb. 157).

Ü Übungsformen

Die vorangegangenen Übungen werden jetzt mit Ball durchgeführt. Dabei werfen wir gegen Wände.

Abb. 154 a b c

▷

Abb. 157

Aufgabenstellung

Dieselbe Übung in Partnerform. Zielübungen vom Kreis ohne Torwart. Zielübungen vom Kreis mit Torwart.

Fallwurf aus der *Schrittstellung* heraus mit anschließendem Fallen.

Werfen ohne Mattenunterlage.

Würfe aus verschiedenen Positionen am Kreis.

Würfe nach erfolgtem Zuspiel von links und rechts.

Strafwürfe, Bodenwürfe bei Herauslaufen des Torwarts.

Drehfallwurf

Eine besondere Form des Fallwurfs ist der Drehfallwurf. Er ähnelt in seinem Bewegungsablauf dem Drehsprungwurf. Meist wird ja der Kreisläufer aus der zweiten Reihe angespielt und steht mit dem Rücken zum Tor. Um zum Wurf zu kommen, muß er eine Drehung von 90 bis 180° durchführen und gelangt dabei in die Fallwurfphase. Zur Unterstützung kann evtl. noch ein Sprung hinzukommen. Wichtig ist hierbei, daß die Drehung auf dem linken Fuß (RH) durchgeführt wird (Abb. 158 a–f).

d e f

Abb. 159

Ü Übungsformen

Drehfallwürfe ohne Ball.

Drehfallwürfe mit Ball (Abb. 159).

Drehfallwurf nach Anspiel von links und rechts (Abb. 160).

Täuschbewegung nach Anspiel – Drehung nach anderer Seite (Abb. 161).

Drehfallwurf aus dem Gruppenspiel heraus (2–2, 3–3, 4–4) (Abb. 162 a–f).

Für geschickte Werfer gibt es eine weitere Variation. Anschließend an die Drehung erfolgt ein Tauchen unter den Armen des Gegenspielers hindurch (Tauchfallwurf).

LK Leistungskontrolle

Was Drehfallwurf

Wie Zuspiel an die Torraumlinie mit anschließendem Wurf – 5 Würfe mit Abwehrspieler, 5 Würfe ohne Abwehrspieler

Wertung Ausführung und Torerfolg

Seitfallwurf

Bei dieser Variante kommen zwei neue Schwierigkeiten hinzu. Der Schütze fällt nicht in Wurfrichtung, sondern seitlich, und der Wurf erfolgt aus einer Schräglage heraus. Der Wurf beginnt mit einem leichten Abknicken in der Hüfte. Der Ball wird in Hüfthöhe geführt. Nun setzt ein Fallen nach der Wurfarmseite ein. Die Wurfschulter wird jetzt zurückgenommen, der Körper kommt in eine Streckung. Der Wurf erfolgt kurz vor Berührung des Bodens. Die Endphase bildet das Abfangen des Körpers durch den Schultergürtel (Abb. 163 a–f).

Ü Vorbereitende Übungen

Um das Fallen zu üben, sollte man versuchen, die folgenden Übungen mit Matten, Weichböden oder im Hallenbad vorzunehmen.

Seitliches Fallen auf Weichbodenmatte (über rechtes Bein, linkes, über beide).

Seitliches Fallen mit Verlängerung des Wurfarms in der Körperachse.

Seitliches Fallen mit Andeuten des Wurfes.

Regelwidrige Abwehr durch Halten – Strafwurf

Abb. 158 a b c

Abb. 160

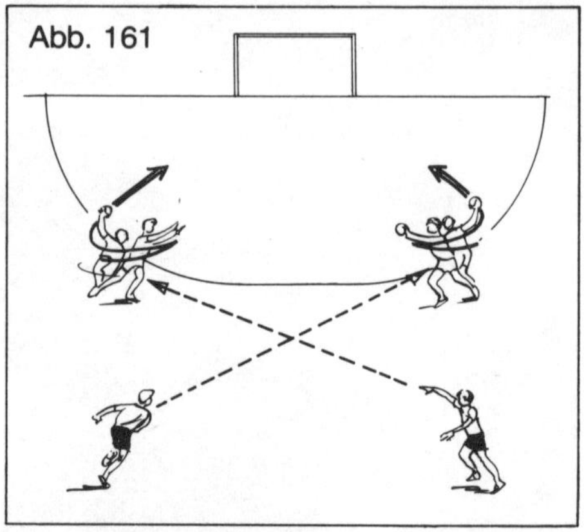

Abb. 161

Abb. 162 a b c

d e f

Ü Übungsformen

Jetzt wird der Ball hinzugenommen.

Aufgabenstellung

Seitfallwurf mit Ball aus der Schrittstellung heraus über rechtes Bein als Standbein (Rechtshänder).

Seitfallwurf aus Schrittstellung über linkes Bein als Standbein.

Seitfallwurf über beide Beine.

Torwurfübungen mit Torwart mit Angabe des Ecks und der Höhe.

Torwurfübungen mit Abwehrspieler und Wurf ins gezogene Eck (RH nach links) (Abb. 164).

Würfe nach Zuspiel (Angehen – Zuspiel – Fallen).

Würfe aus dem Gruppenspiel heraus (2 gegen 2, 3 gegen 3, 4 gegen 4).

d e f

Abb. 164

Knickwurf

Bei diesem Wurf wird nach vorherigem Antäuschen eines Schlagwurfes in Kopfhöhe der Oberkörper sehr schnell durch eine seitliche „Knick- und Fallbewegung" nach der entgegengesetzten Seite geführt. Durch die Streckung des Standbeines kommt der Oberkörper sehr schnell in eine horizontale Lage. Das Schwungbein dient dabei als Stabilisator. Um eine weite Wurfauslage zu erreichen, wird die Rückenpartie so weit wie möglich dem Boden zugedreht. Nachdem der Ball hinter den Kopf gebracht wurde, wird der Wurf mit leicht abgewinkeltem Arm in paralleler Lage zum Boden durchgeführt.

VÜ Vorbereitende Übungen

Würfe nach hinten oben mit Tennisbällen.

Partnerform; Ausholbewegung nach oben hinter dem Kopf mit Abknicken zur Seite (auch mit Ball und Zuspiel) (Abb. 165).

Seitliches rückwärtiges Fallenlassen (Weichbodenmatte).

Seitliches Fallenlassen mit Andeuten des Wurfarms.

Abb. 163 a b c

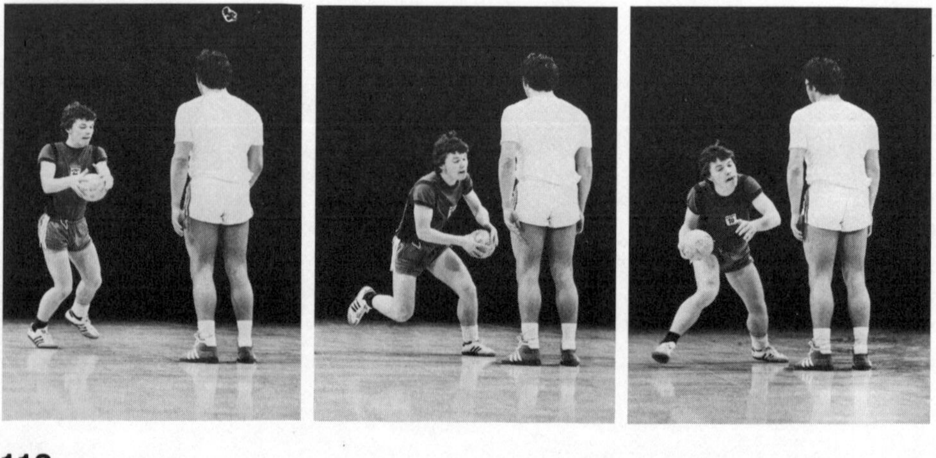

▷

Abb. 165

Abb. 166

d e f

Knickwurf von außen

Knickwurf mit Sprung von außen

Abb. 168 a b c

Ü Übungsformen

Wir üben zuerst in Partnerform ohne Torwart und Tor.

Abb. 167

Aufgabenstellung

Üben des Wurfes in Partnerform mit Aufstützen der Hand (Mattenunterlage) (Abb. 166).

Üben des Wurfes in Partnerform aus dem Kniestand.

Unterwerfen einer Zauberschnur (ca. 1 m Höhe).

Wir werfen um einen Kasten herum (Abb. 167).

Abb. 169 a b c

d e f

Partnerform

Zuspiel vom Partner zum Werfer – Knickwurf (Abb. 168 a–f).
Zielwurf (im Tor hängen Bälle).
Schlagwurffinte in Hüfthöhe – anschließend Knickwurf.
Würfe aufs Tor mit Partner und Angabe des Ecks.
Würfe aus dem Angehen heraus (Dreierrhythmus).
Würfe aus verschiedenen Positionen nach Anspiel.
Torwürfe aus dem Gruppenspiel heraus (innerhalb 20 Sekunden ein Wurf). (Abb. 169 a–f).

Erhält ein Rechtshänder auf der rechten Seite den Ball, so kann er eine Variation des Wurfes anbringen. Er setzt sich zusammen aus einem Seitfallwurf (Knickwurf) mit Sprung. Hierdurch kann man den Winkel enorm vergrößern. Meist genügt schon ein Schritt, um anschließend mit dem Standbein (beim RH links) vom Boden wegzuspringen. Durch ein Fallen nach der Seite entzieht er sich der Abwehr. Wenn der Körper fast parallel zum Boden ist, wird geworfen (Abb. 170 a–f).

d e f

Abb. 171

LK Leistungskontrolle

Was Seitfallwurf, Knickwurf

Wie Zuspiel und Wurf nach Finte – 5 Würfe ohne Abwehrspieler und 5 Würfe mit Abwehrspieler

Wertung Ausführung und Torerfolg werden gewertet

d. Rückhandwürfe

Die Rückhandwürfe sind eine Art Schockwurf, die in verschiedener Höhe mit und ohne Drehung ausgeführt werden. Die Ausführung dieser Wurfart gehört mit zu den schwierigsten Bewegungsabläufen. Trotzdem der Schütze den Torwart nicht sieht, können Tore durch das Überraschungsmoment erzielt werden. In den letzten Jahren war eine deutliche Abnahme der Zahl der Rückhandwürfe zu verzeichnen, da die Spieler auch aus gesundheitlichen Gründen (Verletzungsgefahr) darauf verzichtet haben.

Wir unterscheiden 2 Arten:

Rückhandwürfe mit Drehung (überkopfhoch, schulterhoch, hüfthoch)

Rückhandwürfe ohne Drehung (aus dem Stand und im Fallen)

Abb. 170 a b c

Abb. 173

Abb. 174

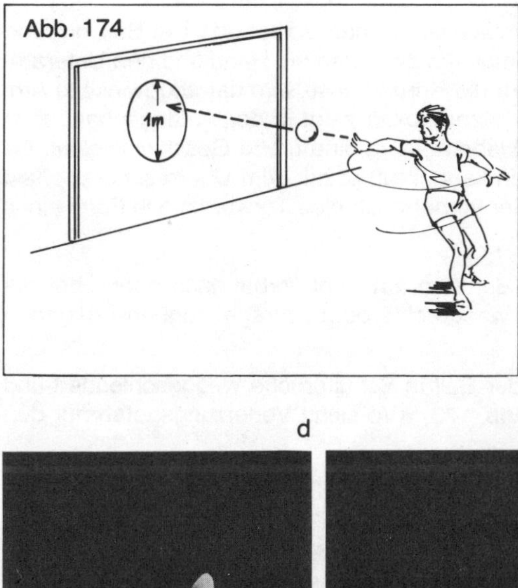

Abb. 175

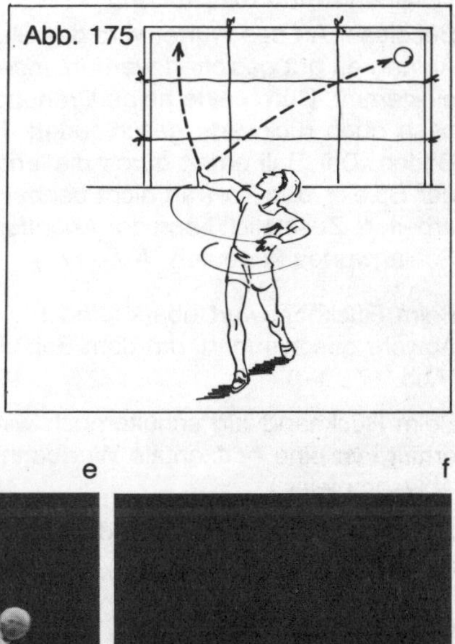

d e f

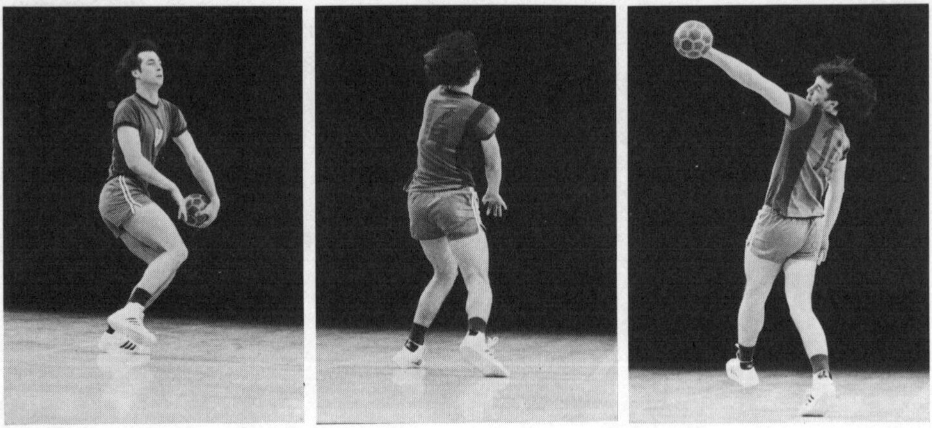

Abb. 172 a b c

Rückhandwürfe mit Drehung

Bei dieser Art des Wurfes wird das Stemmbein als Drehachse benutzt. Der Ball muß von Anfang an gut gesichert werden, indem man ihn zwischen die Hand und den Unterarm einklemmt. Durch eine halbe Drehung um die Körperachse wird der abgewinkelte Arm nach oben rückwärts geschleudert. Der Handrücken zeigt in der Anfangsphase zum Boden. Der Ball erhält durch die lange Hebelwirkung eine große Geschwindigkeit. Da der Spieler den Torwart nicht beobachten kann, muß er mit dem Überraschungseffekt arbeiten. Zusätzlich kann der Angriffspieler vorher noch eine Torwurffinte in Form eines Schlagwurfes andeuten (Abb. 171).

Beim Rückhandwurf überkopfhoch wird der Arm am Kopf vorbei nach oben über die Abwehr geschleudert, um dem Ball eine waagrechte oder schräge Flugbahn zu geben (Abb. 172 a–f).

Beim Rückhandwurf schulterhoch wird der Ball in Schulterhöhe weggeschleudert und erhält fast eine horizontale Wurfbahn (Abb. 173). (Vorsicht! Verletzungsgefahr für den Abwehrspieler.)

Die dritte Art ist der Rückhandwurf hüfthoch. Der Werfer schleudert den Arm in Hüfthöhe am Körper vorbei.

Ü Übungsformen

Zuerst muß ohne Torwart und Abwehrspieler geworfen werden. Hierbei muß ein „Zielwerfen" durchgeführt werden, um dem Spieler ein Richtungsgefühl zu geben.

Würfe gegen die Hallenwand in verschiedenen Höhen.
Würfe auf Ziele (Kreise) an der Hallenwand (Abb. 174).
Würfe auf das Tor, das in Wurfquadrate eingeteilt ist (Abb. 175).
Wurf nach Zuspiel.
Wurf nach Zuspiel mit Torwart.
Wurf nach Zuspiel mit Torwart und Abwehrspieler (Abb. 176).

d e f

Rückhandwürfe ohne Drehung hüfthoch

Der Spieler benützt diesen Wurf vor allem in bedrängten Situationen an der Torraumlinie. Er steht mit dem Rücken zum Tor und schleudert den gesicherten Ball in einer Viertelkreisbewegung direkt am Körper vorbei aufs Tor. Er kann dem Ball eine aufsteigende oder fallende Tendenz geben. Dies hängt davon ab, wann er den Ball freigibt. Ferner kann er noch variieren, ob er aus dem Stand oder im Fallen wirft (Abb. 177 a–f).

Abb. 176

Abb. 177 a b c

Ü Übungsformen

Würfe an die Wand.
Würfe an die Wand unter Bedrängnis von 1 Abwehrspieler (Abb. 178).
Würfe aufs Tor mit Abwehrspielern (Abb. 179).
Würfe aufs Tor mit Torwart.
Würfe aus dem Stand und im Fallen.

Aufgabenstellung für „gezogenen Wurf“

Würfe aufs Tor in Reichhöhe.
Dasselbe mit Torwart.
Mit Zielangabe (schwierig).
Werfen über eine Zauberschnur.
Würfe aufs Tor mit Ansätzen in verschiedener Höhe (Kniehöhe, Hüfthöhe).
Anspiel – Wurf.

Abb. 180 a b c

d e f

Abb. 178

Abb. 179

d e f

Abb. 181 a b c

e. Beidhänder

Der Beidhänder ist als Torwurf nicht üblich. Dennoch wird er in bestimmten Situationen angewendet, wenn eine Ausholbewegung nicht mehr möglich ist. Der Werfer hat dann auch meist das Überraschungsmoment auf seiner Seite.

Man unterscheidet folgende Arten:
Beidhänder über den Kopf
Beidhänder als Druckwurf
Beidhänder durch die Beine rückwärts

Beidhänder über den Kopf

Er ähnelt dem früheren Einwurf über den Kopf. Er wird häufig bei Zuspielen von Außenpositionen und Abprallern angewendet. Man fängt, meist schon im Fallen, den Ball mit beiden Händen und wirft ihn über den Kopf aufs Tor. Dabei ist es möglich, durch unterschiedlichen Druck der Hände dem Ball eine bestimmte Richtung zu geben. (Abb. 180 a–f).

Beidhänder als Druckwurf

Er wird fast nur nach einem Gegenstoß angewendet, wenn die Zeit zur Ausholbewegung nicht mehr vorhanden ist. Man drückt den Ball vom Körper weg aufs Tor. Durch das lange Beobachten des Torwarts ist die Erfolgsquote recht hoch. Es kann dabei hart und plaziert „geworfen" werden (Abb. 181 a–f).

Beidhänder durch die Beine rückwärts

Wird der Kreisspieler von beiden Seiten bedrängt, kann er als Wurfvariante den Beidhänder durch die Beine anwenden. Er faßt den Ball mit beiden Händen, der Rumpf geht nach unten, und die Arme führen eine Bewegung nach unten einwärts durch. Der Ball verläßt die Hände, wenn er zwischen den gegrätschten Beinen ist. Dieser Wurf muß aber eine Ausnahme bleiben.

d e f

f. Besondere Wurfarten

Im Spiel gibt es noch weitere Möglichkeiten, durch unkonventionelle Würfe Tore zu erzielen. Wir unterscheiden zwischen

Sprung in den Torraum mit Aufnehmen des Balles
Fausten oder Schlagen des Balles ins Tor

Sprung in den Torraum mit Aufnehmen des Balles

Kommt ein Ball vom Torwart, vom Pfosten oder der Latte zurück oder wird von außen indirekt durch den Kreis gespielt oder wird aus dem Rückraum in den Kreis geworfen, so kann der Spieler trotz Behinderung sich durch einen Sprung in den Torraum der Abwehr entziehen. Dabei nimmt er den Ball mit einer Hand auf und drückt ihn ins Tor.

Fausten oder Schlagen des Balles ins Tor

Ist die Sprungphase zu kurz oder wird man zu stark behindert, so muß man noch den Ball durch Fausten oder Schlagen mit der Hand ins Tor befördern (Abb. 182 a–f).

III. Zusammenfassung

Im modernen Hallenhandball zeichnet sich immer mehr eine Dreiteilung im Positionsspiel des Angriffs ab:

Rückraumspieler,
Außenspieler,
Kreisspieler.

Dies hat zur Folge, daß von allen Spielern eine Spezialisierung in wurftechnischer Hinsicht verlangt wird, die auch im Trainingsprozeß berücksichtigt werden sollte. Der Rückraumspieler muß neben den Sprungwurf über die Abwehr, den Schlagwurf hüfthoch oder tief und hoch einen weiteren Spezialwurf beherrschen (z. B. Seitfallwurf, Knickwurf, . . .) Der Außenspieler dagegen sollte äußerst variabel sein und mit Sprungwürfen von außen (mit einem Schritt, vom „falschen" Bein), Knickwürfen und Drehwürfen Tore erzielen. Der Kreisspieler muß alle Schrittvarianten kennen und sie mit Dreh-, Sprung- und Fallwürfen verbinden. Natürlich bedeutet dies nicht, daß man jetzt nur noch eine bestimmte Wurfart trainieren soll. Vor allem bei Jugendmannschaften wäre eine zu frühe Spezialisierung verfehlt. Jedoch muß man in den Vereinen darauf hinwirken, daß das ehemalige Wurftraining, bei dem jeder alles geübt hat, nicht mehr zum Erfolg führen kann. Man muß differenzieren, um zu einer Spezialisierung, das bedeutet, nahezu perfekten Beherrschung des Wurfes zu kommen.

Hier muß man auch einer weitverbreiteten Meinung widersprechen, daß jedes Spiel nur noch aus der „zweiten Reihe" entschieden werden kann.

Nachdem der Autor selbst jahrelang bei der Bundesliga, Regionalliga und Oberliga Wurflisten geführt hat, kann er sich ein ungefähres Bild machen. Im Schnitt sind es bei den Bundesligamannschaften ca. 30% Sprungwürfe über die Abwehr (abhängig von der jeweiligen Besetzung), Schlag- und Seitfallwürfe. Die restlichen 25% werden von den Außenpositionen und immerhin 40% von der Torraumlinie geworfen. Ähnliche Zahlen geben die beiden anderen Spielklassen wieder. Natürlich gibt es Mannschaften, die hier Ausnahmen bilden, aber der Schnitt bestätigt die Meinung vieler Zuschauer und Trainer nicht.

Abb. 182 a b c

IV. Übersicht – Methodischer Aufbau der Ausbildung

1. Verein

E- und D-Jugend Einführung des Schlagwurfs in Kopfhöhe – Sprungwurf.
C-Jugend Grundausbildung weiterführen – Sprungwurf von außen – Fallwurf – Sprungwurf über Abwehr.

B-Jugend Grundausbildung weiterführen – Grobformen des Rückhandwurfes – Seitfallwurf nach beiden Seiten – Schlagwürfe in Hüfthöhe – Drehsprungwürfe – Tauchfallwürfe.

A-Jugend Spezialisierung auf Sprungwurf über Deckung – Schlagwürfe in Hüft- und Kniehöhe – Seitfallwürfe – alle Variationen der Sprung- und Fallwürfe.

2. Schule

Klassen 3–6 Schlagwurf hoch, Sprungwurf, Seitfallwurf (siehe ,,Spielschule Hallenhandball")

Klassen 7–8 Fallwurf, Drehsprungwurf, Sprungwurf von Außenposition, Siebenmeterwurf

Klassen 9–10 Drehfallwurf, Sprungwurf über die Abwehr, Rückhandwurf, Schlagwurf hüfthoch.

Klassen 11–13 Seitfallwurf, Knickwurf, Rückhandwürfe.

Neigungsgruppen (Oberstufe) Zusätzlich zu Sprungfallwürfen, Schlagwurf tief, Sprungwurf am Abwehrspieler vorbei. Beidhänder.

d e f

C. Spieltaktik

I. Die Abwehr mit Torwartschulung

II. Der Angriff

C. Spieltaktik

Das Kapitel der Spieltaktik umfaßt zwei große Komplexe.

I. Die Abwehr mit Torwartschulung

II. Den Angriff

Absichtlich wurde an dieser Stelle die Abwehrschulung an den Anfang gestellt, da sie in den letzten Jahren in vielen Vereinen zu kurz gekommen ist. Jetzt hat man allerdings den Wert einer guten Abwehr erkannt und weiß es als Trainer und Spieler auch zu schätzen, wenn eine Mannschaft ohne Schwierigkeit Formationen schnell umstellen kann.

I. Die Abwehr mit Torwartschulung

Das Gebiet der Abwehrschulung ist sehr groß, und es wird an dieser Stelle versucht, dem Komplex einen methodischen und übersichtlichen Aufbau zu geben. Um den Schwierigkeitsstufen gerecht zu werden, hat man sie in 3 Teilgebiete gegliedert (Abb. 183).

1. Die Einzelabwehr
2. Die Gruppenabwehr
3. Die Mannschaftsabwehr

Jedes dieser Teilgebiete wird noch einmal aufgeteilt. Alle drei zusammen ergeben dann ein umfassendes Bild der Abwehrarbeit im modernen Hallenhandball. Ergänzt wird diese durch ein weiteres Teilgebiet:

4. Das Torwarttraining

1. Einzelabwehr

Die Einzelabwehr umfaßt die Grundposition und die Grundtechniken, das Blockieren und Herausspielen des Balles.

a. Grundposition und Grundtechniken

Grundposition

Bei der Grundposition ist darauf zu achten, daß das Gewicht auf beiden Beinen liegt, diese leicht gegrätscht (ca. 30 cm) und gebeugt sind. Der Oberkörper ist etwas nach vorne geneigt, die Hände sind in Schulterhöhe und die Arme leicht nach oben abgewinkelt.

Ü Übungsformen

Diese Grundposition sollte sehr häufig geübt werden, um die Technik erlernen zu können.

Abb. 183

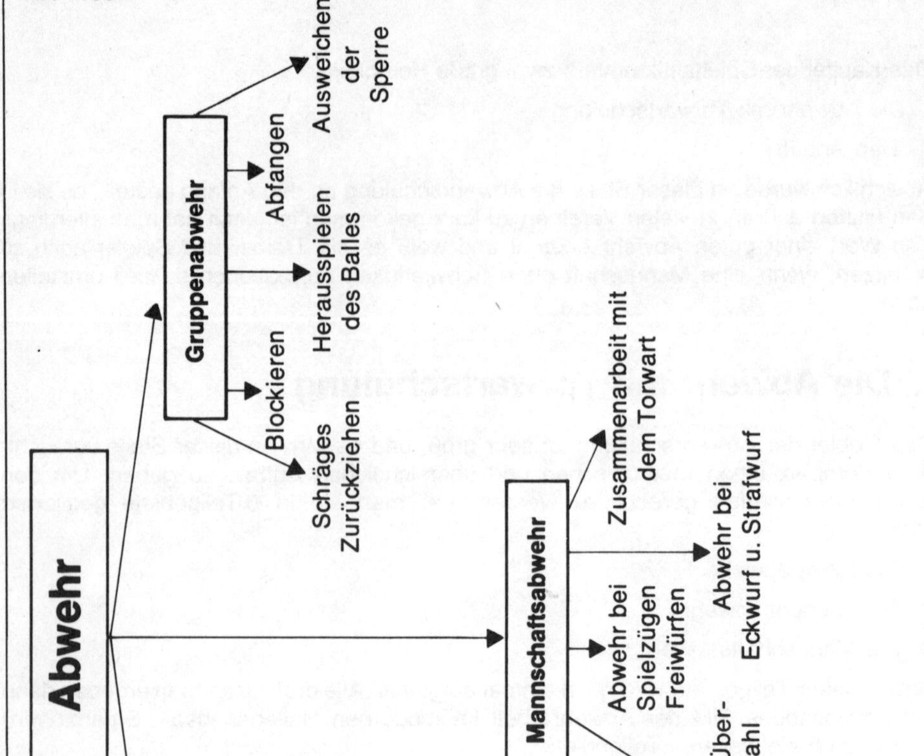
Abwehr
Gruppenabwehr
Schräges Zurückziehen
Blockieren
Herausspielen des Balles
Abfangen
Ausweichen der Sperre
Einzelabwehr
Grund- techniken
Blockieren
Herausspielen des Balles
Abfangen
Mannschaftsabwehr
Zusammenarbeit mit dem Torwart
Abwehr bei Eckwurf u. Strafwurf
Abwehr bei Spielzügen Freiwürfen
Abwehr bei Über- und Unterzahl
Abwehrphasen
Abwehrarten
Manndeckung
Komb. Deckung
Raumdeckung
Abwehrformationen
6:0
5:1
4:2
3:3
3:2:1

Abb. 184

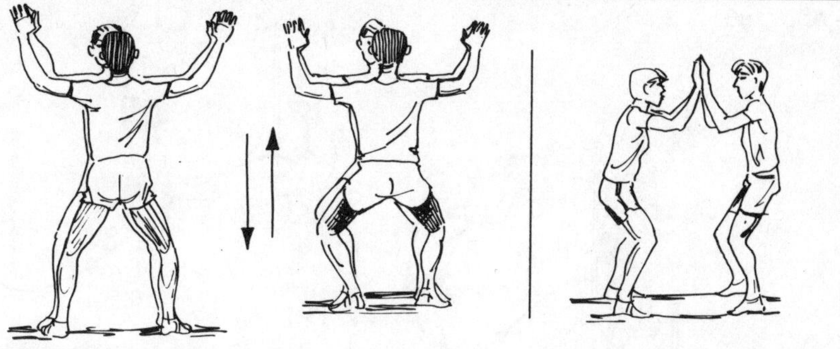

Aufgabenstellung

Partnerform in Handhaltung; Hoch- und Tiefgehen in die Grundposition (Abb. 184).

Natürlich kann die Grundposition beim Angriff der gegnerischen Mannschaft nicht immer eingehalten werden. Bei der Wurfabwehr muß die Position geändert werden

Grundtechniken

Die Grundtechniken umfassen die Arbeit des Abwehrspielers in der Bewegung. Die Abwehraktion nach der Seite (Verschieben), nach vorne (Behinderung), die Arbeit der Hände und das Stoppen.

Abwehraktion zur Seite („Steppen" zur Seite)

Da sich die Deckungsarbeit im Hallenhandball in 3 Phasen abspielt – Annehmen, Begleiten, Übergeben –, ist es notwendig, sich parallel zur Torraumlinie zu bewegen. Wir nennen dies den „side-step".

Es ist die sicherste Art, den Gegner im Auge zu behalten. Dabei werden die Beine nicht gekreuzt, sondern ein Fuß wird je nach Bewegungsrichtung zum anderen hergezogen. Der ganze Bewegungsablauf muß ohne Springen vor sich gehen, um jederzeit die

Abb. 185

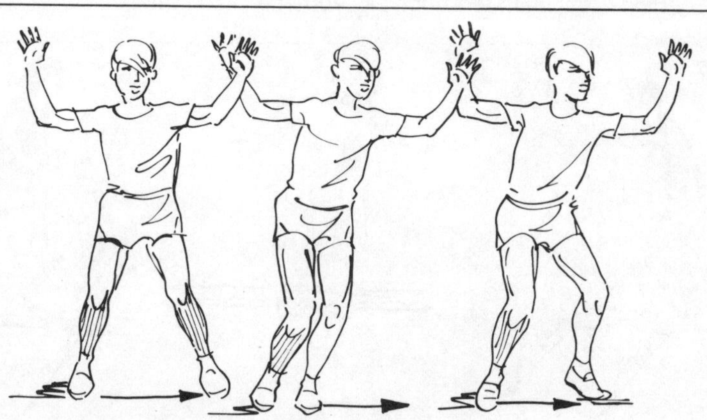

Abb. 186

Möglichkeit des Bodenkontaktes zu haben und Bewegungen des Angriffsspielers mitmachen zu können. Die Hände bleiben dabei in Schulterhöhe. Man könnte die Bewegung auch mit der Tätigkeit des „Schleichens“ umschreiben (Abb. 185).

Ü Übungsformen

Aufgabenstellung

Bewegungen auf Handzeichen des Trainers (nach links und rechts).
„Side-step“ unter einer Zauberschnur hindurch (Höhe ca. 1,5 m).

Laufen um Hindernisse im „side-step“ mit gleicher Blickrichtung (Abb. 186).

Partnersteppen; Spieler A steppt nach links und rechts, B ahmt seine Bewegungen nach (Abb. 187). „Side-step“ mit Medizinball in Vorhalte (Abb. 188).

Abb. 187

Abb. 188

Abb. 189

Partnerform gegenüber; sie halten mit ausgestreckten Händen je einen Medizinball. „Side-step" unter Belastung! Wichtig: Arme müssen gestreckt bleiben (Abb. 189).

„Side-step" mit Drehen; nach 10 m steppen dreht sich der Spieler um 180° und steppt weiter. Nach 10 m wieder Drehung. Zeitnahme! (Abb. 190).

Abb. 190

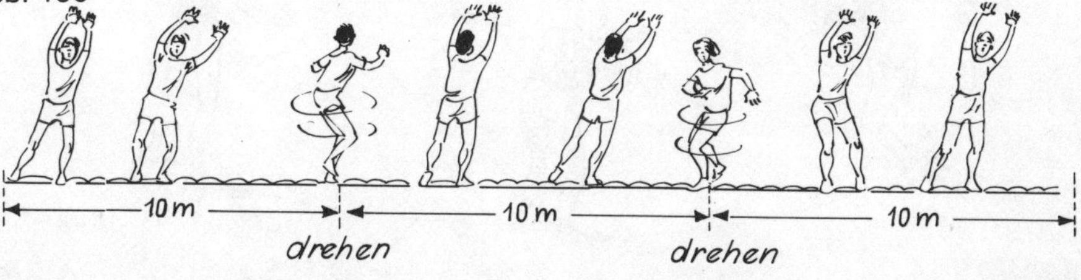

Abb. 191

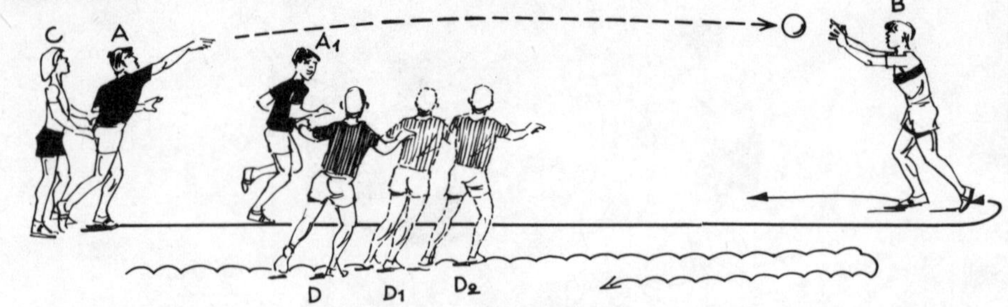

4 Spieler A, B, C und D, wobei 3 Spieler A, B und C sich gegenüberstehen. A spielt den Ball zu B und läuft in dessen Position. D begleitet ihn im „side-step". B spielt zu C und läuft in dessen Position, wobei er von D begleitet wird. Wechsel nach ca. 1 Minute (Abb. 191).

KS Kleine Spiele

Staffeln im „side-step", wobei die Ausführung mitbewertet wird. Slalomläufe im „side-step".

„Zeitsteppen"

entlang der Freiwurflinie (Ausführung!).

Abb. 192

Regelwidrige Abwehr beim Sprungwurf

Der Abwehr entwischt

Abb. 193

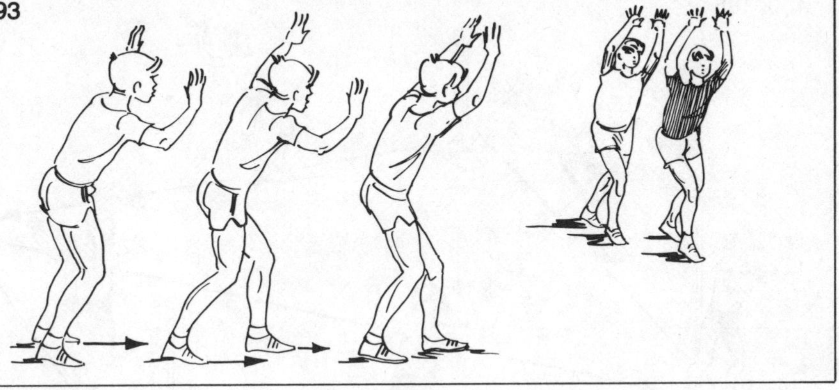

„Henne und Habicht"

Kreis; in der Mitte des Kreises befindet sich eine Reihe von Spielern, die sich um die Hüfte fassen. Der Vordermann versucht seine „Hennen" vor den Würfen der „Habichte" zu schützen, indem er die Hände so weit wie möglich ausbreitet und den Ball abwehrt. Dabei müssen die Spieler in der Reihe die „side-step"-Bewegung ausführen (Abb. 192).

Nachstellschritt

Um den Aktionsradius nach vorne und hinten zu erweitern, wird die Technik des „Steppens" in diese Bewegungsrichtungen genauso durchgeführt. Es gibt also keinen Schritt, sondern ein Vorschieben des einen und ein Nachziehen des anderen Beines.

Ü Übungsformen

Aufgabenstellung

Schnelle Nachstellschritte vor- und rückwärts.
Steppen auf Handzeichen des Trainers.
Partnerform; A ahmt die Bewegungen von B nach (Abb. 193).

Abb. 194

Abb. 195

Da das Handballspiel in den letzten Jahren immer schneller geworden ist und die Werfer aus dem Rückraum beim Sprungwurf kaum mehr erreicht werden, muß man die Technik des Heraustretens etwas abändern. Man sprintet zuerst 2–3 Schritte, anschließend erfolgt dann der (die) Nachstellschritt(e). Dabei ist noch zu beachten, daß in der Endphase bei Spitzenmannschaften mehr eine Grätschstellung bevorzugt wird, d. h., die Füße stehen nicht extrem hintereinander, sondern leicht versetzt nebeneinander. Allerdings läuft der nicht gut geschulte Spieler Gefahr, durch das schnelle Abwehren mit dem Angriffsspieler zu kollidieren.

Ü Übungsformen

Kurzer Sprint mit Nachstellschritten (Abb. 194).
Bewegungen auf das Handzeichen des Trainers.

Abb. 196

Abb. 197

Kombination der Bewegungsrichtungen

Der Abwehrspieler muß natürlich versuchen, sehr schnell aus der einen Richtung in die andere überzuwechseln. Dies muß im Training immer wieder geübt werden, um ein Stolpern zu vermeiden. Außerdem erfordern diese Übungen sehr viel Kondition.

Ü Übungsformen

Aufgabenstellung

Auf Handzeichen Bewegungsrichtung nachvollziehen. 30–60 Sek. eine Übungsfolge durchhalten. Figuren laufen (Abb. 195). Reihe mit 5–8 Spielern. Auf Handzeichen des Trainers oder nach Bewegungsvorgabe des Vordermannes bewegt sich die Reihe nach vorne, hinten und seitwärts (Abb. 196, 197).

Wir laufen parallel zum Kreis entsprechend der aufgestellten Male mit Katapultschritt (Abb. 198).

LK Leistungskontrolle

Was „Side-step" und Nachstellschritte

Wie Abwehrbewegungen im Dreieck und Viereck (Abb. 195).

Wertung Durch Beobachtung, wobei folgende Kriterien anzuwenden sind:

Nicht hüpfen
Armhaltung prüfen
Schnelle Ausführung
Zweierkontakt

Schulung der Hände

Um die Abwehrbewegung zu vervollständigen, müssen auch die Hände bzw. Arme geschult werden. Dies geschieht durch schnelle Armbewegungen nach oben und unten, die aber nicht gleichzeitig ausgeführt werden sollten. Die Arme sind hierbei leicht abgewinkelt, die Handflächen zeigen nach vorne.

Abb. 198

Ü Übungsformen

Aufgabenstellung

Armbewegungen im Stehen.

Armbewegungen im „side-step".

Partnerform; A ahmt Armbewegungen von B nach (erfordert gute Reaktion).
Hochschlagen.

Abb. 199

Abb. 200

Das Stoppen

Diese besondere Form wird vor allem bei der Manndeckung und im Angriff angewendet, also immer in Situationen, bei denen ein schneller Richtungswechsel notwendig wird. Hierbei gibt es zwei Möglichkeiten. Beim Sprung nach vorne berühren beide Füße den Boden gleichzeitig (Einerkontakt) oder werden nacheinander aufgesetzt (Zweierkontakt). Im Moment der Bodenberührung geht der Körper in die Tiefe, um aus dieser Position die Richtung zu ändern. In der Feinform kann dann beim Stoppen die Fußspitze schon wieder in die gewünschte Laufrichtung zeigen. Durch schwunghaftes Drehen mit Armeinsatz wird die Richtungsänderung erleichtert.

Ü Übungsformen

Aufgabenstellung

Laufen in der Halle mit schnellem Stoppen (Einer- und Zweierkontakt) (Abb. 199).

Slalomlauf mit schnellem Stoppen (Abb. 200). Ausweichen, Sperre.

b. Blockieren der Würfe

Das Blockieren der Würfe ist die methodische Fortsetzung der Erarbeitung der Grundtechniken. Bei diesem Teil kommt der Gegner und der Ball hinzu. Man kann hier für den Abwehrspieler einige Merkmale herausarbeiten:

Der Abwehrspieler sollte ein Gegenüber haben.

Der Abwehrspieler steht zwischen Torwart und Angreifer (Abb. 201).

Der Abwehrspieler muß bei Ballbesitz seines Gegenübers „Fingerkontakt" mit ihm haben.

Besondere Beobachtung der Gegenspieler während des Übernehmens und Übergebens.

Manndeckung

Wurf trotz dreifacher Abwehr

Abb. 201

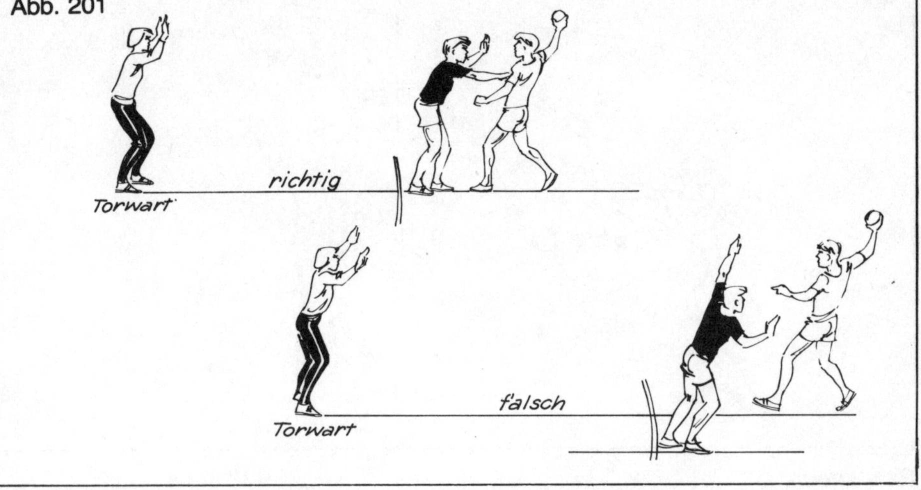

Den Mitspielern im Bedarfsfall aushelfen.

Bei der Abwehr den Körper zur Wurfarmseite drehen!

Mit beiden Händen abwehren!

Nach erfolgter Abwehr sofort in den Abwehrverband zurück.

Ü Übungsformen

Die „Würfe“ im ersten Teil werden nur angedeutet, um die erforderliche Technik zu erlernen.

Aufgabenstellung

Scheinbewegungen in der Abwehr 1 gegen 1 mit allen Wurfvarianten (Abb. 202).

Blick zur Wand; Wurf gegen die Wand mit anschließender schneller Abwehr (Abb. 203).

Abb. 202

Abb. 203

Partnerform

Der Spieler A wirft den Ball gegen die Wand, B wehrt den zurückkommenden Ball ab (Abb. 204).

Partnerform

A deutet die Würfe an, B ,,wehrt" ab. Beide Hände gehen gegen den Ball. Richtige Körperhälfte vorne (bei RH linke Körperhälfte vor). Schlagwürfe, Seitfallwürfe, einhändige Abwehr.

Partnerform

Abstand 2 m, A wirft den Ball zu B, der mit beiden Händen abwehrt. Ball fällt zu Boden, und beide Spieler versuchen den Ball zu erreichen (Abb. 205).

Abb. 204

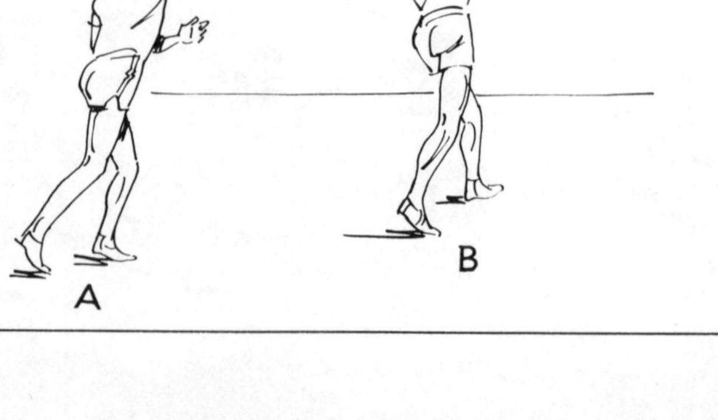

Abb. 205
A
B

Abb. 206
A
A
B
B_1
C_2
C_1
C

Abb. 207
A
A_1
A_2

Abb. 208

Partnerform

Wurfansatz – Abwehr; in der Bewegung durch die ganze Halle. Variationen der Würfe.

Dreiergruppe; Spieler A bleibt im Ballbesitz, B und C wehren ab. Spieler A tippt den Ball links auf, B blockt auf dieser Seite ab und zieht sich schnell zurück. A tippt rechts, C löst sich und wehrt auf dieser Seite ab. Nach 1 Minute Wechsel (Abb. 206).

Spiel 2 gegen 1; der Abwehrspieler bekämpft den Ballbesitzer bis zum Abspiel (Abb. 207).

Spiel 2 gegen 1 am Kreis. A und B spielen sich die Bälle zu und werden von C angegriffen. Nach jedem 3-4-Zuspiel erfolgt ein Wurf (Schlagwurf, Sprungwurf), den der Abwehrspieler C blockieren soll (Abb. 208).

Abwehr 1 gegen 1 mit Schlag- und Sprungwurf (Abb. 209).

Spiel 2 gegen 2, wobei die Abwehr nicht überlaufen wird. Die beiden Abwehrspieler steppen jeweils bei Ballbesitz schnell vor und blockieren den Wurf ,,Kolbenbewegung" (Abb. 210).

3 gegen 2 – die Abwehrspieler erhalten bei dieser Übungsform etwas mehr Zeit (Abb. 211).

Bei beweglichen Spielern und guten Schützen aus der zweiten Reihe empfiehlt es sich, die Abwehrtechnik etwas zu ändern. Man geht nicht mehr mit beiden Händen nach dem Ball, sondern versucht beim Rechtswerfer mit der rechten Hand ,,Fingerkontakt" in Brusthöhe zu bekommen, und die linke Hand geht gegen den Ball (Abb. 212).

Abb. 209

Abb. 210

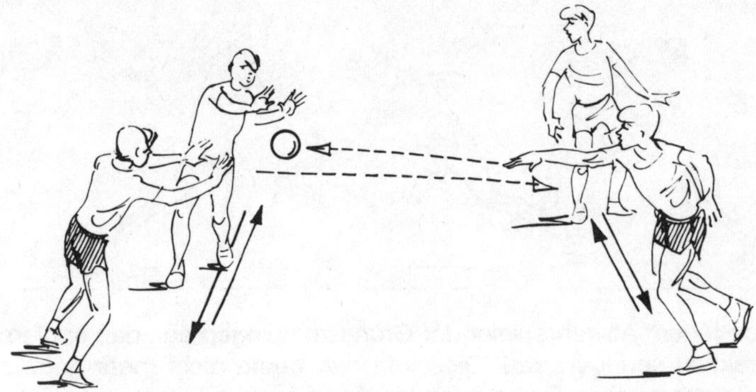

Abb. 211

Abb. 212

Abb. 213

Früher wurde jedem Abwehrspieler der Grundsatz eingeprägt, daß er niemals während der Abwehraktion springen darf. Dies trifft nun heute nicht mehr ganz zu, da große Schützen aus der zweiten Reihe beim Wurf nur noch mit Hochspringen zu blockieren sind. Deshalb muß auch diese Form der Wurfabwehr geübt werden. Wichtig ist, daß nach dem Steppen der Sprung vom linken Bein ausgeht (Abwehr von RH). Die Übungen können mit dem Steppen kombiniert werden.

KS Kleine Spiele zum Blockieren

Da die vorangegangenen Übungen häufig sehr langatmig sind und kaum Aufforderungscharakter haben, ist es unbedingt notwendig, einige Übungen in *Kleine Spiele* zu fassen.

„Parteispiele"

Spiel 2 gegen 1, 3 gegen 2, 4 gegen 3, 2 gegen 2, 3 gegen 3, 4 gegen 4, 5 gegen 5

„Henne und Habicht"

siehe S. 137

„Burgball"

siehe S. 57

c. Herausspielen des Balles

Der Abwehrspieler hat die Aufgabe, den Gegner am Torwurf zu hindern bzw. den Torwurf zu verhindern. Deshalb sollte er den Angreifer vor dem Wurf regelgerecht vom Ball trennen oder ihn zur Abgabe zwingen. Wir unterscheiden hier drei Möglichkeiten:

Abb. 214

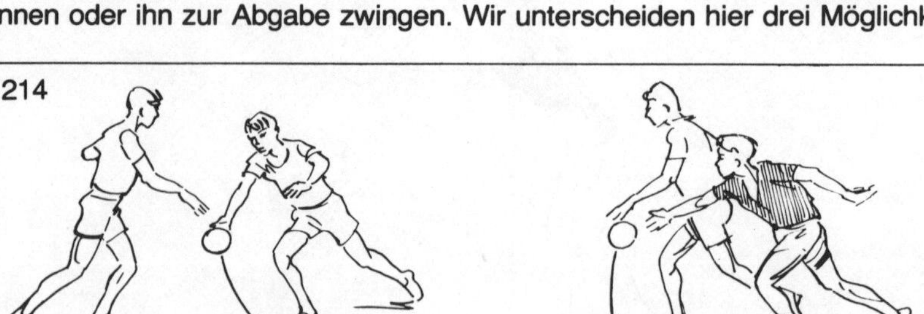

Abb. 215

Herausspielen des Balles beim Prellen (von vorne, seitwärts und hinten)

Herausspielen des Balles bei der Wurfbewegung

Abfangen des Balles

Herausspielen des Balles beim Prellen (Tippen)

Um die Technik zu erlernen, übt man zuerst alle Formen ohne Ball, aber mit Partner durch und versucht mit „Scheinbewegungen" den Ball herauszuspielen, wobei der Gegenspieler die Bewegung der Ballführung nachahmt (Abb. 213).

Ü Übungsformen

Wichtig ist hierbei, daß der Ball „herausgeschaufelt" wird und nicht geschlagen.

Aufgabenstellung

Partnerform; Spieler A und B versuchen im Wechsel, sich den Ball von vorne, seitwärts und von hinten herauszuspielen. Zuerst im Stehen, dann im Gehen, dann im Laufen (Abb. 214).

Laufen durch die Halle; B versucht seinem Partner A den Ball beim Prellen herauszuspielen.

2 gegen 1; die beiden „Gegner" versuchen, dem dritten den Ball beim Prellen herauszuspielen.

Abb. 216

Abb. 217

KS Kleine Spiele

„Störungsprellen"

Siehe Seite 50

„Hindernisprellen"

Mit Gegenspieler (auch Slalom) (Abb. 215)

Herausspielen des Balles bei der Wurfausholbewegung

Eine zweite Möglichkeit bietet sich dem Abwehrspieler beim Torwurf an. Dies erfordert allerdings viel Geschick. Der Abwehrspieler muß im Moment der „Ruhephase" des Balles (zwischen Aushol- und Vorwärtsbewegung) den Ball von der Hand „herunterschaufeln". Erfreulicherweise wird diese Abwehrhandlung in den letzten Jahren von den Schiedsrichtern honoriert. Zu vermeiden ist ein Schlagen oder ein Festhalten.

Ü Übungsformen

Aufgabenstellung

Partnerform; Werfer A wirft im Stehen, und B spielt den Ball heraus. Variationen: von hinten, von vorne, von der Seite (Abb. 216).

Dieselbe Übung aus der Bewegung heraus, wobei der Abwehrspieler den richtigen Moment zum Eingreifen erwischen muß. Wiederum alle drei Möglichkeiten!

Spiel 2 gegen 2; Zuspiel der Angreifer und Wurf-Versuch der Ballabwehr durch Herausspielen (Abb. 217).

Abfangen des Balles

Sehr häufig kann der Abwehrspieler ungenaue Zuspiele abfangen oder durch geschicktes Dazwischenlaufen in Ballbesitz kommen.
Dies gilt vor allem für die offensiveren Abwehrformationen 4 : 2 und 5 : 1.

Regelgerechte Abwehr

Abb. 218

Ü Übungsformen

Aufgabenstellung

Spiel 2 gegen 1; das „Spielfeld" ist auf ca. 4 m Durchmesser begrenzt – kein Ball darf über Schulterhöhe gespielt werden (Abb. 218).

Spiel 3 gegen 2, 4 gegen 3 (Fläche begrenzen).

2. Gruppenabwehr

Nachdem die Grundlagen durch die individuelle Abwehrarbeit gelegt sind, kann man zur Gruppenarbeit übergehen. Sie bildet die methodische Fortsetzung des letzten Kapitels und ist nichts anderes als das Einbauen der Grundelemente in die Gruppe.

a. Grundposition und Grundtechniken

Die „Kolbenbewegung" des Abwehrspielers ist schon bekannt. Die Abwehraktion ging seither in 4 Richtungen: nach links, rechts, vorne und hinten. Die Variation, die nun neu hinzugekommen ist, ist die, daß der Abwehrspieler sich nicht mehr senkrecht zum Kreis

Abb. 219

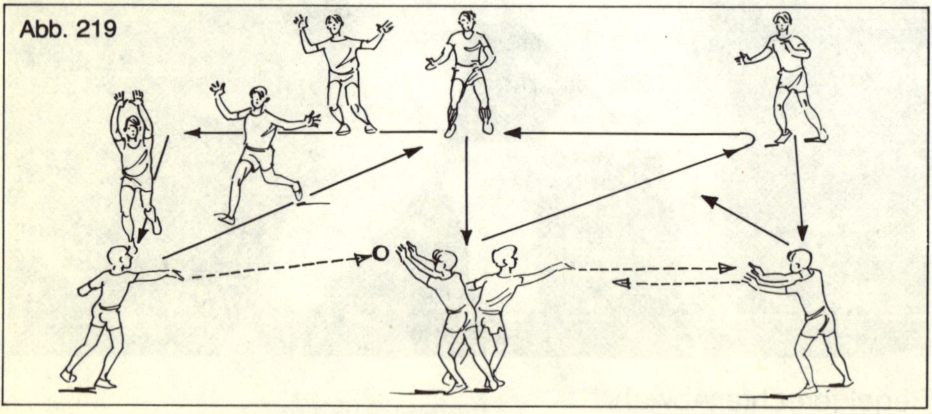

Abb. 220

zurückzieht, sondern seinen Nebenspieler unterstützt, indem er sich schräg in Ballrichtung zurückzieht. Dadurch wird die Wurfzone auf ein Minimum beschränkt.

Ü Übungsformen

3 gegen 3; der Ball wandert in beiden Richtungen. Die Abwehrspieler gehen in Ballrichtung zuerst nach vorne und dann nach schräg hinten. Wird der Ball dann weitergespielt, „steppt" der Abwehrspieler in die Ausgangsposition zurück (Abb. 219). Die gleichen Übungen werden auf den Außenpositionen und in der Mittelposition durchgeführt (Abb. 220).

b. Blockieren der Würfe

Auch hier stellt die Arbeit in der Gruppe ein wichtiges Glied zwischen Einzel- und Mannschaftsarbeit dar.

Abb. 221

Abb. 222

Ü Übungsformen

Aufgabenstellung

Spiel 2 gegen 2; Wurfansatz und Abwehr der Würfe (Abb. 221).

Übungen für den Doppelblock: bei Wurfansatz versuchen beide Spieler den Wurf abzublocken (Abb. 222).

Verschobener Doppelblock; der Mittelmann bildet hinter den Abwehrspielern eine weitere Ballsperre. Er muß dabei ein enormes Laufpensum leisten. (Nur Schlagwurf in Kopfhöhe.) (Abb. 223).

Die gleiche Übung mit 3 Angriffsreihen und 5 Abwehrspielern. Reihenfolge beim Werfen beachten (Abb. 224).

Abb. 223

Abb. 224

Blockieren von Sprungwürfen

2 Stirnreihen parallel im Abstand von 5–6 Metern. 2 Abwehrspieler, die eng zusammenstehen und gemeinsam die Abwehrposition wechseln. Die Angreifer werfen abwechslungsweise im Sprungwurf, und das Abwehrpaar muß intensive Abwehrarbeit leisten (Abb. 225). Variation: 3 oder 4 Angriffsreihen.

2 Abwehrspieler, 2 Angriffspieler mit einem Ball. Die Spieler kreuzen an der Freiwurflinie und spielen sich den Ball zu oder der Ballbesitzer läuft durch und wirft. Abwehr muß schnell reagieren (Abb. 226).

Abb. 225

Abb. 226

c. Herausspielen des Balles

Beim Prellen (Tippen)

Ü Übungsformen

Aufgabenstellung

Spiel 2 gegen 2; so lange wie möglich den Ball prellen, dann Abspiel an Partner. Der Abwehrspieler versucht den Ball herauszuspielen. 4 gegen 4; Ballbesitzer laufen zu gleicher Zeit los und versuchen die Abwehrspieler auf engem Raum zu „umprellen" (Abb. 227).

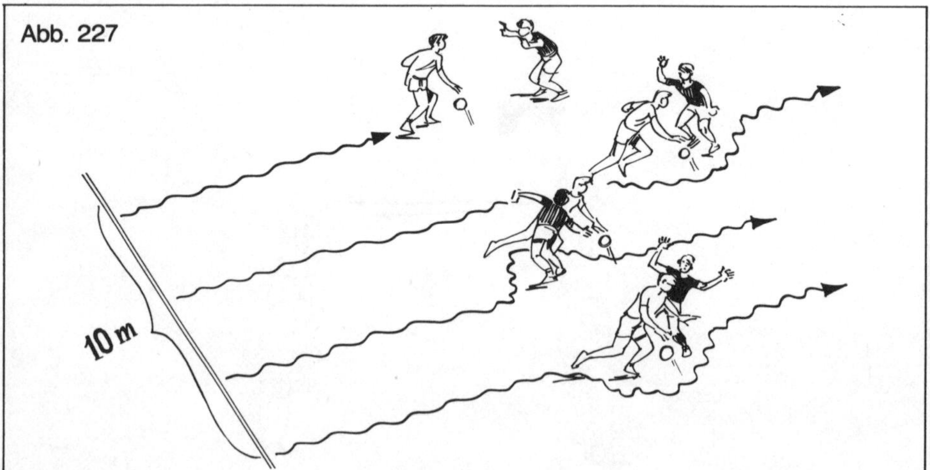

Abb. 227

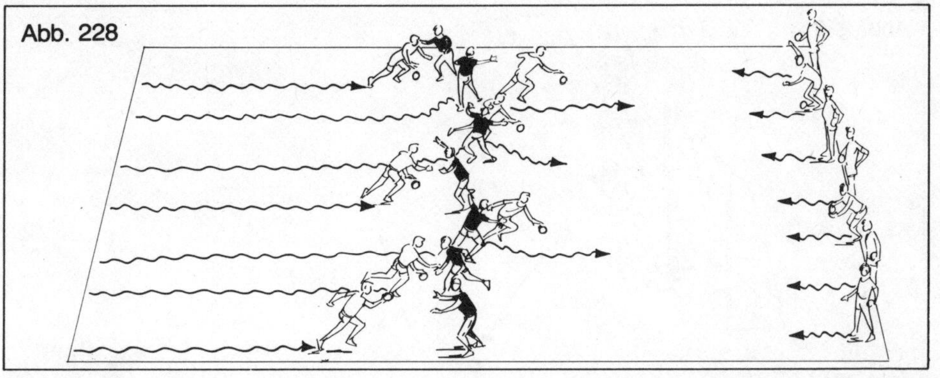

3 Linien mit jeweils 7 Spielern. Das Feld muß begrenzt werden. Eine Gruppe läuft prellend los und versucht, an der Mittelgruppe vorbeizukommen (21 Spieler beschäftigt!) (Abb. 228).

Variation

Um die Abwehr zu erschweren, bleibt die Mittelgruppe mit dem Rücken zu den angreifenden Spielern stehen. Erst 3 m vorher durch Ruf oder Klatschen umdrehen.

Jeweils 2 Reihen links und rechts des Tores. Abwechselnd läuft links und rechts des Torraumes je ein Paar los. Der Abwehrspieler versucht den Ball herauszuspielen (Abb. 229). 2 Reihen links und rechts vom Tor. Ein Abwehrspieler auf Höhe der Mittellinie. Jeweils ein Spieler erhält den Ball aus dem Torraum und versucht den Abwehrspieler zu ,,umprellen". Anschließender Wurf (Abb. 230).

2 Reihen links und rechts des Tores. Eine bildet die Abwehr, die andere den Angriff. Beide Spielerpaare laufen zur selben Zeit von den Eckpunkten des Spielfeldes los, wobei eine Gruppe den Ball spielt. Die andere versucht den Ball vor dem Torwurf herauszuspielen oder die Werfer abzudrängen (Abb. 231).

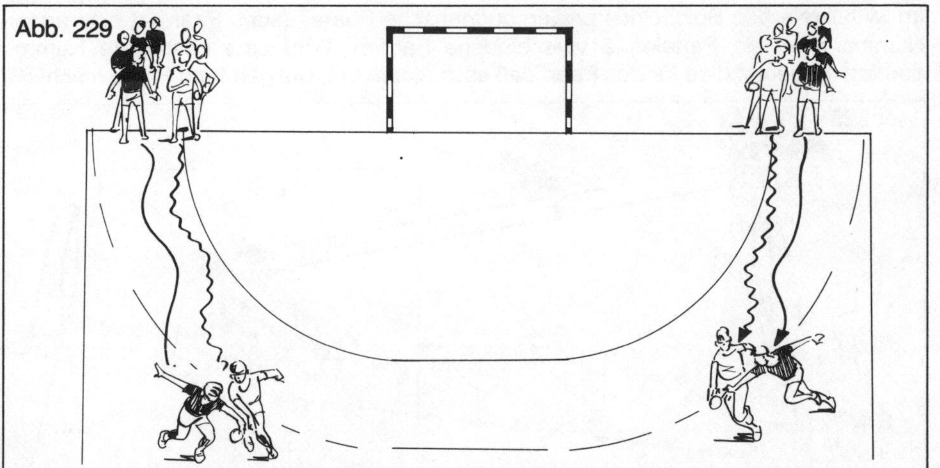

Abb. 230

1 gegen 1. Um die Belastung zu erhöhen, kann man dieselbe Übung mit nur 2 Spielern durchführen. Einer dribbelt bis zum Torraum und versucht zu werfen, der andere bedrängt ihn (Abb. 232).

6:0-Abwehr am Kreis; 6 : 0-Angriff an der Freiwurflinie. Die Angreifer versuchen, so lange wie möglich den Ball zu prellen, um den Abwehrspielern die Chance des Herausspielens zu geben (Abb. 233).

KS Kleine Spiele

„Nummernprellen"

Im Mittelkreis des Spielfeldes prellen gegnerische Paare. Jedes Paar hat eine andere Nummer und die Parteien 2 verschiedene Farben. Wird eine bestimmte Nummer gerufen, bedeutet dies für das Paar, daß es in Aktion tritt. Die gerufene Farbe macht den

Abb. 231

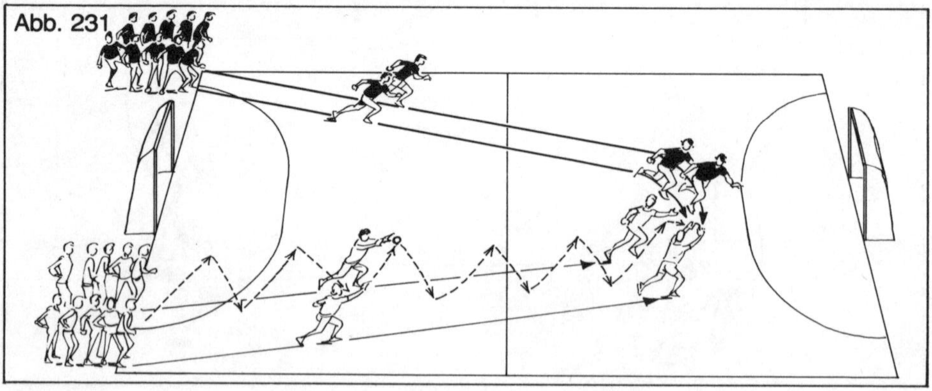

Abb. 232

Abb. 233

Abb. 234

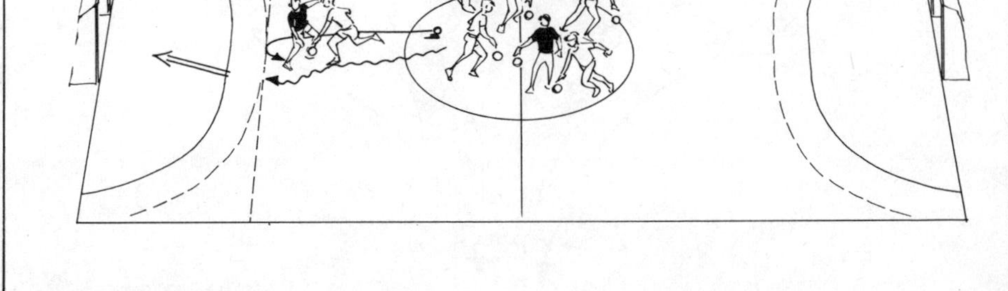

Abb. 235

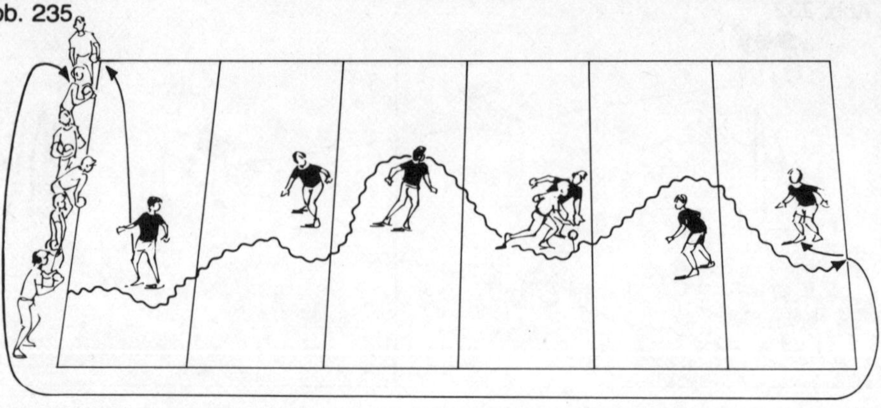

Besitzer dieser Farbe zum Abwehrspieler. Er legt seinen Ball hin und versucht seinem Partner mit der gleichen Nummer vor einer Mallinie oder vor dem Torwurf den Ball beim Prellen herauszuspielen (Abb. 234).

„Zeilenprellen"

Ein Spielfeld wird in 5–8 Streifen geteilt, je nach der Anzahl der Spieler. In jedem Streifen wartet ein Abwehrspieler, der versucht, dem prellenden Partner den Ball herauszuspielen. Der Abwehrspieler darf sich nur in seinem Rechteck bewegen. Gelingt es dem prellenden Spieler, ohne Ballverlust durch die Rechtecke zu kommen, so kann er sich wieder der ursprünglichen Gruppe anschließen. Wird ihm der Ball herausgespielt, rückt er aufs letzte Feld, und alle rücken nach vorne auf. Der erste Abwehrspieler wird nun zum Angreifer (Abb. 235).

Abb. 236

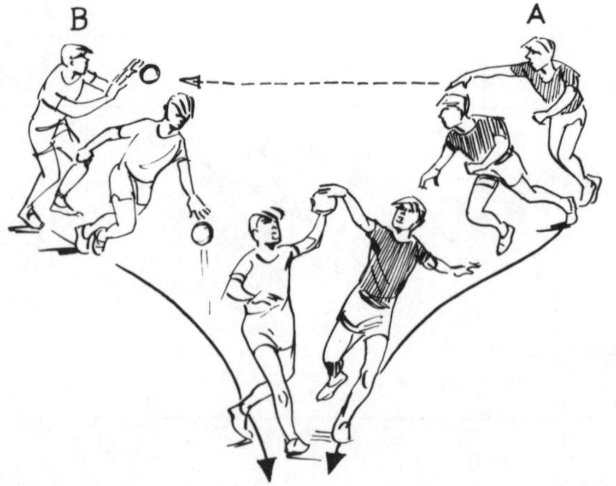

Abb. 237

Bei der Wurfausholbewegung

Ü Übungsformen

Aufgabenstellung

2 Stirnreihen schräg zueinander. A spielt Ball zu B, B prellt den Ball und A versucht durch Mitlaufen den Ball beim Wurf herauszuspielen (Abb. 236).

3 Stirnreihen; 3 Abwehrspieler, die versuchen, den Ball beim Wurf herunterzuschaufeln (Abb. 237).

Im Spiel 2 gegen 2, 3 gegen 3 und 4 gegen 4.

Abb. 238

Abb. 239

Abb. 240

Beim Abfangen

Ü Übungsformen

Aufgabenstellung

3 gegen 2; Abwehrspieler versuchen dazwischenzulaufen (Abb. 238).

Dieselbe Übung mit mehreren Spielern und Bällen (Abb. 239).

Aufstellung in der Gasse; 3–4 Abwehrspieler. Die Ballwege erahnen und dazwischenlaufen (nicht höher als Schulterhöhe) (Abb. 240).

2 Reihen parallel im Abstand von 5 Metern. Abwehrspieler in ca. 10 Meter Entfernung postiert (alle 7 m). A und B spielen sich den Ball zu, und die Abwehrspieler versuchen, ihn herauszuspielen (Abb. 241).

3 Reihen; Ball beim Mitlaufen abfangen (Mittelreihe) (Abb. 242).

KS Kleine Spiele

„Parteiball"
Siehe Seite 148

„Tigerball"
Siehe Seite 75

Abb. 241

Abb. 242

LK Leistungskontrollen

Was	Herausspielen des Balles – Abfangen des Balles
Wie	„Zeilenprellen" (Herausspielen) (Abb. siehe S. 160)
Wertung	Technik des Herausspielens Erfolgreiche Aktionen
Wie	„Parteiball" 2 gegen 1 (Abfangen)
Wertung	Technik des Abfangens (Armarbeit) Erfolgreiche Aktionen

d. Ausweichen einer Sperre

Das Ausweichen einer Sperre ist eine einzel- und gruppentaktische Maßnahme. Der Abwehrspieler, der gesperrt werden soll, setzt sich mit einem Schritt nach hinten ab und weicht so der Sperre aus. Häufig ist dies nur möglich, wenn der Nebenspieler ihn durch Zurufe informiert.

Ü Übungsformen

2 gegen 1. Der Angreifer C versucht seinen Mitspieler A freizusperren; der Abwehrspieler B verhindert dies durch Ausweichen (Abb. 243).

2 gegen 2. Der Abwehrspieler, der gesperrt werden soll, wird durch seinen Mitspieler gewarnt (Abb. 244).

3 gegen 3 oder 4 gegen 4 mit Sperrversuchen, die durch geschicktes Ausweichen verhindert werden (Abb. 245).

3. Mannschaftsabwehr

a. Die Abwehrarten

Im modernen Hallenhandball unterscheidet man 3 Abwehrarten:

Die Manndeckung

Die Raumdeckung

Die kombinierte Deckung

Abb. 243

Bei der Manndeckung ist jeder Spieler der abwehrenden Mannschaft für einen ganz bestimmten Gegenspieler verantwortlich. Seine Aufgabe besteht darin, den Aktionsradius des Gegners auf ein Minimum einzuengen. Dabei ist allerdings zu beachten, daß sich die Grundtechnik bei einer sehr offenen Abwehr ändert. Das Steppen reicht hier nicht mehr aus, da sonst der Gegner läuferisch überlegen wäre. Die Technik des Rückwärtslaufens, des Vorwärtslaufens und des Überkreuzens muß intensiv geübt werden, um dem Gegner gewachsen zu sein. Bei der Raumdeckung dagegen wird die Beherrschung eines bestimmten Raumes und nicht eines bestimmten Gegners betont. Das Abwehrbild ist geschlossen. Beide Abwehrarten können allerdings nicht als reine Raum- oder Manndeckung gespielt werden. Während es z. B. bei der Manndeckung zum Übernehmen durch den Mitspieler kommen kann, gilt bei der Raumdeckung die Phase der Bewachung als Manndeckung. Jeder Spieler muß beide Abwehrarten kennen. Dabei steht in der Lehrweise die Manndeckung am Anfang, da sie auch die Elemente der Raumdeckung enthält. Es wäre z. B. undenkbar, eine 3:3-Abwehrformation zu spielen, ohne daß die Abwehrspieler die Manndeckung beherrschen. Bei der kombinierten Abwehr werden beide Arten miteinander vermischt. Ein Teil der Abwehr-

Abb. 244

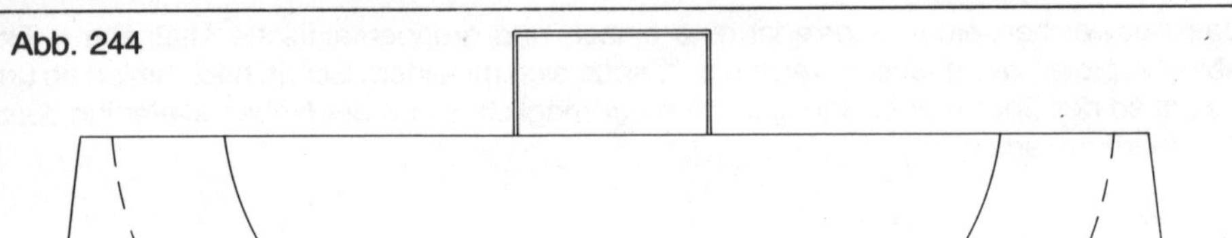

Abb. 245

spieler spielt eine Raumdeckung, der Rest eine Manndeckung. Dies wird sehr häufig bei den 5:0 + 1- und 4:0 + 2-Abwehrformationen angewendet, daß 1 bis 2 Vorderspieler gefährliche Schützen besonders bewachen.

Bei der Anwendung der Abwehrarten steht natürlich die Raumdeckung im Vordergrund. Die Manndeckung wird als taktisches Mittel angewendet, wenn man kurz vor Schluß zurückliegt und versuchen muß, in Ballbesitz zu kommen. Auch die kombinierte Abwehr wird als taktisches Mittel verwendet, um überragenden Spielern der gegnerischen Mannschaft den Aktionsradius zu verkleinern.

Abb. 246

Die Manndeckung

Um eine erfolgreiche Manndeckung spielen zu können, muß der Abwehrspieler seinem Gegenüber läuferisch überlegen sein. Eine Manndeckung erfordert eine gute Kondition, gepaart mit Geschicklichkeit und Schnelligkeitsausdauer. Außerdem erfordert sie eine gewisse Erfahrung, um die Absichten des Gegners rechtzeitig erkennen zu können. Wenn möglich, sollte man die Manndeckung ohne unnötiges Übergeben und Übernehmen spielen (nur bei Sperre), damit der Erfolg im Kampf um den Ball Mann gegen Mann gewährleistet ist. Es bringt also nichts ein, eine „großzügige Manndeckung" zu spielen, da hierbei die Gefahr des Mißverständnisses sehr groß ist.

VÜ Vorbereitende Übungen

Schnelles Vorwärts-, Seitwärts- und Rückwärtslaufen, schnelle Überkreuzschritte nach hinten und vorne mit Drehung des Oberkörpers.

KS Kleine Spiele

„Schattenlaufen"

Spieler A läuft B hinterdrein und ahmt die Bewegungen von B nach (Abb. 246).

„Partner suchen"

Auf optische und akustische Zeichen gehen wir in Zweier-, Dreier-, Vierer- und Fünfergruppen zusammen.

„Partner behüten"

A läuft B hinterdrein und versucht, alle Ausreißversuche von B zu verhindern.

Fangspiele in allen Variationen

„Schwarzer Mann", „Schleifenrauben", „Intervallhaschen", „Fleckhaschen", „Kauerhaschen", „Stützhaschen" usw., siehe Seite 23.

Ü Übungsformen

Die Übungen müssen alle in Partnerform durchgeführt werden.

Aufgabenstellung

2 Spieler stehen sich gegenüber. Der Abwehrspieler ahmt die Grundtechniken des Angreifers nach (Steppen, Laufen, Überkreuzen).

Abb. 247

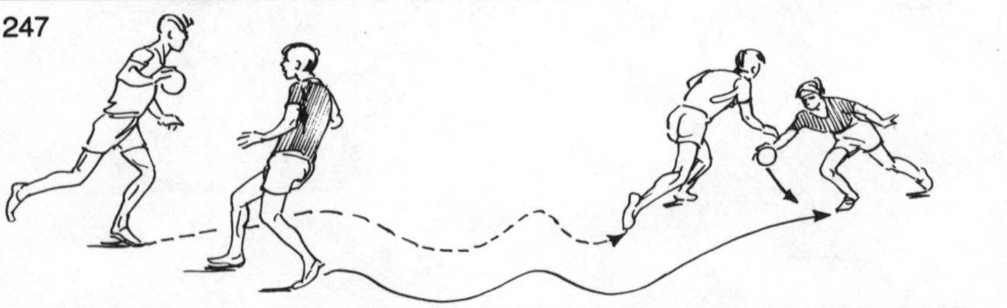

Abb. 248

Dieselbe Übung jetzt mit Ball; immer wieder versuchen, den Ball herauszuspielen. Nach jedem Überlaufen oder Herausspielen neu ansetzen. Nach 10 Versuchen Wechsel! Jetzt mit anschließendem Torwurf!

Der Gegenspieler wird nun an der Mittellinie angenommen und bis zum Torraum bedrängt.

Der Abwehrspieler versucht in Ballbesitz zu gelangen. Die Täuschbewegungen nach der Nichtarmwurfseite nur bedingt mitmachen (Abb. 247).

Dreiergruppe – ein Spieler wirft den Ball nach links oder rechts, und die beiden anderen Spieler versuchen ihn aufzunehmen. Anschließend Wurf. Variation: Täuschen in der Wurfrichtung (Abb. 248).

Parteispiel 2 gegen 2 oder 3 gegen 3 auf begrenztem Raum. Bei Ballverlust Wechsel. Arbeitszeit 5 Minuten, Pause 1 Minute.

Eine besondere Form des Parteiballs kann man in einem Tennis- oder Basketballfeld spielen. Es werden 5 Partnergruppen im Tennisfeld und 4 außerhalb postiert. Die einen dürfen das Feld nicht betreten, die anderen dürfen nicht hinaus. Anspiel ist jederzeit möglich. Nach Ballverlust Wechsel (Abb. 249).

Abb. 249

Abb. 250

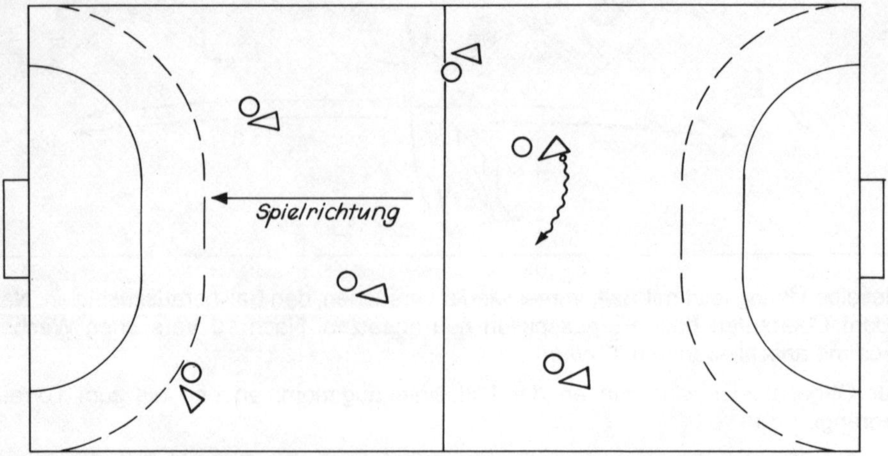

Das Parteiballspiel wird nun auf 2 Tore ohne TW gespielt. Jede Mannschaft zählt die abgewehrten Würfe und die Tore.

LK Leistungskontrolle

Was Manndeckung
Wie Spiel über das ganze Feld mit 3 gegen 3 und 4 gegen 4
Wertung Einstellung zum Gegner, Beherrschung der Grundtechniken

Anwendung der Manndeckung

Wann spielt man eine Manndeckung?

Bei der Schulung des Hallenhandballs ist sie die erste Art der Abwehr, die die Jugendlichen lernen. Sie ist Voraussetzung für die Raumdeckung und die kombinierte Deckung.

Wenn die gegnerische Mannschaft das Spiel bei Führung mit 1–2 Toren zu verzögern sucht.

Während des Spiels als Überraschungseffekt

Bei Spielerüberzahl

Die beiden letzten Anwendungsmöglichkeiten sind nur Mannschaften zu empfehlen, die gut mit diesen Möglichkeiten vertraut sind.

Welche Formen der Manndeckung gibt es?

Manndeckung über das ganze Feld – ,,Offensive Manndeckung"
Diese Form der Manndeckung ist nach dem ,,Alles-oder-Nichts"-Prinzip konzipiert. Man wendet sie auch nur dann an, wenn man unbedingt in Ballbesitz kommen muß (Abb. 250).

Abb. 251

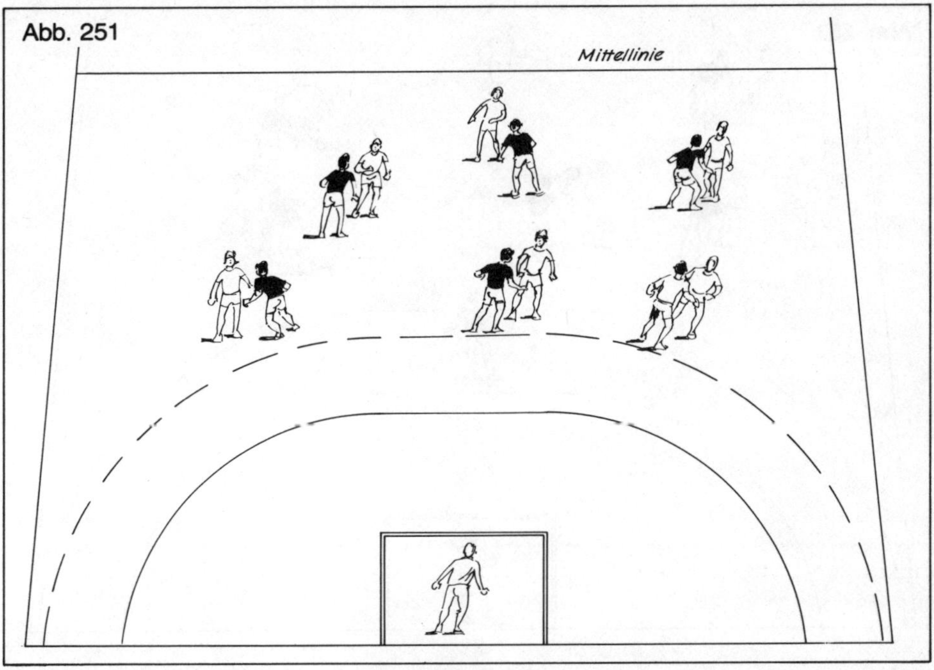

Manndeckung ab Mittellinie – „Halboffensive Manndeckung"
Hier wird die gegnerische Mannschaft erst ab der Mittellinie angegriffen. Sie entwickelt sich meistens aus der ersten Form (Abb. 251).

Manndeckung im eigenen Drittel – „Defensive Manndeckung"
Diese Form ist nicht so wirkungsvoll wie die beiden ersten, jedoch die „sicherste". Man hofft, durch schnelles Heraustreten den Gegner zu einer Fehlabgabe zu verleiten. Außerdem ist ein Verzögern des Spiels nicht möglich (Abb. 252).

Abb. 252

Abb. 253

Manndeckung mit zurückgezogenem Abwehrspieler

Hierbei bleibt ein Angriffspieler frei, der aber Mühe hat, einen Nebenmann anzuspielen. Der zurückgezogene Abwehrspieler ist abwehrbereit, d. h., er kann jederzeit aushelfen und vermindert das Torrisiko (Abb. 253).

Einsatz der Spieler bei der Manndeckung

In den letzten Jahren hat sich bei einigen Mannschaften und Trainern der „Nur-Angriffspielertyp" entwickelt. Es muß hier ganz deutlich gesagt werden, daß dies nur

Abb. 254

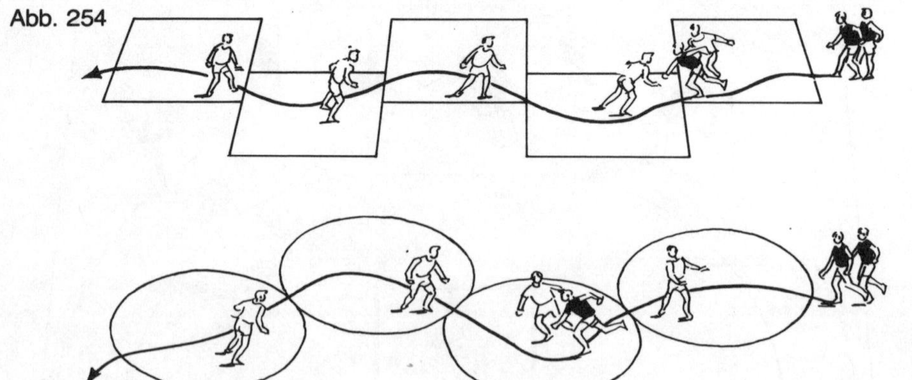

eine Notlösung sein kann und nicht zu einem taktischen Mittel ausgebaut werden sollte. Durch das Wechseln des „Nur-Angriffspielers“ muß man notgedrungen so viele Nachteile in Kauf nehmen, daß die Vorteile bei weitem aufgehoben werden.

Eine Ausnahme bildet hierbei die Manndeckung. Der schwächere Abwehrspieler kann sich im Abwehrverband noch behaupten, da seine Nebenspieler die Abwehrfehler ausgleichen können. In der Manndeckung dagegen ist es gefährlich, den für den Angriff aufgebauten Spieler einzusetzen. Hier ist ein schnelles Wechseln ratsam, da die Manndeckung nur über eine kurze Zeit gespielt wird.

Vor- und Nachteile der Manndeckung

V Vorteile

a) Jeder Abwehrspieler kann sich entsprechend seiner Möglichkeiten den Gegenspieler aussuchen.

b) Die Manndeckung kann einen großen Überraschungseffekt erzielen.

c) Sie kann gegen jede Angriffsformation eingesetzt werden.

N Nachteile

a) Sie setzt gute individuelle Schulung und physische Fitness voraus.

b) Die Möglichkeiten der Sperre sind sehr groß.

c) Die Wahrscheinlichkeit von Fouls, die zu Strafwürfen führen, ist größer.

d) Der Übergang von Abwehr auf Angriff dauert länger.

Die Raumdeckung

Die häufigste Abwehrart ist die Raumdeckung. Sie vermindert durch ökonomische Grundtechniken das Laufpensum des Abwehrspielers auf ein Minimum und gibt ihm die notwendige Spielübersicht. Das Steppen in allen Variationen bildet den Kernpunkt dieser Abwehr. Die notwendigen Grundelemente wurden schon im Kapitel „Individuelle Abwehr“ abgehandelt. Eine sinnvolle Schulung kann allerdings erst nach Kenntnis der Manndeckung geschehen.

Abb. 255

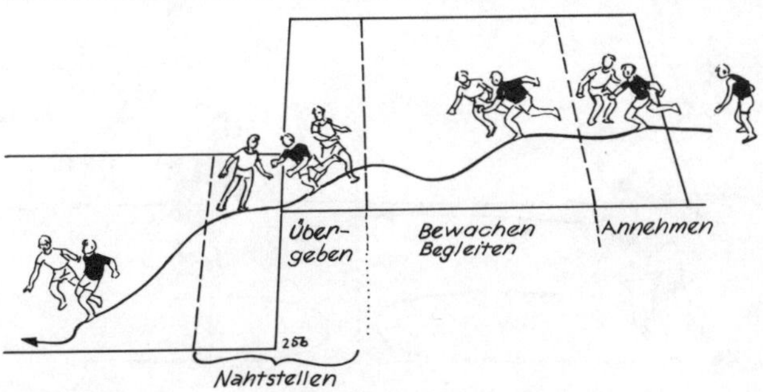

VÜ Vorbereitende Übungen

Wiederholung der Grundtechniken. Man zeichnet Kreise oder Rechtecke auf den Hallenboden. In jeder Fläche steht ein Spieler. Nun laufen durch diese Flächen Mitspieler im Abstand von ca. 6 Metern. Sie werden beim Betreten der Fläche sofort vom Abwehrspieler angenommen, bewacht und erst beim Verlassen des Feldes übergeben. Grundtechnik beachten (Abb. 254).

Wir kennen 3 Phasen: Annehmen – Begleiten – Übergeben (Abb. 255).

Als Faustregel gelten folgende Hinweise:

Verständigung durch Zurufe.

Rechtzeitiges Übernehmen (Nahtstellen).

Während der Begleitphase Manndeckung.

Blickverbindung mit dem Nebenspieler.

Erst übergeben, wenn Nebenspieler „frei" ist.

Sofort nach Übergabe an Kreis zurück und neue Aufgabe suchen.

Ü Übungsformen

Aufgabenstellung

Vierergruppe – 2 Abwehrspieler, 2 Angriffsspieler. Die „Angreifer" wechseln ohne Ball laufend ihre Position in paralleler Richtung (Abb. 256). Dasselbe 3 gegen 3.

Die vorangegangenen Übungen werden nun mit Ball durchgeführt. Bei Ballbesitz bekämpfen. Spiel 4 gegen 4, 5 gegen 5 und 6 gegen 6.

Übungen am Kreis

Aufstellung einer 6 : 0-Abwehrformation; die Angriffsspieler laufen vor der Abwehr vorbei und werden in 3 Phasen gedeckt. Man kann hierzu den Freiwurfraum in 6 Sektoren einteilen (Abb. 257).

Die Abwehr rückt zur Ballseite mit (Verschieben). 5:1-Abwehrformation; Gruppe A und B an der Torlinie. Es laufen von jeder Gruppe phasenverschoben 2 Spieler an den 5 Kreisspielern und dem vorgezogenen Spieler vorbei. Mitgehen bis Übergabe! Bei vorgezogenem Spieler Übernehmen bei Kreuzen! (Abb. 258).

Abb. 256

Abb. 257

Die 6 Spieler fassen sich an den Händen. Auf Zeichen des Trainers oder durch Ballzirkulation werden sie gezwungen, sich schnell zur Ballseite hin zu verschieben (Abb. 259).

Abwehrformation 6:0 und 6 Angriffspieler. Der Ball wird von Position zu Position gespielt und auf Handzeichen des Trainers bestimmte Würfe angesetzt (rechts – links – hoch – tief) (Abb. 260).

4:2-Abwehrformation; 4 Gruppen A, B, C und D; A und B beschäftigen die Kreisspieler, C und D die vorgezogenen Spieler (Abb. 261). 3:3-Abwehrformation; dasselbe wie oben.

Abb. 258

Abb. 259

LK Leistungskontrolle

Was Raumdeckung (Grundtechniken)
Wie Streifenspiel 6 Abwehrspieler und 6 Rückraumspieler.
Wertung Dreischritt Übernehmen – Begleiten
Übergeben beobachten
Nahtstellen beobachten
Heraustreten beobachten
Blockieren beobachten

Abwehrformationen

Unter einer Abwehrformation versteht man die Aufstellung der Abwehr vor der Torraumlinie. Man versucht hierbei, den Aktionsradius des Gegners einzuengen. Dabei kann man im modernen Hallenhandball auf 5 Formationen zurückgreifen:

6 : 0, 5 : 1, 4 : 2, 3 : 3 und 3 : 2 : 1.

Abb. 260

Man unterscheidet zwischen starren und beweglichen Abwehrformationen, da die Grundaufstellung den taktischen Maßnahmen des Gegners angepaßt werden muß. Aus der einen Abwehrformation geht die andere hervor:

Starr	Beweglich
6 : 0	aus 6 : 0 wird 5 : 1
5 : 1	aus 5 : 1 wird 4 : 2
4 : 2	aus 4 : 2 wird 3 : 3
3 : 3	aus 3 : 3 wird 3 : 2 : 2 : 1
	aus 4 : 2 wird 3 : 2 : 1
3 : 2 : 1	aus 3 : 2 : 1 wird 4 : 2 und 5 : 1

Die Wahl der Abwehrformation ist für den Ausgang eines Spiels von entscheidender Bedeutung. Deshalb sollte jeder Trainer diese Formationen genau kennen, um sie als taktisches Mittel einsetzen zu können. Versucht man einmal die Abwehrformationen auf ihre Wirksamkeit zu prüfen, so läßt sich deutlich in der Grundaufstellung eine Störung der zweiten Reihe erkennen. Der „Keil" wird immer tiefer in den gegnerischen Angriff getrieben. Bei der 6 : 0-Abwehrformation ist die Abwehr geschlossen. Hier muß durch schnelles Heraustreten aus der Abwehr die Gefahr der Würfe gebannt werden. Dagegen wird bei der 5 : 1-Abwehrformation schon ein „Keil" in die gegnerische Aufbaureihe geschoben. Dies verstärkt sich noch bei der 4 : 2-Abwehrformation. Die 3 : 3-Abwehrformation verhindert fast alle Würfe aus der zweiten Reihe und drängt die Aufbauspieler nach außen ab. Bei der 3 : 2 : 1-Abwehrformation müssen die Spieler im Zentrum der Abwehr ein enormes Laufpensum leisten. Diese Formation ist nur gut geschulten Mannschaften zu empfehlen. Man kann für die Wahl der Abwehrformationen keine Rezepte geben, da sie sich jeweils nach der Angriffsformation des Gegners richtet.

Abb. 262

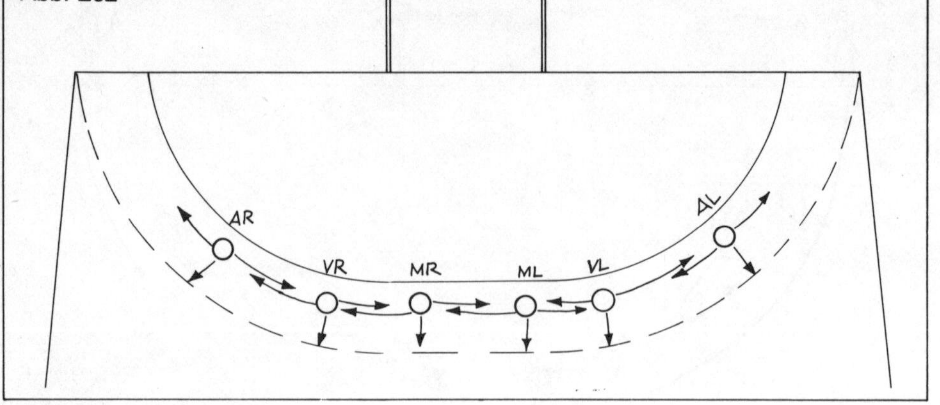

Abwehrformation 6 : 0

Die Grundaufstellung der 6 : 0-Abwehrformation ist geschlossen. Durch seitliches Verschieben der Abwehr und schnelles Heraustreten und Zurückziehen versucht man den Aktionsradius der Angreifer einzuengen. Jeder Spieler hat seine bestimmte Aufgabe (Abb. 262).

Die Außenverteidiger links und rechts (AL, AR) haben vielseitige Aufgaben. Sie müssen die Aktionen der gegnerischen Außenspieler verhindern. Würfe blockieren und an den Nahtstellen der Abwehr ihren Nebenleuten aushelfen (VR, VL). Außerdem sollten einlaufende Spieler rechtzeitig akustisch „angemeldet" werden. Die Außenverteidiger bewegen sich hauptsächlich entlang der Torraumlinie, um ein Einlaufen der Außenspieler zu verhindern. Es gibt allerdings Situationen, bei denen der Außenverteidiger seine Position verlassen muß. Diese tritt ein, wenn ein starker Außenspieler versucht, durch Finten seinen Gegenüber zu umspielen. Dann wird er gezwungen, bei Ballannahme zu seinem Gegenüber herauszutreten. Die Aufgaben der Verbinder links und rechts (VL, VR) und der Mittelverteidiger links und rechts (ML, MR) bestehen darin, die gegnerischen Aufbauspieler zu bekämpfen und die Kreisläufer zu bewachen. Schnelles schräges Zurückziehen in Ballrichtung ist eine wichtige Voraussetzung zum Gelingen dieser Abwehrformation.

V Vorteile

Durch die Geschlossenheit der Abwehr entstehen kaum Lücken.

Durch die besondere Form der Aufstellung kann man die Bewegung des Gegners besser verfolgen.

Übernahme und Übergabe gehen reibungslos vor sich.

Das Verschieben zur Ballseite kann ohne Schwierigkeiten durchgeführt werden, da keine Staffelung vorhanden ist.

Einlaufende Spieler werden schnell übernommen.

Aus dieser Abwehrformation können alle anderen Formen entwickelt werden.

Abb. 263

N Nachteile

Durch schlechtes Übergeben entstehen viele Nahtstellen und dadurch Durchbruchsräume.

Fehlwürfe sind häufig.

Die Angriffsentwicklung des Gegners wird zu wenig gestört.

A Anwendung der 6 : 0-Abwehrformation

Wenn der Gegner starke Kreisläufer und schwächere Aufbauspieler besitzt.

Wenn die Mannschaft einen guten Torwart hat.

Wenn man über 4 große Abwehrspieler verfügt.

Schwerpunkte bei der Schulung der 6 : 0-Abwehrformation sind das Verschieben der Abwehr zur Ballseite hin, das schnelle Heraustreten und das schräge Zurückziehen.

Abb. 264

Abb. 265

Ü Übungsformen

Verschieben der Abwehr

Übernahme, Begleiten und Übergabe an der Torraumlinie entlang (Abb. 263).

6 gegen 6 – Abwehr verlagert ihren Schwerpunkt zur Ballseite hin (Abb. 264).

Schnelles Heraustreten und Zurückziehen

6 gegen 6 (Abb. 265).

Bei allen Abwehrformationen unterscheiden wir noch einmal 2 Varianten:

Die mannbezogene Abwehr
Die ballbezogene Abwehr

Die mannbezogene Abwehr

Die mannbezogene Abwehr setzt sich zum Ziel, daß immer ein Abwehrspieler ein Gegenüber hat. Er richtet den Schwerpunkt der Orientierung auf den Mann, weniger auf den Ball. Dadurch sieht er häufig nicht den Ball und kann kaum Gegenstöße einleiten (Abb. 266).

Die ballbezogene Abwehr

Die ballbezogene Abwehr orientiert sich nach dem Ball und setzt dort den Schwerpunkt. Sie verlangt ein sehr schnelles Verschieben der Abwehrkette, um Würfe zu verhindern. Da Schwerpunkte beim Ball gebildet werden, sind häufig die Außenstürmer ungedeckt (Abb. 267).

Die meisten Mannschaften spielen allerdings eine Mischung aus beiden Arten. Mannschaften, die abwehrmäßig gut geschult sind, sollten die ballbezogene Abwehr anwenden, da die gegnerische Mannschaft sehr stark in ihren Aktionen eingeengt wird.

Abb. 266

Abwehrformation 5 : 1

Die Abwehrformation 5 : 1 ist daran zu erkennen, daß 5 Spieler an der Torraumlinie postiert sind und ein Spieler vorgezogen an der Freiwurflinie steht (Abb. 269).
Der Mittelverteidiger vorne (MV) steht 7 bis 10 m von der Tormitte entfernt und schirmt einen Raum ab, der ca. 2 m nach links und nach rechts geht. Er hat die Aufgabe, jeden Wurf und jedes Abspiel aus seinem Raum zu verhindern. Hat er keinen direkten Gegenspieler, zieht er sich bis zum Siebenmeter zurück. Er sollte ein sehr gutes Wahrnehmungsvermögen, Reaktionsvermögen und die Eigenschaft des peripheren Sehens haben und in der Abwehr wie im Angriff geschult sein, da er häufig Gegenstöße laufen muß. Der Mittelverteidiger hinten (MH) ist das „Schaltzentrum" der Abwehr. Er übermittelt die Anweisungen von der Trainerbank und organisiert die Abwehr. Er hat außerdem die Aufgabe, die Kreisläufer zu bewachen, wobei er sich so wenig wie möglich von der Torraumlinie entfernen sollte. Er weist den MV ein.

Abb. 267

Abb. 268

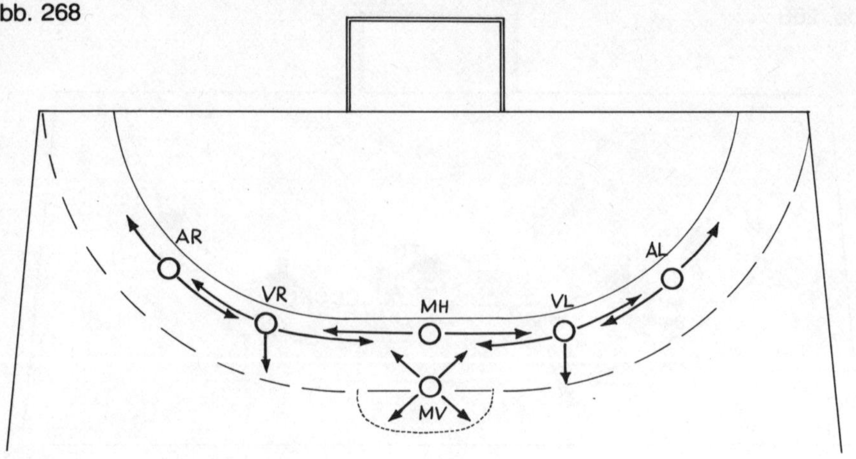

Die Verbinder links und rechts (VL, VR) müssen wie der MH groß sein, um Würfe blockieren zu können. Sie bekämpfen den Schützen aus den Halbpositionen und zeichnen auch für die Kreisläufer verantwortlich. Nach erfolgter Abwehr ist ein schnelles und schräges Zurückziehen an den Kreis notwendig.

Die Außenverteidiger links und rechts (AL, AR) verhindern das Einlaufen der Kreisläufer. Sie sollten nicht zu weit von der Torraumlinie entfernt stehen. Wird der Ball auf der anderen Seite gespielt, stehen sie frontal zum Ball, um Querpässe abzufangen und Gegenstöße laufen zu können.

Man unterscheidet auch noch eine offensive und eine defensive 5 : 1-Abwehrformation. Bei der offensiven Abwehrformation werden die VL und VR aktiver und treten weit heraus, der MV ist weiter nach vorn orientiert (Abb. 269).

V Vorteile

Trotz des MV ist die Geschlossenheit der Abwehr noch gewährleistet.

Der MV kann die Aufbauphase des Gegners erheblich stören.

Abb. 269

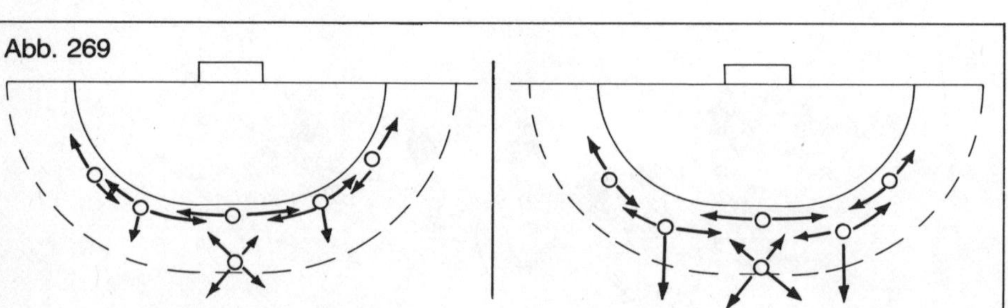

Abb. 270

Er kann Sonderaufgaben übernehmen.

Man kann ohne Schwierigkeiten zur 3 : 2 : 1- oder 6 : 0-Abwehrformation übergehen.

Der MV kann schnell Gegenstöße einleiten.

Abb. 271

Abb. 272

N Nachteile

Durch den vorgezogenen Spieler kann die gegnerische Mannschaft das Schwergewicht nach einer Seite verlagern.

Verbindung zur Abwehrreihe kann schlecht sein.

Bei offensiver 5 : 1-Abwehrformation entstehen links und rechts des MV große Durchbruchsräume.

A Anwendung der 5 : 1-Abwehrformation

Man wendet diese Formation häufig gegen Mannschaften mit einem guten Rückraumspieler an.

Wenn man keinen guten Torwart besitzt.

Wenn man den Rückraum des Gegners rechtzeitig stören will.

Schwerpunkte der Schulung sind die Laufwege des MV, das Blockieren der VL und VR und die Arbeit des AR und AL.

Ü Übungsformen

Schulung der Laufwege des MV

Der MV pendelt zwischen zwei Gruppen hin und her, geht aber nicht zu weit mit (Abb. 270).

Das Blockieren der VL und VR

Heraustreten aus der Abwehr und Zurückziehen. Schulung des Doppelblocks (Abb. 271/272/273).

Abb. 273

Schulung der Außenpositionen AR und AL

Die Außenpositionen müssen auch bei ballferner Situation konzentriert sein. Deshalb werden Zuspiele quer durch den Torraum ausgeführt, um die Abwehrbereitschaft zu testen (Abb. 274).

Abwehrformation 4 : 2

Die Abwehrformation 4 : 2 zeichnet sich durch 2 Abwehrreihen aus. Die zwei vorgezogenen Abwehrspieler (VOR, VOL) bewegen sich auf Höhe der Freiwurflinie, die restlichen 4 Spieler (AR, VR, AL, VL) arbeiten am Kreis. Man kann bei dieser Abwehrformation von einer offenen Abwehr sprechen. Auch hier besitzt jeder Spieler seine speziellen Aufgaben (Abb. 275).

Abb. 274

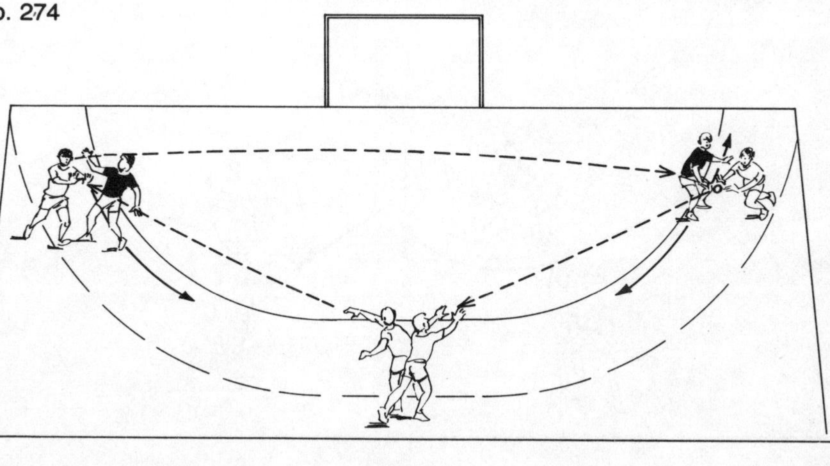

Abb. 275

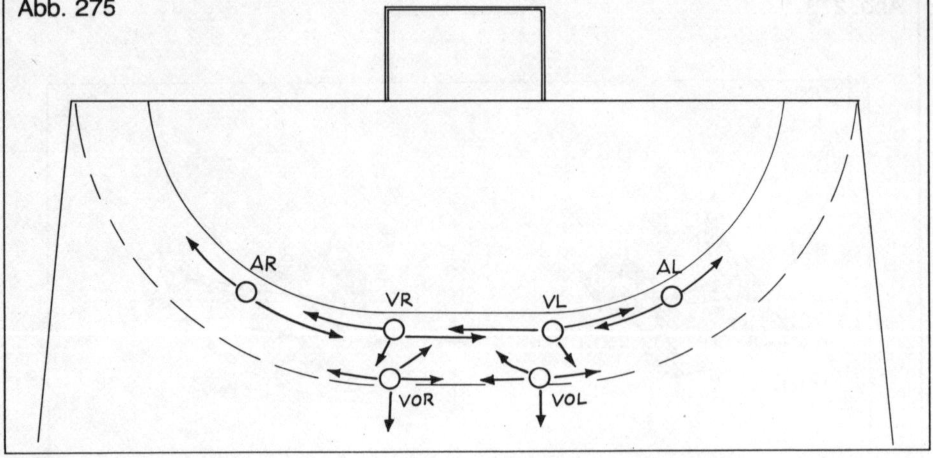

Die Außenverteidiger links und rechts (AR, AL) dürfen sich nicht vom Kreis wegbewegen. Sie stehen verhältnismäßig weit innen, um jederzeit aushelfen zu können. Die Verbinder VR und VL haben bei dieser Formation keinen Mittelmann und orientieren sich nach beiden Seiten und bedingt nach vorne. Sie bilden mit den beiden vorgezogenen Spielern (VOR und VOL) ein ,,magisches Viereck"[1]). Dieses Viereck kann bis zum Parallelogramm und zum Rechteck verändert werden. Die Verbindung zwischen diesen

[1]) Kuchenbecker: Hallenhandball-Abwehrsysteme

Abb. 277

Abb. 276

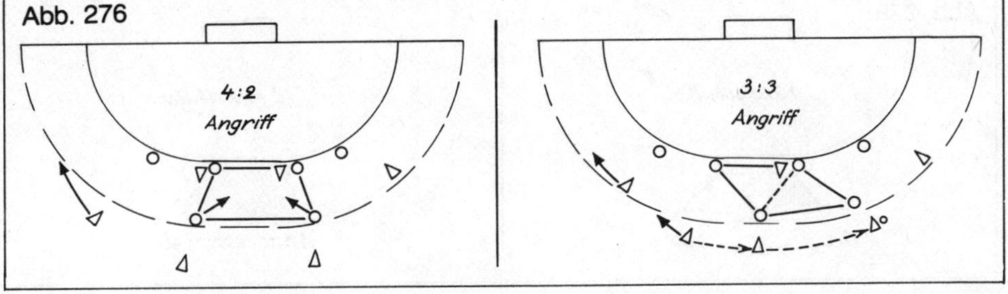

4 Spielern muß gut sein. Die Vorderspieler haben noch zusätzlich die Aufgabe, das gegnerische Spiel zu stören, die Aufbauphase zu unterbinden, Würfe zu blockieren, durch schnelles Zurückziehen die Gegner vor neue Aufgaben zu stellen und dauernd bereit zu einem Gegenstoß zu sein.

Entscheidend für das Gelingen dieser Abwehr ist das „magische Viereck". Die beiden Vorderspieler orientieren sich jeweils nach der Ballseite hin. Dadurch ergeben sich je nach Angriffsformation und dem Ballschwerpunkt verschiedene Vierecke (Abb. 276).

V Vorteile

Der Gegner wird gezwungen, seine Angriffsformation zu ändern.

Würfe aus der Fernwurfzone werden verhindert.

Der Übergang zu 5 : 1 und 3 : 3 ist jederzeit möglich.

N Nachteile

Die vorgezogenen Spieler haben nicht genügend Kontakt zur Abwehrreihe an der Torraumlinie.

Die vorgezogenen Spieler werden hinterlaufen.

Sperrsituationen bieten sich an.

Die äußeren Abwehrräume sind nicht genügend bewacht.

A Anwendung der 4 : 2-Abwehrformation

Gegen Mannschaften, die 4 : 2 oder 2 : 4 angreifen.

Gegen Mannschaften, die 2 gute Schützen aus der 2. Reihe haben.

Als Abwehrformation zu Beginn des Spiels, um den Gegner zu täuschen.

Schwerpunkte bei der Schulung sind das Zusammenwirken des „Magischen Vierecks", das Ausweichen der Sperre und das Zurückziehen an die Torraumlinie bei Ballferne (Abb. 277).

Ü Übungsformen

Zusammenspiel des „Magischen Vierecks"

Aufzeigen der Situationen bei der 3 : 3-, und 4 : 2-Angriffsformation (Abb. 278).

Abb. 278

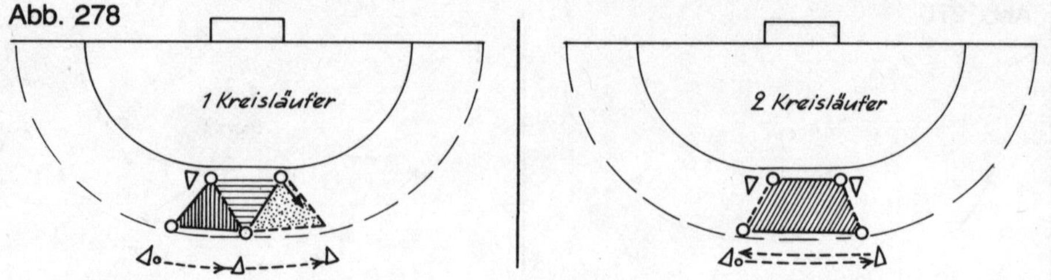

Abwehrformation 3 : 3

Diese Abwehrformation verlangt von allen Spielern eine gute individuelle Abwehrarbeit. Es lassen sich deutlich 2 Abwehrreihen erkennen: eine an der Torraumlinie, eine an der Freiwurflinie (Abb. 279).

Durch die geschickte Staffelung sind die Durchbruchsräume sehr gering. Die einzige Möglichkeit ist auf außen. Die AR und AL bewegen sich nicht von der Torraumlinie weg und orientieren sich nach innen. Sie müssen gute Verbindung zu VR und VL halten und sie mit einweisen. Der MH ist die Schaltzentrale; er vermittelt Impulse nach allen Richtungen. Seine Aufgabe ist die Bewachung der Kreisläufer. Die drei vorgezogenen Spieler VOR, MV und VOL verhindern die Würfe aus der Fernwurfzone, halten Kontakt zur Abwehrreihe am Torraum und verkleinern die Durchbruchsräume auf Halbposition.

Entscheidend für das Gelingen dieser Abwehrformation ist die Zusammenarbeit der beiden Abwehrreihen. Durch schnelles Heraustreten und Verschieben des Abwehrschwerpunktes wird es dem gegnerischen Angriff schwergemacht, Durchbruchsräume zu finden.

Abb. 279

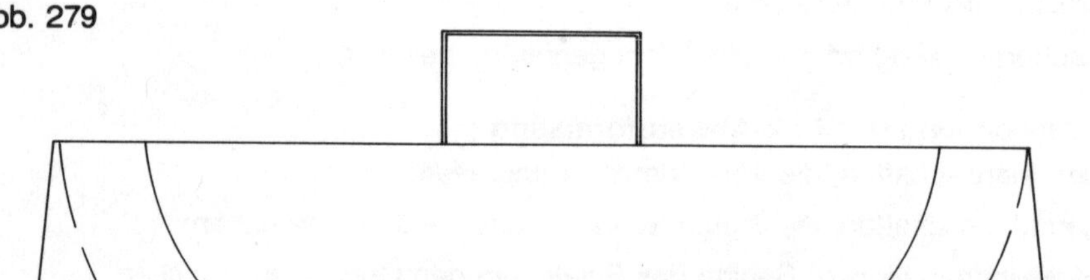

Abb. 280

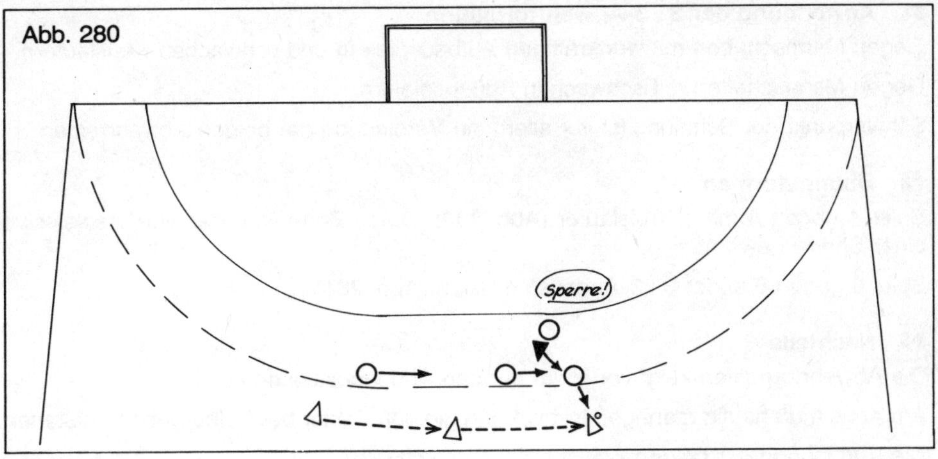

V Vorteile

Fernwürfe werden verhindert.
Günstige Ausgangsposition für Gegenstöße.
Gegner wird gezwungen, seine Angriffsformation zu ändern.
Anspiel an Kreisläufer wird erschwert.

N Nachteile

Weite Laufwege für die Abwehrspieler.
Durchbruchsräume an der Torraumlinie.
Außenspieler kommt häufig zum Wurf.
Anfällig für Sperren.
Verbindung zwischen beiden Abwehrreihen kann gestört sein.

Abb. 281

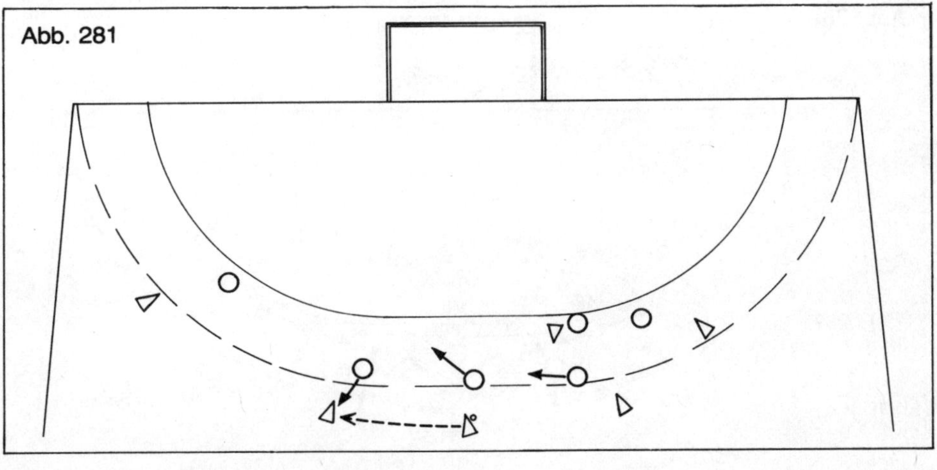

A Anwendung der 3 : 3-Abwehrformation

Gegen Mannschaften mit wurfkräftigen Aufbauspielern und schwachen Kreisläufern.

Gegen Mannschaften mit schwachen Außenspielern.

Schwerpunkt der Schulung ist vor allem die Verbindung der beiden Abwehrreihen.

Ü Übungsformen

Spiel 4 gegen 4 mit 1 Kreisläufer (Abb. 280). Durch Zuruf wird der Vorderspieler vor einer Sperre gewarnt.

Spiel 6 gegen 6 in der 3 : 3-Angriffsformation (Abb. 281).

N Nachteile

Die Abwehrformation zeigt vor allem auf den Außenpositionen Lücken.

Am Kreis muß häufig manngedeckt werden, so daß Fehler beim Übergeben entstehen.

Die Verbindung der beiden Abwehrreihen ist schwierig.

Abwehrformation 3 : 2 : 1

Die Abwehrformation 3 : 2 : 1 wurde aus der 5 : 1- und 3 : 3-Abwehrformation entwikkelt. Sie versucht die Schwächen der beiden Abwehrformationen zu mindern. Sie hat nicht die Durchbruchsräume der 3 : 3-Formation und nicht die Defensive der 5 : 1-Formation. Dadurch wird sie variabel und kann sich sehr schnell besonderen Situationen anpassen.

Drei Spieler befinden sich an der Torraumlinie (AR, AL, MH), zwei Spieler (VR, VL) ca. einen Meter vom Torraum entfernt, der dritte Spieler (MV) auf Höhe der Freiwurflinie. Die angegebenen Entfernungen und die Positionen sind nur in der Grundaufstellung gewährleistet (Abb. 282). Die Aufgaben der drei Spieler am Torraum sind vor allem die schnellen Seitwärtsbewegungen, das Abfangen der Bälle (Kreisläufer) und das Verhindern der Kreisläuferwürfe. Der Mittelspieler hinten (MH) geht mit dem Ball und sichert

Abb. 282

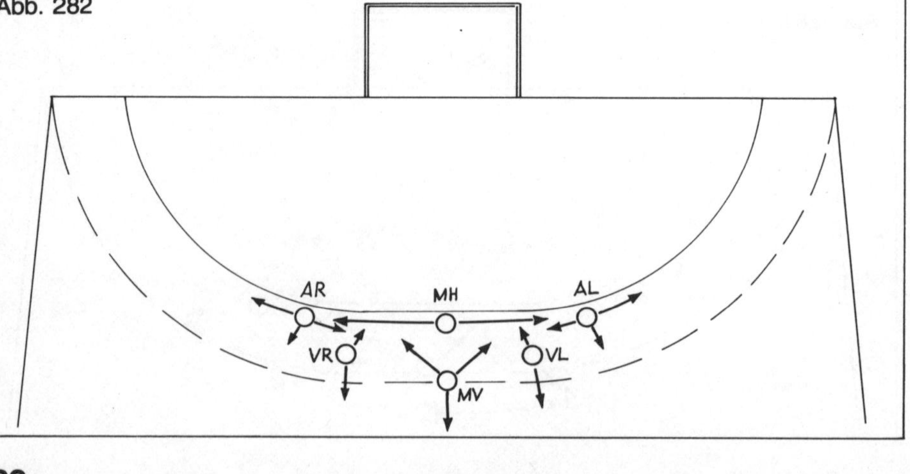

Abb. 283

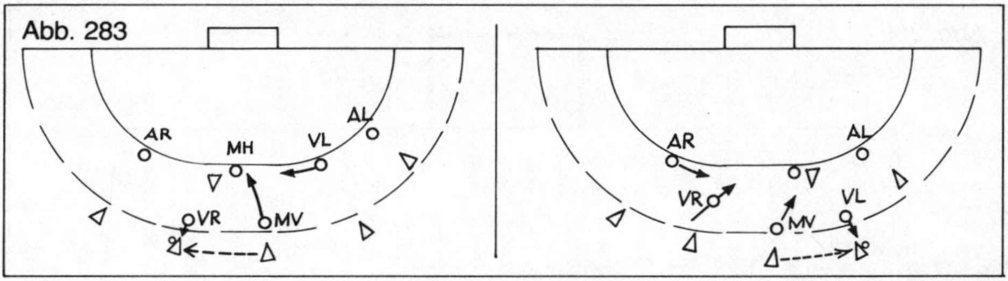

den Raum am Kreis. Die beiden vorgezogenen Spieler haben die Aufgaben, sich rasch nach vorne und nach hinten zu bewegen, Würfe aus der 2. Reihe zu blockieren, Zuspiele von außen abzufangen, bei Ballferne sofortiges Zurückziehen an die Torraumlinie und schnelle Gegenstöße einleiten. Der vorgezogene Spieler (MV) muß sich schnell nach allen Richtungen orientieren, Würfe blockieren, Finten ausweichen, Zuspiele abfangen und bereit zum Gegenstoß sein.

Spielsituationen (Abb. 283)

V Vorteile

Ballbesitzer wird auf allen Positionen angegriffen.

Jeder Abwehrspieler hat spezielle Aufgaben.

Die Abwehr kann sehr schnell auf Umstellungen der Angriffsformation oder Angriffsmittel reagieren.

Die Abwehr besitzt Tiefe und Dichte.

N Nachteile

Sie erfordert ein hohes Maß an Kondition und Konzentration.

Es mangelt der Abwehr an Breite, so daß die Außenpositionen vakant sind.

Man kann sie nur mit guten Abwehrspielern durchstehen.

Abb. 284

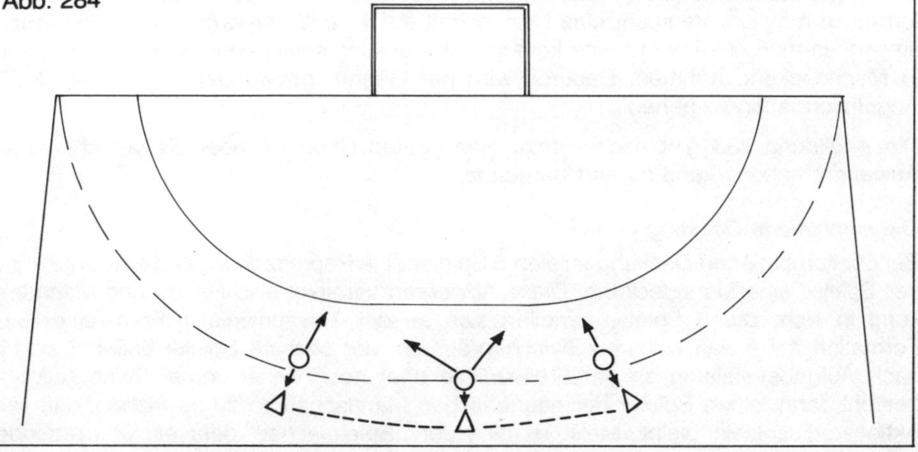

Abb. 285

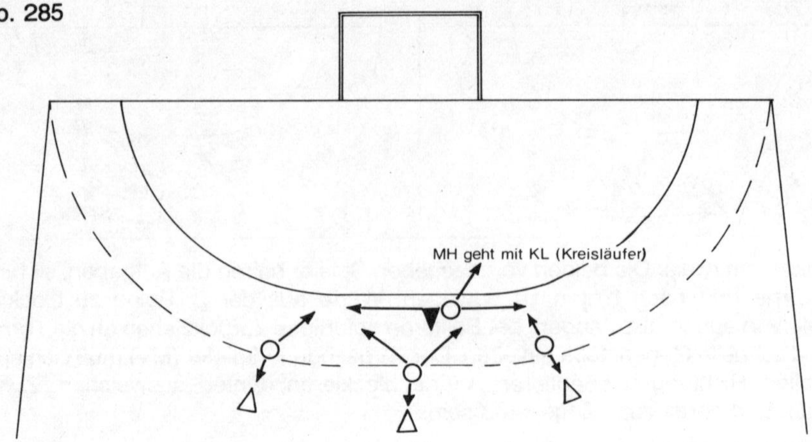

A Anwendung der 3 : 2 : 1-Abwehrformation

Gegen Mannschaften, deren Rückraum sehr stark ist und kaum Kreisläufer besitzen.

Gegen Mannschaften, die im Angriff nicht gut geschult sind und sich dadurch verwirren lassen.

Als zwischentaktisches Mittel.

Schwerpunkte im Training sind das Zurückziehen der Verbinder links und rechts, die Zusammenarbeit mit dem MV und dem MH.

Ü Übungsformen

Zusammenarbeit der drei vorgezogenen Spieler.
3 gegen 3 mit Zurückziehen und Blockieren (Abb. 284).
4 gegen 4 mit einem Kreisläufer (Abb. 285).

Die Möglichkeit der 3 : 2 : 1-Abwehrformation ist natürlich nur gegen eine 3 : 3-Angriffsformation möglich. Versucht eine Mannschaft auf 4 : 2 (2 : 4)-Angriffsformation umzustellen, so muß die Abwehr eine kombinierte Deckung spielen und einen Gegenspieler in Manndeckung nehmen. Dadurch wird der Gegner gezwungen, wieder auf 3 : 3-Angriffsformation zu gehen.

Die Abbildung 286 gibt noch einmal einen guten Überblick über die verschiedenen Abwehrformationen und deren Übergänge.

Die kombinierte Deckung

Bei der kombinierten Deckung spielen 5 Spieler eine Raumdeckung und ein vorgezogener Spieler eine Manndeckung. Diese Abwehrart vereinigt also Raum- und Manndekkung in sich. Die 5 Spieler verteilen sich an der Torraumlinie in Form einer 5:0-Formation mit etwas weiteren Zwischenräumen, der sechste Spieler befindet sich je nach Aufgabenstellung an der Freiwurflinie oder noch weiter vorne. Seine Aufgabe besteht darin, einen Spieler der gegnerischen Mannschaft so zu bewachen, daß sein Aktionsradius klein bleibt. Meist ist dies der „Spielmacher" oder ein überragender

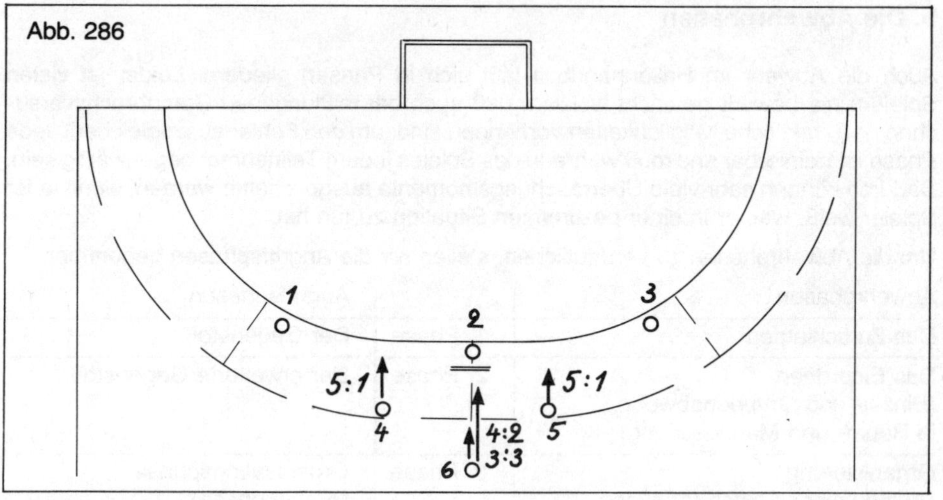

Schütze. Diese Form der Abwehr ist für den vorgezogenen Spieler kräfteraubend, so daß unbedingt nach einer bestimmten Zeit ein zweiter Mann eingewechselt werden muß (Abb. 287).

V Vorteile

Der Aktionsradius eines guten Spielers wird eingeengt.

Aufbauphase wird stark gestört.

Verwirrung bei kurzfristiger Manndeckung in Unterzahl.

N Nachteile

Der vorgezogene Spieler kann leicht gesperrt werden.

Es entstehen Durchbruchsräume in der Mitte.

A Anwendung der kombinierten Deckung

Gegen Mannschaften, die einen überragenden Spieler besitzen.

Bei Unterzahl des Gegners wird ein Spieler in Manndeckung genommen.

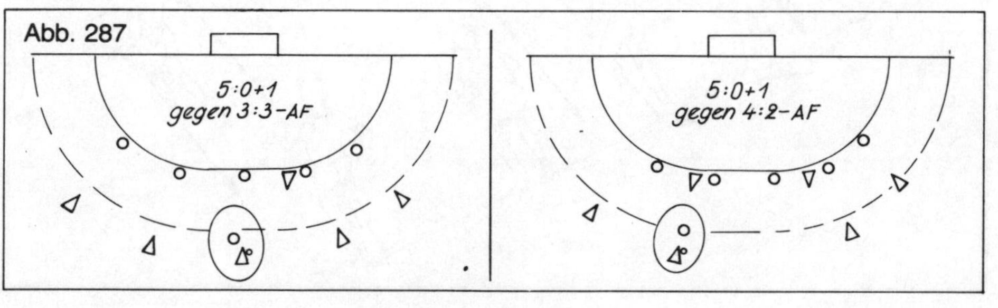

b. Die Abwehrphasen

Auch die Abwehr im Hallenhandball läßt sich in Phasen gliedern. Leider ist vielen Spielern nie bewußt gemacht worden, daß auch bei mißlungenen Durchbruchsversuchen noch taktische Möglichkeiten vorhanden sind, um den Fehler auszugleichen. Jede Phase ist trainierbar und muß während des Spieles jedem Teilnehmer gegenwärtig sein. Dadurch können sehr viele Überraschungsmomente ausgeschaltet werden, wenn jeder Spieler weiß, was er in einer bestimmten Situation zu tun hat.

Um die Abwehrphasen zu verdeutlichen, stellen wir die Angriffsphasen gegenüber:

Abwehrphasen		Angriffsphasen
Das Zurücklaufen	1. Phase	Der Gegenstoß
Das Einordnen (Einzel- und Gruppenabwehr in Raum- und Manndeckung)	2. Phase	Der erweiterte Gegenstoß
Organisierung (Aufbau einer Abwehrformation)	3. Phase	Organisationsphase (Aufbauphase)
Abwehr in einer bestimmten Abwehrformation	4. Phase	Abschlußphase (Durchbruchsphase)

Das Zurücklaufen

Sehr viele Tore fallen heute im Hallenhandball durch Gegenstöße. Eine gut geschulte Mannschaft sollte einen Großteil dieser Tore durch schnelles Zurücklaufen verhindern. Im Moment des eigenen Torwurfes oder bei sonstigem Ballverlust startet der Gegner sofort zum Gegenstoß. Im gleichen Moment sollte auch die Mannschaft, die den Ball

Abb. 288

Abb. 289

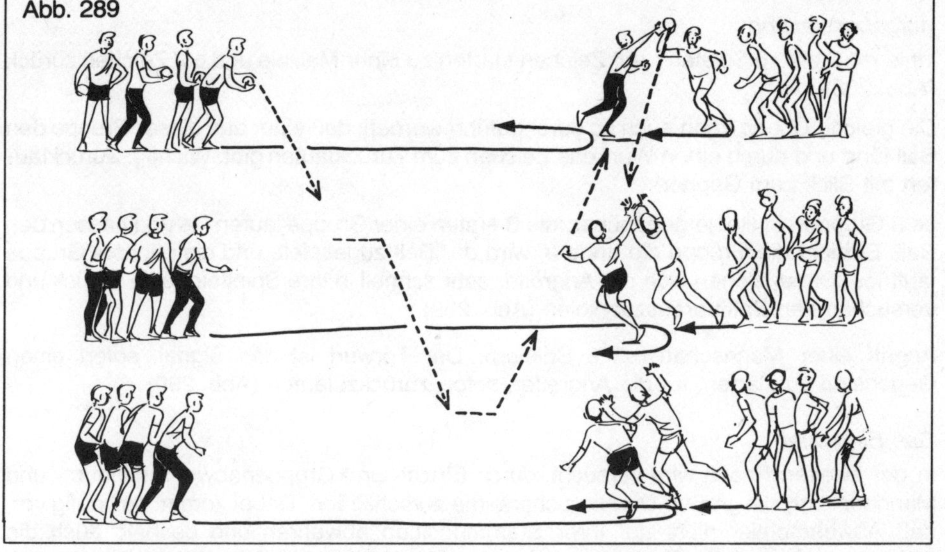

verloren hat, zurücklaufen, um den Gegenangriff abfangen zu können. Da auch mit dem erweiterten Gegenstoß zu rechnen ist, müssen sich die Spieler bis in den Freiwurfraum zurückziehen, um eine Überzahl des Gegners zu verhindern. Leider wird diesen Übungen im Training kaum Zeit beigemessen, da es irrtümlicherweise als selbstverständlich angesehen wird, daß sich der Spieler lauftechnisch richtig verhält.

Abb. 290

Ü Übungsformen

Aufgabenstellung

Linie mit 3 bis 10 Spielern; auf Zeichen starten zu einer Mallinie und auf Zeichen zurück (Abb. 288).

Die gleiche Übung kann auch so durchgeführt werden, daß einer aus dieser Gruppe den Ball führt und durch einen Wurf das Zeichen zum Zurücklaufen gibt. Wichtig: Zurücklaufen mit Blick zum Gegner!

Je 3 Gruppen in Reihe gegenüber; die 3 ersten einer Gruppe laufen los und passen den Ball. Erreicht die Gruppe die andere, wird der Ball zugespielt, und die nächste Gruppe läuft los. Dabei ziehen sich die Angreifer sehr schnell in ihre Spielfeldhälfte zurück und versuchen den Ball herauszuspielen (Abb. 289).

Angriff einer Mannschaft mit 6 Spielern. Der Torwurf ist das Signal, sofort einen Gegenstoß zu starten, für die Angreifer, sofort zurückzulaufen (Abb. 290).

Das Einordnen

In der zweiten Phase wird versucht, durch Einzel- und Gruppenabwehr in Raum- und Manndeckung die großen Durchbruchsräume zu schließen. Dabei kommt es häufig vor, daß Abwehrspieler nicht auf ihrer Stammposition abwehren und deshalb auch die Aufgaben von anderen Positionen kennen sollten. Unerläßlich ist in dieser Phase auch die Kenntnis der Manndeckung.

Ü Übungsformen

Spiel 2 gegen 3 und 3 gegen 4 mit zurücklaufendem dritten bzw. vierten Mann (Abb. 291).

Die Organisierung

Während dieser Phase versuchen die Spieler, wieder auf ihre Stammpositionen zu kommen. Dies muß sehr behutsam durchgeführt werden, da ein schneller Platzwechsel zu neuen Durchbruchsräumen führen kann. Der Wechsel der Position ist dann ratsam, wenn der Ball weit entfernt ist oder das Spiel unterbrochen wurde. Wenn möglich, immer nur e i n e Position weiterwechseln.

Abb. 291

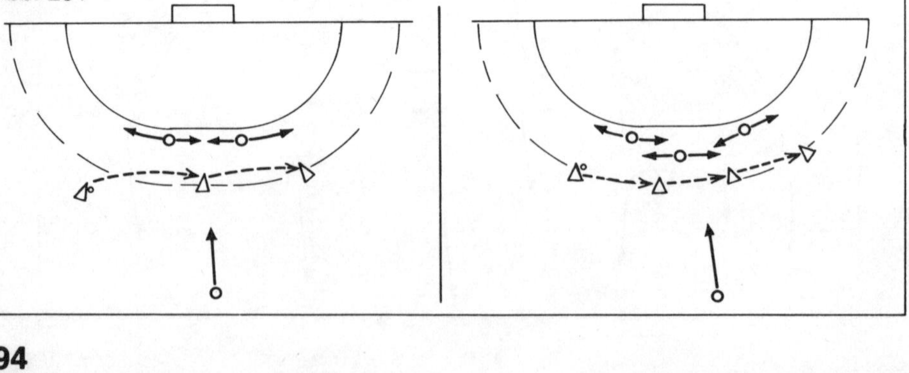

Ü Übungsformen

Spiel 5 gegen 5 und 6 gegen 6 mit vertauschten Positionen (Abb. 292).

Abwehr in einer bestimmten Abwehrformation

Nachdem alle Spieler auf ihrer Position abwehren, wird eine bestimmte Abwehrformation gewählt.

c. Verhalten der Abwehr bei eigener Überzahl und Unterzahl

Durch Hinausstellung eines Spielers der eigenen oder gegnerischen Mannschaft entsteht in der Abwehr ein taktisches Problem. Man kann hier zwei Möglichkeiten unterscheiden:

Die Abwehr ist in der Überzahl.

Die Abwehr ist in der Unterzahl.

Abwehr in Überzahl

Ist die abwehrende Mannschaft in der Überzahl, stehen ihr einige taktische Möglichkeiten offen. Sie richten sich nach dem Zeitablauf des Spiels und dem Spielstand.

Abwehrende Mannschaft in Führung

Die Mannschaft in Überzahl kann hier entweder ihre Abwehrart belassen oder sie spielt eine zeitweilige kombinierte Abwehr. Dies bedeutet, daß der Spielmacher während der Überzahl manngedeckt wird, um schnell in Ballbesitz zu kommen. Diese taktische Maßnahme wird heute während der ganzen Spielzeit angewendet.

Abwehrende Mannschaft im Tornachteil

Hier spielt nun die Zeit eine entscheidende Rolle. Geschieht dies während der ersten 45 Minuten, so wird eine kombinierte Deckung gespielt. Erfolgt die Hinausstellung in der Schlußphase, so geht die abwehrende Mannschaft in die Manndeckung über und wechselt damit ihre Abwehrart. Hierbei kann man 2 Formen unterscheiden. Entweder man spielt eine offensive Manndeckung oder man zieht einen Spieler an den Kreis zur Sicherung des Torraumes zurück.

Abb. 292

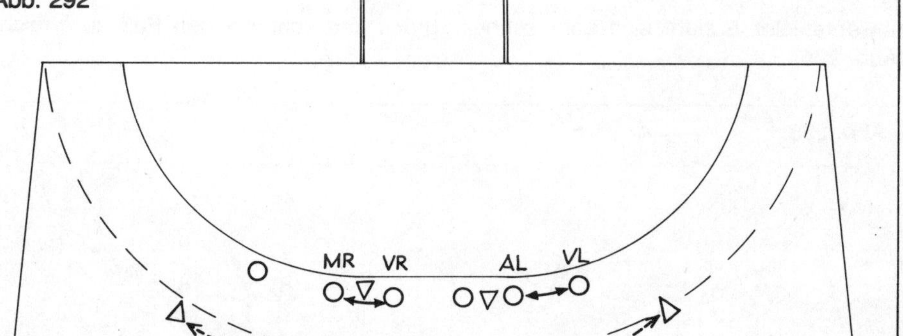

Abwehr in Unterzahl

Bei dieser Situation wäre eine Manndeckung sinnlos. Liegt die abwehrende Mannschaft mit Toren vorne, so sollte sie eine defensive 5:0-Abwehr spielen, wobei die Außenstürmer, solange sie nicht im Ballbesitz sind, ungedeckt bleiben. Die Abwehr schiebt sich entsprechend des Ballweges mit. Die Kreisläufer werden genau gedeckt, die Rückraumspieler zu einem Wurf gezwungen werden. Schnelles Gegenstellen bei Pässen von außen auf halbrechte oder halblinke Abwehrposition verwirrt den Angreifer und führt oft zu Ballverlusten durch ungenaue und weite Abspiele.

Der zweite Fall wäre, daß die abwehrende Mannschaft mit einem oder zwei Toren kurz vor Schluß zurückliegt. Auch bei dieser taktischen Situation käme keine Manndeckung in Frage, da ja der Angriff in der Überzahl ist. Die einzige wirkungsvolle Möglichkeit, um in Ballbesitz zu kommen, besteht darin, durch Zwischenlaufen den Ball abzufangen. Hierbei besteht natürlich die Gefahr, daß beim Verfehlen des Balles die Überzahl des Angriffs noch größer wird. Die Chance, in Ballbesitz zu kommen, ist gegeben, wenn der Ball dem Außenspieler zugespielt wird. Da man ihn sehr großzügig anspielt, kommt auch nach einigen Zuspielen der Paß oft ungenau. Der Abwehrspieler muß also abwägen können, ob eine gute Chance für ihn gegeben ist.

d. Verhalten der Abwehr bei Spielzügen

Die Schulung des Verhaltens der Abwehr bei Spielzügen bringt eine große Schwierigkeit mit sich. Die Spielzüge sind für den einzelnen Abwehrspieler kaum zu übersehen, so daß kaum Gegenmaßnahmen von ihm ausgehen können. Deshalb muß die Anweisung von der Trainerbank kommen. Er muß den entscheidenden Mann im Spielprozeß durch geschicktes Bedrängen ausschalten lassen. Anhand des ,,Kleinen Abräumens" soll dies erläutert werden. Hier gibt es zwei Möglichkeiten:

Verhindern des Anspiels
Sperren des Laufweges

Zur Wiederholung wird das ,,Kleine Abräumen" noch einmal aufgezeigt (Abb. 293).

Verhinderung des Anspiels

Abwehrspieler 5 zieht sich sehr schnell zurück und versucht den Paß zu erreichen (Abb. 294).

Abb. 293

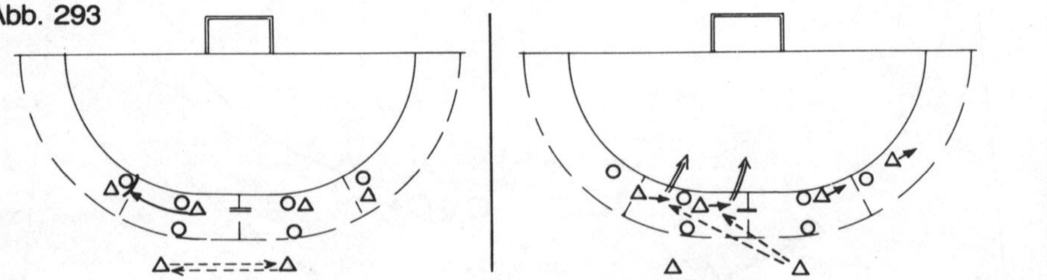

Abb. 294

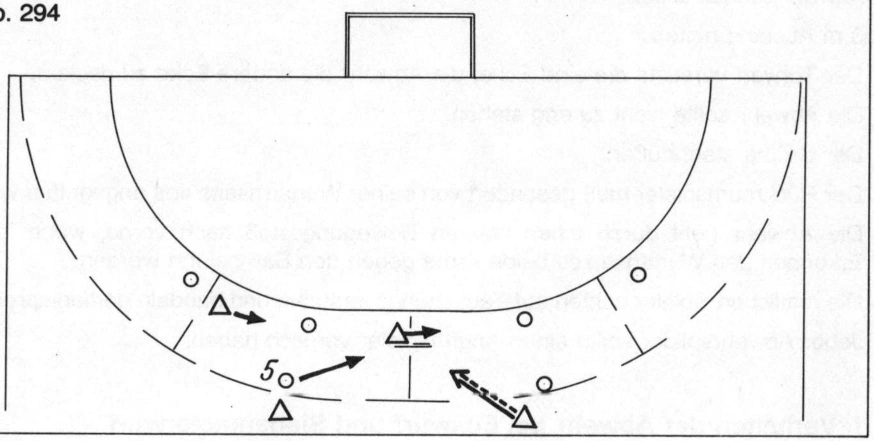

Verhindern der Sperre

Spieler 2 übernimmt sehr schnell, und 1 weicht der Sperre aus (Abb. 295).

Trotz aller Anweisungen von der Trainerbank wird es schwer sein, den Spielfluß bei einem Spielzug wirkungsvoll zu unterbrechen. Nicht umsonst gelingt bei guten Mannschaften oft der gleiche Spielzug 3- bis 4mal.

e. Verhalten der Abwehr bei Freiwürfen

In den letzten Jahren haben viele Mannschaften spezielle Freiwurfvariationen erarbeitet, die sehr häufig zum Erfolg führen. Deshalb sollte eine Mannschaft einige Grundregeln des Verhaltens bei Freiwürfen kennen.

Abb. 295

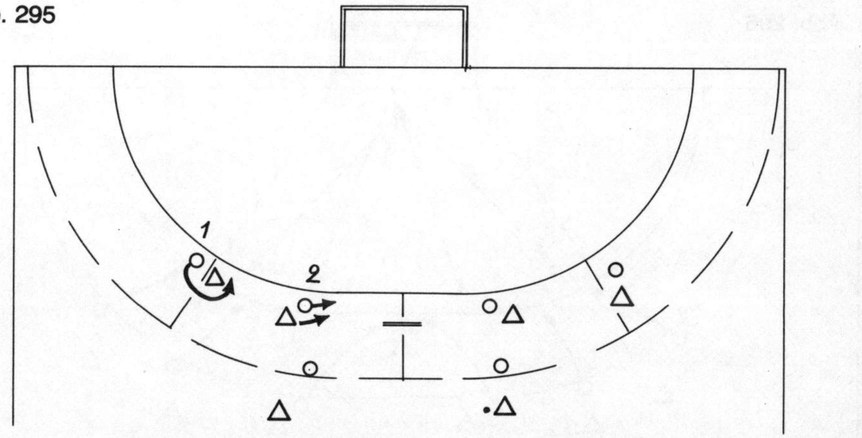

Abwehr schnell bilden.

3 m Abstand halten.

Der Torwart versucht die eine Ecke, die Abwehr die andere Ecke zu decken.

Die Abwehr sollte nicht zu eng stehen.

Der Größte steht außen.

Der Rückraumspieler muß gesondert von seiner Wurfarmseite aus angegriffen werden.

Die Abwehr geht durch einen starken Bewegungsstoß nach vorne, wobei erst im Erkennen des Wurfansatzes beide Arme gegen den Ball geführt werden.

Die restlichen Spieler achten auf Täuschungsversuche und handeln dementsprechend.

Jeder Abwehrspieler sollte einen Angriffspieler vor sich haben.

f. Verhalten der Abwehr bei Eckwurf und Siebenmeterwurf

Beim Eckwurf ist es entscheidend, daß am Kreis genau markiert wird, um direkte Zuspiele zu verhindern. Häufig können auch die Diagonalpässe abgefangen werden.

Bei der Ausführung des Siebenmeterwurfes stellen sich die Abwehrspieler so auf, daß beim Zurückprallen des Balles der Schütze sofort umlaufen werden oder von den Halbpositionen nicht nachgeworfen werden kann (Abb. 296).

g. Zusammenarbeit mit dem Torwart

Der Torwart hat die Aufgabe, an der Gestaltung der Abwehr mitzuwirken. Er besitzt oft den besseren Überblick und kann seine Abwehrspieler auf bestimmte Situationen hinweisen. Die Abwehrspieler sollten sich im klaren sein, daß sie die Wurfarmseite abzuschirmen haben, der Torwart übernimmt das sog. Torwarteck. Gelangen Bälle

Abb. 296

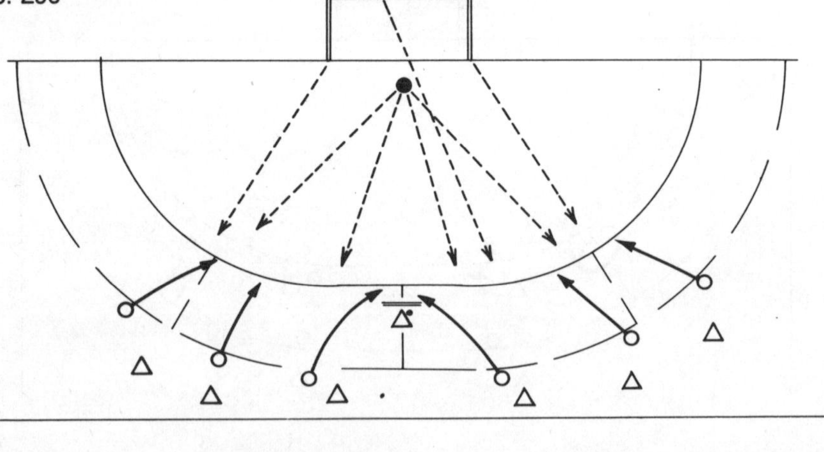

Abb. 298

trotzdem in das Abwehreck, wird er zu einem Sprung gezwungen, um den Ball abwehren zu können. Ferner sollte der Torwart darauf hinwirken, daß Abwehraktionen der Spieler bis zum Erfolg durchgeführt werden und nicht durch vorzeitiges Abbrechen noch Würfe aufs Tor zustande kommen, die dann einen Überraschungseffekt besitzen.

4. Das Torwarttraining

Der Torwart ist bei jeder Mannschaft die letzte Station, wenn die Abwehr durch einen Abwehrfehler der gegnerischen Mannschaft einen Wurf ermöglicht hat. Der TW hat den Nachteil, daß er sich nicht hinter 6 Spielern „verbergen“ kann, sondern im entscheidenden Moment allein ist. Deshalb kommt es sehr häufig vor, daß TW Individualisten sind, die sich oft schwer in das Mannschaftsgefüge einordnen lassen. Man muß daher dem TW diese Eigenart bis zu einem gewissen Grad zubilligen, um seine besondere Stellung im Rahmen der Mannschaft zu gewährleisten. Jeder Trainer weiß, daß ein TW heute ein Spiel entscheiden kann. Deshalb ist die Torwartauswahl von entscheidender Bedeutung, da er schon Mut, Freude am Spiel und eine gewisse Reaktion mitbringen sollte. Sein Trainingsprogramm weicht von dem der anderen Spieler erheblich ab. Leider wird er in vielen Vereinen vernachlässigt bzw. als Spieler mit eingebaut, wobei man sich darauf beschränkt, Würfe aus verschiedenen Positionen so stark wie möglich anzubringen, um dies dann als Torwarttraining zu deklarieren. Da ein TW im Spiel bis zu 50 Abwehraktionen zeigen muß, die oft kurz hintereinander erfolgen, kann man sich vorstellen, daß bei einem nicht geschulten TW sehr schnell Ermüdungserscheinungen auftreten, die deutlich auf Konditionsmangel zurückzuführen sind. Die natürliche Folge ist mangelnde Konzentration, was sich bei einem TW verheerend auswirkt. Pulsfre-

Abb. 299

Abb. 300

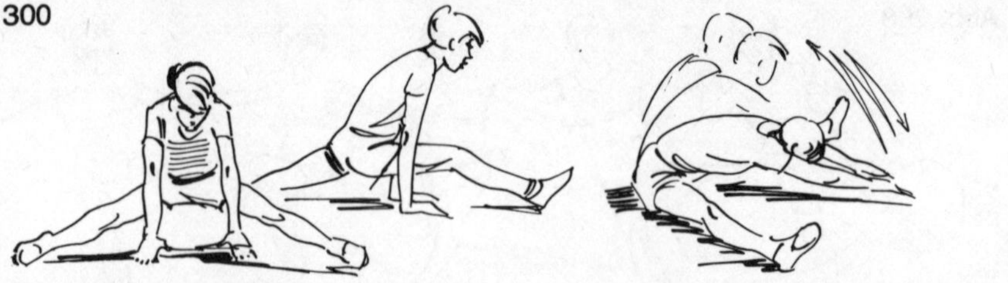

quenzmessungen haben gezeigt, daß sie während des Trainingsprozesses (Wurftraining) Frequenzen bis zu 170 erreichen. Dies macht deutlich, daß der Torwart in der Vorbereitungsphase ein Ausdauertraining mit der Mannschaft absolvieren muß, um auch in der 59. Minute die Konzentration zu besitzen.
Erwähnenswert ist auch die Zahl der Würfe, die beim Training abgegeben werden. Durch „Messungen" wurde ermittelt, daß bei einem durchschnittlichen Torwarttraining mindestens 250 Würfe aufs Tor abgegeben werden müssen, beim Sondertraining bis zu 450, um Erfolg zu haben.

Man kann die Arbeit mit dem Torhüter in 4 Bereiche aufgliedern (Abb. 297):

a. Konditionsarbeit des Torwarts
b. Torwartabwehr (Grundtechniken)
c. Offensivverhalten des Torwarts
d. Betreuung des Torwarts

a. Konditionsarbeit des Torwarts

Unter Konditionsarbeit des TW versteht man die Arbeit für die physische Fitneß. Dabei muß man wiederum 3 Teilgebiete berücksichtigen:

Kraft bzw. Schnellkraft
Ausdauer
Reaktion

Abb. 301

Abb. 297

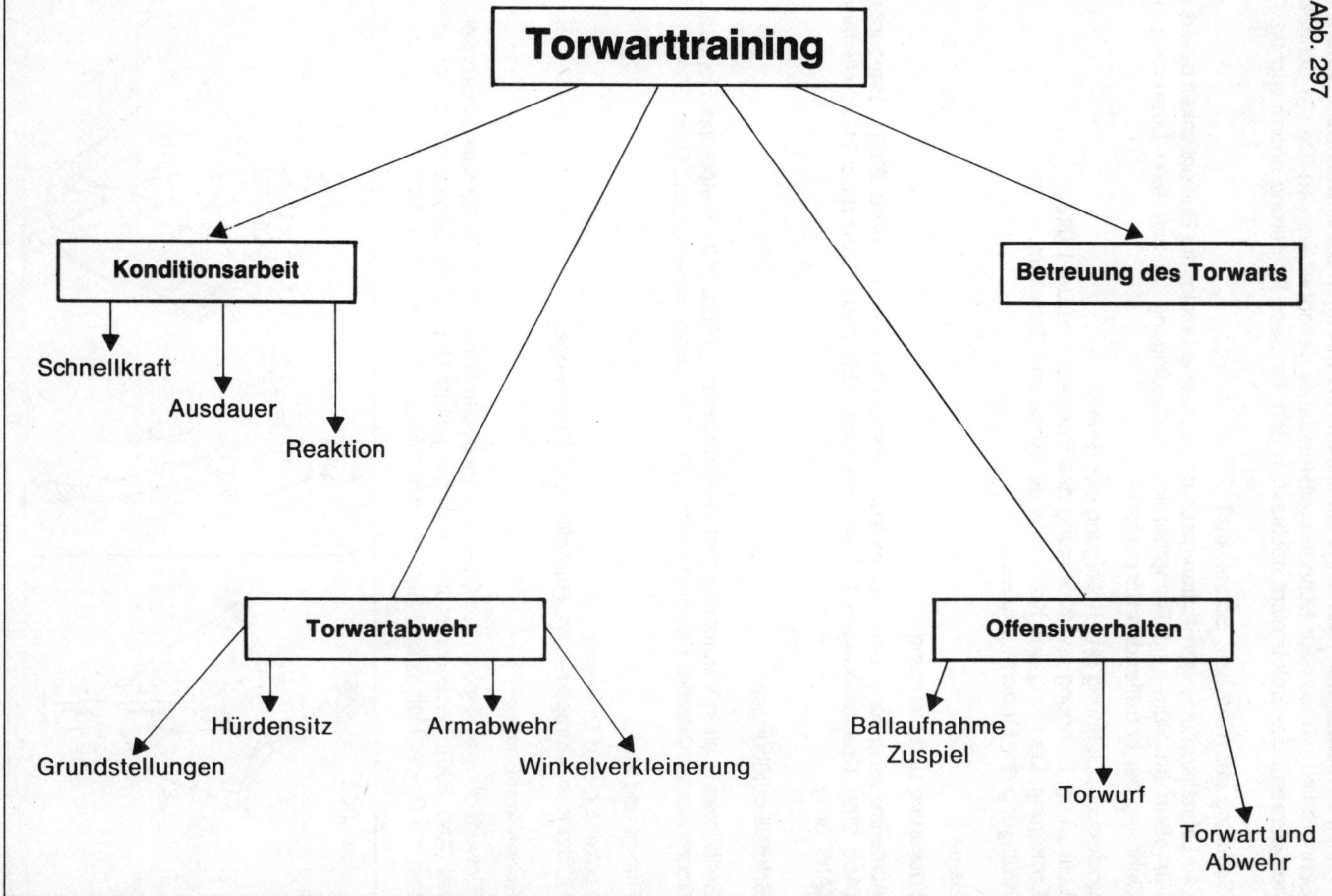
Torwarttraining
Konditionsarbeit
Schnellkraft
Ausdauer
Reaktion
Betreuung des Torwarts
Torwartabwehr
Grundstellungen
Hürdensitz
Armabwehr
Winkelverkleinerung
Offensivverhalten
Ballaufnahme
Zuspiel
Torwurf
Torwart und
Abwehr

Wichtig ist hierbei, daß man keine statischen Kraftübungen wählt. Die Ausdauer und die Schnelligkeit müssen zur Schnelligkeitsausdauer gekoppelt werden. Da die Schnelligkeit während des Spiels nicht nachlassen darf, ist diese Forderung enorm wichtig.

Schulung der Kraft bzw. Schnellkraft

Die Schnellkraftübungen sollten natürlich auch eine bestimmte Beweglichkeit bewirken, vor allem im Hüft- und Rumpfbereich. Vorbedingung ist hier eine Lockerung und Dehnung der betreffenden Körperpartien.

Lockerung, Dehnung und Kräftigung der Beine.
Lockerung, Dehnung und Kräftigung des Rumpfes und der Hüfte.
Lockerung, Dehnung und Kräftigung der Arme und Schultern.
Kräftigung der Fingermuskulatur.

Beine

Lockerung und Dehnung

Achterkreisen vor- und rückwärts, Vorhochschwingen (Abb. 298), Beugestand (Abb. 299), Spagatübungen, Grätschsitzwippe (Abb. 300). Beine durch Hände einfädeln (Abb. 301).

Schnellkraftübungen

Seilhüpfen in allen Variationen (mit Gewichtsweste) (Abb. 302), Seitgalopp, Hopserlauf, Schrittwechselhüpfen, Skipping (Abb. 303), Anhocken, Kosakentanz (Abb. 304).

Rumpf und Hüfte

Lockerung und Dehnung
Hüftkreisen, Rumpfkreisen, Rumpfbeuge, Drehbeuge.

Schnellkraftübungen

Einwurfübungen, Heben des Oberkörpers gegen Widerstand, Seitbeuge, Beckenschaukel (Abb. 305), Beckenschaukel im Seitliegestütz (Abb. 306), Schwebesitz (Achterkreisen der Beine, Heben und Senken, Anhocken, Strecken) (Abb. 307).

Abb. 302

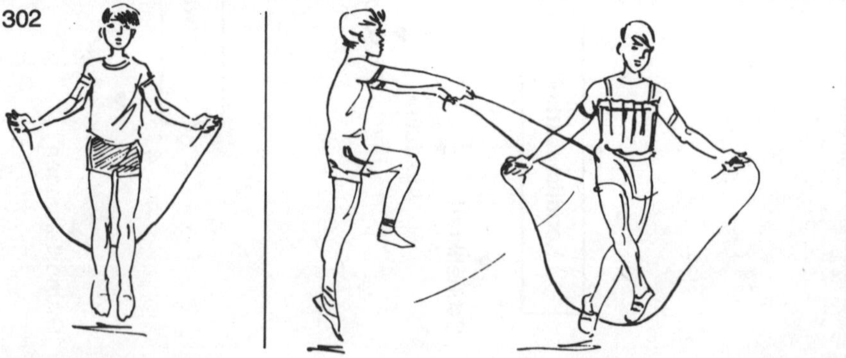

Abb. 303

Abb. 304

Abb. 305

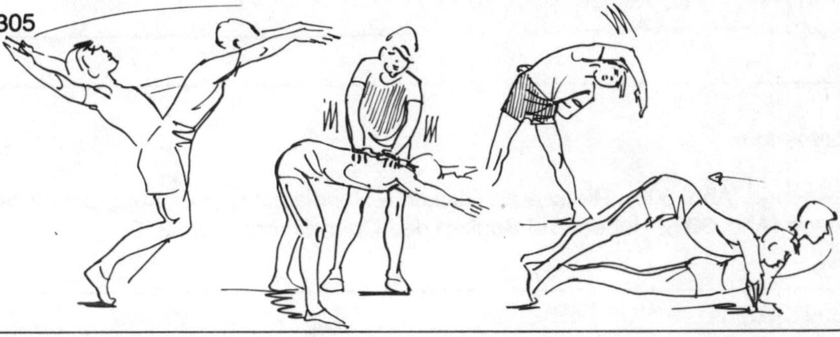

Abb. 306

Abb. 307

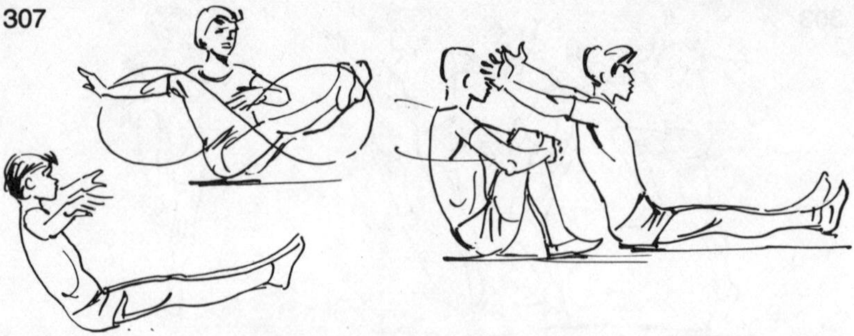

Abb. 308

Abb. 309

Partnerform

Seitbeuge (Abb. 308), Rücken an Rücken – Handfassung über Kopf, Schritt weg in die Beuge (Abb. 309), Heben und Senken des Oberkörpers (Abb. 310).

Abb. 310

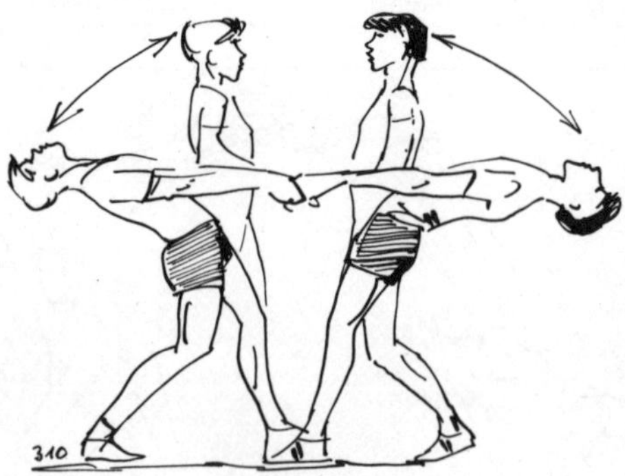

Abb. 311

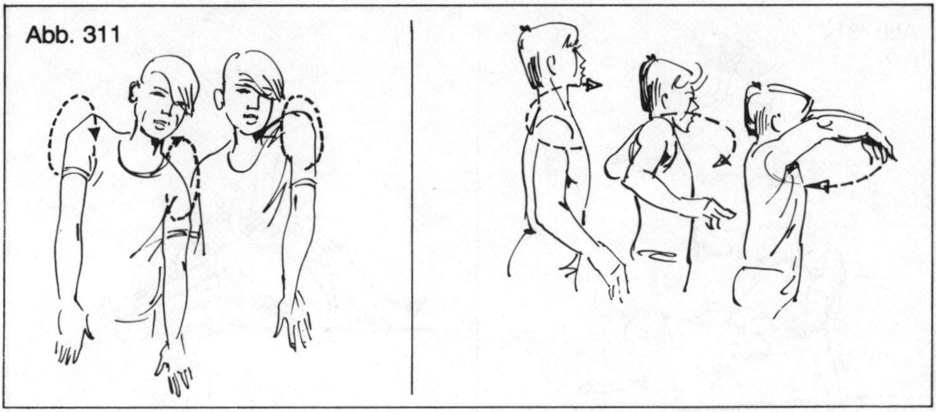

Abb. 312

Abb. 313

Abb. 314

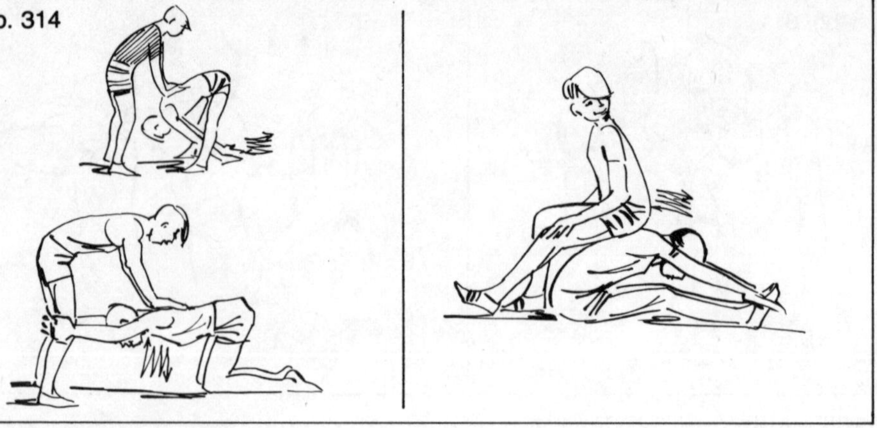

Abb. 315

Abb. 316

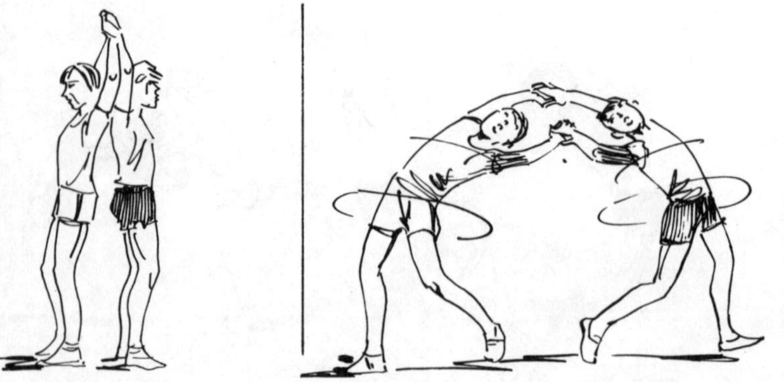

Abb. 317

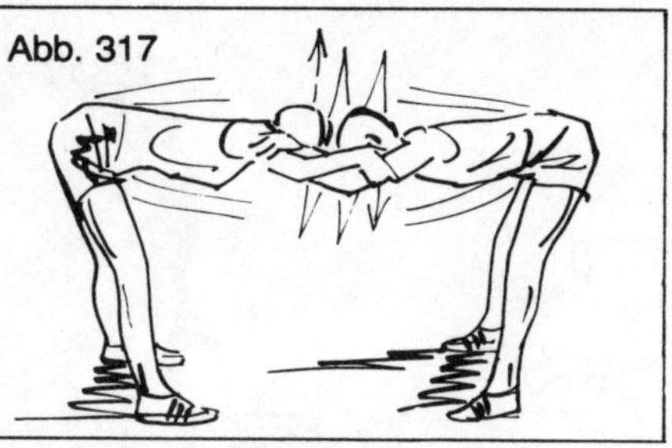

Abb. 318

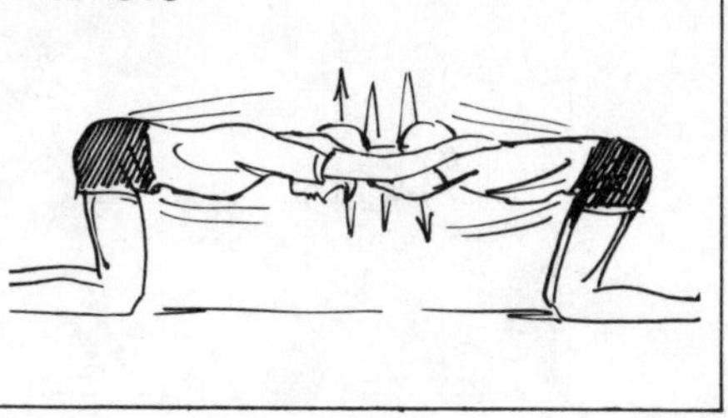

Arme und Schultern

Lockerung und Dehnung

Schulterrollen (Abb. 311), Armkreisen, Gegenkreisen (Abb. 312), Pendelschwung, Körperwelle (Abb. 313).

Partnerform

Rumpfwippe (Abb. 314), Schulterstreckung in Schrittstellung (Abb. 315), Schulterdrehung mit Ausfallschritt (Abb. 316), Doppelwippe (Abb. 317), Kniedoppelwippe (Abb. 318), federndes Aufwärtsziehen des Rumpfes (Abb. 319).

Schnellkraftübungen

Liegestütz mit Klatschen, Radschlagen, Hampelmann, eingehängte Langbank (Hochdrücken), Arbeit mit Medizinbällen und Hanteln, Gewichte drücken, stoßen, reißen (Abb. 320).

Partnerform

Partnerliegestütz – Hand reichen – ziehen, Doppelliegestütz (Abb. 321), Zieh- und Schiebekämpfe (Abb. 322). Beidbeiniges Springen auf vierteilige Kästen (Abb. 323).

Abb. 319

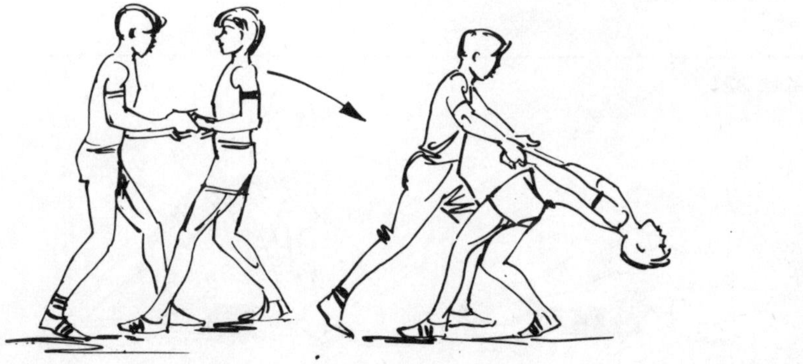

Abb. 323

Abb. 320

Finger

Werden diese Übungen vor der Ballschule durchgeführt, kann man einen Großteil der Fingerverletzungen vermeiden.

Abb. 321

Abb. 322

Anziehen und Strecken der Finger, Liegestütz und Handstand auf Fingern, Wickelübungen an besonderen Geräten (auch zum Selbstbauen) (Abb. 324).

Abb. 324

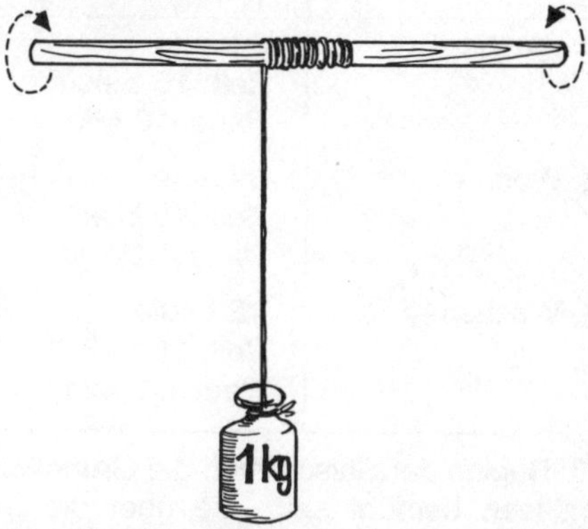

Schulung der Ausdauer

Kraft und Schnelligkeit reichen weder für den Torhüter noch für den Feldspieler aus. Es muß noch die Ausdauer hinzukommen. Außerhalb der Saison stehen Waldläufe (3000 bis 5000 m), Radfahren und Schwimmen auf dem Programm. Etwa 3–4 Wochen vor Saisonbeginn müssen Übungen mit kurzen, schnellkräftigen Bewegungen gewählt und in Form eines Intervalltrainings aufgebaut werden. Sie bilden den Übergang zu den Übungen während der Saison. In der 2. Vorbereitungsphase eignet sich die 100-m-Strecke am besten. An dieser Stelle soll das Programm für 3 Wochen aufgezeigt werden.

Abb. 325

Abb. 327

	1. Tag	2. Tag	3. Tag
1. Woche:	6 Läufe – Zeit: 15 Sek. Pause: 3 Min.	wie vorne	8 Läufe – Zeit: 15 Sek. Pause: 3 Min.
2. Woche	8 Läufe – Zeit: 15 Sek. Pause: 2½ Min.	10 Läufe – Zeit: 15 Sek. Pause: 2½ Min.	wie vorne
3. Woche	12 Läufe – Zeit: 15 Sek. Pause: 2 Min.	wie vorne	wie vorne

Zu Beginn der Saison muß die Grundkondition vorhanden sein, und der TW und Trainer müssen bemüht sein, sie über die Saison zu konservieren. Während der Saison kommen dann kurze Sprints über 10–15 m hinzu, die auf akustische und optische Zeichen ca. 10- bis 15mal gelaufen werden.

Reaktionsschulung

Die Frage nach der Verbesserung der Reaktion durch Training ist bis heute noch nicht ganz gelöst. Sicherlich ist es aber möglich, bis zu einem gewissen Grad durch besondere Übungsformen die Reaktion zu verbessern.

Abb. 328

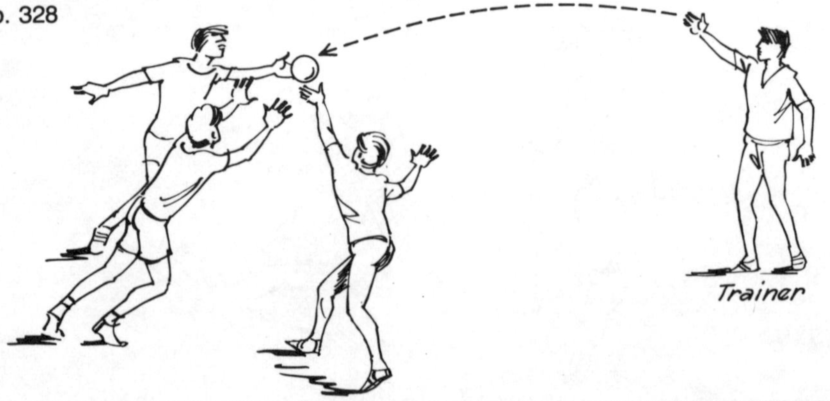

Abb. 330

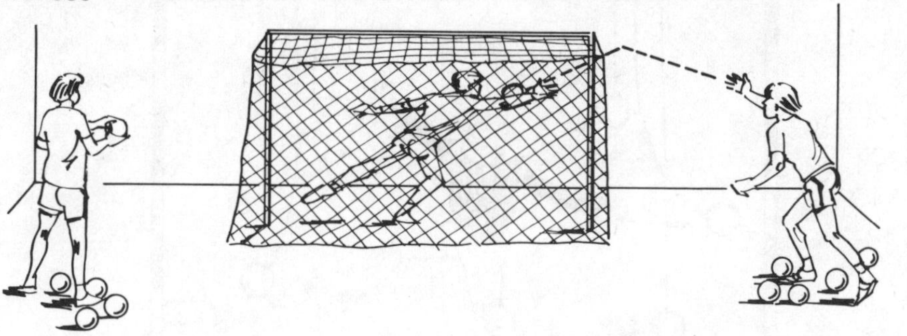

Man weiß heute, daß die Reaktion in 2 Phasen abläuft: die latente und die motorische Reaktionszeit. Die erste umfaßt die Zeitspanne vom Moment der Wahrnehmung des Reizes bis zur ersten Muskelkontraktion, die zweite ist die Zeitspanne, die zur Bewegung selbst benötigt wird. Es zeigt sich ganz deutlich, daß man vor allem bei der latenten Reaktionszeit ansetzen kann. Es gilt, die Wahrnehmung des Reizes zu verbessern, um die Reaktionszeit zu verkürzen. So müssen auch beim Torwarttraining ähnlich wie bei der Mannschaft optische Reize im Vordergrund stehen.

Ü Übungsformen

Übungen ohne Ball

Starts auf akustische und optische Zeichen, Spielformen wie Turnschuhrauben und Diebschlagen, Reaktion (nach) Höhenangabe und Ecke, Schattenlaufen, Partnerform mit Handfassen (Füße treten).

Abb. 331

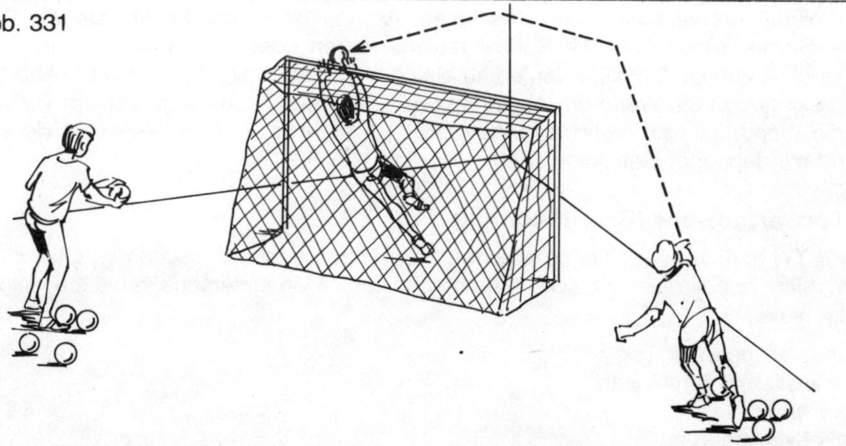

Übungen mit Ball

Ohne Tor

Ball gegen Wand werfen und fangen, dasselbe mit Partner. 2 Bälle zu gleicher Zeit zuwerfen, Tempo steigern; Partner wirft Ball hoch – fängt zugespielten Ball – spielt zurück und fängt eigenen Ball. TW sitzt am Boden – Beine im Schwebesitz und gegrätscht – Ball fällt zwischen Beine – versucht den zurückspringenden Ball mit den Oberschenkeln zu „fangen" (Abb. 325), Bälle an der Wand (oder im Tor) – nach Bällen schlagen (Abb. 326), Trampolinspringen mit Abwehr von Bällen. Würfe gegen die Sprossenwand mit anschließender Abwehr. Partner sitzen sich im Abstand von 3–4 Metern gegenüber. Auf ein optisches Zeichen Rolle vorwärts und aufnehmen des Balles, der zwischen ihnen liegt (Abb. 327). Kampf um den Ball mit 3 Torwarten (Abb. 328).

Mit Tor

Würfe aufs Tor aus 6 m Entfernung mit halber Kraft, Siebenmeterwürfe kurz hintereinander, Würfe aus verschiedenen Positionen, Abwehr im Knien, Sitzen, Liegen; Reihe, jeder Spieler einen Ball. Die Spieler laufen, werfen oder ziehen den Ball im letzten Augenblick zurück. 3 Spieler laufen zu gleicher Zeit mit Ball an, einer wirft (Abb. 329). Tor zeigt gegen die Wand, im Abstand von 2–3 Metern. Würfe seitwärts am Tor vorbei an die Wand, Torwart wehrt ab (Abb. 330). Tor steht in der Hallenecke, Würfe an die Wand mit doppelter Reflektion (Abb. 331).

b. Torwartabwehr (Grundtechnik)

Jeder TW muß außer seiner physischen Fitneß noch eine technische Fertigkeit mitbringen. Man nennt dies die sog. Grundtechniken. Man unterscheidet dabei folgende Teilgebiete:

Grundstellungen im Tor
Hürdensitz mit Armeinsatz
Armabwehr
Winkelverkleinerung

Grundstellung in der Tormitte

Grundstellung in der Tormitte

Jeder Trainer sollte die „Torwarttypen" entsprechend seiner Mentalität einstufen können. Grob gesehen gibt es 2 Typen, den „Steher" und den „Springer". Der Steher ist der ruhige, besonnene TW, der den Ball ohne große Vorreaktion erwartet und erst im letzten Moment seine Abwehrbewegung durchführt. Der Springer dagegen greift an, geht dem Ball entgegen und versucht dem Schützen den Winkel zu verkleinern. Es ist unmöglich, einen Typ auf den anderen umzuschulen.

Grundstellung im Tor (GST)

Bei der GST im Tor unterscheidet man 2 Arten:

GST vor der Torlinie
GST am Pfosten

Grundstellung vor der Torlinie

Je nach Größe steht der TW 20–70 cm von der Torlinie entfernt. Die Beine sind hüftbreit gegrätscht, der Oberkörper leicht nach vorn geneigt, die Knie etwas gebeugt, und das Gewicht liegt auf beiden Beinen. Die Arme sind in Hüfthöhe abgewinkelt, und die Körperfront zeigt zum Ballhalter. Insgesamt sollte die Haltung locker sein.

Diese Grundstellung wird je nach Stellung zum Schützen beibehalten. Der TW bewegt sich in einem Bogen mit „side steps", wobei er die Füße kaum vom Boden abhebt, um nicht zu einer falschen Gewichtsverlagerung zu kommen. Erreicht er einen der beiden Pfosten, ändert sich die Grundstellung.

Grundstellung am Pfosten

Steht der Torwart am rechten Torpfosten, so schließt seine rechte Flanke mit dem Pfosten ab. Die Beine sind geschlossen, der rechte Arm zeigt senkrecht nach oben und schließt die Lücke zwischen Kopf und Latte. Die linke Hand wird etwas unter Hüfthöhe gehalten. Am linken Torpfosten ist es spiegelbildlich.

Kleine Torhüter sollten beide Arme am Pfosten nach oben nehmen, um nicht überworfen zu werden.

Der Stellungswechsel des TW von der Mitte zu den Pfosten geschieht in Form eines Bogens, wobei die Stellung immer frontal zum Schützen bleibt (Abb. 332).

Ü Übungsformen

„Side step"-Übungen auf der Geraden und im Bogen (Füße kaum abheben).

Dreieckslauf im „side step" (Abb. 333).

Würfe aus verschiedenen Positionen (auch Zuspiel mit Wurf).

Dreiecksspiel mit Wurf – TW geht mit (Abb. 334).

Hürdensitz mit Armeinsatz

Ohne Gerät

Der Hürdensitz ist für die Abwehr flachgeworfener Bälle bis ungefähr Kniehöhe gedacht. Der Bewegungsablauf geht wie folgt vor sich: Der Körper dreht sich aus der Grundstellung zur Ballseite. Der Fuß gleitet mit der Ferse über den Boden; dabei bleiben die Zehenspitzen oben, der Fuß wird nicht abgehoben. Anschließend knickt der Oberkörper nach der Ballseite ab, und die Hand wird zur Unterstützung hinübergeschoben. Das Standbein bleibt im Winkel von 90° zum ausgestreckten Bein.

Abb. 332

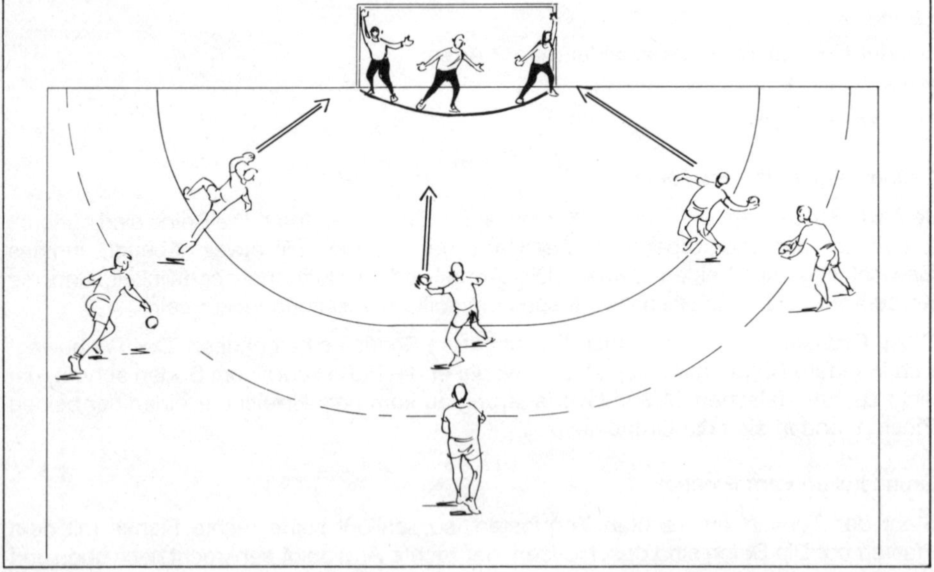

Grundstellung am Pfosten

Grundstellung am Pfosten

Abb. 333

Abb. 334

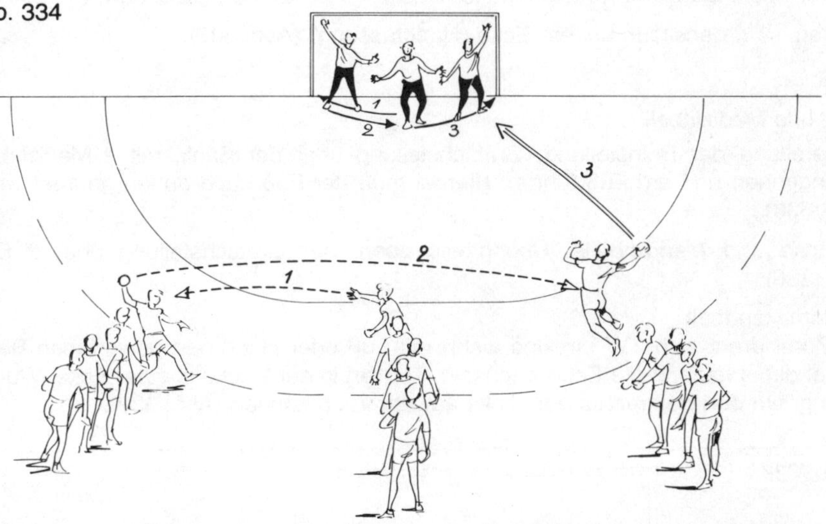

Abb. 335

Abb. 336

Ü Übungsformen

Wechselsprünge in den Hürdensitz nach beiden Richtungen (Abb. 335).

Partner reicht die Hand – Fallen in Hürdensitz – Hochziehen (Abb. 336).

Pfosten – Hürdensitz in andere Ecke (Handfassung) (Abb. 337).

Mit Gerät

Bank und Medizinball

Vorbereitung der Beinstellung; Grätschstellung über der Bank; mit 2 Medizinbällen entlanggehen und am Fuß führen. Hierbei muß der Fuß nach außen gedreht werden (Abb. 338).

2 Bänke und Medizinbälle. Übung wie oben, nur Grätschstellung über 2 Bänke (Abb. 338).

Mit dem Handball

Auf Zuruf dreht sich TW um und wehrt mit Fuß oder Hand den geworfenen Ball ab. Würfe, dabei laufend die Ecke wechseln. Torwart in der Hocke in einer Ecke. Wurf und Sprung, um den Ball rechts oder links abwehren zu können (Abb. 339).

Abb. 337

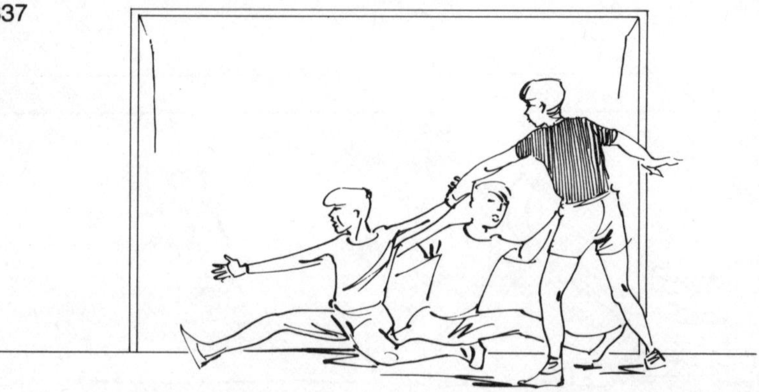

Abwehr im Hürdensitz mit Armeinsatz

Die Hände unterstützen die Abwehr im Hürdensitz

Abb. 338

Torwart sitzt in der Ecke, Wurf, schnelles Aufstehen und Sprung in die Ecke. 1 Minute lang Würfe abwehren. Würfe am Kreis. Würfe von der Freiwurflinie (flach). Sprungwürfe von der 9-m-Linie.

Armabwehr

Die Arm- und Handabwehr ist die häufigste Form der Torwartabwehr. Sie wird bei halbhohen und hohen Bällen angewendet: Dabei wird der Schlag mit beiden Armen nach vorne durchgeführt (etwas nach oben). Die Finger sind dabei nicht ganz gestreckt, die Ellenbogen leicht gebeugt, um Gelenkverletzungen zu vermeiden. Wichtig ist, daß der Schlag nach vorne oben kräftig durchgeführt wird. Dadurch wird verhindert, daß der Ball vom Arm in das Tor springt (Abb. 340).

Abb. 339

Abb. 341

Ü Übungsformen

Hochschlagen von Bällen mit ausgestrecktem Arm.
Die Bälle werden mit den Armen an die Wand geschlagen.
Partnerform; Ball mit Armen wechselseitig zuschlagen.
Abwehr von Tennisbällen (falls vorhanden, Wurfmaschine).
Würfe aus 3 m Entfernung.
2 Bälle zu gleicher Zeit in Armhöhe zuwerfen (im Sitzen).

2 Ballnetze hängen an der Torlatte in ca. 1,5 m Abstand. In jedem Netz befindet sich ein Ball; der Ball sollte in Armhöhe sein. TW schlägt mit beiden Armen wechselweise das Netz nach vorn. Die Netze dürfen nicht weiter als bis zur Mitte zurückpendeln (Abb. 341).

Abb. 340 a b c ▷

Abb. 342

In 1 Minute soviel wie möglich Würfe aufs Tor aus 6 und 9 m Entfernung, wobei laufend das Eck gewechselt wird.

Sprungwürfe aus 10 m Entfernung.

Spezielle Torwartübungen

TW sitzt im Tor und fängt leicht geworfene Bälle zwischen den Unterschenkeln (Abb. 342).

Zurückspielen des Balles mit Beinen.

TW springt über eine ca. 30–40 cm hohe Zauberschnur und wehrt geworfenen Ball mit Beinen ab (Abb. 343).

d e f

Abb. 343

TW hängt an der Latte; der geworfene Ball wird zwischen Oberschenkeln und Körper „gefangen", indem man die Knie anhebt. Ball nach unten rollen lassen (Abb. 344).

TW hängt an der Latte und wehrt geworfene Bälle mit Beinen ab (spielnahe Situation, da er keinen Fixpunkt hat) (Abb. 345).

Über einen Bock springen und den geworfenen Ball abwehren.

Winkelverkleinerung

Um dem Schützen nicht die ganze Fläche des Tores überlassen zu müssen, kann der TW versuchen, den Schußwinkel zu verkleinern. Dadurch erhält er die Chance, den Ball abzuwehren. Man kann die Winkelverkleinerung bei fast allen Torwartpositionen anwenden, wobei besonders der „Springer" große Vorteile hat. Bei Anfängern kann man eine Zauberschnur vom Pfosten um den Werfer herum zum anderen Pfosten führen (Abb. 346).

Abb. 348 a b ▷

Abb. 344

An Hand einiger Beispiele soll dies erklärt werden (Abb. 347).

Mitte ohne WKV – mit WKV

Außenposition ohne WKV – mit WKV

Ü Übungsformen

Reihe mit Anspieler-Sprungwurf aus ca. 10 m Entfernung. TW kommt im Moment des Wurfansatzes heraus. Die gleiche Übung von außen.

Dreh-Fallwürfe am Kreis mit Winkelverkleinerung des TW (Abb. 348 a–d).

Abwehr von Würfen in verschiedener Höhe

Nachdem nun die Grundtechniken bekannt sind und geübt wurden, muß man noch die Abwehr von Würfen in verschiedenen Höhen erläutern. Der TW muß in Bruchteilen von Sekunden entscheiden, welche Grundtechnik er bei welchem Wurf anwenden muß. Ziel

c

d

Abb. 345

eines jeden Torwarts muß es sein, seine Abwehrbewegungen zu automatisieren. Man kann dies nur durch häufiges Wiederholen und gute Technik erreichen. Man unterscheidet hierbei folgende Situation:

Flache Bälle – Aufsetzer
Halbhohe und hohe Bälle
Würfe von Außenpositionen
Würfe aus freien Positionen
Stehertyp
Springertyp
Siebenmeterwürfe
Stehertyp
Springertyp

Abb. 346

Abb. 347

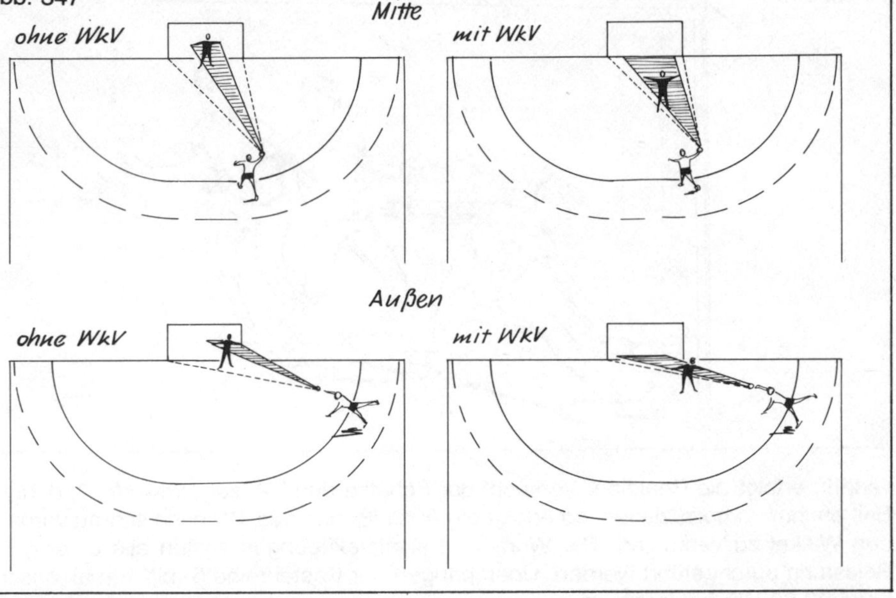

Abwehr flacher Bälle und Aufsetzer

Bei flachgeworfenen Bällen gleitet die Ferse des TW über den Boden in die entsprechende Ecke. Er sollte als Leitlinie die Torlinie oder deren Parallelen annehmen. Die Hand unterstützt die Abwehrbewegung. Dadurch wird die Abwehrfläche vergrößert. Bei einer Höhe von ca. 50 cm ist die Grenze dieser Abwehrart erreicht.

Bei Aufsetzern dagegen wird die Abwehr dadurch erschwert, daß der Ball vom Boden zurückspringt (Einfallswinkel – Ausfallswinkel). Allerdings hängt der Ausfallswinkel sehr stark von der Beschaffenheit des Bodens ab. Bei Stein-, Makadam- und Tartanböden wird die Geschwindigkeit gedämpft, bei PVC-, Sand- und glatten Holzböden dagegen beschleunigt. Außerdem ist die Entfernung des Berührungspunktes Ball – Boden – TW von entscheidender Bedeutung. Es gibt wiederum zwei Möglichkeiten der Abwehr:

Der Fuß gleitet schräg nach vorne und „tötet" den Ball sofort nach Bodenberührung. Die Grenze liegt hier bei ca. 1 m Entfernung vom TW.

Man läßt den Ball springen und versucht durch fast paralleles Gleiten zur Torlinie den Ball mit dem Fuß oder der Hand abzuwehren (Abb. 349).

Abwehr halbhoher und hoher Bälle

Diese Art von Würfen wird mit den Armen abgewehrt. Durch schnelles Nachvorneschlagen wird die Wucht des Balles gedämpft, und er „spritzt" nicht ins Tor.

Abwehr der Würfe von Außenpositionen

Hierbei ist die genaue Stellung des TW entscheidend. Möglichst nahe am Pfosten beobachtet er mit erhobenem tornahen Arm den Schützen. Erst wenn der Ball die Hand

Abb. 349

verläßt, erfolgt die Reaktion. Versucht der Schütze den TW zu „umwerfen", d. h., den Ball an ihm vorbeizuziehen, so erfolgt ein Ausfallschritt des TW nach schräg vorne, um den Winkel zu verkürzen. Die Wurf- und Komplexübungen sollten alle unter größter Belastung durchgeführt werden. Überspringen der Kastenreihe 5- bis 10mal, anschließend 20-30 Würfe abwehren.

LK Leistungskontrolle

Was Abwehr der Würfe von Außenpositionen

Wie Würfe von links und rechts abwechselnd 2mal 5 Bälle

Wertung Anzahl der abgewehrten Bälle, Wechsel der Position, Grundtechniken

Würfe aus freien Positionen

Kommt der Schütze nach einem Gegenstoß frei zum Wurf, so ist die Situation für den TW nicht aussichtslos. Bei dieser Abwehr unterscheiden sich die beiden Torwarttypen sehr deutlich:

Abwehr des „Stehers"

Der „Steher" wird kurz vor der Torlinie auf den Wurf warten und erst im letzten Moment reagieren. Dazu benötigt er eine enorme Konzentration. Die Vorteile dieser Abwehr liegen deutlich auf der Hand: Der TW hat etwas mehr Zeit zur Reaktion (wenn dies auch nur Bruchteile von Sekunden sind), und der Schütze wird durch die Passivität des TW nervös. Der Nachteil ist der, daß der Schußwinkel sehr groß ist und dem Schützen die ganze Fläche des Tores zur Verfügung steht (Abb. 350).

Abwehr des „Springers"

Der „Springer" wird versuchen, durch Herauslaufen und Springen den Wurfwinkel zu verkleinern. Im Moment des Ansatzes läuft er dem Schützen entgegen. Vorteile dieser Art sind: Winkel wird verkleinert, TW wird häufig angeschossen, die Torsicht wird dem Schützen genommen. Die Nachteile liegen darin, daß der Schütze den TW beobachten

Abb. 350

„STEHER"

Abb. 351

„SPRINGER"

und den Ball entweder als Heber oder als Aufsetzer anbringen kann. Da der TW beim Sprung keine Bodenberührung mehr hat, ist eine Gewichtsverlagerung kaum möglich (Abb. 351).

Siebenmeterwürfe

Für die Siebenmeterwürfe gilt die gleiche Regel wie für die Würfe aus freier Position. Der „Steher" wartet ca. 2 Meter vor dem Tor auf den Wurf und reagiert am Ende der Wurfphase. Der „Springer" greift im Moment des Wurfansatzes an, läuft heraus, springt und versucht den Ball abzuwehren.

LK Leistungskontrolle

Was	Abwehr von Siebenmeterwürfen
Wie	5–10 Würfe in Abständen von ca. 5 Sekunden
Wertung	Anzahl der abgewehrten Bälle und Abwehrtechnik

Andere Torwarttechniken

In der modernen Torwartabwehr hat sich eine neue Technik herausgeschält. Es wird versucht, mit beiden Händen die Fernwürfe abzuwehren. Man geht zuerst mit den Händen nach dem Ball. Gelingt dies nicht, wird ein Arm „verlängert". Hierbei spielt die Beintechnik eine wichtige Rolle. Es wird immer auf dem eckfernen Bein abgesprungen (Abb. 352).

c. Offensivverhalten

Darunter versteht man die taktische Ausbildung des TW, d. h., das mittelbare oder unmittelbare Eingreifen ins Spielgeschehen. Für folgende Situationen muß der TW eine praktische Schulung erhalten:

Ballaufnahme – Einleiten des Gegenstoßes

Torwurf

Torwart und Abwehr

Torwart durch „Heben“ überlistet

Torwartabwehr „Hampelmann“

Durch Winkelverkleinerung und „Hampelmann“ zum Erfolg

„Hampelmann“ führt zum Erfolg

Abb. 352

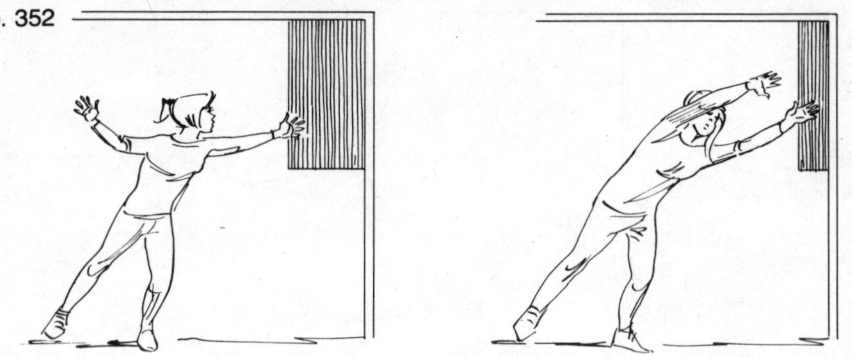

Ballaufnahme – Einleiten des Gegenstoßes

Entscheidend für das Gelingen des Gegenstoßes ist die schnelle Ballaufnahme durch den Torwart. Durch sein genaues Zuspiel ermöglicht er den vorgelaufenen Spielern, die nötigen Durchbruchsräume zu bekommen.

Ü Übungsformen

Hier können alle Übungen des Gegenstoßes auf den Seiten verwendet werden. Hier seien 2 Übungen noch erwähnt, um die Ballaufnahme und das Zeitgefühl zu schulen.

Ball fällt hinter das Tornetz – Hochwerfen über das Tor (oft wiederholen) (Abb. 353).

Bälle aufnehmen und Zuspiel (Abb. 354).

4 Bälle sind im Torraum verteilt. TW läuft zu den Bällen und spielt in bestimmter Reihenfolge bestimmte Punkte an. Als Marken werden zuerst Reifen, Matten oder Medizinbälle verwendet, zuletzt Spieler (Abb. 355).

Zuspiel an sprintenden Spieler. – Es darf erst geworfen werden, wenn der laufende Spieler ruft. Schulung des Zeitgefühls.

Abb. 353

Abb. 354

Torwurf

Der TW sollte so oft wie möglich als Feldspieler mitwirken, um die technischen und taktischen Grundfertigkeiten zu erlernen. Der Wurf sowohl aus dem Freiwurfraum als auch aus dem eigenen Torraum sollte geübt werden.

Ü Übungsformen

Wurfübungen im Freiwurfraum

Hier können alle Übungen verwendet werden, die unter dem Kapitel Wurfschulung aufgeführt sind.

Abb. 355

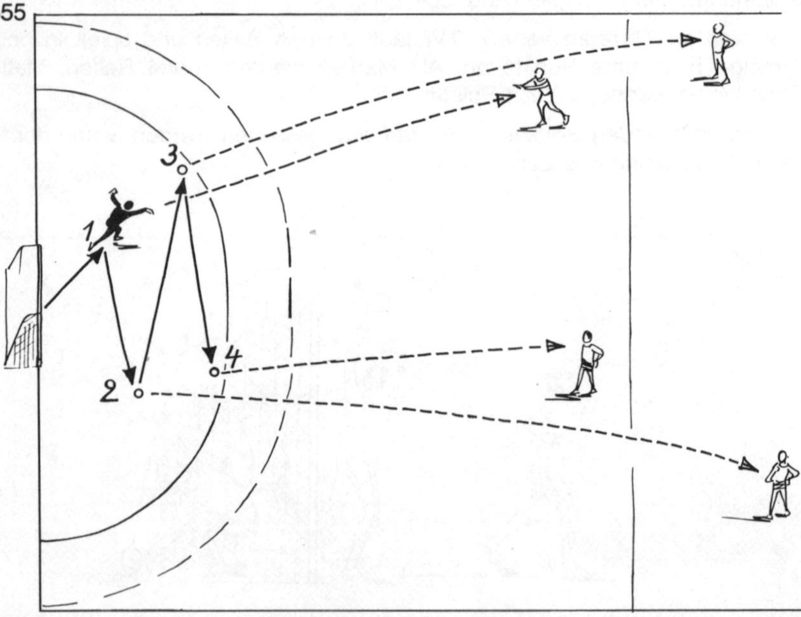

Abb. 356

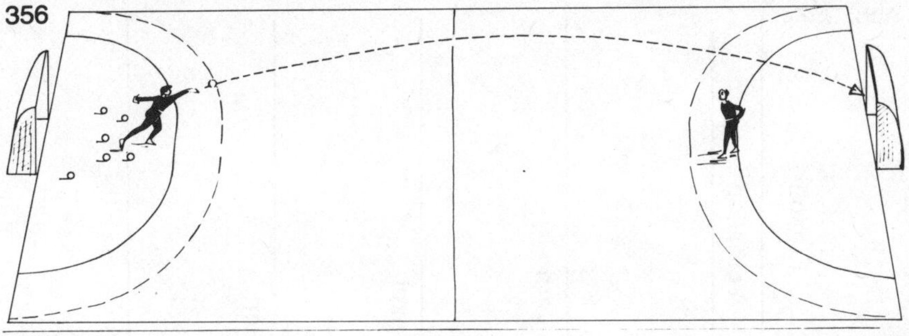

Wurfübungen aus eigenem Torraum

Der TW wirft aus seinem eigenen Torraum direkt aufs Tor. Die Übung kann erschwert werden, indem man den gegnerischen TW in Höhe des Siebenmeterpunktes aufstellt. Der TW muß drüberwerfen. Außerdem kann der abwehrende TW als Abwehrreaktion nach dem Wurf versuchen, rückwärtslaufend den Ball zu erreichen (Abb. 356).

Torwart und Abwehr

Die Zusammenarbeit des Torwarts mit der Abwehr ist ein entscheidender Punkt, um die Torwartleistung zu verbessern. Selbst eine gute Torwarttechnik, Mut und Konzentration nützen nicht viel, wenn der Schütze fast immer ungehindert zum Wurf kommt. Deshalb ist eine Schulung der Abwehr mit dem Torwart zusammen unumgänglich. Der Torwart muß sich darauf verlassen können, daß sein Abwehrspieler die Abwehraktion bis zum Schluß durchführt und nicht im letzten Augenblick dem Angreifer eine Möglichkeit zum Wurf gibt. Der Torwart muß sich beim Wurf mehr auf das sog. ,,Torwarteck" konzentrieren. Dies kann bei guten Abwehrspielern dazu führen, daß sie den Angreifer zwingen, die Würfe zu ,,polarisieren", d. h., die Konzentration der Würfe auf eine Ecke. Der Torwart sollte sich bei seinen Anweisungen der Abwehr gegenüber auf wenige Punkte beschränken, da zu viel ,,Dirigieren" die Konzentrationsfähigkeit beeinträchtigt.

d. Betreuung des Torwarts

Die psychologische Ausbildung des TW spielt heute eine ganz entscheidende Rolle. Wie schon vorher erwähnt wurde, ist der TW sehr häufig ein Individualist, das er auf Grund seiner Stellung im Mannschaftsgefüge auch sein muß. Trotzdem muß er sich der Mannschaft unterordnen. Dies ist nun die Aufgabe des Trainers. Ein gespanntes Verhältnis zwischen TW und Trainer oder zwischen TW und Mannschaft ist der Leistung sicherlich nicht förderlich. Hier sind einige Punkte, die es wert sind, Beachtung zu finden.

Man sollte von der Trainerbank den TW für nicht gehaltene Bälle nicht rügen oder die Sache kopfschüttelnd zur Kenntnis nehmen. Besser wäre es in diesem Fall, den TW nach weiteren Fehlern auszuwechseln. Allerdings gilt dann für den 2. Torwart die Regel, daß er nicht immer zur ,,Notbremse" wird, sondern auch mindestens eine Halbzeit durchspielen kann. Häufig werden die zweiten TW dadurch vergrämt, daß sie nur bei Versagen des ersten TW eingesetzt werden und mit einer großen psychischen Belastung ins Spiel gehen.

Abb. 357

Torwartdiagramm

TW: ________ Gegner: _______ Ort: ___________ Datum: _____ Eingesetzte Zeit: _______ Ergebnis: __________

Anzahl der Würfe							Verhalten
	Tore						Rückraum
	Rückraum	Würfe von vorn	Spitzer Winkel	Sieben-meter	Gegenstoß		
							Würfe von vorn
							Spitzer Winkel
Abgewehrt							
							Siebenmeter
							Gegenstoß

Beidhandabwehr am Pfosten beim Wurf von außen

Der Trainer sollte sich hüten, Würfe von bestimmten Schützen als hart und fast unhaltbar herauszustellen. Er flößt ihm damit Angst vor harten Würfen ein, die vollkommen unnötig ist. Der größere Erfolg wäre gegeben, wenn er gegen solche Würfe ein Mittel finden würde, was die Moral des TW sicherlich heben würde.

Ein weiterer Punkt ist die Erziehung zur Konzentration. Dies kann man durch verschiedene Übungen erreichen. Während die eigene Mannschaft angreift, werden die Augen für kurze Zeit geschlossen. Nach kräfteraubender Abwehr entspannt sich der TW am besten, indem er einen entfernt liegenden Punkt in der Halle anvisiert. Deshalb ist das „Mitspielen" eines TW nicht immer die beste Vorbereitung für den nächsten Angriff.

Immer wieder müssen die Gespräche des Trainers mit dem TW im Mittelpunkt stehen. Nach jedem Spiel, nach jedem Trainingsabend braucht er seine Ansprache. Um ihn von seinen Fehlern überzeugen zu können, sollten während des Spiels Listen geführt werden, die Aufschluß darüber geben, bei welchen Wurfarten oder Grundtechniken seine Schwächen liegen. Wie kaum eine andere Position verlangt sie Ausdauer, Härte gegen sich selbst und unermüdlichen Trainingsfleiß, da bei ihm ein kleines Nachlassen in der Leistung sich schon in Form von mehr erhaltenen Toren auswirkt, während es bei einem Feldspieler kaum bemerkt wird (Abb. 357).

II. Der Angriff

Der große Komplex des Angriffs läßt sich in 3 Teilgebiete gliedern (Abb. 358).

1. Die Einzelarbeit
2. Die Grupppenarbeit
3. Die Mannschaftsarbeit

1. Die Einzelarbeit

Die Einzelarbeit des Angriffsspielers bildet die Grundlage der beiden folgenden Kapitel. Ohne eine gute Spieltechnik ist eine sinnvolle Weiterschulung kaum möglich. Deshalb sollte man diese Gebiete besonders beachten, um nachher besser aufbauen zu können. Man kann die Einzelarbeit in 2 Teile gliedern:

a. Die Finten

b. Die Wurffähigkeit

a. Die Finten

Die Finten spielen heute eine wichtige Rolle in der Spielgestaltung einer Mannschaft. Noch vor wenigen Jahren waren sie Zufallsprodukte, die von den meisten Spielern unbewußt angewandt worden sind, wobei häufig die restlichen Spieler kaum darauf eingegangen sind. Heute muß die Schulung der Finten zum festen Bestandteil des

Abb. 358

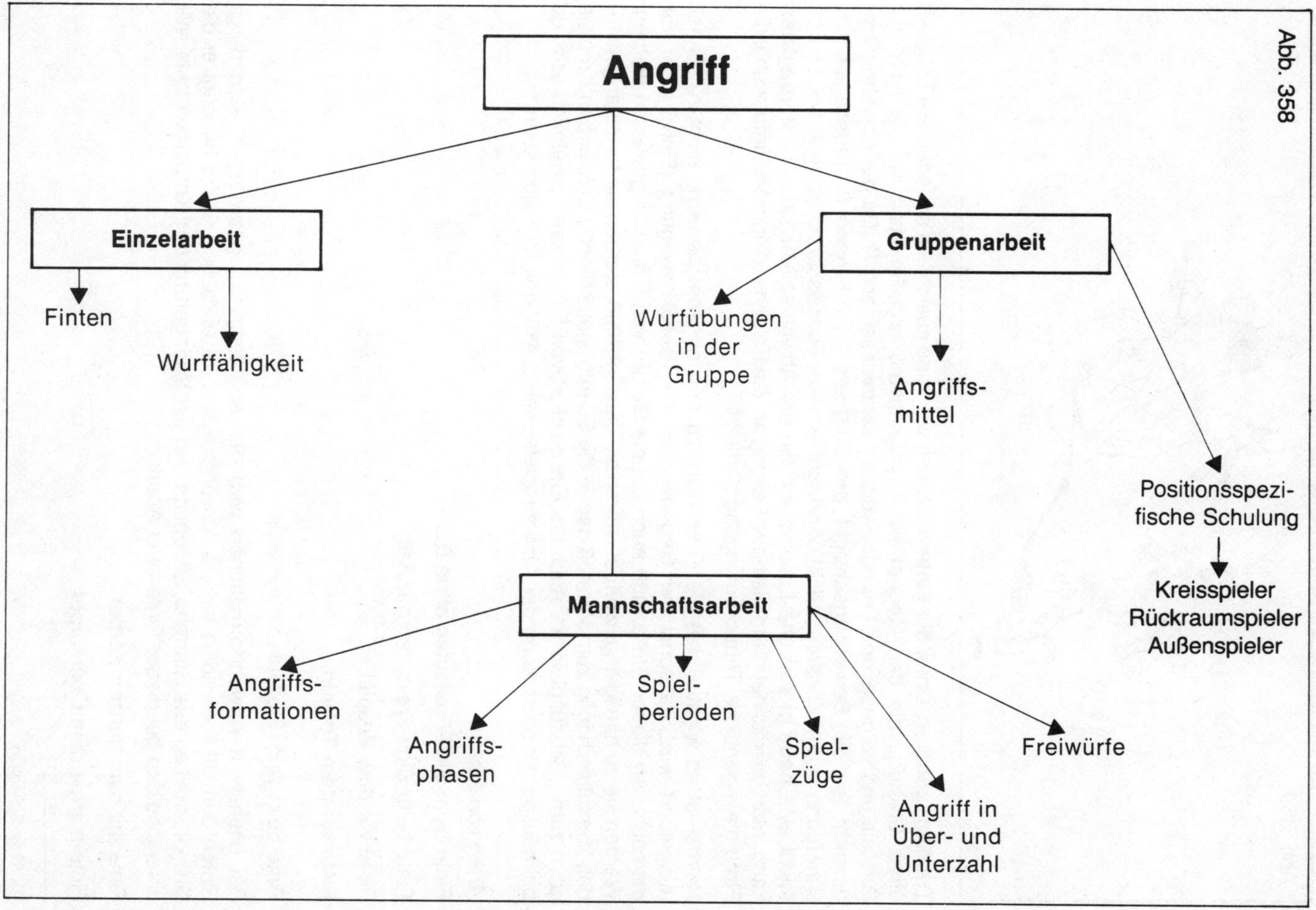
Angriff
Einzelarbeit
Finten
Wurffähigkeit
Gruppenarbeit
Wurfübungen in der Gruppe
Angriffs-mittel
Positionsspezi-fische Schulung
Kreisspieler
Rückraumspieler
Außenspieler
Mannschaftsarbeit
Angriffs-formationen
Angriffs-phasen
Spiel-perioden
Spiel-züge
Angriff in Über- und Unterzahl
Freiwürfe

Abb. 359

Trainings gehören. Unter der Finte verstehen wir „eine absichtlich angedeutete Tätigkeit eines Spielers, die den Gegner zur Vorausnahme und Reaktion auf die nicht zur Realisierung vorgesehene Fremdbewegung veranlassen soll"[1]). Da der Abwehrspieler bestrebt ist, die Bewegungsabsicht des Gegners zu erkennen (Vorausnahme der Bewegung = Antizipation), bricht der Angriffsspieler überraschend seine Aktion ab und sucht eine neue motorische Lösung, auf die der Abwehrspieler kaum noch reagieren kann. Man bezeichnet dann die neue Lösung als die Folgehandlung der Finte, wobei die Finte die eigentliche Täuschbewegung darstellt.

Hierbei ist es wichtig, daß die Finte nicht zu früh abgebrochen und nicht zu schnell ausgeführt wird, da sonst der Gegenspieler die Täuschbewegung (Finte) nicht voll mitmacht. An dieser Stelle muß auch auf die Gefahr von Finten hingewiesen werden. Werden sie zu häufig angewendet, stören sie den Spielfluß, werden sie falsch angewendet, kommt es häufig zum Verstoß gegen die Schrittregel. Manche Spieler benützen sie auch zum „Schauspielern". Auch die Einseitigkeit von Finten kann gefährlich sein, da bei häufiger Wiederholung der Abwehrspieler seine Aktion vorbereiten kann.

Arten von Finten

Finte beim Sich-Freilaufen ohne Ball

Finte beim Sich-Freilaufen mit Ball

Finte vor dem Zuspiel

Finte vor dem Torwurf.

Finte beim Sich-Freilaufen ohne Ball

Bei offensiven Abwehrformationen wird der Angriffsspieler gezwungen, sich durch Finten dem Aktionsradius seines Abwehrspielers zu entziehen. Dazu benötigt er die Grundtechniken des Startens, Stoppens und der Verlagerung des Körpergewichts. Wir unterscheiden bei dieser Finte zwei Arten:

Finte mit dem ganzen Körper

Finte nur mit dem Oberkörper

---

[1]) Mraz-Schädlich: „Angriff"

Abb. 360

Bei beiden Finten wird auf eine Seite angetäuscht (fintiert), und der Durchbruch erfolgt auf der anderen. Die Folgehandlung ist also ein schnelles Antreten auf der nicht angetäuschten Seite. Wichtig sind hierbei eine schnelle Ausführung und wenig Flächenaufwand.

Ü Übungsformen

Übungen zum Starten, Stoppen, Verlagerung des Körpergewichts. Kleine Spiele auf den Seiten 23–27.

Partnerform; A deutet Ausfallschritt nach links an und geht rechts vorbei. Genügend Abstand halten. Auch nach links üben (Abb. 359).

Mit Anspiel und Torwurf-Abstand zur Torraumlinie sehr gering. Täuschbewegung, vorbeilaufen und Anspiel. Nach beiden Seiten üben (Abb. 360).

Finte beim Sich-Freispielen mit dem Ball

Bei dieser Form der Finte besteht die Gefahr, daß der Abwehrspieler den Ball herausspielt oder der Ball verlorengeht. Deshalb muß bei der Schulung besonders auf die Ballsicherung geachtet werden.

Einfache oder doppelte Körpertäuschung

Körpertäuschung durch Abdrehen

Wurfantäuschung mit anschließendem Vorbeilaufen

Einfache oder doppelte Körpertäuschung

Bei der einfachen Körpertäuschung (Finte) gelten die gleichen Grundregeln wie bei der Körpertäuschung ohne Ball. Der Ball muß durch den Körper geschützt werden. Man übt noch einmal ohne Ball und prägt sich den Bewegungsablauf ein.

Ü Übungsformen

Partnerform; A führt Ausfallschritt nach links oder rechts aus und verlagert seinen Abwehrspieler. Anschließend spurtet er rechts oder links vorbei. Dabei sichert er den Ball. Die Abwehr spielt zuerst nur mit halber Kraft, um den Übungserfolg zu gewährleisten (Abb. 361).

Abb. 361

Wir üben nach beiden Seiten.

Mit Torwurf!

3 gegen 3 mit Körpertäuschung (Abb. 362).

Bei der doppelten Körpertäuschung wird zuerst ein Ausfallschritt nach rechts (links) angesetzt, dem folgt ein zweiter nach links (rechts), und anschließend erfolgt das Vorbeilaufen rechts oder links. Da hierbei die Gefahr besteht, gegen die Schrittregel zu verstoßen, ist es wichtig, daß der Bewegungsablauf perfektioniert wird.

Ü Übungsformen

Es können die Übungsformen wie im obigen Abschnitt verwendet werden.
Da die Schrittregel variabel ist, erlaubt sie den gewandten Spielern Varianten. Erfolgt die Ballannahme in der Luft, so zählt der erste Kontakt nicht. Der erste Schritt ist dann schon der Ausfallschritt.

Abb. 362

Abb. 363

Abb. 364

Beispiele:

Ballannahme Luft – Kontakt mit rechtem Fuß – Täuschung nach links – nach rechts – nach links vorbeilaufen (Abb. 363).

Ballannahme Luft – Kontakt mit beiden Füßen – Täuschung rechts – links – rechts vorbeilaufen (Abb. 364).

Körpertäuschung durch Abdrehen

Steht der Angreifer rücklings zum Abwehrspieler, so kann er durch schnelles Drehen seinem Bewacher entkommen. Nach Ballannahme führt er einen Schritt schräg rückwärts nach links (rechts) durch und beobachtet seinen Gegenspieler. Folgt er der Bewegung, verlagert er sein Gewicht auf das rechte (linke) Bein, dreht und prellt an seinem Gegenspieler vorbei (Abb. 365).

Wurfantäuschung mit anschließendem Vorbeilaufen

Bei dieser Form der Finte wird ein Wurf angetäuscht, und als Folgehandlung erfolgt ein Vorbeiprellen am Gegner. Das Antäuschen des Wurfes kann im Sprung als auch aus dem Stand geschehen.

Ü Übungsformen

Partnerform; Spieler A täuscht einen Sprungwurf über die Abwehr an, tippt den Ball in der Endphase des Sprungs auf, und nach 2–3 Schritten erfolgt ein neuer Sprungwurf (Abb. 366).

Partnerform; Spieler B täuscht einen Schlagwurf halbhoch an und prellt rechts vorbei (Abb. 367).

Abb. 365

Abb. 366

Finte vor dem Zuspiel

Dieser Teil bietet eine große Vielfalt an verschiedenen Möglichkeiten.

Blickverbindung als Finte

Durch auffällige Blickverbindung zu einem Mitspieler wird der Abwehrspieler zu einer falschen Reaktion verleitet. Anschließend erfolgt ein blickloses Abspiel. Wichtig ist hierbei, daß der Mitspieler auch auf das Zuspiel eingeht und der Abspielende sich nicht selbst täuscht.

Ü Übungsformen

Blickverbindung mit Gelenkpässen links und rechts (Abb. 368).

Blickverbindung mit anschließendem Rückhandzuspiel und Hakenzuspiel (Abb. 369).

Parteispiel 2 gegen 2, 3 gegen 3.

Abspiel als Finte

Hier wird ein bestimmtes Abspiel angedeutet und anschließend variiert.
Beispiele:

Abspiel rechts	Abspiel links
Abspiel kopfhoch	Nackenpaß
Abspiel frontal	Rückhandspiel

Es gelten die gleichen Übungsformen wie oben.

Abb. 367

Abb. 368

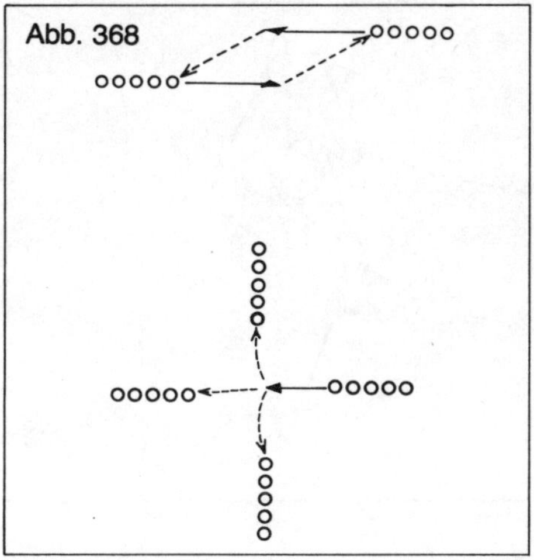

Abb. 369

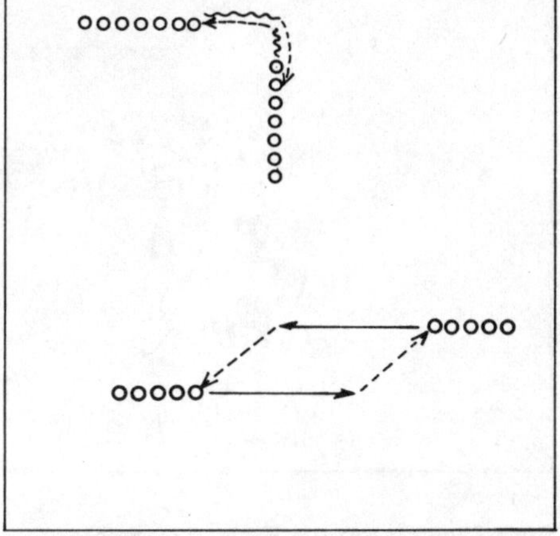

Torwurf als Finte

Der Angriffsspieler täuscht einen Torwurf an und spielt den Ball an seinen Mitspieler weiter. Diese Aktion ist eine der erfolgreichsten im Hallenhandball.

Beispiele:

Sprungwurf über die Abwehr – „Abtropfen" lassen an Kreisspieler

Schlagwurf hüfthoch – Rückhandzuspiel

Ü Übungsformen

Angetäuschter Sprungwurf über Matte – Anspiel an Kreisspieler (Abb. 370).

Angetäuschter Schlagwurf – Gelenkpaß an Nebenspieler (Abb. 371).

Angetäuschter Schlagwurf hüfthoch – Rückhandzuspiel (Abb. 372).

Seitfallwurf – Zuspiel an den Kreisspieler (Abb. 373).

Abb. 370

Abb. 371

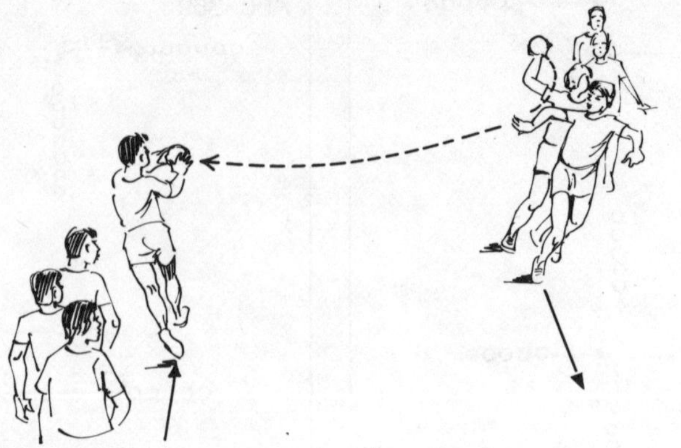

Sich-Freispielen als Finte (Umspielen)

Hierbei erfolgt das Ab- und Zuspiel nach einem angetäuschten Sich-Freilaufen und anschließendem Vorbeilaufen. Durch einen Ausfallschritt wird der Abwehrspieler in eine Situation gebracht, in der er kaum ein Zuspiel verhindern kann.

Beispiel:

Körpertäuschung rechts – vorbeilaufen links – Zuspiel durch Gelenkpaß nach rechts.

Ü Übungsformen

Körpertäuschung ohne und mit Ball (Abb. 359 und 361).
Körpertäuschung mit anschließendem Zuspiel (Abb. 374).

Finte vor dem Torwurf

Hierbei ergeben sich wieder einige Möglichkeiten. Zuspielfinte mit anschließendem Torwurf; Wurffinte mit anderem Torwurf usw.

Abb. 372

Abb. 373

Abb. 374

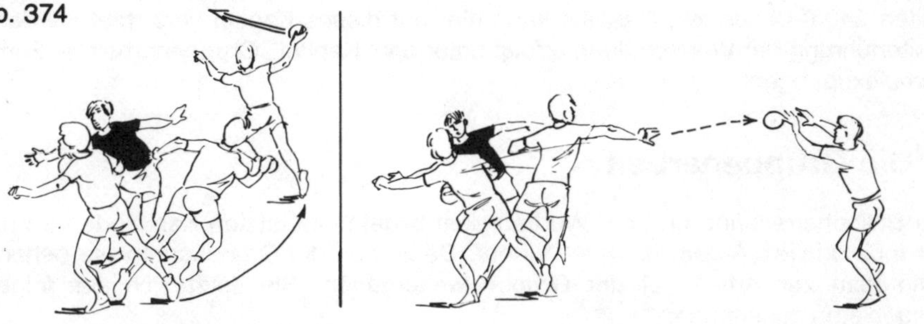

Beispiele:

Gelenkpaß nach rechts – Seitfallwurf

Seitfallwurf – Knickwurf

Rückhandwurf – Drehsprungwurf

Ü Übungsformen

Gelenkpaß rechts – Seitfallwurf (Abb. 375).

Angetäuschter Seitfallwurf – Knickwurf (Abb. 376).

Angetäuschter Rückhandwurf – Drehsprungwurf (Abb. 377).

Abb. 375

Abb. 376

Abb. 377

b. Wurffähigkeit

Die Einzelarbeit in der Wurfschulung und deren Variationen wurden schon auf den Seiten 240 ff behandelt. Deshalb kann hier auf dieses Kapitel verzichtet werden. Die Weiterführung der Wurfschulung erfolgt unter dem Kapitel „Gruppenarbeit" in Form von Komplexübungen.

2. Die Gruppenarbeit

Die Ballbeherrschung und die Wurffähigkeit bildeten im letzten Kapitel den Kernpunkt der individuellen Arbeit für den Stürmer. Da er nun die Grundkenntnisse beherrscht, kann man zur Arbeit mit der Gruppe weitergehen. Sie setzt sich aus folgenden Teilgebieten zusammen:

a. Wurfübungen in der Gruppe (Komplexübungen)

b. Angriffsmittel (Kreuzen, Stoßen, Sperre)

c. Positionsspezifische Schulung

Abb. 378

Abb. 379

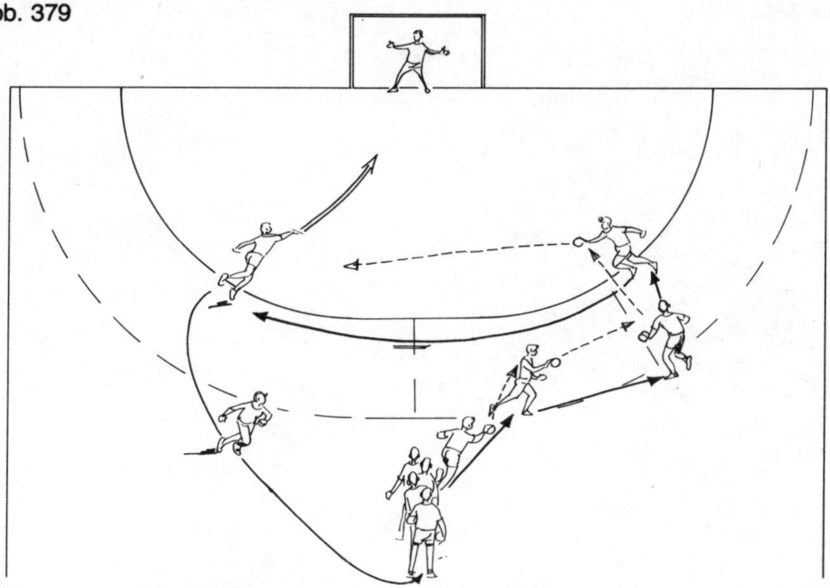

a. Wurfübungen in der Gruppe

Man darf das Wurftraining natürlich nicht isoliert betrachten, sondern muß versuchen, es in seiner Gesamtheit zu sehen. Wurfkraft, Wurfgenauigkeit, technische und taktische Momente bilden eine Einheit. Deshalb spricht man auch hier von Komplexübungen. Diese Übungen sind spielnahen Situationen entnommen und deshalb wirksam. Man kann natürlich in diesem Teil nur andeuten, da es unmöglich ist, alle Komplexübungen für das Wurftraining in der Gruppe aufzuzeigen.

Ü Übungsformen

2 Gruppen A und B, Nr. 1 und 2 als Anspieler am Kreis. 3 und 4 prellen – Anspiel an 1 und 2, 1 zu 3 und 2 zu 4, anschließend Wurf (Abb. 378).

Nach Abspiel auf nächste Position weiterrücken (Abb. 379).

Dreieckspiel – 1 zu 2, 2 zu 3, 3 zu 1, 1 wirft (Abb. 380).

2 Gruppen A und B. 1 läuft mit dem Ball nach rechts, täuscht zum Sprungwurf an und spielt an 2 den Ball – anschließend Wurf (Abb. 381).

Nach einigen Pässen Wurfansätze, anschließend Wurf. Abspiele variieren (Abb. 382).

Gruppen A, B, C, D. Spieler 1 und 2 laufen los, passen zu 3 und 4, erhalten den Ball zurück und anschließend Wurf (Abb. 383).

3 Bälle liegen ca. 12 m vor dem Tor. Auf Pfiff nimmt der Spieler den Ball auf, prellt, anschließend Sprungwurf und zurück, bis alle 3 Bälle geworfen sind. Man kann hier bei vielen Spielern schon nach dem zweiten Ball Ermüdungserscheinungen beobachten (Abb. 384).

Abb. 380

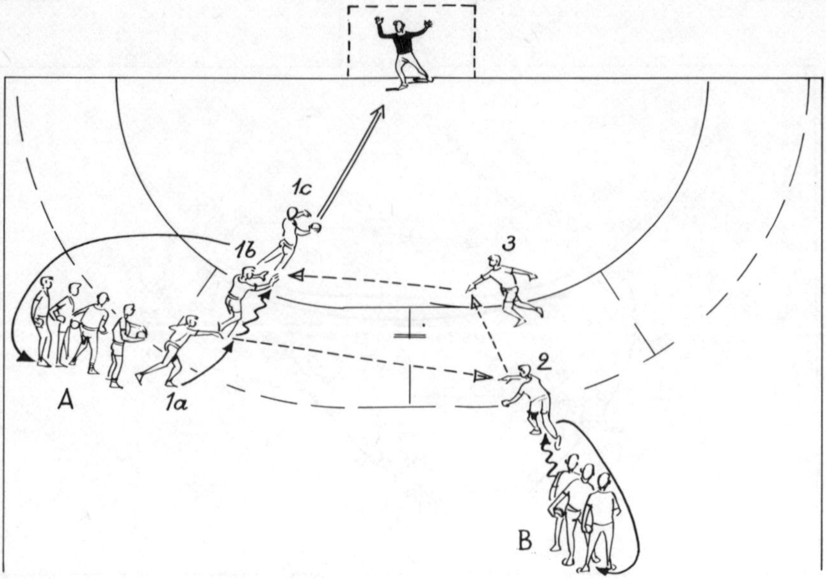

Abb. 381

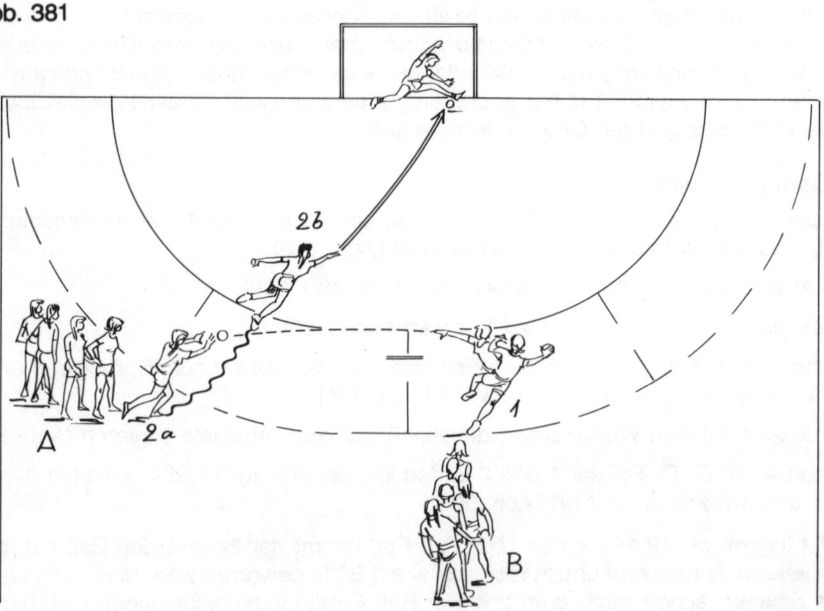

Abb. 382

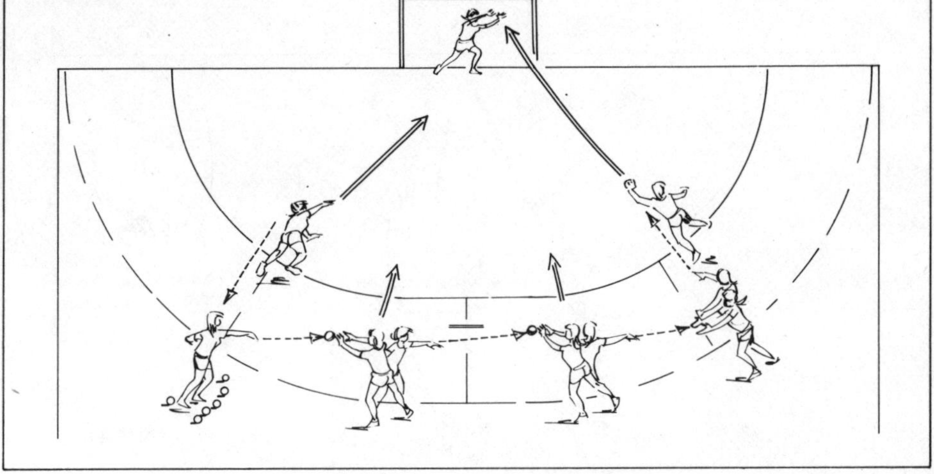

2:4-Angriffsformation. Der linke Außenspieler spielt die Bälle nach innen. Je nach Möglichkeit Wurf aus der zweiten Reihe oder Anspiel an den Kreis (Abb. 385).

3:3-Angriffsformation (Abb. 386).

Abb. 383

Abb. 384

b. Angriffsmittel im Hallenhandball

Im Hallenhandball kennt man 3 Angriffsmittel:
Das Kreuzen
Das Stoßen
Die Sperre

Das Kreuzen

Wird die Position während des Angriffs zum Zwecke des Eindringens in die gegnerische Abwehr in Zusammenarbeit mit einem weiteren Spieler verlassen, so spricht man von Kreuzen. Geschieht dies ohne diese Absicht, so nennt man es Platzwechsel.

Abb. 385

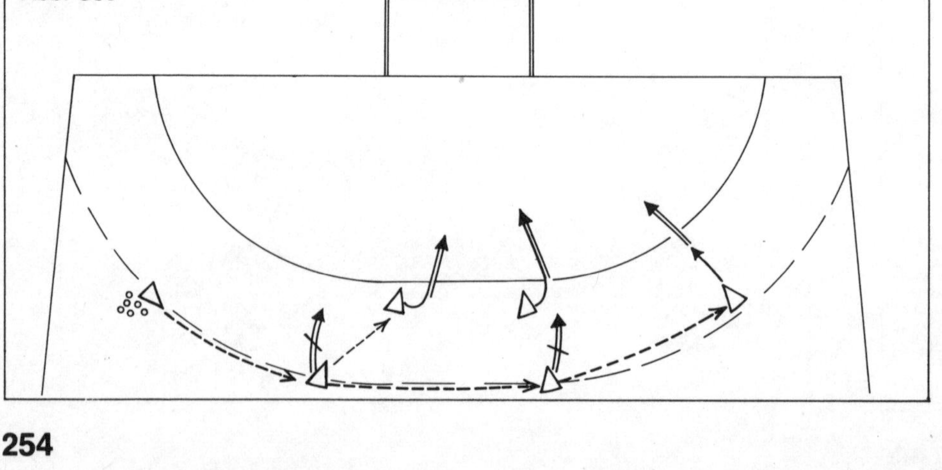

Abb. 386

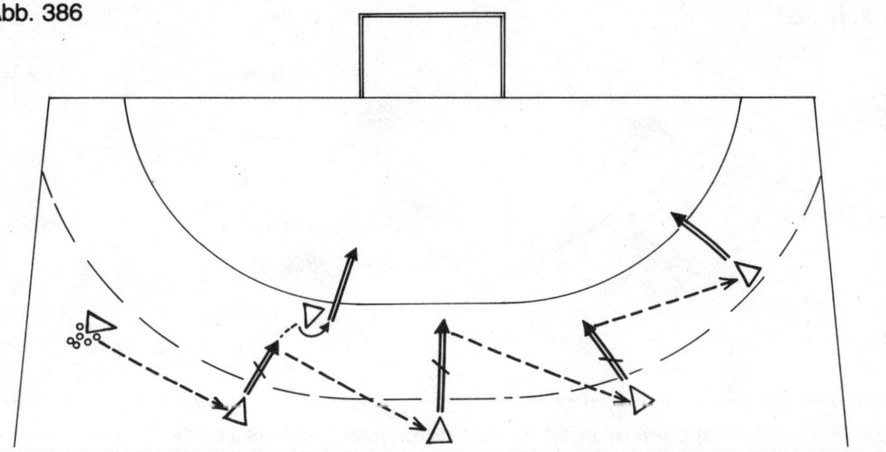

Der Spieler verläßt seinen Streifen und kreuzt schnell in den Streifen des Nebenspielers. Der Ballbesitzer löst das Kreuzen aus. Dadurch wird der Abwehr die Arbeit erschwert, so daß immer wieder Durchbruchsräume entstehen. Wichtig ist hierbei, daß die Nahtstelle schnell überwunden wird. Sie sollte im Schnittpunkt der Laufwege liegen.

Ü Übungsformen

Vorbereitende Übungen durch Gelenkpässe

Einfaches Kreuzen mit Gelenkpaß (Abb. 387). Kreuzen gegen Abwehrspieler (Abb. 388). Mehrfaches Kreuzen mit und ohne Abwehr (Abb. 389).

Das Stoßen

Im modernen Hallenhandball hat sich in den letzten Jahren immer mehr das Stoßen als Angriffsmittel herauskristallisiert. Man versteht darunter ein überraschendes Eindringen in die Abwehr mit dem Ziel, eine Überzahl zu schaffen.

Abb. 387

Abb. 388

Die Abwehrformationen wurden immer defensiver, und es wurde für die Kreis- und Außenspieler immer schwerer, zum Wurf zu gelangen. Das Stoßen zwingt nun die Abwehr zum Heraustreten, und dadurch werden Durchbruchsräume geöffnet. Voraussetzung für das Heraustreten der Abwehr sind torgefährliche Rückraumspieler.
Die technische Voraussetzung für das Stoßen ist der Gelenkpaß. Er ist dem Schlagwurfzuspiel bis zu einer Entfernung von 5 Metern überlegen und kann verdeckt (Zuspielfinte) angespielt werden. Erfahrungsgemäß haben Rechtshänder (Linkshänder) große Schwierigkeiten, den Gelenkpaß links (rechts) zu spielen. Hier ist es besser, das Unterhandspiel zu verwenden, bevor man mißlungene Gelenkpässe versucht.
Sind die technischen Voraussetzungen erfüllt, dann muß sich der Trainer über den richtigen Ablauf des Stoßens im klaren sein. Ziel ist es, eine Überzahl zu erreichen. Dies kann nur gelingen, wenn die Stoßbewegung zwischen 2 Spieler geht, also die Nahtstelle

Abb. 389

Abb. 390

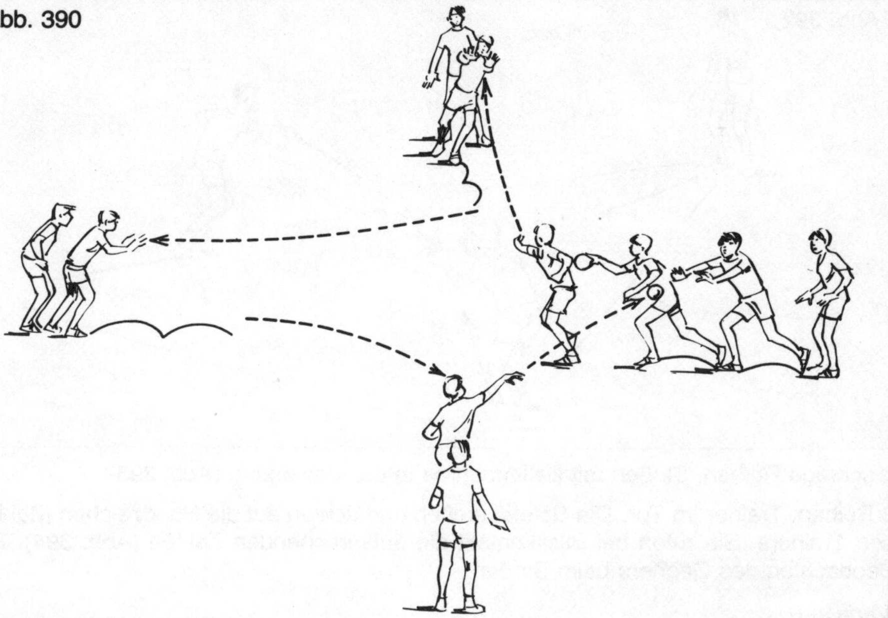

der Abwehr trifft. Der Spieler, der den Ball erhält, sollte in Bewegung sein, um torgefährlicher zu werden. Ein schnelles Zurückziehen nach dem Paß ist erforderlich. Der rücklaufende Partner sollte den Ball nicht wieder erhalten. Ferner sollte darauf geachtet werden, daß man bei der Vorwärtsbewegung aufrecht bleibt.

Stoßen im Viereck und in der Kreisformation. Ballannahme in der Bewegung (Abb. 390, 391).

Dreiecksform; das Stoßen geht immer zwischen 2 Spieler (Abb. 392).

Abb. 391

Abb. 392

2 schräge Reihen, Stoßen mit Ballannahme in der Bewegung (Abb. 393).

2 Reihen, Trainer im Tor. Die Spieler stoßen und achten auf die Handzeichen (Zahlen) des Trainers. Sie rufen bei Blickkontakt die entsprechenden Zahlen (Abb. 394). Ziel: Beobachten des Gegners beim Stoßen.

Variation

Mit Gegenspieler

Stoßen im Kreis mit Abwehr (Abb. 395).

Variation

Sprungwurfzuspiel, Zuspiel quer durch den Torraum.

Viereck; Stoßen mit anschließendem Zuspiel nach vorne oder seitlich (Abb. 396).

Sechseck; Zuspiel nach Stoßen. Rücklaufender Spieler erhält keinen Ball! (Abb. 397).

Abb. 393

Abb. 394

Variation

Einspringen bei Ballannahme im Einer- und Zweierkontakt.

Ü Übungsformen

2 gegen 1 mit Überzahl (Abb. 398).

2 gegen 2, 3 gegen 3, 4 gegen 4 (Abb. 399, 400).

Abb. 395

Abb. 396

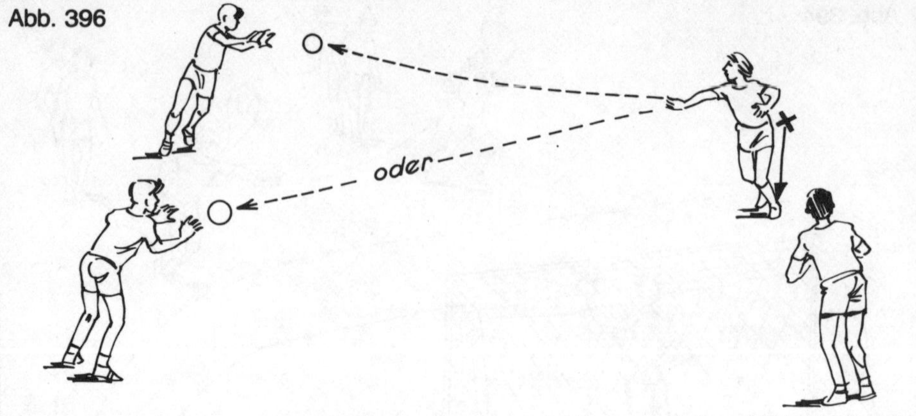

Überzahl wird fortlaufend gespielt (Abb. 401).

5 gegen 5; rücklaufender Spieler erhält den Ball nicht!

6 gegen 6 (Abb. 402).

Die Sperre

Wird das Kreuzen und das Sperren häufig wiederholt, so ist die Wahrscheinlichkeit sehr groß, daß die Abwehrspieler die Aktionen schon vorher erkennen und die notwendigen Abwehrmaßnahmen treffen. Um bei den Durchbruchsmitteln variieren zu können, sollte man die verschiedenen Arten der Sperre beherrschen. Dabei wird der Abwehrspieler in seinen Bewegungsmöglichkeiten so eingeengt, daß er die Abwehraufgabe nicht mehr wahrnehmen kann. Bei der Schulung der Sperre ist darauf zu achten, daß sie regelgerecht durchgeführt wird, d. h., der Sperrende im Moment der Sperre steht, seine Arme angelegt hat und beim Absetzen den Gegner nicht wegdrückt. Man unterscheidet 3 Arten der Sperre:

Abb. 397

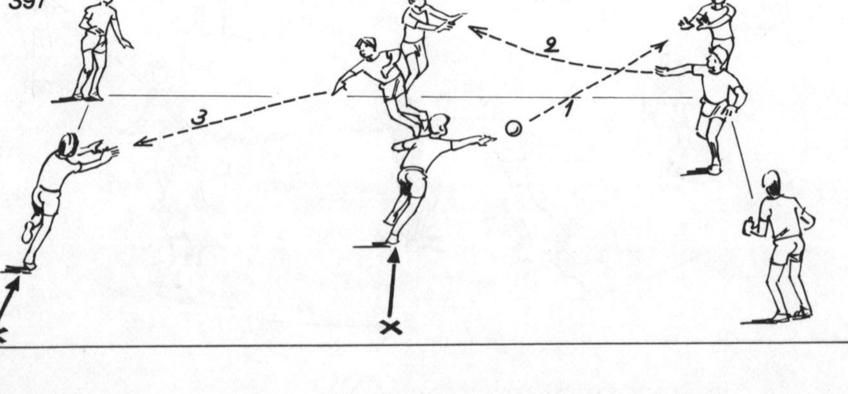

Abb. 398

Die Sperre frontal (Frontalsperre)

Die Sperre seitlings (Flankensperre)

Die Sperre rücklings (Rückensperre oder Schirm)

Bei der Sperre frontal steht der Sperrende mit der Körperfront an einer Seite des Abwehrspielers, bei der Sperre seitlings steht er schräg zum Gegner. Die Sperre rücklings ermöglicht Würfe aus der zweiten Reihe.

Jede Sperrart hat ihre Vor- und Nachteile. Bei der Sperre frontal hat der Abwehrspieler kaum die Möglichkeit, nach links oder rechts auszuweichen, der Sperrende kann sich aber kaum absetzen und seinen Mitspieler schlecht beobachten. Bei der Sperre seitlings ist die Blickverbindung zum Mitspieler gegeben, ein schnelles Absetzen ist möglich, aber der Abwehrspieler hat die Möglichkeit auszuweichen. Die Sperre rücklings wird nur in Verbindung mit den Würfen aus der zweiten Reihe gestellt.

Abb. 399

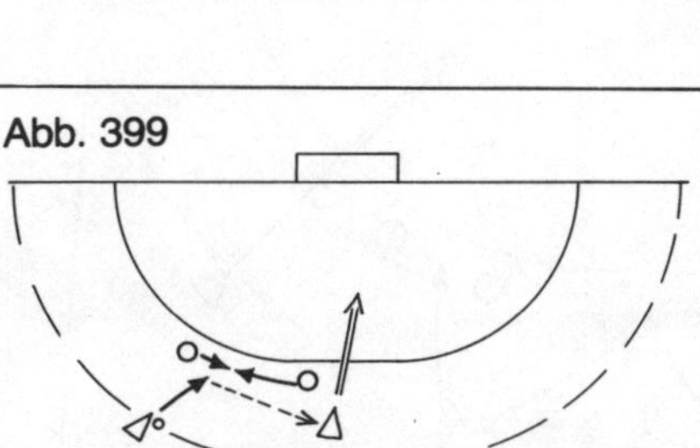

Abb. 400

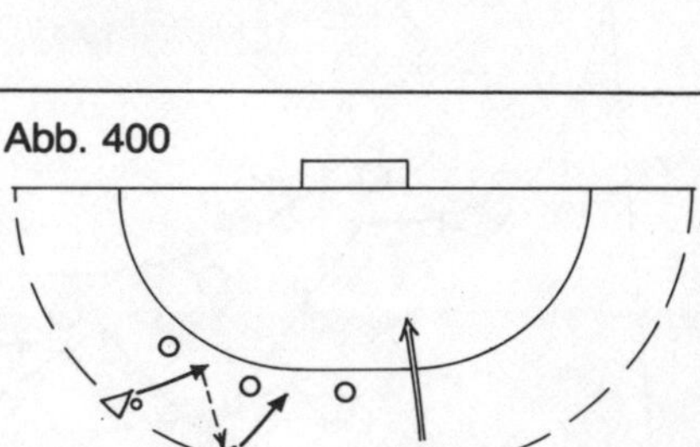

Abb. 401

Grundregeln

Der Angreifer, der sperrt, nähert sich unauffällig.

Derjenige, der freigesperrt wird, verhält sich abwartend.

Der Freizusperrende führt im Moment der Sperre einen Ausfallschritt nach der nicht gesperrten Seite durch und läuft nach der andern vorbei.

Der sperrende Spieler löst sich vom Abwehrspieler und versucht, an den Kreis mitzustoßen.

Sperre frontal und seitlings

Bei beiden Sperrarten kann der Ballbesitzer entweder der Sperrende oder der Freizusperrende sein. Die Grundregeln sind bei beiden Arten gleich. Die Entscheidung, ob die

Abb. 402

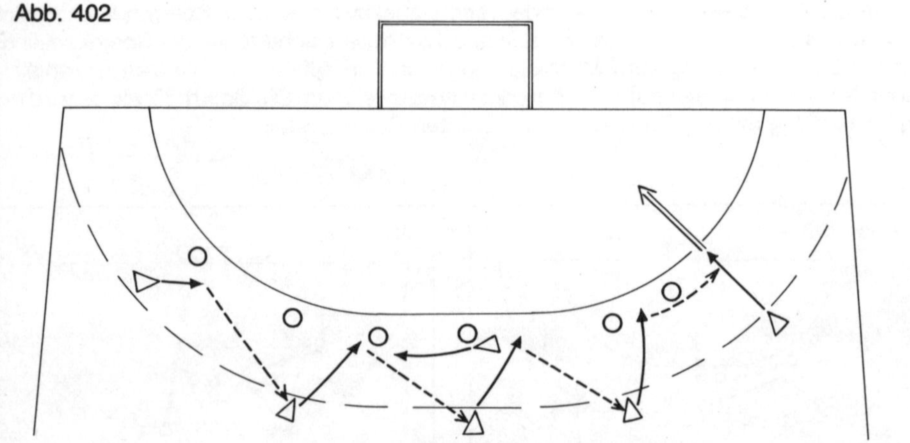

Frontalsperre

Abb. 403

Sperre seitlings oder frontal durchgeführt wird, hängt von der jeweiligen Situation ab. In Torraumnähe wird meist die Sperre seitlings bevorzugt, um sich schnell absetzen zu können.

Ü Übungsformen

1 Abwehrspieler, 2 Angreifer

Der Abwehrspieler erwartet Spieler A. Währenddessen läuft B an den Abwehrspieler heran. Während des Sperrvorgangs muß er Blickverbindung mit seinem Mitspieler halten.

1. Phase

Erfolgt die Sperre auf der rechten Seite (vom Sperrenden aus gesehen), so stellt er sich entweder frontal oder seitlings zum Abwehrspieler. Der Mitspieler A verhält sich noch abwartend, um die „Sperrseite" zu erkennen. Während der Sperre führt der Ballbesitzer einen Ausfallschritt nach rechts (bzw. links) durch, also der nicht gesperrten Seite, und läuft auf der anderen vorbei. Je nach Spielsituation löst sich der Sperrende oder bleibt in der Sperre (Abb. 403).

2. Phase

Die gleiche Übung wird jetzt mit Ball durchgeführt.

3. Phase

Die Dreiergruppe am Kreis. A ist Ballbesitzer, B läuft an den Kreis und nähert sich dem Abwehrspieler. A führt im Moment der Sperre einen Ausfallschritt durch und läuft auf der gesperrten Seite vorbei (Abb. 404).

Flankensperre

Rückensperre (Schirm)

Abb. 404

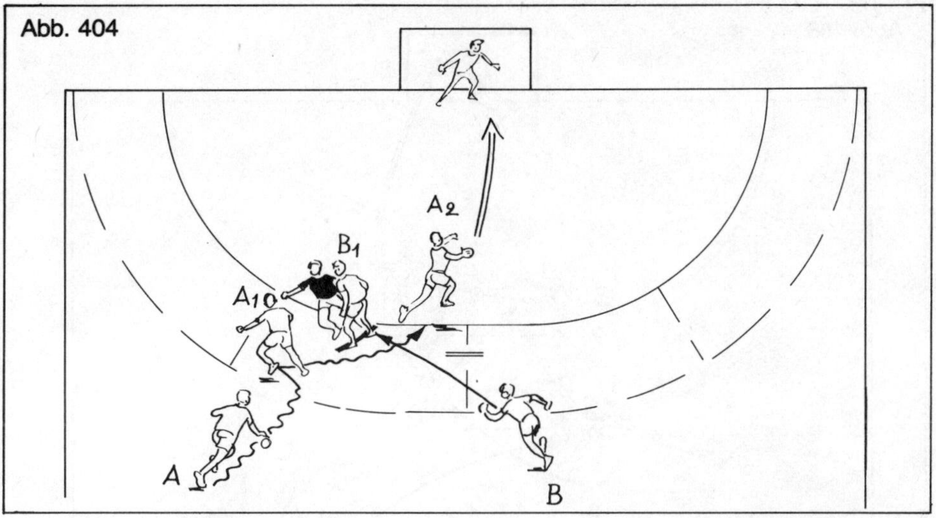

2 Reihen mit Angriffsspielern, 1 Abwehrspieler. A spielt zu B, der vom Abwehrspieler nah gedeckt wird. A läuft schräg von hinten an C heran und führt eine Sperre durch. Der Ballbesitzer B macht Ausfallschritt nach rechts und geht links vorbei (anschließend Sperre auf der anderen Seite) (Abb. 405).

Abb. 405

Abb. 406

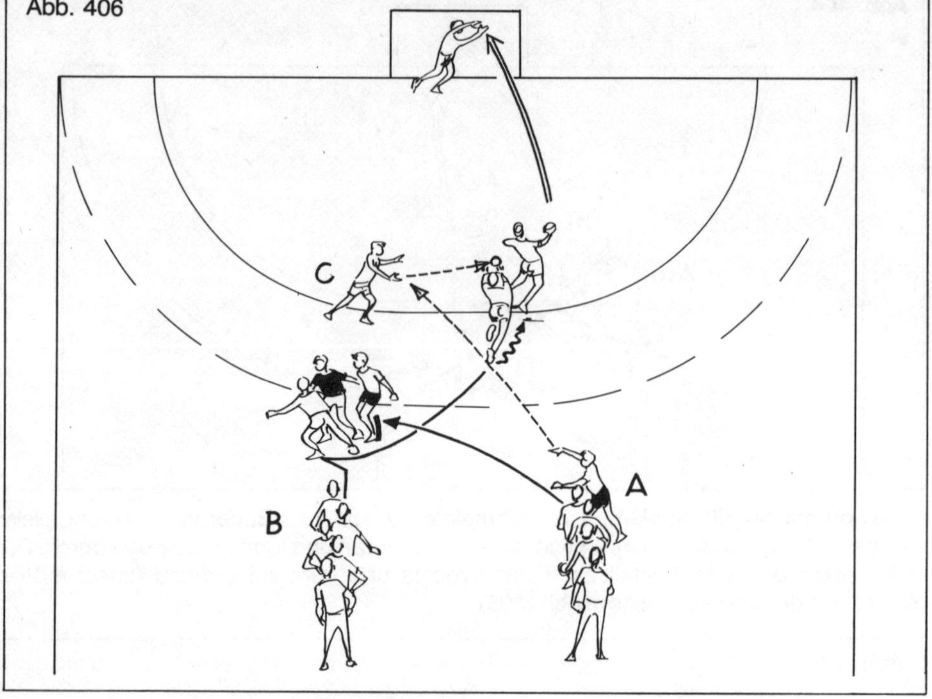

2 Stirnreihen, 1 Abwehrspieler, 1 Kreisläufer. A spielt zu C, läuft mit seinem Abwehrspieler zum Gegenspieler von B und sperrt. B führt einen Ausfallschritt durch, läuft rechts vorbei und erhält den Ball von C zugespielt. Anschließend Wurf aufs Tor (Abb. 406).

Die Übung wird nun mit 3 Reihen durchgeführt. A ist Ballbesitzer, spielt den Ball zu B oder C, die abwarten, welchen Abwehrspieler A wegsperrt (Abb. 407).

Die folgende Übung dient zur Gruppenvorbereitung beim Sperren gegen eine Manndekkung. 2 Reihen links und rechts, eine frontal zum Tor. A spielt den Ball zu B, er wird vom Abwehrspieler nah gedeckt. B spielt den Ball zurück, läuft in den Rückraum und sperrt den Abwehrspieler von A. Ausfallschritt und anschließender Wurf. Dasselbe nun spiegelbildlich auf der rechten Seite (Gruppenwechsel) (Abb. 408).

Im folgenden Teil wird vor allem die Sperre am Kreis in der Gruppe geübt. Man spielt dabei 3 gegen 3, zuerst auf links, dann auf rechts und anschließend in der Mitte. Dabei schälen sich zwei Möglichkeiten heraus:

Gasse sperren.
Außenspieler sperren.

Entscheidend für den Ablauf der Sperre ist das Raum- und Zeitgefühl der Spieler. Der ballbesitzende Spieler, also derjenige, der freigesperrt wird, muß im richtigen Moment starten, damit die Sperre wirksam wird. Deshalb sollte man die Bewegungsabläufe zuerst im Gehen üben, um die Zeitenfolge erarbeiten zu können.

Abb. 407

Gasse sperren

Zeitgefühl schulen! (Abb. 409 a–c).
Mitte (Abb. a)
Linksaußen (Abb. b)
Rechtsaußen (Abb. c)

Außenspieler sperren

Diese Sperrform in der Gruppe ist eine wichtige protaktische Maßnahme für Spielzüge gegen verschiedene Abwehrformationen, bei denen der Außenspieler gesperrt wird (Abb. 410 a–b).
Linksaußen (Abb. a)
Rechtsaußen (Abb. b)

Versucht man einen Spieler vollständig zu sperren, so muß man die Doppelsperre anwenden, bei der 2 Spieler die Sperre durchführen (Abb. 411).

Die Sperre rücklings

Durch „Abschirmen" eines Gegenspielers versucht man hier, seinen Mitspieler in freie Position zu bringen. Der Schirm ist eine besondere Form der Sperre, die sog. „Rückensperre". Der Angriffsspieler stellt sich überraschend vor einen Abwehrspieler und verhindert für einen Moment das Eingreifen. Diese Zeitspanne nützt der Mitspieler aus, um einen Sprungwurf über die Abwehr anzubringen. Im Gegensatz zum Sperren versucht man also hier nicht Durchbruchsräume zu schaffen, sondern gibt der Aufbau-

Abb. 408

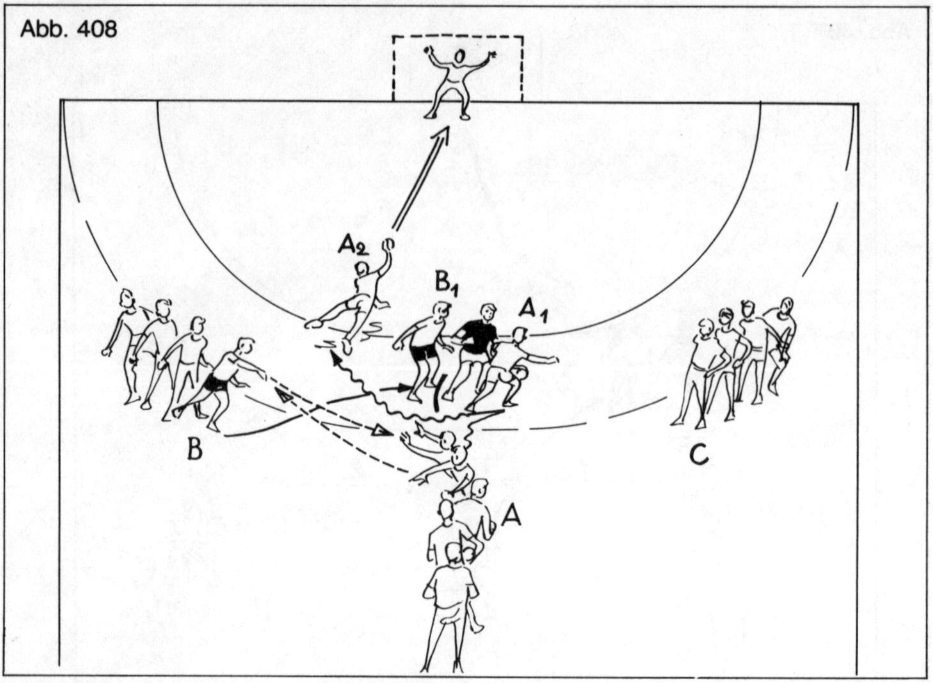

reihe die Möglichkeit, Würfe über die Abwehr durchzuführen. Die Ausführung des Schirmes hat natürlich einige Nachteile. Der Abwehrspieler kann nach links und rechts ausweichen und damit evtl. den Wurf behindern. Deshalb muß der Schirm sehr schnell und ohne lange Vorbereitung angewendet werden, um damit Erfolg zu haben (Abb. 412).

Abb. 409

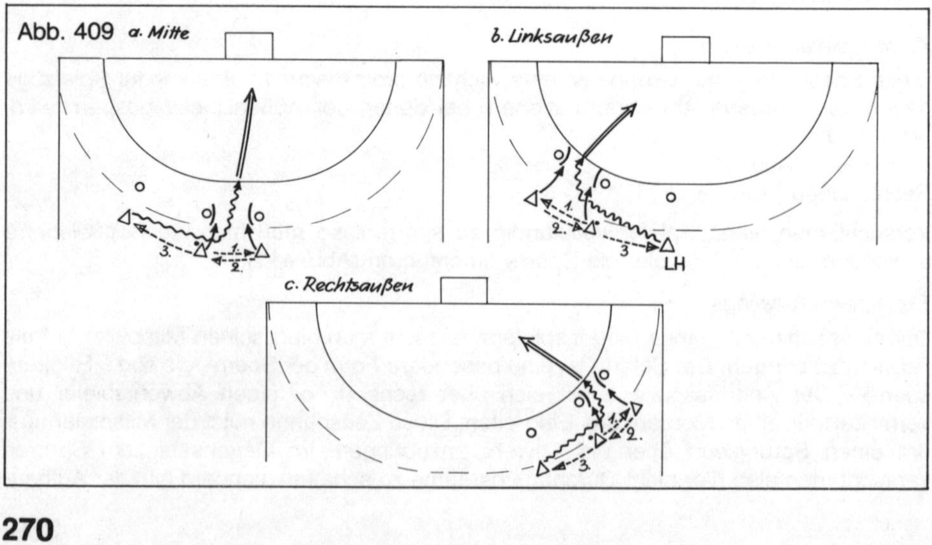

Abb. 410

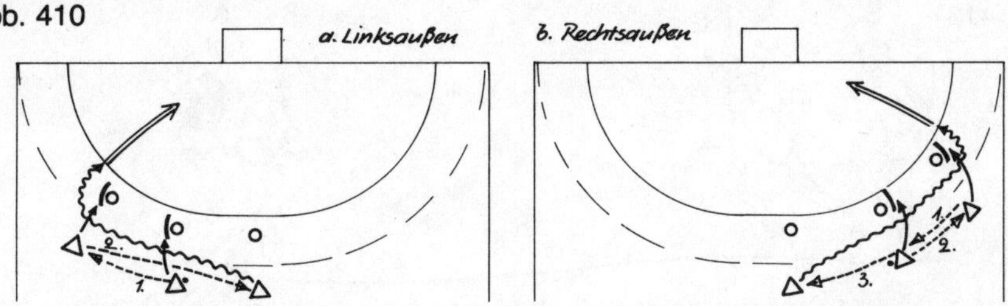

Abb. 411

VÜ Vorbereitende Übungen:

Partnerform; A ist Abwehrspieler, B Angreifer. Sie stehen sich frontal gegenüber. Plötzlich läuft B zum Abwehrspieler und stellt sich mit dem Rücken vor ihn. Diese Übung wird häufig wiederholt (Partnerwechsel, Rollenwechsel). Das „Schirmen" kann auch so erfolgen, daß der Angreifer von der Seite anläuft und „schirmt" (Abb. 413).

Abb. 412

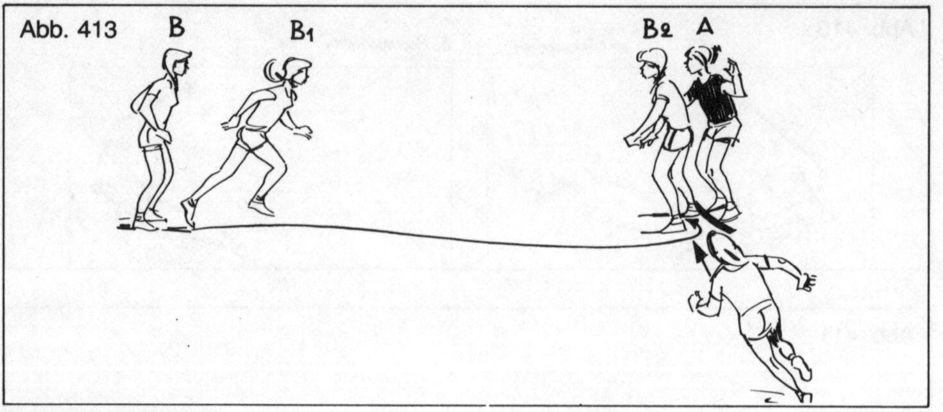

Ü Übungsformen

Bei diesen Übungen ist die Dreiergruppe die beste Organisationsform, mit 2 Angreifern und 1 Abwehrspieler.

A und B Angreifer, C Abwehrspieler; Spieler A läuft mit Ball an, B läuft den „Schirm"; und A wirft über beide hinweg (Sprungwurf) (Abb. 414).

Der Schirm wird nun von vorne, seitwärts und hinten gelaufen (Abb. 415).

Die gleiche Übung 2 gegen 2 mit Torwurf (Abb. 416).

Übungsgruppen 3 gegen 3; hierbei kann man die verschiedenen Variationsmöglichkeiten ausnutzen (Abb. 417).

Spiele 4 gegen 4; Schirm (Abb. 418)

Sperre rücklings beim Freiwurf (Abb. 419).

Abb. 415

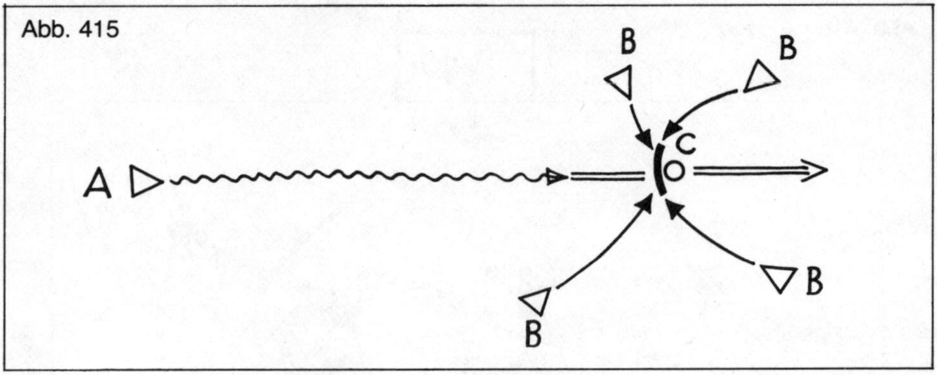

Abb. 416

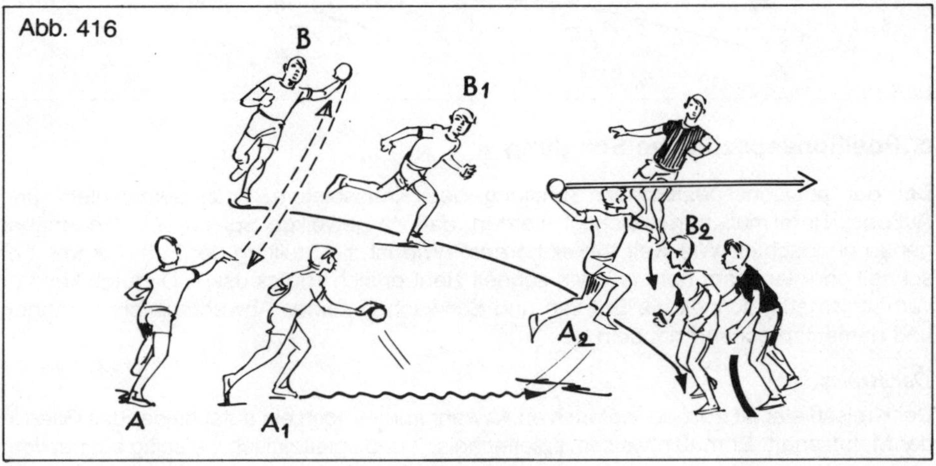

Abb. 417

Abb. 418

c. Positionsspezifische Schulung

Bei der positionsspezifischen Schulung des Kreisspielers, Rückraumspielers und Außenspielers muß berücksichtigt werden, daß der jeweilige Spieler sein Gegenüber genau beobachtet. Wie weit tritt er heraus? Wie ist die Stellung der Füße? Kommt er schnell oder langsam heraus? Wie schnell zieht er sich zurück usw?. Dadurch kann er verhältnismäßig schnell die Stärken und Schwächen seines Abwehrspielers erkennen und dementsprechend handeln.

Der Kreisspieler

Der Kreisspieler ist trotz der defensiven Abwehr immer noch ein entscheidendes Glied in der Mannschaft. Er muß physisch, spieltechnisch und spieltaktisch vielseitig ausgebildet sein, um gegen die hart und gut abwehrenden Mannschaften zum Erfolg zu kommen. Er

Abb. 419

Abb. 420

hat weiterhin noch den Vorteil, daß er einen gewissen ,,Bewegungsvorsprung" besitzt, den er zu seinem Vorteil auswerten kann.

Er muß folgende technische Fertigkeiten und taktische Fähigkeiten besitzen:
Sichere Ballannahme, sicher im Abspiel bzw. Wurf
Beherrschung mehrerer Wurfvarianten und Wurffinten
Zusammenarbeit mit dem Rückraum- und Außenspieler; Sperren und Schirmen

Sichere Ballannahme, sicher im Abspiel bzw. Wurf

Das Übungsziel ist das Lösen vom Gegner, das ,,Nachhintengehen" mit dem Körper während des Ballbesitzes, das Pendeln und das Hochhalten der Arme, die Drehbewegung des Fußes Richtung Torraumlinie.

Der Kreisspieler muß lernen, dem Ball entgegenzugehen. Dazu übt man die fingierte Ballannahme (Abb. 420).

Die gleiche Übung jetzt mit Ball in der Dreiergruppe. A spielt zu B. B versucht ihn zu behindern (Abb. 421/422).

Abb. 421

Abb. 422

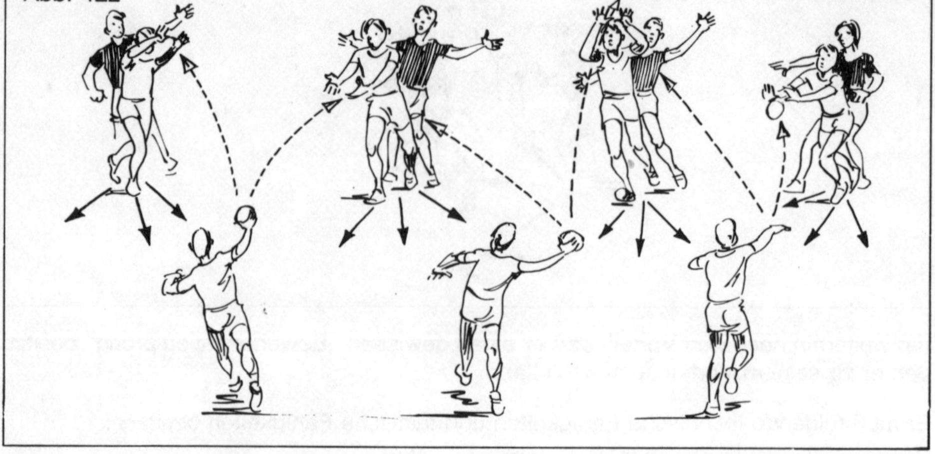

Kreisformation, Ballannahme des Kreisspielers und Behinderung durch Abwehrspieler (Abb. 423).

Ballannahme nach Sprungwurfabspiel mit sofortiger Drehung des Fußes in Richtung Torraumlinie (Abb. 424).

2 Rückraumspieler in 10 und 14 m Entfernung von der Torlinie, Kreisspieler mit 2 Abwehrspielern. Nach 3-4 Zuspielen wird der Kreisspieler überraschend angespielt und wirft (Abb. 425).

Ballannahme im Torraum nach Sprungwurfzuspiel (Abb.426).

Abb. 423

Abb. 424

Abb. 425

Abb. 426

Abb. 427

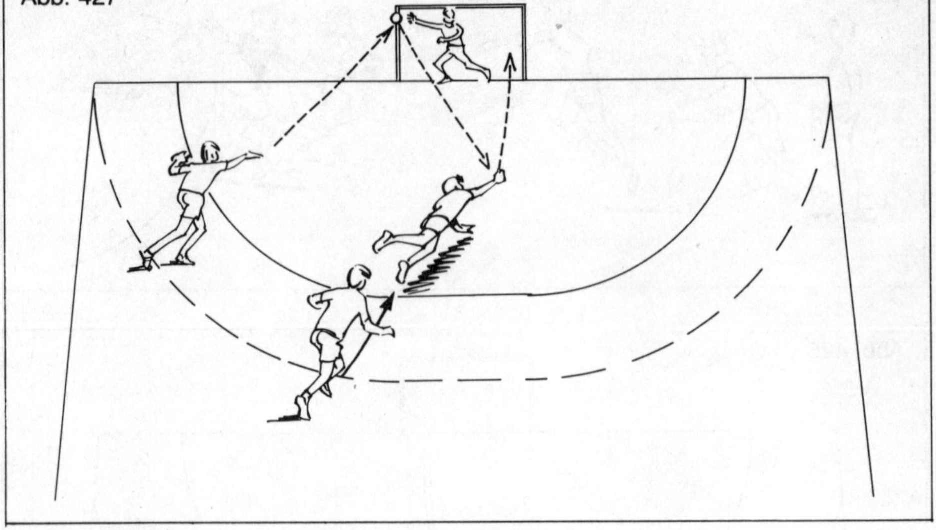

Annahme zurückprallender Bälle im Torraum. Fausten, Wurf mit beiden Händen, mit einer Hand (Abb. 427).

Beherrschung mehrerer Wurfvarianten und Wurffinten

Der Kreisspieler besitzt von allen Positionen die größte Möglichkeit, zum Erfolg zu gelangen, da er mit dem Rücken zum Abwehrspieler steht und dieser nicht sofort erkennen kann, was der Kreisspieler plant (Bewegungsvorsprung). Hier liegen noch große technische und taktische Reserven.

Möglichkeiten des Kreisspielers:

Rücken zum Abwehrspieler mit freier Wurfarmseite

Bei dieser Stellung ist der Wurfarm nicht gedeckt und der Kreisspieler kann durch eine schnelle Drehung mit einem Drehfallwurf oder Drehsprungwurf zum Erfolg gelangen (Abb. 428).

Abb. 428

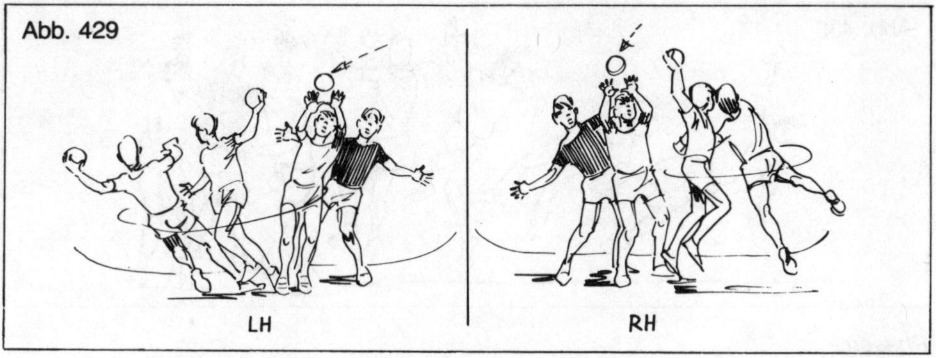

Abb. 429

Phasen: Ballannahme (dabei mit dem Körper nach hinten gehen), Fußrichtung Torraumlinie (fast parallel), anschließend Wurf (Abb. 429).

Rücken zum Abwehrspieler mit gedeckter Wurfarmseite

Die Möglichkeit, einen einfachen Sprung- oder Fallwurf auszuführen, ist hier nicht gegeben, da der Abwehrspieler den Ball sofort herausspielen könnte. Folglich muß der Kreisspieler versuchen, auf seiner linken Seite (beim RH) zum Wurf zu gelangen. Dies geschieht durch einen Sprungknickwurf mit Drehung (Abb. 430).

Abb. 430

Abb. 431

Abb. 432

Phasen

Ballannahme – Drehung – Ausfallschritt nach links (beim RH) – Ballsicherung – Sprung auf dem linken Bein – Knicken – Wurf (Abb. 431).

Eine weitere erfolgreiche Möglichkeit besteht darin, daß der Kreisspieler (Rechtshänder) sich sehr schnell auf seinem rechten Fuß zum Abwehrspieler hindreht, den linken Fuß fast parallel zum rechten aufsetzt und anschließend wirft.

Phasen

Ballannahme – schnelle Drehung auf rechtem Bein nach links zum Abwehrspieler hin – Aufsetzen des linken Fußes fast parallel zum rechten – Sprung und Wurf (Abb. 432/ 435 a–f).

Blick zum Abwehrspieler – Wurfarmseite ungedeckt

Um hier zum Torerfolg zu kommen, muß der Kreisspieler einen Seitfallwurf nach der Wurfarmseite anwenden (Abb. 433).

Phasen

Ballannahme – rechten Fuß zurücksetzen (beim RH) – leichte Drehung nach rechts – Seitfallwurf nach Wurfarmseite (Abb. 434).

Abb. 435 a b c

▷

Abb. 433

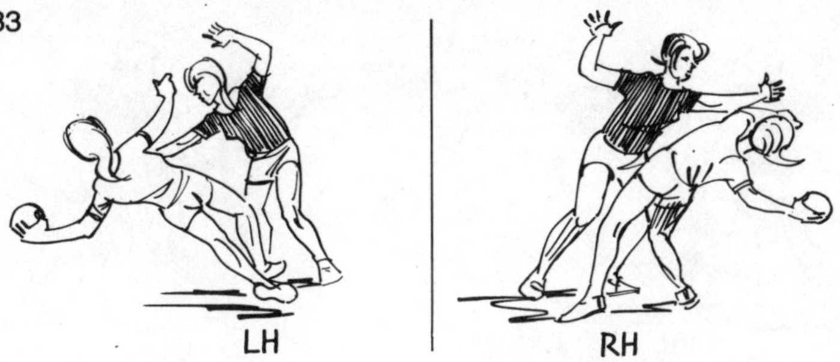

Abb. 434

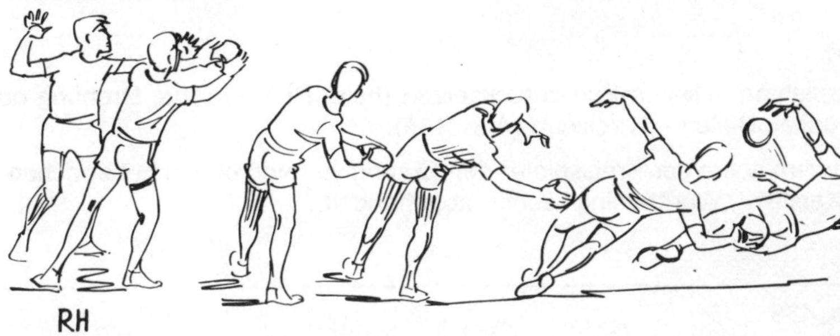

Blick zum Abwehrspieler – Wurfarmseite gedeckt

Ist die Wurfarmseite gedeckt, muß der Spieler versuchen, durch einen Schritt zurück sich vom Abwehrspieler zu lösen, um zum Wurf zu kommen. Einen Schritt zurück mit anschließendem Knickwurf (Abb. 434 a).

Abb. 434 a

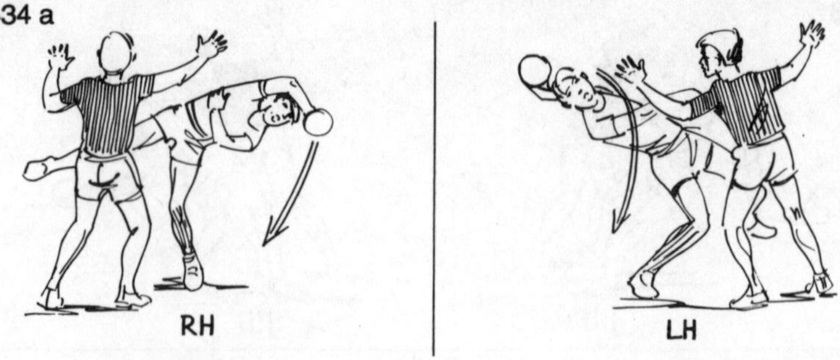

Phasen

Ballannahme – linken Fuß zurücksetzen (beim RH) – leichte Drehung nach links auf dem linken Ballen – Knickwurf (Abb. 436).

Außerdem sollte der Kreisspieler den Sprungwurf von außen beherrschen. Er wurde in den Kapiteln „Wurftraining" schon abgehandelt.

Abb. 436

Schulung des Kreisspielers unter großer physischer Belastung

2 Abwehrspieler (passiv), 2 Rückraumspieler, 1 Kreisspieler, 2 Malstangen. Kreisspieler bewegt sich in Achterform. – Anspiel mit Diagonalpässen (Abb. 437).
1 Serie 6–8 Würfe

Variation: Abwehrspieler legen sich die Hände auf die Schultern (Abb. 438).

Abwehrspieler bewegen sich synchron nach links und rechts. Kreisspieler muß Lücke suchen (Abb. 439).

Zusammenarbeit mit dem Rückraum- und Außenspieler; Sperren und Schirme

Die Zusammenarbeit zwischen den einzelnen Positionen ist von entscheidender Bedeutung, und diese muß der individuellen Schulung auf der entsprechenden Position folgen. Die Ball- und Laufwege werden dabei automatisiert.

Abb. 437

Jeweils 2 Spieler im Rückraum, 1 Kreisspieler, jeweils 1 Spieler links und rechts. Zuspiel von A nach B, von B nach C, von C nach D; von E nach B, von B nach F, von F nach G (Abb. 440).

Variation

Mit Behinderung durch Abwehrspieler.

Je ein Spieler im Rückraum mit Ball, ein Kreisspieler mit Abwehrspieler, je ein Spieler auf links und rechts A zu B, B zu D, D zu A; E zu B, B zu C, C zu E (Abb. 441).

Abb. 438

Abb. 439

Abb. 440

Rechter Rückraum und Linksaußen besetzt. Kreisspieler mit Abwehr und weiteres Paar am Torraum. Kreisspieler pendelt und wird von einem der beiden angespielt. Rückpässe oder Paß an einlaufenden Kreisspieler (Abb. 442).

Abb. 441

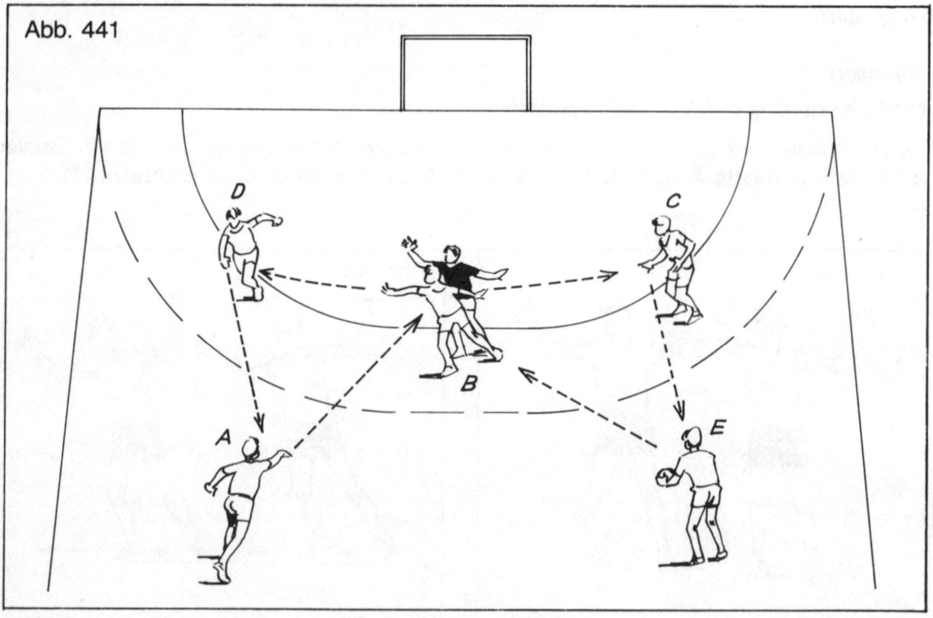

Abb. 442

Schulung der Sperre (Frontal- oder Flankensperre). Auf richtiges „timing“ und regelgerechte Ausführung achten (Abb. 443).

Abb. 443

Abb. 444

Kreisspieler läuft Sperre, Außenspieler läuft ein. Paß vom Rückraumspieler (Abb. 444).

Zeitlich richtiges Einlaufen des Kreisspielers nach Paß von außen (Abb. 445).

Kreisspieler wechseln einige Male, ohne zu sperren. Zuspiel von A nach B, B stößt, Kreisspieler laufen in Sperrposition, Zuspiel an C, C stößt mit Zuspiel an einlaufenden Außenspieler – Wurf (Abb. 446).

Abb. 445

Abb. 446

Abb. 447

Abb. 448

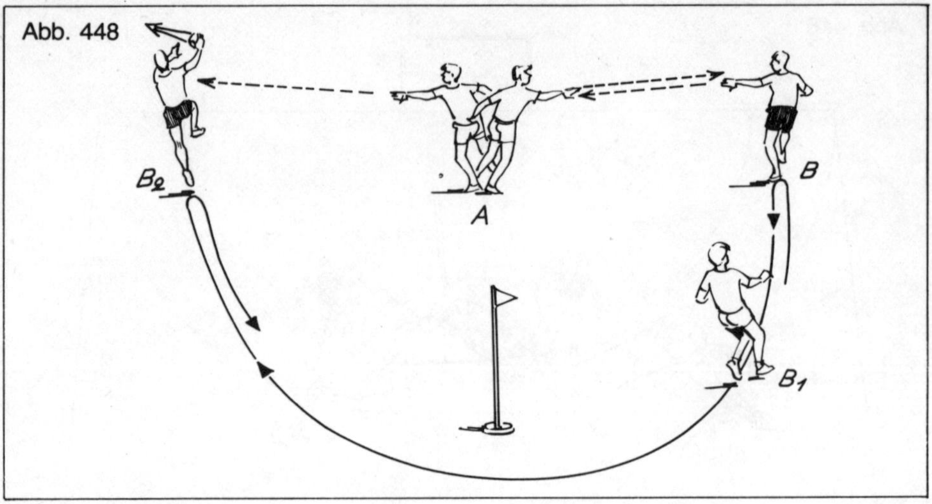

Sperre auf Außenposition; Paß von C nach B, B stößt, Kreisspieler läuft langsam zur Sperre, Zuspiel nach außen an A, A stößt. Gelenkpaß an einlaufenden Kreisspieler; rückt der Außendeckende ein, erfolgt der Durchbruch auf außen (Abb. 447).

Der Rückraumspieler

Der Rückraumspieler ist heute zum Dreh- und Angelpunkt der Mannschaft geworden. Von ihm gehen die Ideen aus, welche die Außen- und Kreisspieler verwerten müssen.

Abb. 449

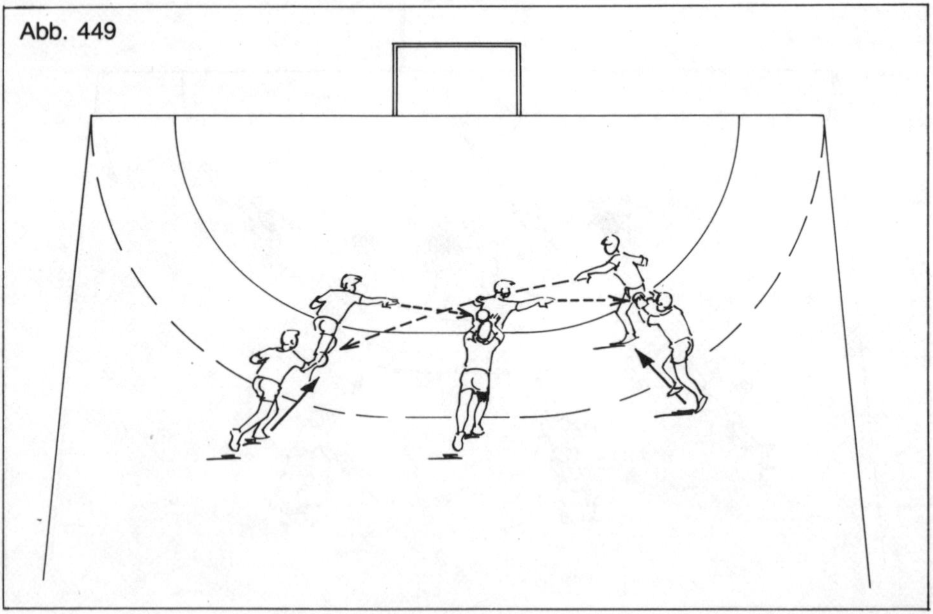

Abb. 450

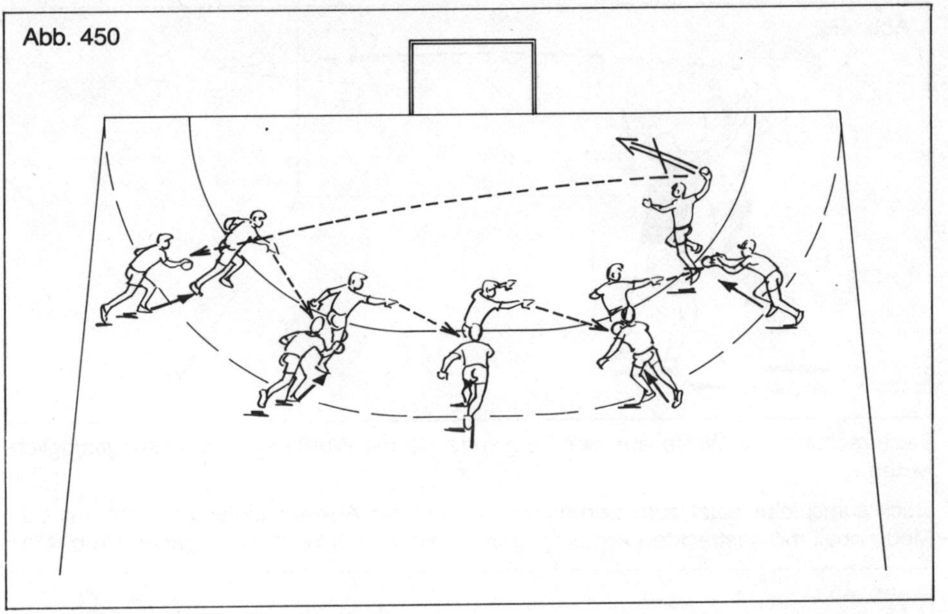

Athletische Ausbildung, gepaart mit technischen Fertigkeiten und taktischen Fähigkeiten führen zum Erfolg. Es werden folgende Anforderungen an den Rückraumspieler gestellt:

Stoßbewegungen aus dem Rückraum mit Ab- und Zuspielvarianten

Beherrschung der Würfe aus der Fernwurfzone mit Wurffinten und Lösungsmöglichkeiten

Kreuzen im Rückraum mit anschließendem Wurf oder Abspiel

Zusammenarbeit mit Kreis- und Außenspieler

Stoßbewegungen aus dem Rückraum mit Ab- und Zuspielvarianten

Die Stoßbewegung ist die Voraussetzung, um Durchbruchsräume zu schaffen. Hierzu können alle Übungsformen vom Abschnitt Stoßen auf Seite 258 ff verwendet werden.

Abb. 451

Spieler A und B; A spielt zu B, wobei B immer stößt und den Ball in der Bewegung annimmt und im Gelenkpaß abspielt. Links vorbei an A, Rückwärtssteppen, um ein Mal, rechts vorbei usw. (Abb. 448).

Stoßen mit 3 Rückraumspielern. Achten auf richtiges „timing". Der zurücklaufende Spieler erhält keinen Ball (Abb. 449).

Stoßen mit 5 Angriffsspielern und anschließender Wurffinte (Abb. 450).

Abb. 452

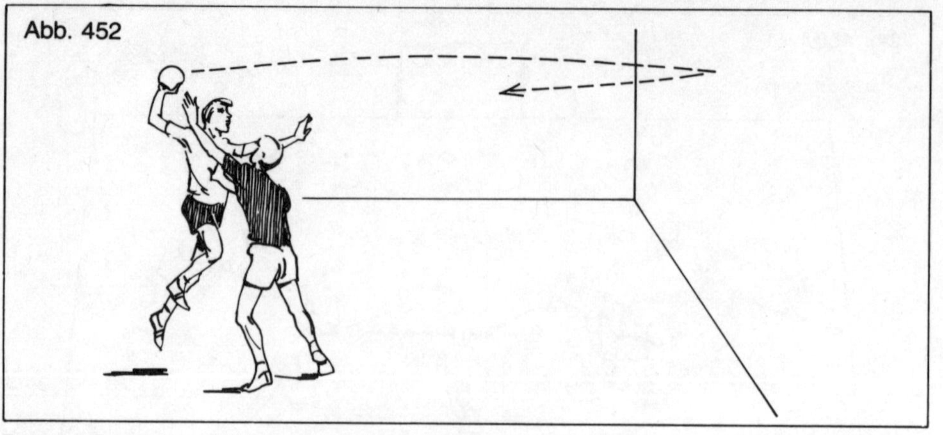

Beherrschung der Würfe aus der Fernwurfzone mit Wurffinten und Lösungsmöglichkeiten

Rückraumspieler setzt zum Sprungwurf an und der Abwehrspieler versucht, mit dem Medizinball mit gestreckten Armen gegen die Brust des Werfers zu gehen (Abb. 451).

Abb. 453

Abb. 454

Abb. 455

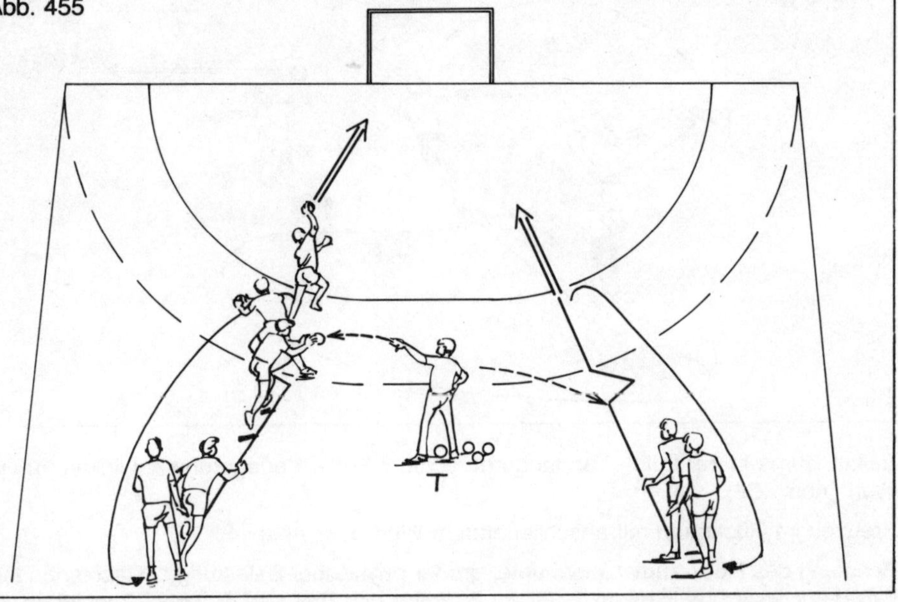

Rückraumspieler wirft gegen die Wand mit Sprungwurf. Er wird durch den Abwehrspieler behindert. Zurückprallender Ball wird von beiden Spielern umkämpft (Abb. 452).

Fünfergruppe; A spielt zu B, B läuft in den Paß hinein und stoppt nach Ballannahme in der Luft mit Zweier- oder Einerkontakt vor dem Abwehrspieler – Körperfinte – Wurffinte, Zuspiel an C, C läuft in den Paß hinein, usw. (Abb. 453).

Schulung des Sprungwurfes im „Zweierrhythmus". Rechtshänder re - li (Wurf), Linkshänder li - re (Wurf) (Abb. 454).

Sprungwurftraining im Zweierrhythmus unter stärkster Belastung. Ohne und mit Abwehr (Abb. 455).

Luftdribbling mit anschließendem Wurf (Abb. 456).

Abb. 456

Abb. 457

Ballannahme in der Luft – Landung auf rechtem Fuß – Verlagerung auf linken Fuß und Wurf (Abb. 456).

Kreuzen im Rückraum mit anschließendem Wurf oder Abspiel

Schulung des Rückraumspielers unter großer physischer Belastung; 2 Rechtshänder (2 Linkshänder) A und B mit je 3 Bällen. B nimmt den Ball auf, Kreuzen, Zuspiel an A, A wirft. A nimmt den Ball auf, Kreuzen, Zuspiel an B, B wirft usw. (Abb. 457).

Variation

Rechts- und Linkshänder. Sie laufen an ihre Plätze zurück. Würfe im Wechsel (Abb. 458).

Bälle alle beim Spieler A; Ballaufnahme durch A, Kreuzen, Wurf, B erhält den Ball (Abb. 459).

Abb. 458

Abb. 459

Zuspiel von Außenspieler A an B, der kreuzt, setzt Sprungwurffinte an A und spielt zu C, der wirft (Abb. 460).

Kreuzen im Rückraum mit 3 Spielern. Wichtig ist hierbei die Torgefährlichkeit der Spieler und das richtige ,,timing". Sprungwurfabspiele! (Abb. 461).

Kreuzen und Schirmen. Dreierwechsel mit Schirmen und anschließendem Wurf (Abb. 462).

Abb. 460

Zusammenarbeit mit Kreis- und Außenspieler

Hierbei wird vor allem die situationsgerechte Entscheidung des Rückraumspielers geschult.

Stoßen mit Rückraum- und Außenspieler. Bei der Ballannahme sind der Körper und die Beine Richtung Tor! (Abb. 463).

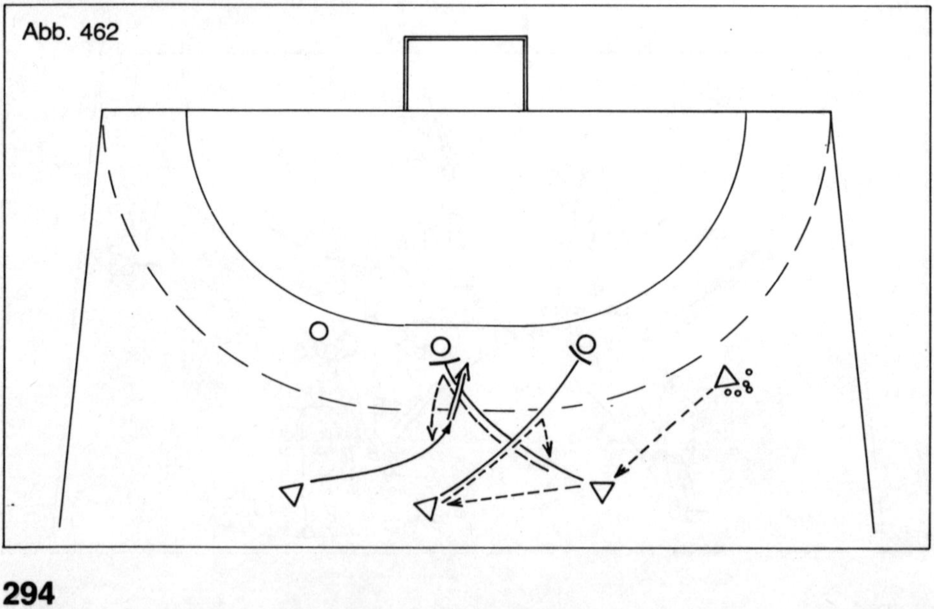

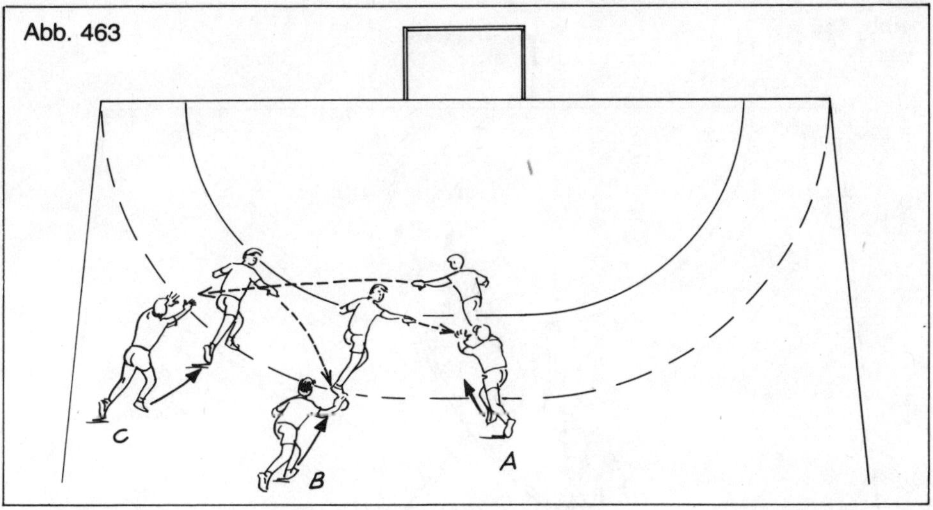

2 Reihen mit Anspieler und Abwehrspieler, Zuspiel an A, der stößt. Dieser trifft situationsgerecht die Entscheidung: Torwurf oder Zuspiel an Außenspieler. Abwehrspieler versucht zu fintieren (Abb. 464).

Sechsergruppe, wobei der 3. Abwehrspieler den Rückraumspieler nah deckt.

Kreis-, Abwehrspieler, 4 Rückraum- und 1 Außenspieler. Den Rückraumspielern bleibt es überlassen, ob sie werfen oder den Kreisspieler anspielen. Sie berücksichtigen dabei das Verhalten des Abwehrspielers mit (Abb. 465).

A spielt zu B, A stößt und erhält von B den Ball. Dieser hat drei Möglichkeiten. Kommt der Abwehrspieler nicht heraus, wirft er, kommt der Abwehrspieler heraus, kann er einen der beiden Kreisspieler anspielen (Abb. 466).

Abb. 465

Variation:
Kreisspieler halten die Hände auf dem Rücken. Zuspiel an den Kreisspieler, der die Hände im Moment des Wurfansatzes nach vorne bringt.

Abb. 466

Der Außenspieler

In den letzten Jahren wurde die Position des Außenspielers immer mehr aufgewertet. Durch viele Wurfvarianten, durch das Angriffsmittel Stoßen und das Einlaufen des Spielers ist er für die Abwehr zu einem großen Problem geworden. Einerseits muß die Abwehr darauf bedacht sein, eine große Dichte zu haben, um die Fernwürfe abwehren zu können, andererseits dürfen die Außenspieler nicht zu viel Raum bekommen.

Es gibt für den Außenspieler viele Varianten, um sein Gegenüber zu täuschen. Häufig stellt man auch den Rechtshänder auf Rechtsaußen und den Linkshänder auf Linksaußen. Mit guten Außenspielern ist die volle Ausnutzung der Breite des Spielfeldes gegeben und die Abwehr wird vor immer neue Situation gestellt.

Folgende technische Fertigkeiten und taktische Fähigkeiten muß er beherrschen:

Beherrschung von Wurfvarianten mit Fintieren

Parallelstoß in Zusammenarbeit mit dem Rückraumspieler

Kreuzen und Einlaufen des Außenspielers in Zusammenarbeit mit dem Rückraumspieler.

Beherrschung von Wurfvarianten mit Fintieren

Sprungwurf von der Außenposition mit Vergrößerung des Wurfwinkels
a. Mit 2 Schritten (r-l, l-r) (Abb. 467).
b. Mit dem „falschen“ Bein (Abb. 467).

Wurf- und Zuspielmöglichkeiten des Außenspielers (Abb. 468).

Zuspiel durch Torraum von Außenposition zu Außenposition (Abb. 469).

Variation:

Ballannahme und Zuspiel in der Luft.

Sprungwurf über Außenabwehrspieler (Abb. 470).

Abb. 467

Abb. 468

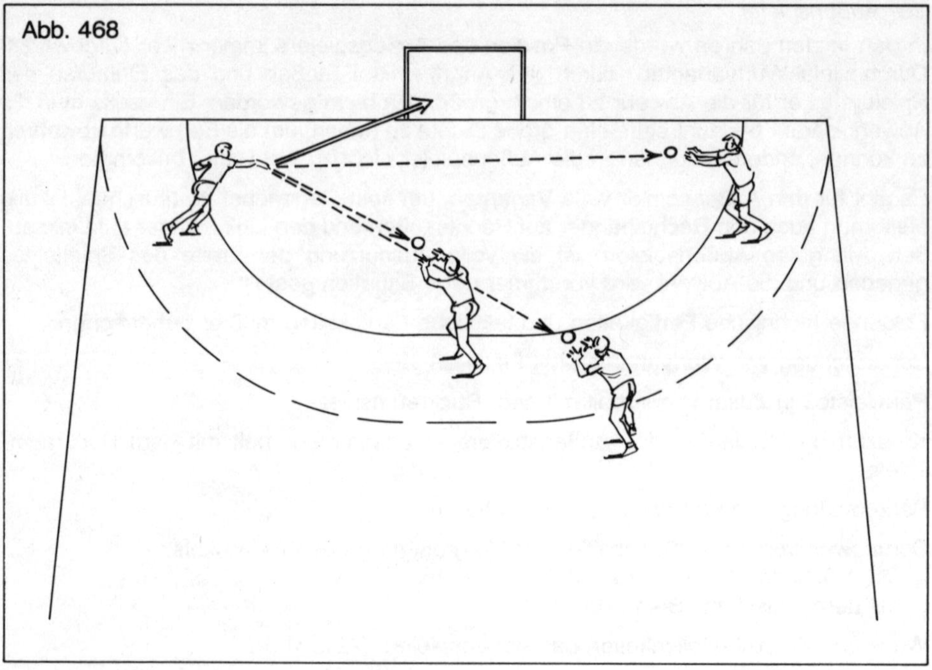

Abb. 469

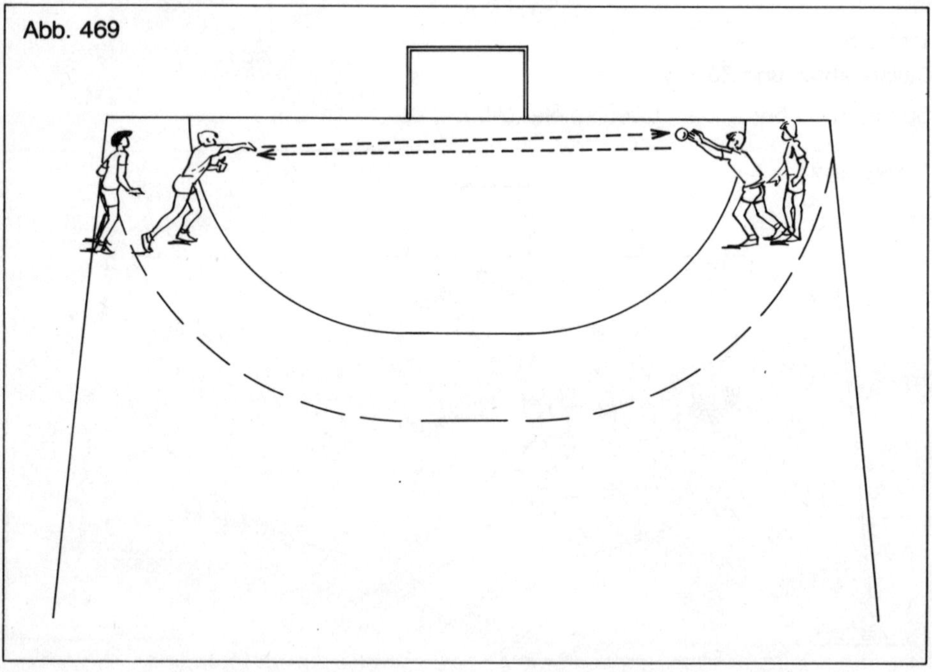

Abb. 470

Durchbruch nach innen mit Finte (Abb. 471)

Durchbruch nach Körperdrehung um 360° bei offensiven Abwehrspielern.

a. nach innen (Abb. 472)

b. nach außen (Abb. 473)

Einspringen in den Zweierkontakt (Einerkontakt) – Körperfinte

a. nach innen

b. nach außen (Abb. 474)

Abb. 471

Abb. 472

Ballannahme in der Luft und Wurf (Abb. 475, 476 a–f)

Wichtig Richtiges „timing“

Kreuzen und Einlaufen des Außenspielers in Zusammenarbeit mit dem Rückraumspieler

Einlaufen des Außenspielers mit Anspiel aus dem Rückraum (Abb. 477).

Abb. 476 a b c

▷

Abb. 473

Hereinholen des Außenspielers (Abb. 478)

a. Sprungwurf aus dem Rückraum

b. Zuspiel an weiteren Rückraumspieler

c. Durchbruch zum Kreis

Hereinholen des Außenspielers mit Sperre (Abb. 479).

d e f

Abb. 474

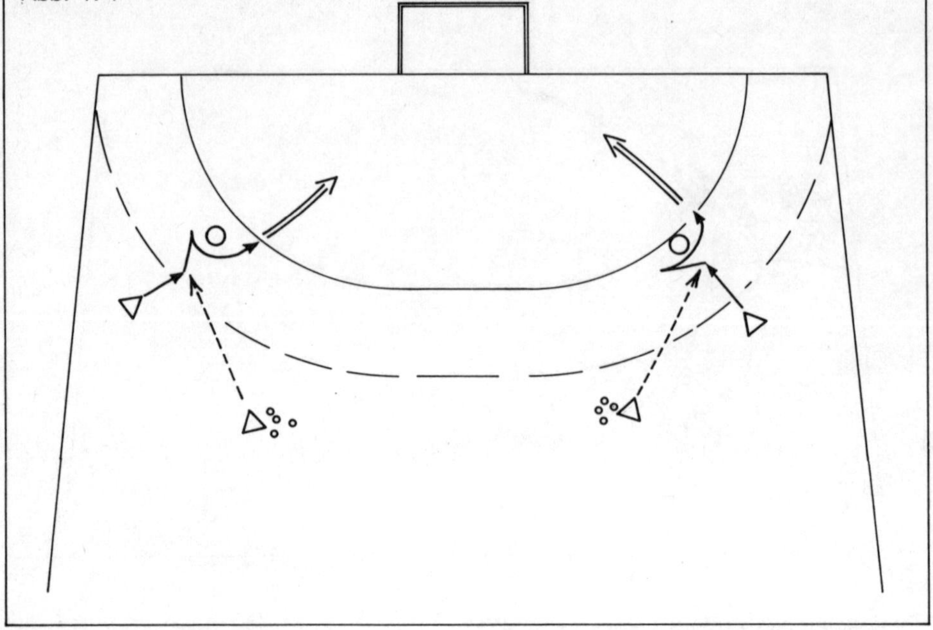

Abb. 475

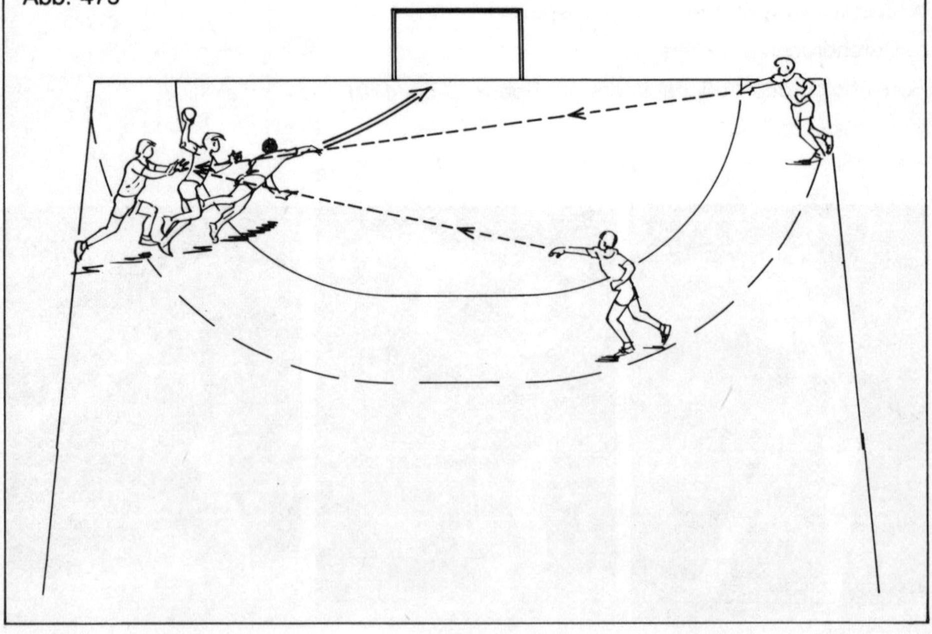

Abb. 477

Abb. 478

Abb. 479

Einlaufender Außenspieler wird durch linken Rückraumspieler abgeschirmt und wirft. Das Zuspiel kommt von der Mittelposition (Abb. 480).

Innensperre für den einlaufenden Außenspieler (Abb. 481).

Einlaufen und Sperre mit Absetzen (Abb. 482).

Freiwurfausführung mit Einsatz des Außenspielers (Abb. 483).

Abb. 480

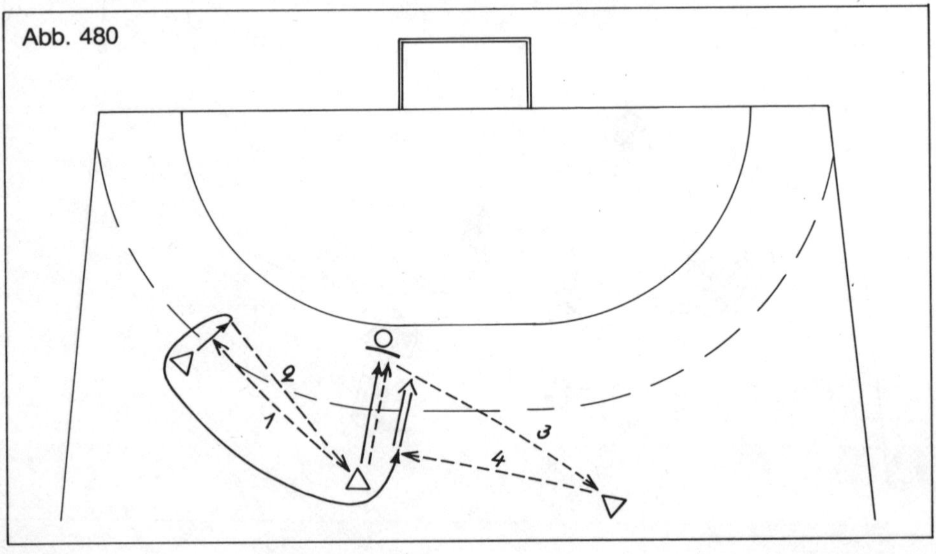

Abb. 481

Abb. 482

Abb. 483

3. Die Mannschaftsarbeit

Die Mannschaftsarbeit für den Angriff kann man in insgesamt 6 Teilgebiete gliedern:

a. Angriffsformationen

b. Angriffsphasen

c. Spielperioden (Freies Spiel, Gebundenes Spiel)

d. Spielzüge

e. Angriff in Über- und Unterzahl

f. Freiwurftaktik

a. Angriffsformationen

Die Angriffsformationen im HH richten sich jeweils nach der entsprechenden Abwehrformation. Jede Mannschaft sollte in den verschiedenen AF geschult werden, um zu einem Erfolg zu kommen.

Angriffsformation gegen eine 6:0-Abwehrformation

Die beiden Kreisspieler 5 und 8 stellen sich zwischen dem außen- und halbdeckenden Gegner auf. Die Aufbauspieler 2 und 3 haben sich von der Freiwurflinie etwas abgesetzt, während die Außenspieler 1 und 4 in Höhe der 9-m-Linie stehen. Diese Angriffsform hat den Vorteil, daß mindestens 2 Abwehrspieler durch die beiden Kreisspieler am Kreis

Abb. 484

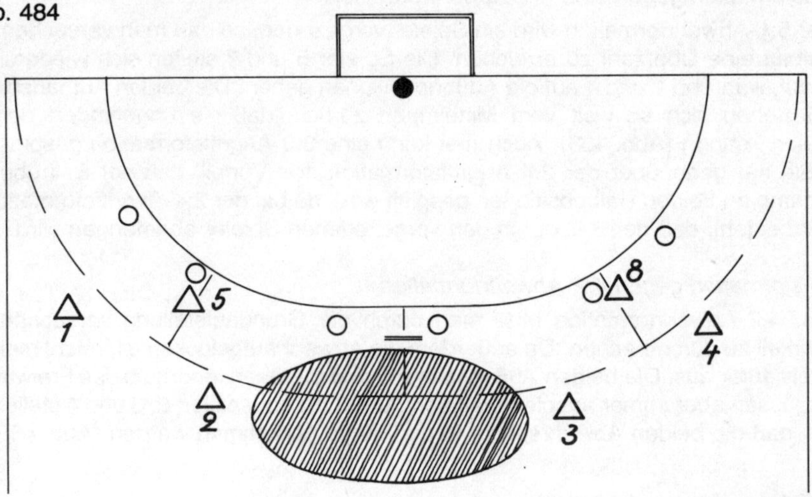

gebunden werden und die Außendeckenden durch ihre Gegner nicht weit hereinlaufen können. Somit haben die beiden Aufbauspieler die Möglichkeit, die freie Fläche zu nutzen (Abb. 484).

Die zweite Möglichkeit ist eine 3:3-Angriffsformation. Hierbei wird die Abwehr gezwungen, die Torraumlinie zu verlassen und somit dem Kreisspieler die Möglichkeit zum Torwurf zu geben.

Abb. 485

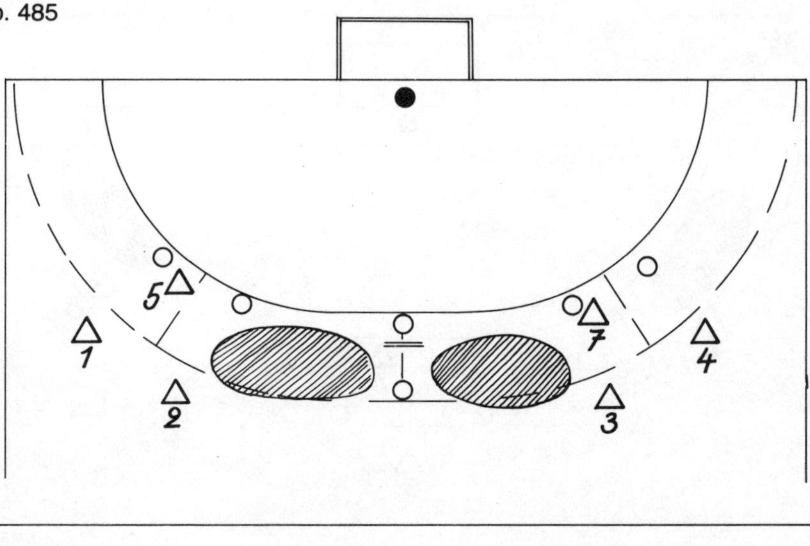

Angriffsformation gegen eine 5:1-Abwehrformation

Bei der 5:1-Abwehrformation wird ein Spieler vorgezogen, so daß man versuchen muß, im Aufbau eine Überzahl zu erreichen. Die Spieler 5 und 7 stellen sich wiederum am Kreis auf, während 1 und 4 auf die Außenpositionen gehen. Die beiden Aufbauspieler 2 und 3 ziehen sich so weit vom Mittelmann zurück, daß sie ungehindert den Ball abspielen können (Abb. 485). Auch hier kann eine 3:3-Angriffsformation gespielt werden. Sie hat gegenüber der 2:4-Angriffsformation den Vorteil, daß der Ball über den Mittelmann an beiden Halbpositionen gespielt wird, da bei der 2:4-Angriffsformation die Gefahr besteht, daß der Ball durch den vorgezogenen Spieler abgefangen wird.

Angriffsformation gegen 4:2-Abwehrformation

Bei der 4:2-Abwehrformation muß man durch die Grundaufstellung versuchen, den Abwehrkeil zu durchbrechen. Da außerdem die Abwehr aufgelockert ist, reicht meistens ein Kreisläufer aus. Die beiden Außenspieler 5 und 8 stehen innerhalb des Freiwurfraumes, müssen aber immer anspielbereit sein. Die 3 Aufbauspieler, 2, 3 und 4 stellen sich so auf, daß die beiden Abwehrspieler in die Zange genommen werden (Abb. 486).

Angriffsformation gegen 3:3-Abwehrformation

Da bei der 3:3-Abwehrformation die Spielfläche im Mittelraum sehr beengt ist, versucht man, nach außen auszuweichen. Hier liegen die Schwächen dieser Formation. Außerdem ist natürlich die Abwehr am Kreis sehr offen, da dort fast eine Manndeckung gespielt werden muß. Die beiden Kreisspieler nehmen dabei die Positionen neben den beiden Außendeckenden ein, die beiden Aufbauspieler 2 und 3 ziehen nach außen und halten Verbindung zu den Spielern 1 und 4 (Abb. 487).

Angriffsformation gegen 3:2:1-Abwehrformation

Hier empfiehlt es sich, sofort auf 2:4-Angriffsformation umzustellen.

Abb. 486

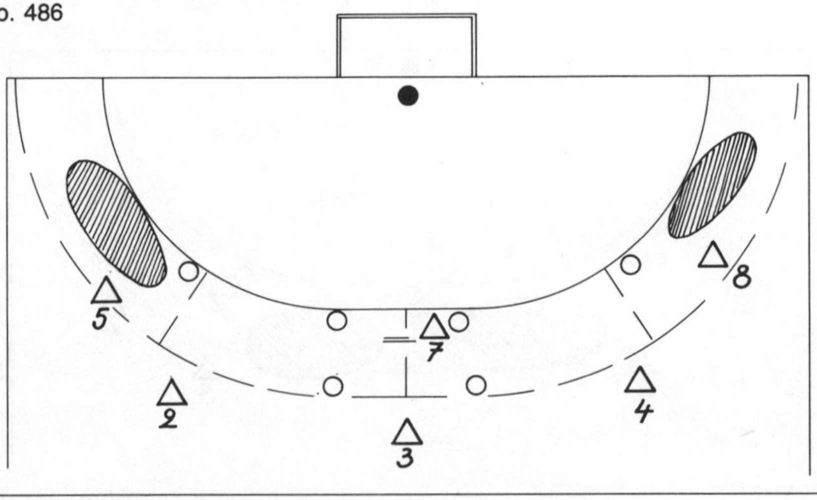

Abb. 487

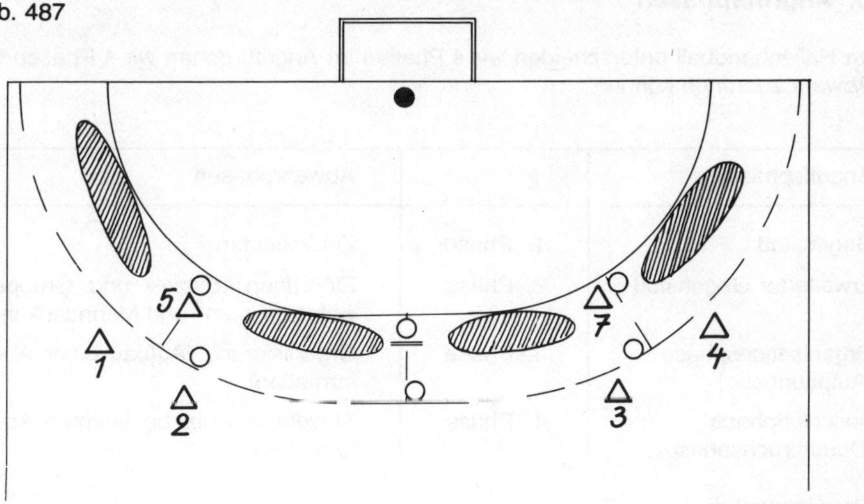

Abwehrformation	Angriffsformation	
	2:4 (4:2)	3:3 (5:1)
6:0	G	BG
5:1 defensiv	BG	G
5:1 offensiv	G	BG
4:2	NG	BG
3:3	BG	G
3:2:1	BG	NG

BG: Besonders geeignet
G: Geeignet
NG: Nicht geeignet

An dieser Stelle verweisen wir auf das vom Autor dieses Buches verfaßte Grundlagenwerk zur Spielmethodik mit dem Ball „Spielschule Hallenhandball". Es ist, wie das hier vorliegende Buch „Hallenhandball", bei der CD-Verlagsgesellschaft, Stuttgart, erschienen und führt von der Ballgewöhnung über „Kleine Spiele" und „Kleine Sportspiele" zum Mannschaftsspiel Mini-Handball. Mit diesem Werk zeigt der Autor den Jugend- und Übungsleitern sowie den Lehrenden an Instituten und Schulen den Weg von Spielreihen über die daraus resultierenden Übungsreihen zum Erfolg!

b. Angriffsphasen

Im Hallenhandball unterscheiden wir 4 Phasen im Angriff, denen wir 4 Phasen in der Abwehr zuordnen können.

Angriffsphasen		Abwehrphasen
Gegenstoß	1. Phase	Zurücklaufen
Erweiterter Gegenstoß	2. Phase	Einordnen (Einzel- und Gruppenabwehr in Raum- und Manndeckung)
Organisationsphase (Aufbauphase)	3. Phase	Organisierung (Aufbau einer Abwehrformation)
Abschlußphase (Durchbruchsphase)	4. Phase	Abwehr in einer bestimmten Abwehrformation

Der Gegenstoß

Nach jedem gegnerischen Ballverlust muß der Versuch eines Gegenstoßes gestartet werden. Obwohl der Gegenstoß ein komplexer Bewegungsablauf ist, muß man trotzdem die einzelnen Phasen kennen und auch schulen (Abb. 488).

I Ballaufnahme durch den Torwart
II Start
III Schneller Lauf mit Raumgewinn
IV Zuspiel des Torwarts
V Ballannahme
VI Ballführung
VII Torwurf

Abb. 488

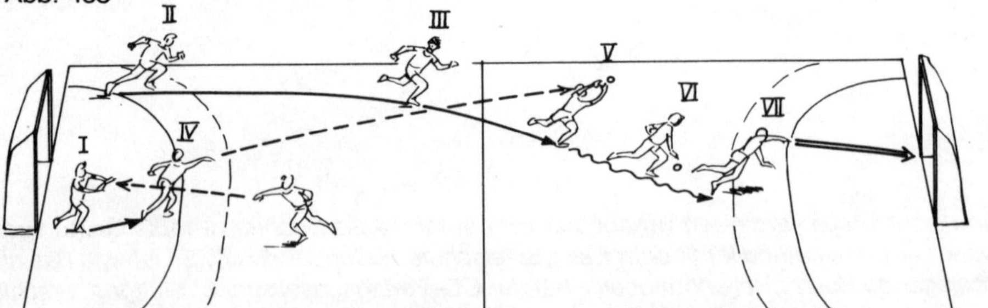

Wie schon vorher erwähnt, stößt der Trainer beim Zerlegen des Gegenstoßes auf methodische und stoffliche Schwierigkeiten. Er stellt einen komplexen Bewegungsablauf dar, den man nur bedingt zerlegen kann. Im Trainingsprozeß sollte man darauf Rücksicht nehmen und die ganzheitliche Bewegung nicht hemmen. Die einzelnen Phasen dürfen nicht zu lange geschult werden, sondern müssen sehr schnell in Verbindung mit anderen Phasen gebracht werden. Das Ziel sollte der komplexe Bewegungsablauf sein.

I Ballaufnahme durch den Torwart

Der Torwart leitet im allgemeinen die 1. Phase des Gegenstoßes durch schnelle Ballaufnahme ein. Da in den seltensten Fällen der Ball direkt zum Torwart gelangt, muß er durch schnelles Laufen, Stoppen und Bücken in den Besitz des Balles kommen. Dies kann man durch verschiedene Übungsformen schulen, die auf S. 235 aufgeführt sind.

II/III Start und schneller Lauf mit Raumgewinn

Der Spieler, der den Gegenstoß läuft, muß ein gutes Raum- und Zeitgefühl besitzen. Dem Schulen dieser Fähigkeit sind allerdings Grenzen gesetzt. Auch wäre es nicht sinnvoll, alle Spieler im Gegenstoß zu schulen, sondern nur diejenigen, die von der Position her in Frage kommen. Im allgemeinen kann man den Spielern als Richtschnur den Start beim oder sofort nach dem Wurf geben. Der Laufweg geht beim Außenspieler zuerst an der Seitenlinie entlang, und kurz vor der Mittellinie erfolgt ein Zurückschauen mit anschließendem Nachinnenlaufen. Bei gut geschulten Spielern ist es auch möglich, daß der Spieler kurz nach dem Start sich durch schnelles Zurückschauen noch vergewissert, ob ein Gegenstoß möglich ist, da er dann sofort abstoppen und sich in die Abwehr zurückziehen kann.

Abb. 489

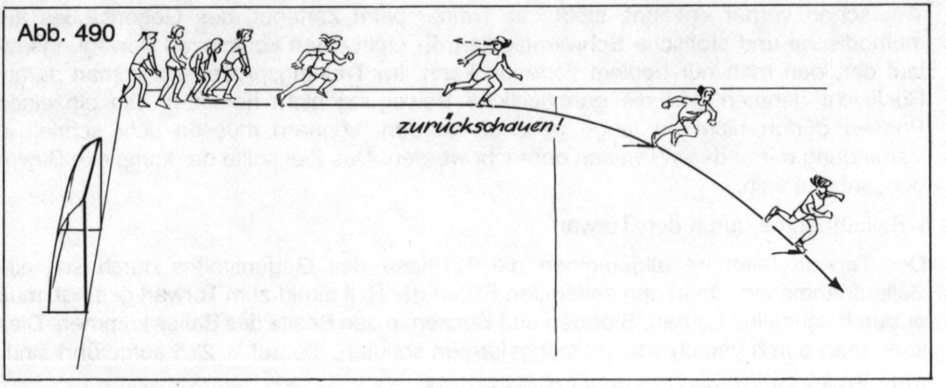

Ü Übungsformen

Schulung des Raum-/Zeitgefühls

In jeder Hallenecke eine Reihe Spieler. A läuft mit Ball entlang der Freiwurflinie, spielt B an. Mit dem Anspiel von B läuft C los und erhält den Ball von B. C spielt wiederum D an. (Auch in umgekehrter Richtung.) (Abb. 489).

Wurf aufs Tor mit anschließendem Start. Ohne Zuspiel (Abb. 490).

Wurf aufs Tor mit anschließendem Start und Ballaufnahme an der Mittellinie (Abb. 491).

Da beim Gegenstoß meist die beiden Spieler auf den Außenpositionen starten, entstehen hier Durchbruchsräume. Das Sichern des Torraumes muß in dieser Phase geübt werden. Hier fällt den Abwehrspielern neben den Außenpositionen eine wichtige Aufgabe zu. Sie müssen sofort die Durchbruchsräume absichern.

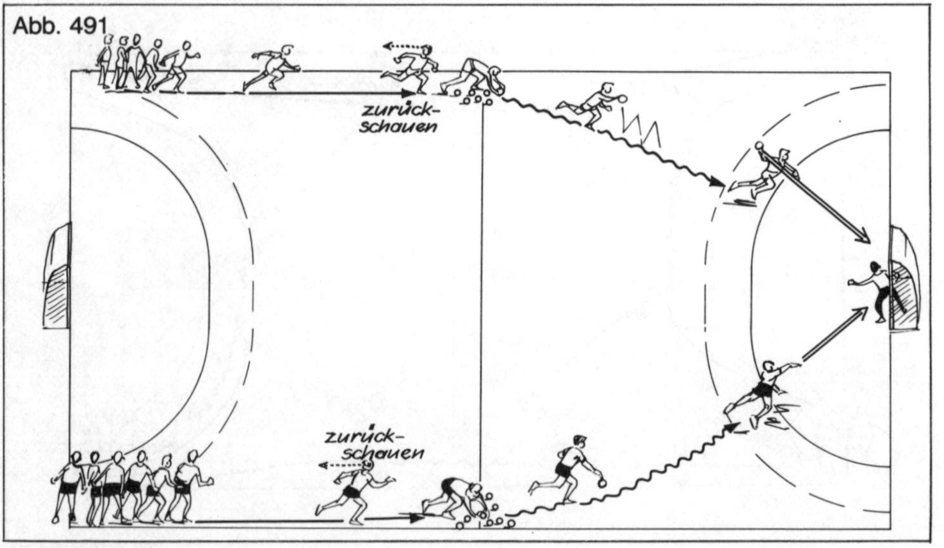

Abb. 492

Wurf aufs Tor – Start auf den Außenpositionen – Sichern des Torraumes durch Nachrücken (Abb. 492).

IV Zuspiel des Torwarts

Das Zuspiel des Torwarts an den laufenden Spieler ist von ausschlaggebender Bedeutung. Erfolgt es ungenau, muß der Spieler nachfassen, und die Chance zum Gelingen ist sehr gering.

Ü Übungsformen

Spieler A pendelt auf einer Linie und wird laufend von B und C angespielt. Abstände zwischen A, B und C können vergrößert oder verringert werden (Abb. 493).

Trainer wirft Bälle links und rechts neben das Tor. Torwart nimmt die Bälle auf und spielt abwechselnd Spieler A und B an (Abb. 494).

Die Spieler A und B bewegen sich jetzt und werden vom Torwart angespielt (Abb. 495).

8 Bälle liegen paarweise im Torraum verteilt. Der Torwart läuft nach einer bestimmten Reihenfolge, nimmt die Bälle auf und spielt sie den Spielern A, B, C und D zu (Abb. 496).

Die 4 Spieler laufen in Richtung Tor nach Ballaufnahme.
Verbindung der Phasen I-IV.

V Ballannahme

Hier muß man auf die spieltechnische Schulung zurückgreifen. Man kann allerdings die Ballannahme unter schwierigen Bedingungen erarbeiten.

Abb. 493

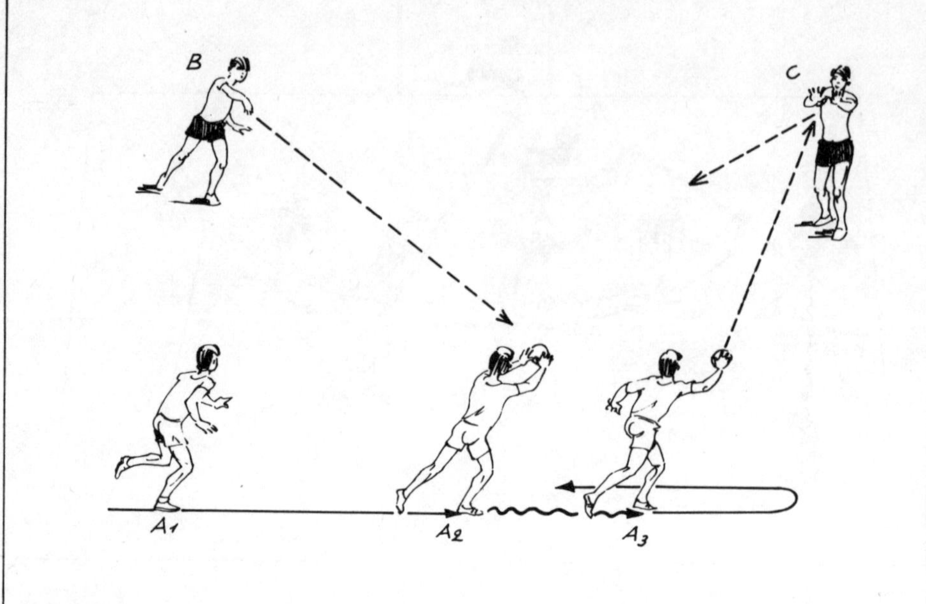

Abb. 494

Abb. 495

Abb. 496

Abb. 497

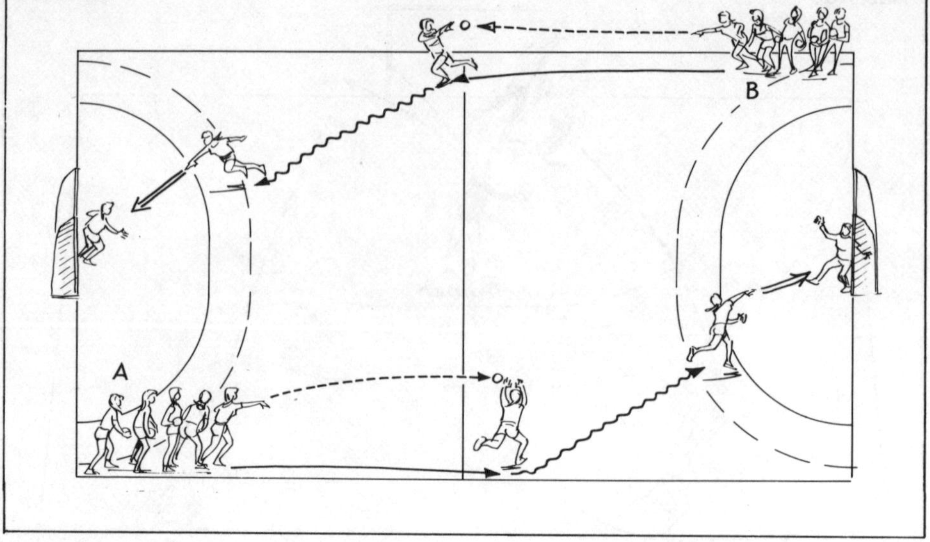

Ü Übungsformen

Um die Ballannahme in schwierigen Situationen zu schulen, werden 2 Gruppen A und B diagonal gegenübergestellt. Der erste in jeder Reihe hat keinen Ball. Sie laufen jeweils los und werden vom Hintermann angespielt (Abb. 497).

VI/VII Ballführung und Torwurf

Hier muß vor allem die Ballführung wiederholt geübt werden und das Umsetzen zum Torwurf. An dieser Stelle sind nur wenige Möglichkeiten aufgezeigt, da sie dem spieltechnischen Teil des Buches entnommen werden können.

Abb. 498

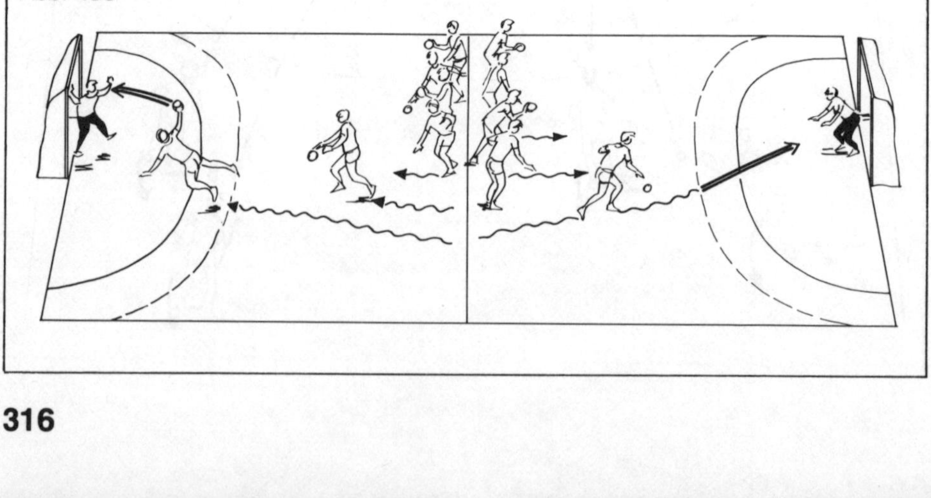

Abb. 499

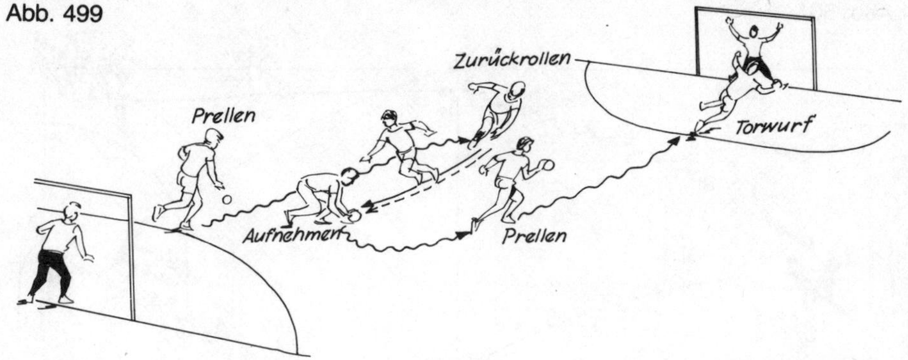

Ü Übungsformen

Aufstellung in Linie an der Mittellinie – Prellen mit anschließendem Torwurf. Nach beiden Richtungen üben (Abb. 498).

Prellen über das ganze Feld mit Torwurf.

Prellen bis über die Mittellinie – Ball zurückrollen – Ballaufnahme – Drehen, Prellen, Torwurf (Abb. 499).

Prellen – Laufen um ein Mal – Torwurf.

Wenn die einzelnen Phasen und ihre Bewegungsverbindungen beherrscht werden, kann man zur häufigen Wiederholung des Gegenstoßes und damit zur Automatisierung kommen. An dieser Stelle wird eine Übungsreihe für den Gegenstoß aufgezeigt, die diesen Zielen Rechnung trägt.

Abb. 500

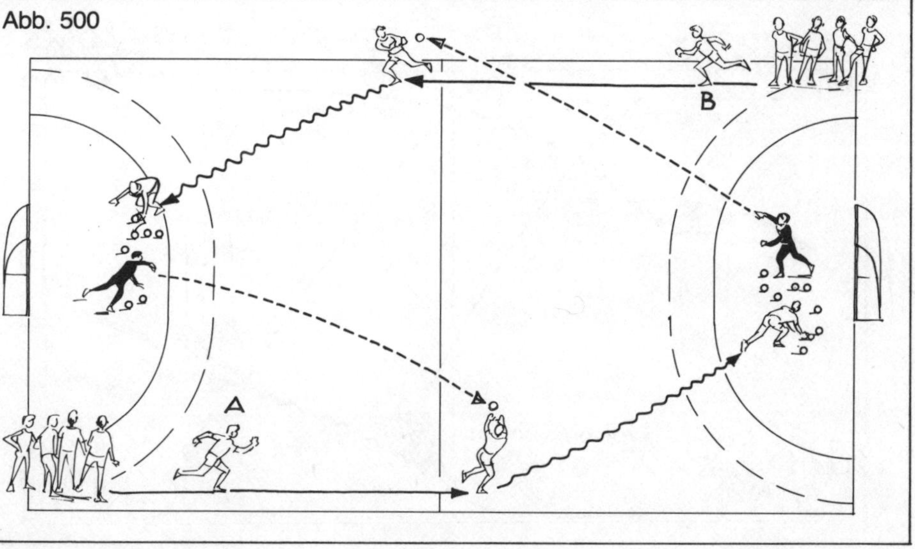

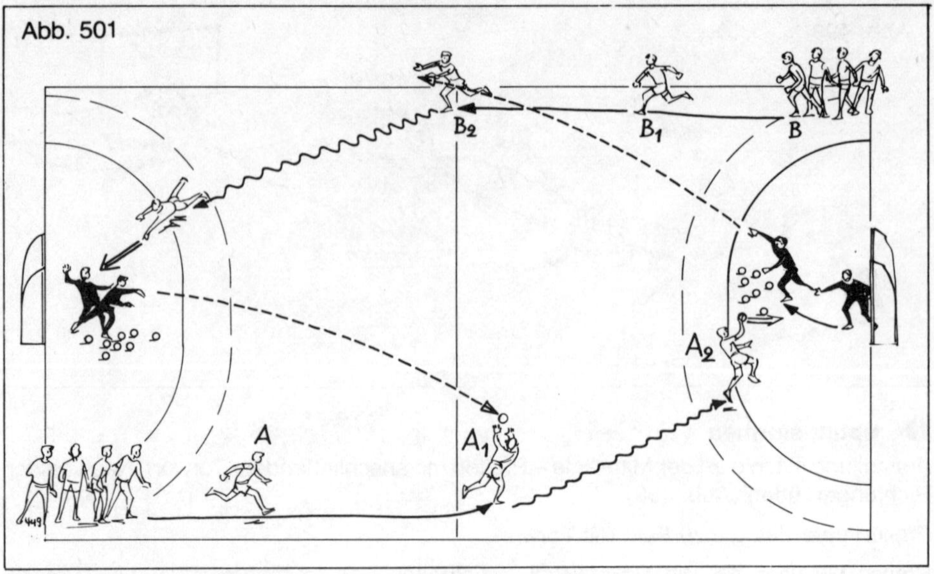

Abb. 501

Vor dem Torwart liegen ca. 5–10 Bälle. Er spielt den sprintenden Spieler der Gruppe A oder B an. Prellen und Ablegen des Balles im Torraum (Abb. 500).

Die Spieler werfen den Ball gegen das Tor oder am Tor vorbei. Torwart nimmt den Ball auf und leitet den Gegenstoß ein (Abb. 501).

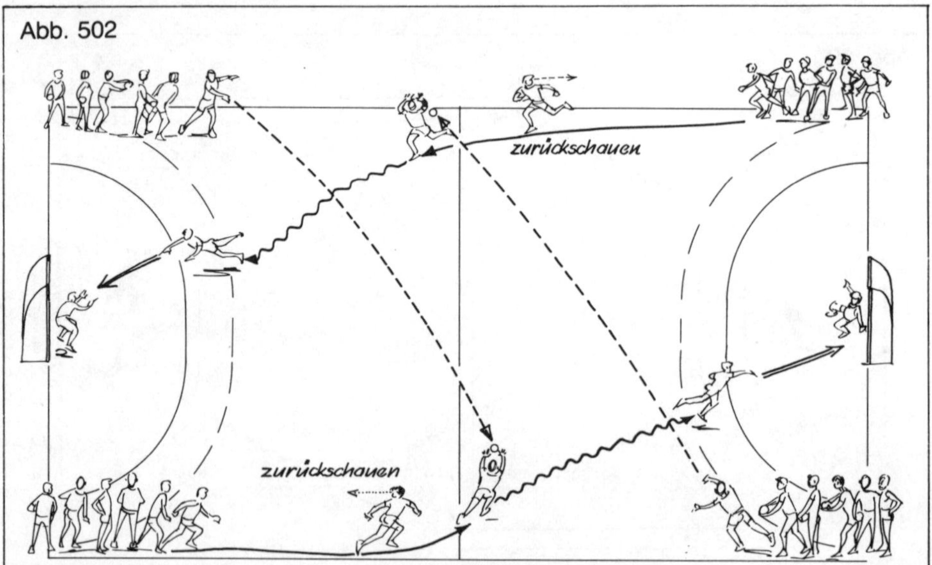

Abb. 502

Abb. 503

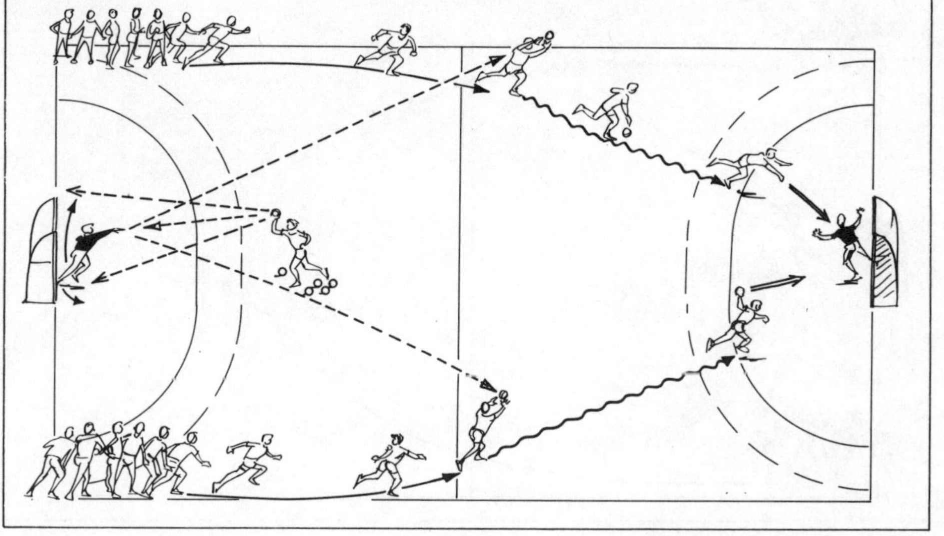

Je eine Gruppe in den 4 Spielfeldecken. Die Diagonalgruppen sind im Ballbesitz. Die ersten der beiden Gruppen laufen los und spielen sich den Ball zu. Anschließend Torwurf (Abb. 502).

Spieler wirft auf das Tor, Torwart versucht den Ball so schnell wie möglich aufzunehmen und spielt den Gegenstoßspieler an (Abb. 503).

Abb. 504

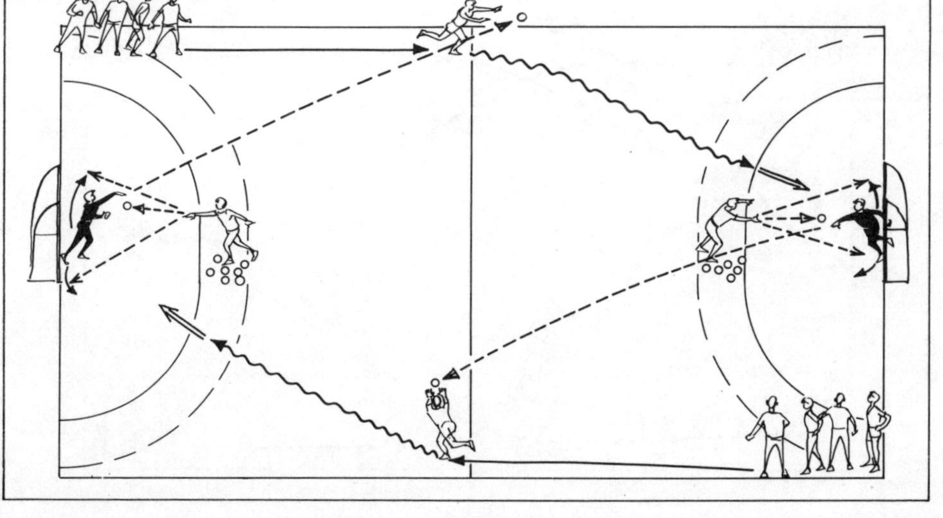

Abb. 505

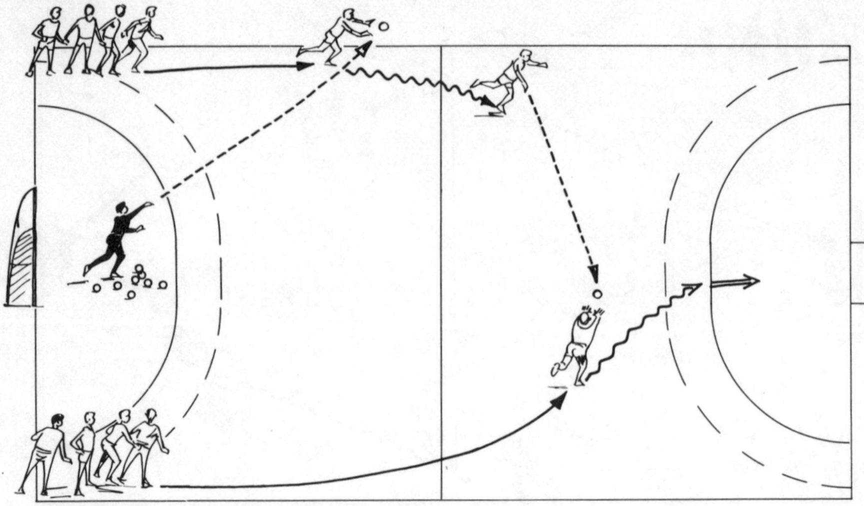

Am Siebenmeterpunkt liegen die 6–8 Bälle. Wurf auf das Tor (auch vorbei), Ballaufnahme durch den Torwart, Zuspiel, Prellen – Torwurf (Abb. 504).

Spieler starten phasenverschoben – Zuspiel vom Torwart (Abb. 505).

Gleiche Übung wie bei Abb. 505, jetzt wechselweise zum Tor (Abb. 506).

Nun werden ein oder zwei Abwehrspieler hinzugezogen, um eine spielähnliche Situation zu demonstrieren.

Abb. 506

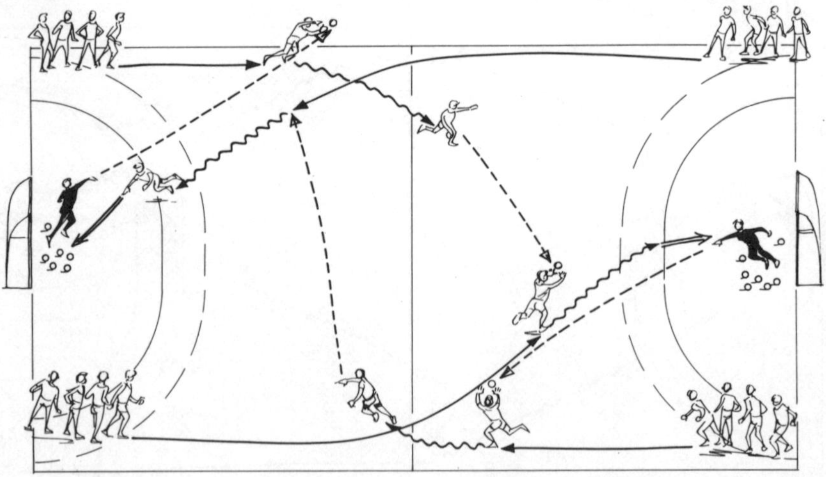

Abb. 507

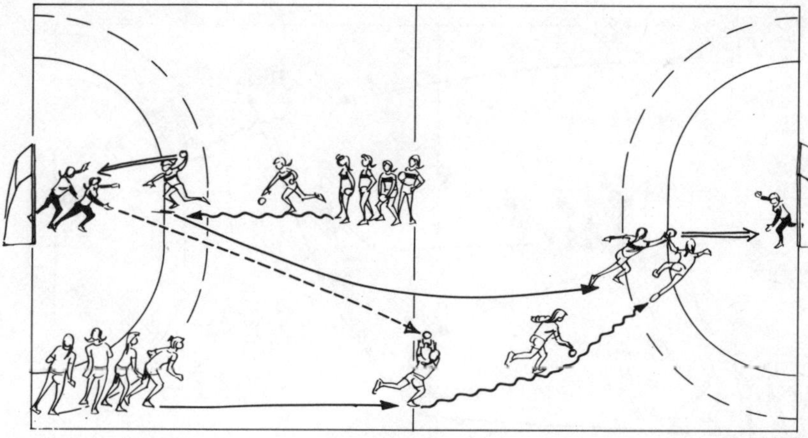

Eine Gruppe im Mittelfeld mit Bällen, Prellen, Wurf aufs Tor. In diesem Moment startet der Gegenstoßspieler und erhält den Ball vom Torwart zugespielt. Der Werfer wird nun zum Abwehrspieler und versucht den Wurf des Gegenstoßspielers zu verhindern (Abb. 507).

2 Gruppen A und B links und rechts vom Torraum. Beim Wurf aufs Tor startet jeweils der erste von den Gruppen A und B. Der Spieler von A erhält den Ball zugespielt, B versucht es zu verhindern (Abb. 508).

Spieler A und B starten, und einer erhält den Ball zugespielt. Dabei versucht der mitlaufende Spieler in Ballbesitz zu kommen (Abb. 509).

Spiel 3 gegen 2 beim Gegenstoß.

Abb. 508

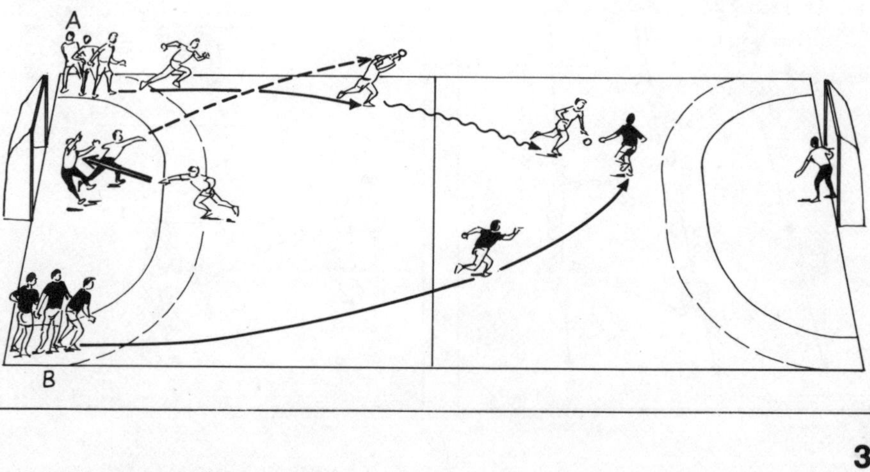

Abb. 509

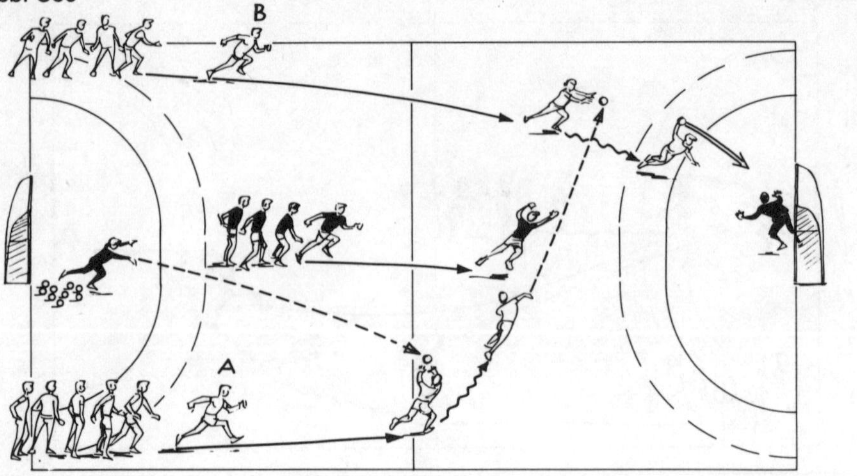

Der Erweiterte Gegenstoß

Führt der Gegenstoß nicht zum Erfolg, versucht man mit dem Erweiterten Gegenstoß ein Tor zu erzielen. Die wichtigsten Elemente sind das ,,Lösen der Rückraumspieler von der Torraumlinie", der ,,Balltransport" und der Abschluß. Das Lösen der Spieler von der Torraumlinie erfolgt auch dann, wenn der Außenspieler den Ball erreicht hat und die Chance zum Torerfolg da ist, allerdings etwas verhaltener. Sie können dann bei nicht gelungenem Durchbruch zur Unterstützung herangezogen werden. Kann der Torwart

Abb. 510

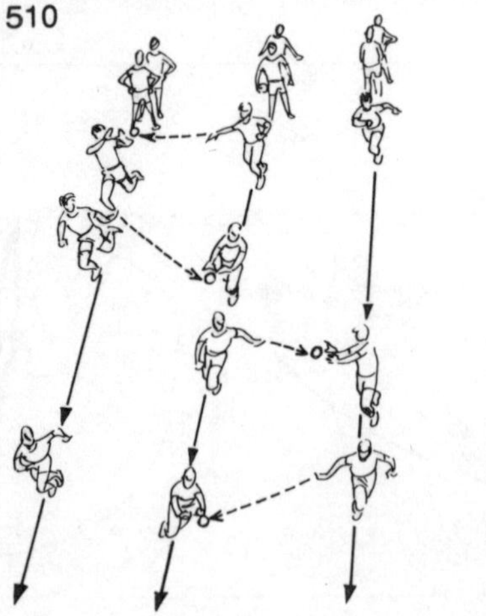

Abb. 511

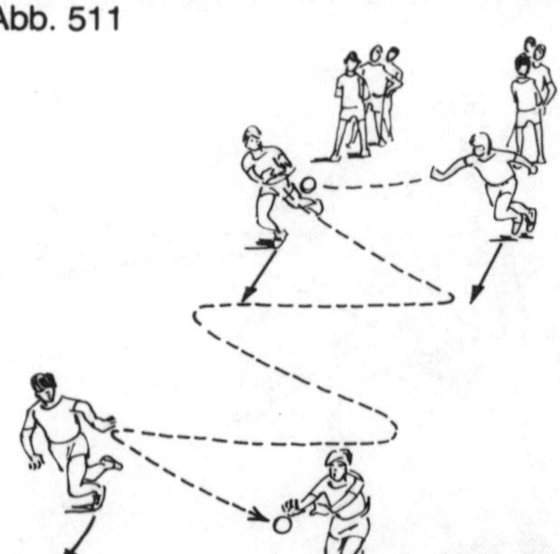

Abb. 512

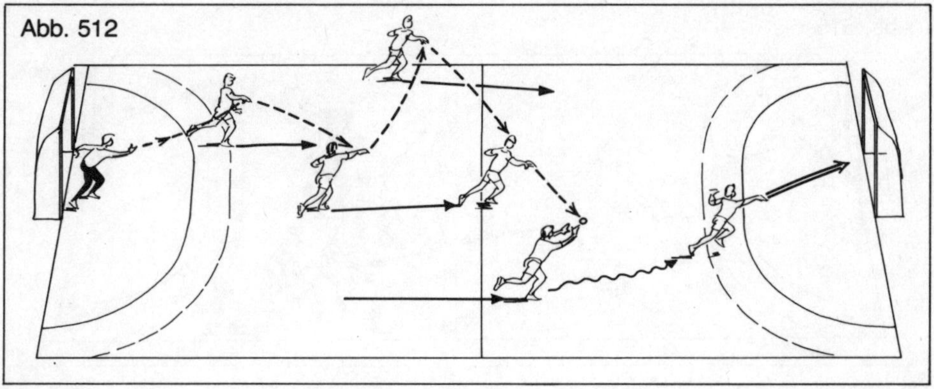

die Außenspieler nicht mit einem Zuspiel erreichen, so erfolgt es an den Rückraumspieler. Grundlage ist dann hier der schnelle Balltransport, wobei eine besondere Abspieltechnik, der Gelenkpaß, geübt werden muß.

Abb. 513

Abb. 514

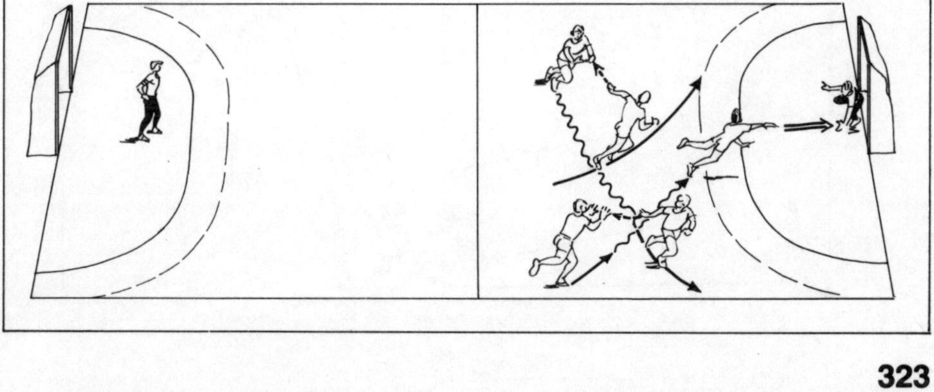

Abb. 515

Ü Übungsformen

Balltransport mit Gelenkpässen links und rechts (Abb. 510/511).

Balltransport mit Gegenspieler.

Der vierte Aufbauspieler hängt etwas zurück und sichert den Rückraum. Er stellt die Verbindung zwischen Torwart und Rückraumspielern (zweite Welle) her. Außerdem kann er häufig beim Erweiterten Gegenstoß in Durchbruchsräume einbrechen. Es empfiehlt sich außerdem, den Ball von vorne nach hinten zu spielen, um einen besseren Überblick für den freien Mann zu bekommen.

4 Rückraumspieler mit Zuspiel vom Torwart, wobei ein Spieler etwas zurückhängt. Schneller Balltransport mit Torwurf (Abb. 512).

Erweiterter Gegenstoß mit Einsatz der Außen- als Kreisspieler (Abb. 513).

Erweiterter Gegenstoß mit Kreuzen (Abb. 514).

Gegenstoß und Erweiterter Gegenstoß (Abb. 515).

Abb. 516

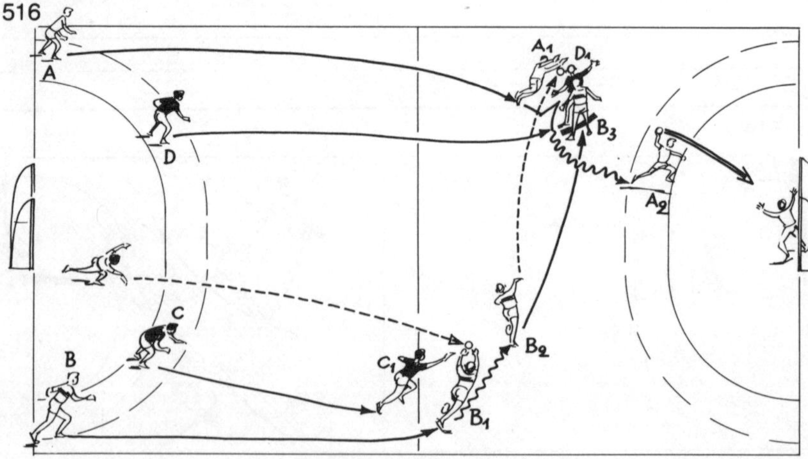

Abb. 517

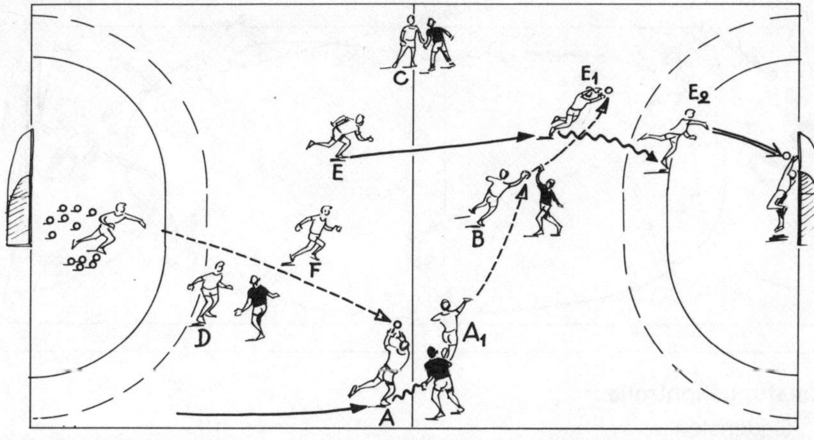

Spiel 2 gegen 2 mit Sperre; TW paßt zu B, während A mit seinem Abwehrspieler losläuft. B wird von C angegriffen, paßt zu A, dessen Abwehrspieler losläuft. B wird von C angegriffen, paßt zu A, dessen Abwehrspieler von B gesperrt wird. A führt Ausfallschritt nach links durch und läuft rechts vorbei (Abb. 516).

Bei dieser Übungsform rücken 2 Spieler zum Erweiterten Gegenstoß nach. Alle 3 Angriffsspieler sind von den Abwehrspielern nah gedeckt, so daß nun die Spieler E und F in die Durchbruchsräume nachstoßen können. Möglichkeit: B spielt E den Ball zu (Abb. 517).

Härtetest

Um die Fitneß eines Spielers prüfen zu können, kann man den Härtetest für TGS anwenden. Der Spieler führt insgesamt 8 TGS durch, also 4mal hin und her, wobei die Zeit und die erzielten Tore gewertet werden (Abb. 518).

Abb. 518

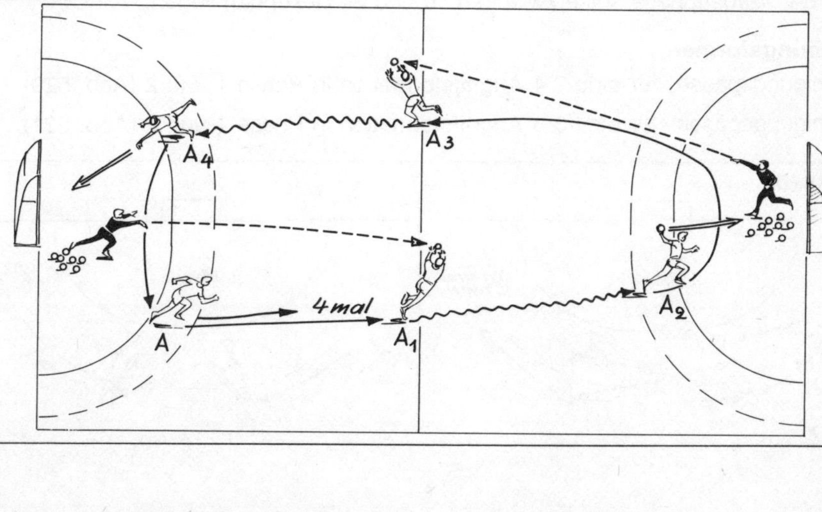

Abb. 519

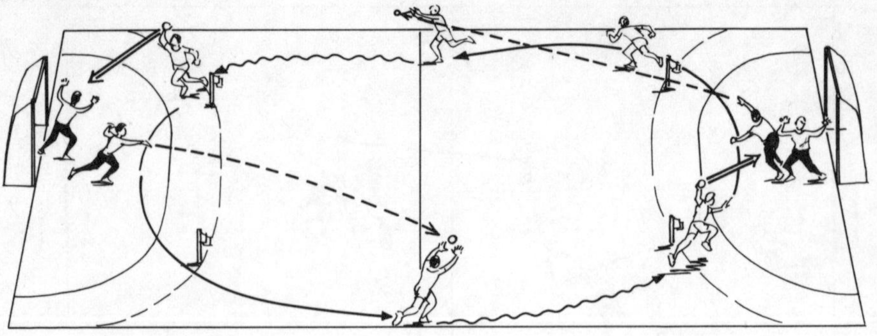

LK Leistungskontrolle

Was Gegenstoß

Wie 4 Gegenstöße um Male mit Zuspiel vom Torwart (Abb. 519).

Wertung Anzahl der Tore – Zeitnahme – Ausführung der Gegenstöße

Organisationsphase (Aufbauphase)

Nach mißlungenem Erweitertem Gegenstoß folgt die Aufbauphase. Dieser Schritt muß den Spielern immer wieder bewußt gemacht werden, um Verwirrung zu vermeiden und die Ordnungsgrundsätze einzuhalten. Da bei jedem Gegenstoß eine gewisse Hektik unvermeidbar ist, muß unbedingt eine ,,Beruhigungsphase" folgen. Dies erreicht man durch sog. ,,Beruhigungspässe". Hierbei werden die Spieler in einer bestimmten Reihenfolge angespielt, um ihnen die Möglichkeit zu geben, ihre eigentlichen Positionen einzunehmen. Vor der Zuspielfolge muß ein optisches Signal gegeben werden (Prellen, Tippen usw.). Je nach Angriffsformation 3:3 oder 2:4 wandert der Ball von Position zu Position, also parallel zur Freiwurflinie. Haben alle Spieler ihre Positionen eingenommen, wird der Kreisspieler angespielt und damit die Durchbruchsphase eingeleitet. Die Dauer der Aufbauphase sollte zwischen 10 und 30 Sekunden liegen.

Ü Übungsformen

,,Beruhigungspässe" für eine 2:4-Angriffsformation in Phase 1 und 2 (Abb. 520).

,,Beruhigungspässe" für eine 3:3-Angriffsformation in Phase 1 und 2 (Abb. 521).

Abb. 520

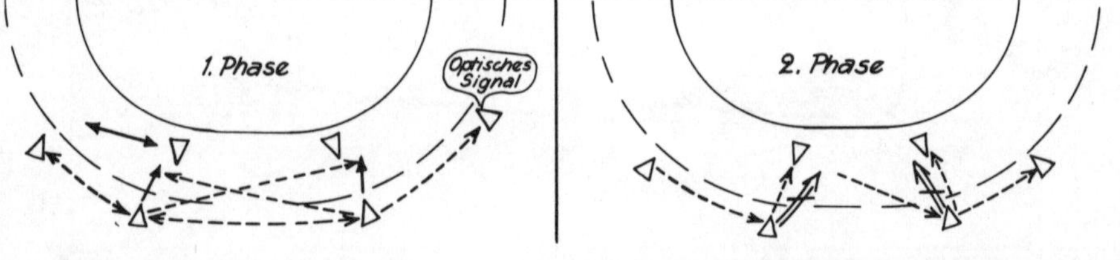

Abschlußphase (Durchbruchsphase)

Sind die Positionen eingenommen, kann der Durchbruch erfolgen. Hierbei bedient man sich verschiedener taktischer Angriffsmittel, die von der Abwehrformation des Gegners abhängig sind.

Angriffsmittel gegen eine 6:0-Abwehrformation.

Als Angriffsformation wählt man 3:3, eventuell 2:4. Die häufigsten und erfolgreichsten Angriffsmittel sind das Stoßen, das Kreuzen und die Außensperre. Sie wurden schon auf den Seiten 254 ff abgehandelt.

Angriffsmittel gegen 5:1-Abwehrformation.

Als Angriffsformation wählt man 2:4 oder 3:3. Als Angriffsmittel kämen hier das Sperren, das Kreuzen und das Stoßen in Frage.

Angriffsmittel gegen 2:4-Abwehrformation.

Angriffsformation wäre 3:3. Hier bieten sich vor allem das Sperren und das Kreuzen an.

Angriffsmittel gegen 3:3-Abwehrformation.

Angriffsformation 2:4. Schwerpunkte wären hier die Sperre und das Kreisläuferspiel.

Angriffsmittel gegen 3:2:1-Abwehrformation.

Als Angriffsformation nur 2:4 mit Sperren, Kreuzen und Stoßen.

c. Spielperioden

Wir teilen die Spielperioden in 2 Gruppen ein:

Das Freie Spiel

Das Gebundene Spiel

Letzteres wird weiter unterteilt in:

Positionsspiel

Laufspiel

Abb. 521

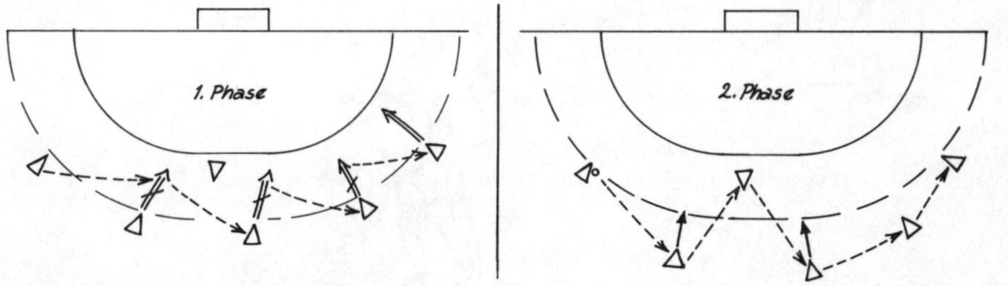

Das Freie Spiel

Jeder Spieler erhält hier ein hohes Maß an individueller Freiheit, wobei er allerdings gewisse Ordnungsgrundsätze beachten muß. Da Ball- und Laufwege frei sind, kann der Spieler mit seinem Nebenmann Aktionen durchführen, wobei auch hier der individuellen Entfaltung Grenzen gesetzt sind. Die Kreisspieler versuchen, sich immer neue Positionen zu erarbeiten und halten mit den Rückraumspielern Blickverbindung, um überraschend angespielt werden zu können. Das Freie Spiel nimmt einen großen Teil des Angriffgeschehens ein. Deswegen sollte man es vor allem bei Jugendmannschaften anwenden, um nicht zu früh durch schematisches Spiel die Entwicklung der Jugendlichen zu hemmen. Es bildet ferner die methodische Fortsetzung der Spielreihe. Bei den aktiven Mannschaften sollten „taktische Erholphasen" eingebaut werden.

Das Gebundene Spiel

Beim Gebundenen Spiel sind die Lauf- und Ballwege und die Positionen festgelegt. Hier steht die Arbeit der Mannschaft im Vordergrund. Man unterscheidet noch einmal zwischen dem Positionsspiel als statischem Element und dem Laufspiel als dynamischem Element.

Positionsspiel

Beim Positionsspiel erhält jeder Spieler seine Arbeitszone zugewiesen, versucht seinen Gegenspieler zu binden und durch schnelles Stoßen Lücken in die Abwehr zu reißen. Die Anwendung des Positionsspiels ist vor allem bei der Aufbauphase und dem Überzahlspiel von entscheidender Bedeutung. In dieser Phase muß der Angriffsspieler sein Gegenüber beobachten, um dessen Schwächen und Stärken zu erkennen. Verfolgt man beim Positionsspiel den Ballweg, so kann man ihn in 2 Grundformen zerlegen, das Dreieck und das Viereck.

Abb. 522

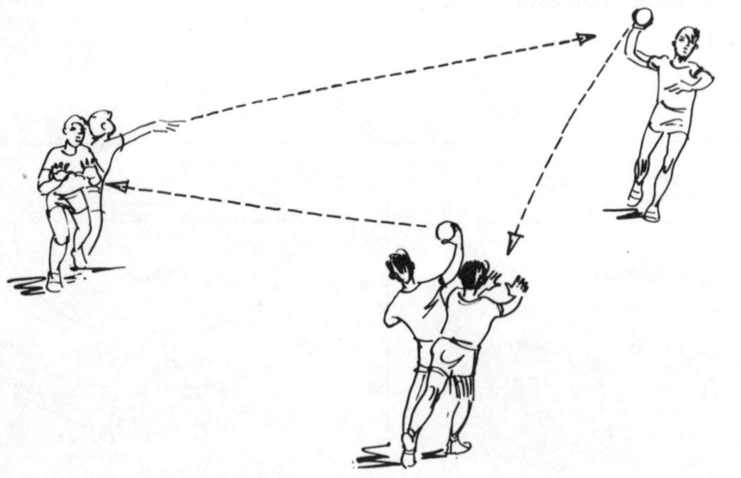

Abb. 523

Ü Übungsformen

Dreiecksspiel mit Abspielvarianten.

Vierecksspiel (Abb. 522/523).

Dreiecks- und Vierecksspiel mit Platzwechsel (Abb. 524/525).

Positionsspiel in 2:4- und 3:3-Angriffsformation (Abb. 526).

Abb. 524

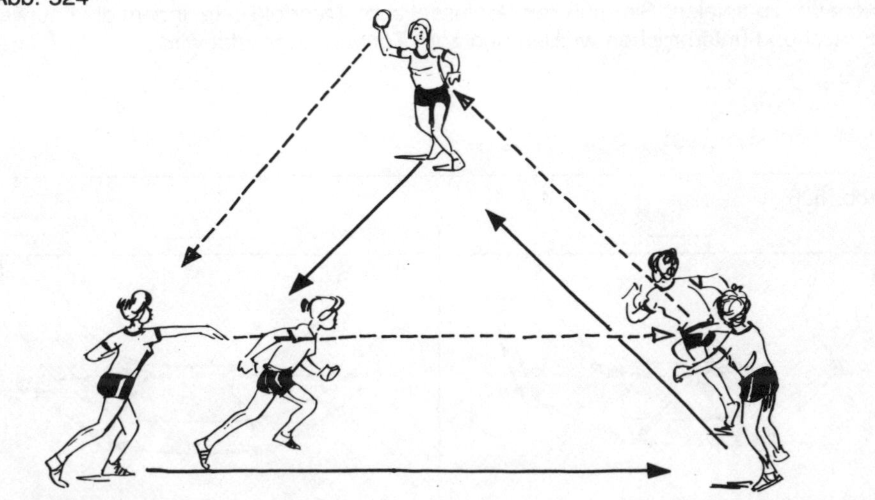

Abb. 525

Laufspiel

Beim Laufspiel zirkulieren die Kreis- und Rückraumspieler nach festgelegten Ball- und Laufwegen. Hierdurch wird in der Abwehr Verwirrung gestiftet. Man sollte allerdings nicht in den Fehler verfallen, diese Spielperiode nur um ihrer selbst willen oder für die Zuschauer zu spielen. Sie muß der Schlüssel zum Torerfolg sein, indem die Laufwege überraschend unterbrochen werden und zum Torwurf angesetzt wird.

Abb. 526

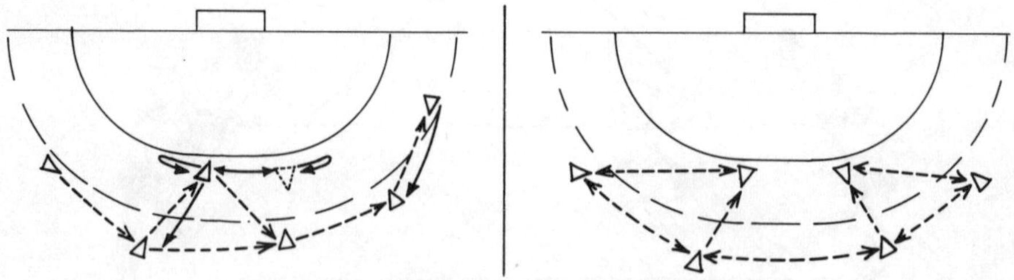

d. Spielzüge

Sobald die Mannschaft die Angriffsphasen und die Spielperioden beherrscht, kann man zu Spielzügen übergehen. Leider überschätzen viele Trainer häufig die Effektivität von Spielzügen. Man glaubt mit 2–3 Varianten ein Spiel entscheiden zu können. Sicherlich ist der Spielzug ein gutes Erziehungsmittel, um die Spieler zur besseren Spieldisziplin zu führen. Er hat auch den Vorteil, daß er wiederholbar ist und bei Gelingen ein gewisses Erfolgserlebnis vermittelt. Allerdings muß der Aufwand in einer bestimmten Relation zum Erfolg stehen, und der Trainer muß ein Gefühl dafür haben, welchen Schwierigkeitsgrad er seiner Mannschaft zumuten kann. Auch sollte er sich vor einem „schematisierten" Spiel hüten, da dies die Entfaltung der guten Einzelspieler auf die Dauer hemmt.

Die Vorbereitung eines Spielzugs ist von entscheidender Bedeutung. Am Anfang sollten sog. Komplexübungen stehen.

Eine Komplexübung enthält alle Erfordernisse des Spielgeschehens: technisch-taktisches Können, Schnelligkeit und Ausdauer. Um den Erfolg zu gewährleisten, muß in den Komplexübungen ein guter Aufbau vorhanden sei. Die Übungsformen sollten klar erläutert, die Laufwege aufgezeichnet werden. Hierbei hat der Übungsleiter die Aufgabe, die Übungen gründlich nach methodisch-pädagogischen Gesichtspunkten zu durchdenken, damit die Mannschaft das Gefühl bekommt, daß die Vorbereitung und Durchführung des Trainings vom Übungsleiter ernst genommen wird. Die Mannschaft dagegen sollte die erforderliche Trainingsdisziplin nicht missen lassen, um ein Höchstmaß an Effektivität zu erreichen. Bei der Einführung von Spielzügen sollte man gewisse Grundsätze beachten:

Spielzug zuerst an die Tafel zeichnen oder im Film und Dia erläutern!

Laufwege aufzeichnen!

Den Spielzug zuerst im Gehen durchspielen!

Laufend die Position tauschen!

Auf kleinen Magnettafeln den Spielzug noch einmal erläutern!

Vertiefung durch Dia, Film und Tafelskizze!

6:0-Abwehrformation

Die Sperrarten und deren Entwicklung wurden schon in den vorherigen Kapiteln behandelt. Hier geht es jetzt darum, die Fähigkeiten der Spieler in Form von Komplexübungen weiterzuentwickeln, um die Sperre im Spielzug ohne Zögern anwenden zu können. Bei der methodischen Arbeit ist darauf zu achten, daß der Spieler auf jeder Position einmal spielen sollte. Ist die Sperre dann in ihrer Technik und im richtigen Zeitablauf bekannt, so daß sie im Spielfluß angewendet werden kann, muß der Übungsleiter Spielzüge entwickeln, die nach den Gesichtspunkten der Effektivität und Einfachheit ausgewählt sind.

Abb. 527

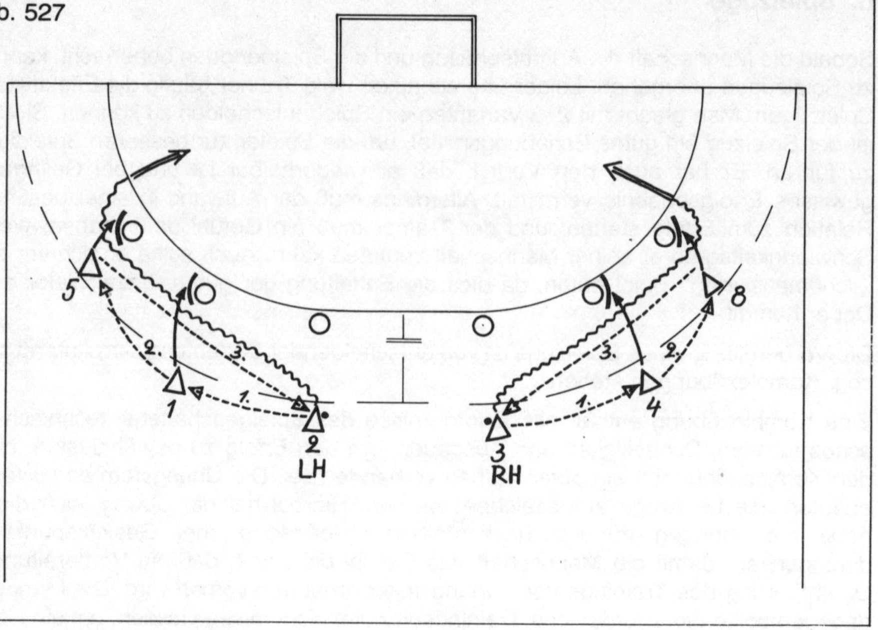

Spielzug Nr. 1: Außensperre

Komplexübung

Man übt in 2 Gruppen. Nr. 2 ist Linkshänder, Nr. 3 Rechtshänder. 2 spielt zu 1, 3 zu 4; 1 zu 5, 4 zu 8, die Spieler 5 und 8 täuschen einen Wurf an und spielen an 2 und 3 zurück. In diesem Moment laufen 1 und 5 und 4 und 8 zu einer Sperre an den Kreis. Dadurch kommen die Spieler 2 und 3 auf den Außenpositionen zum Wurf (Abb. 527).

Spielzug

3 zu 4, 4 wechselt nach innen und spielt den Ball zu 3 zurück; 3 zu 8, 8 läuft auf seinen Abwehrspieler zu und paßt zu 3, der hereingelaufen ist. In diesem Moment sperrt 8 (Außensperre), und 3 kommt zum Wurf. Dasselbe spiegelbildlich links (Abb. 528).

Spielzug Nr. 2: Innensperre

Komplexübung

2 Übungsgruppen; Nr. 8 Linkshänder, Nr. 5 Rechtshänder. Die Spieler 1 und 4 sind im Ballbesitz. Abspiel an 5 bzw. 8. 1 und 4 laufen zu ihren Abwehrspielern. Ball kommt zu 3 bzw. 2. Die beiden Ballbesitzer täuschen Wurf an und spielen wieder an 5 und 8 zurück. In diesem Moment laufen 1 und 2 bzw. 3 und 4 die Sperre. 8 und 5 wechseln nach innen und kommen zum Wurf (Abb. 529).

Spielzug

4 spielt nach Wechsel zu 8, 2 und 3 laufen an den Kreis. 8 spielt nach Wechsel zu 1. In diesem Moment laufen 2 und 3 eine Sperre. Nr. 1 kommt in der Gasse zum Wurf (Abb. 530).

5:1-Abwehrformation

Als Angriffsmittel gegen eine 5:1-Abwehrformation kommt die Sperre in Betracht. Wichtig ist dabei, daß der vorgezogene Spieler gezwungen wird, aus seiner Mittelposition herauszukommen, um den Schützen aus der zweiten Reihe die Möglichkeit zum Werfen zu geben oder den Kreisläufer anzuspielen. Die häufigste Angriffsform ist 2:4.

Abb. 528

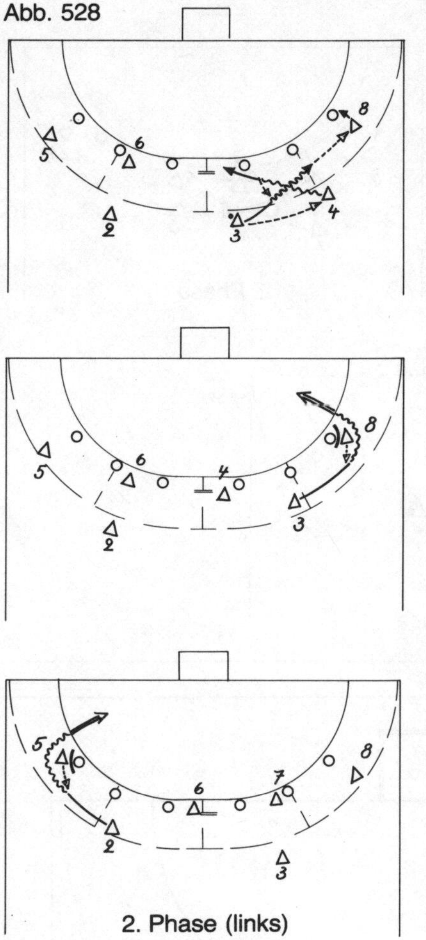

2. Phase (links)

Abb. 529

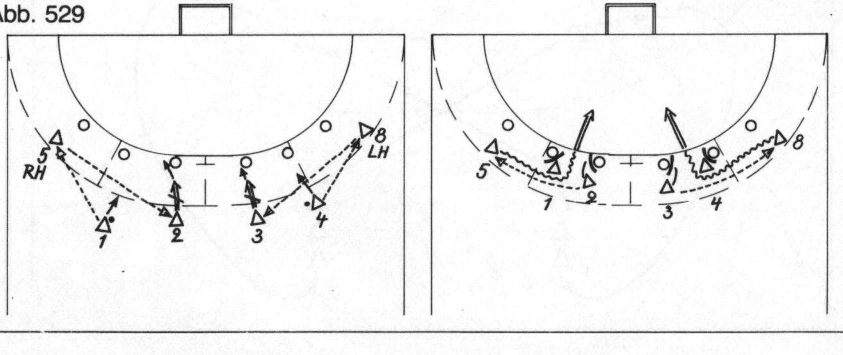

Abb. 530

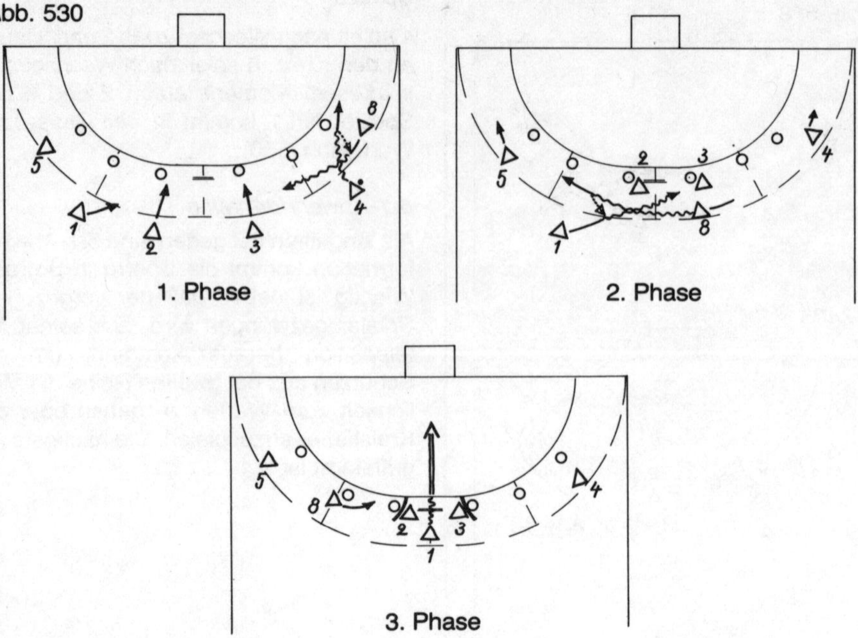

Abb. 531

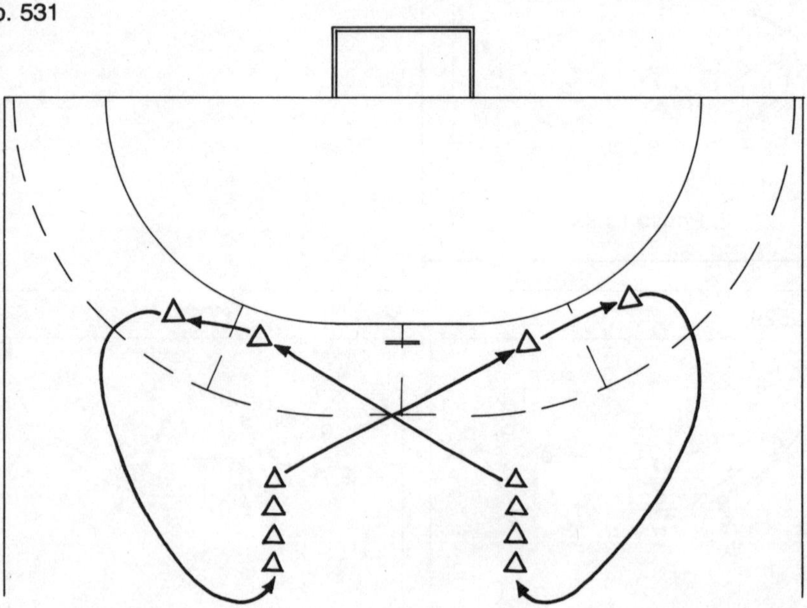

Abb. 532

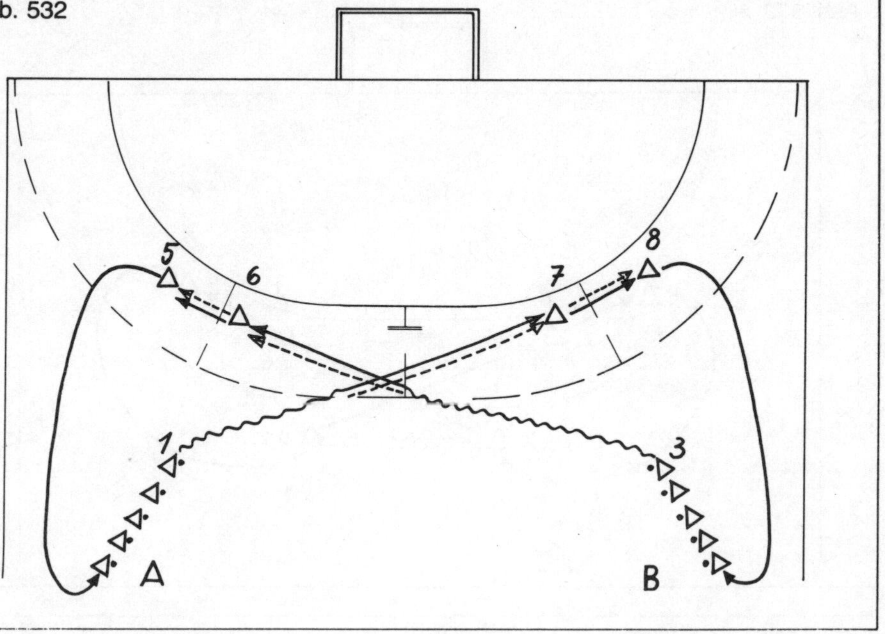

Spielzug Nr. 1: Achterlauf

Der Achterlauf ist in erster Linie eine Übungsform für das gebundene Spiel. Hierbei kann man mit einer Mannschaft sehr gut die einzelnen Positionen erarbeiten. Man muß aber dann beim Spielzug von dem schematischen Laufen wegkommen und aus der Spielsituation heraus Möglichkeiten finden, um zum Torwurf zu gelangen.

Komplexübungen

Achterlauf ohne Ball (Abb. 531).

2 Gruppen A und B; 1 und 3 prellen bis zur 9-m-Linie und spielen den Ball an 7 bzw. 6 ab. 6 spielt zu 5, 7 spielt zu 8. Lauf- und Ballweg sind gleich bis auf Position 5 und 8 (Abb. 532).

Achterlauf mit einem Ball. Lauf- und Ballweg wie bei der vorhergehenden Übung. 2 spielt 3 und läuft auf Position 7, 3 spielt 5 und läuft auf Position 6 usw. (Abb. 533).

Spielzug

Das Anspiel erfolgt an die Kreisläufer 6 und 7, die nach dem Wechsel stehenbleiben.

Hierbei muß das Anspiel nicht nach dem ersten Platzwechsel kommen, sondern nach 2- bis 3maligem Wechsel! (Abb. 534).

Variation des Achterlaufes

Das Anspiel erfolgt an Nr. 2. Das gleiche spiegelbildlich rechts (Abb. 535).

Abb. 533

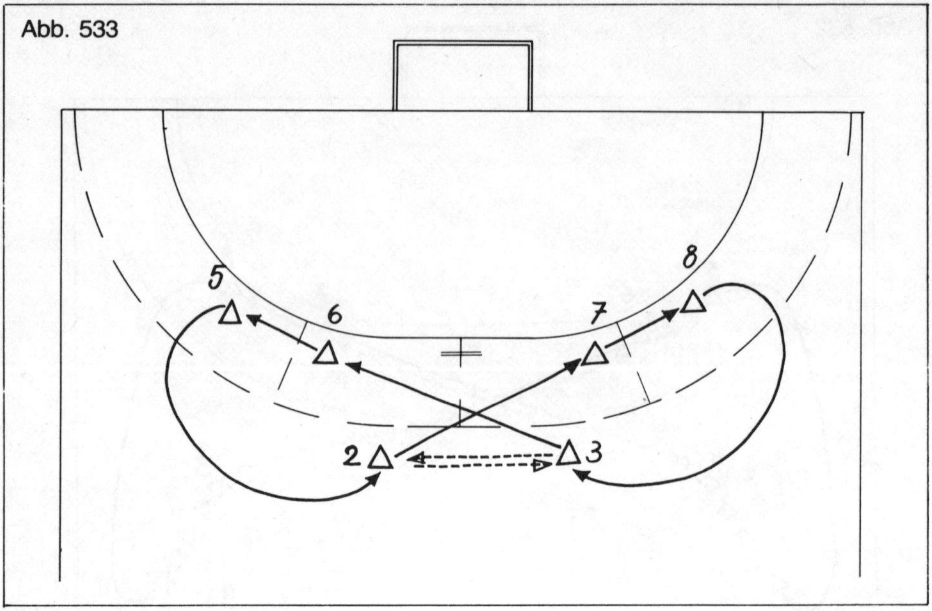

Abb. 534

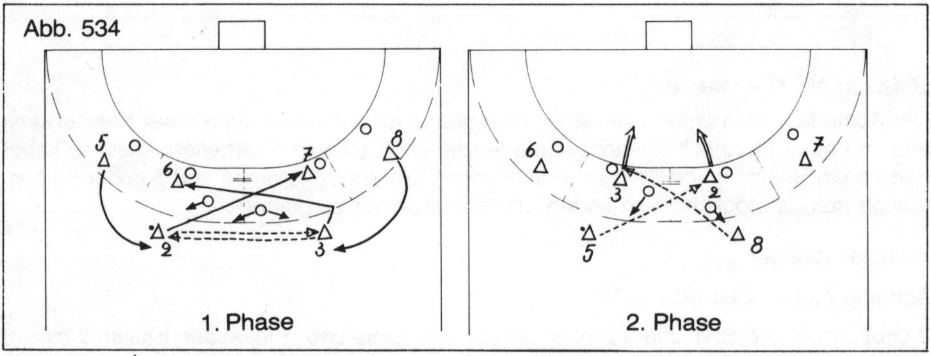

Abb. 535

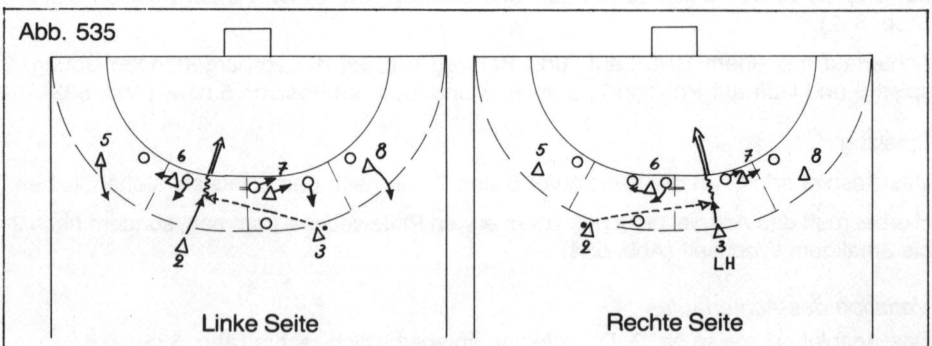

Abb. 536

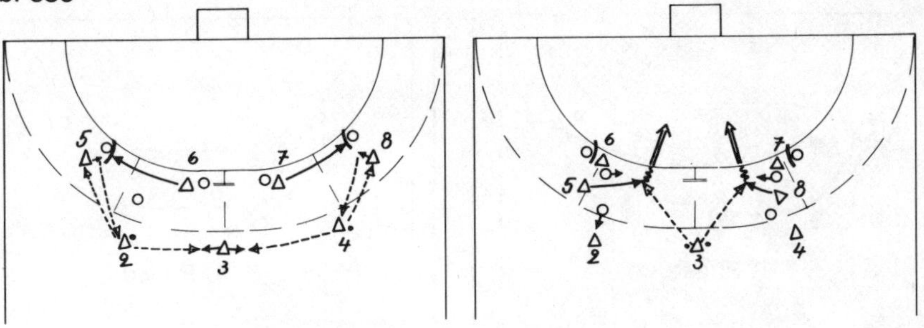

Spielzug Nr. 2: „Großes Abräumen"

Bei dieser Form des Angriffs versucht man den rechten bzw. linken Verteidiger zu hinterlaufen, da er weit vorgezogen spielt und durch die „Kolbenbewegung" herausgefordert wird. Die äußeren Abwehrspieler werden gesperrt, so daß der Angreifer die Möglichkeit erhält, in die Gasse zu laufen.

Komplexübungen

Jeweils 4 Angriffs- und 3 Abwehrspieler auf jeder Feldseite. Nr. 3 ist für beide Gruppen zuständig und pendelt hin und her. Bei dieser Form sind die Verteidiger sehr offensiv, da sie hinterlaufen werden. 2 zu 5, 5 täuscht Wurf an und spielt Ball zu 2 zurück. 6 kann zum äußeren Abwehrspieler laufen und sperren, da Verteidiger offensiv wird. Ball kommt zu 3. 5 läuft in die Gasse und erhält den Ball zugespielt. Zieht sich der Abwehrspieler auf Halbposition wieder zurück, erhält 6 den Ball, der sich vom Abwehrspieler gelöst hat. Rechte Seite 4 zu 8, 8 zu 4; 7 läuft Sperre; 8 oder 7 erhält den Ball (Abb. 536).

Spielzug

2 zu 5, 5 täuscht Wurf an, 5 zu 2; Nr. 6 läuft Sperre, 2 zu 3, und 3 spielt entweder 5 oder 6 an (spiegelbildlich rechts) (Abb. 537).

Spielzug Nr. 3: „Sperre mit Rückhandpaß" (RHP)

Bei diesem Spielzug ist darauf zu achten, daß der Rückhandpaß gut beherrscht wird, da sonst ein Anspiel am Kreis nicht möglich ist. Der Vorteil dieses Spielzuges liegt im Überraschungsmoment, da sich die Abwehrspieler auf den Ballbesitzer konzentrieren und der Kreisläufer dadurch einen größeren Aktionsradius bekommt.

Komplexübungen

Jeweils wieder in 2 Gruppen zu je 3 Spielern. Ball pendelt zwischen 2 und 5. Nach Abspiel von 5 läuft Nr. 6 nach außen und sperrt. Die hereingelaufene Nr. 5 erhält den Ball von 2 und spielt im Rückhandpaß (weich!) die sich lösende Nr. 6 an.

Abb. 537

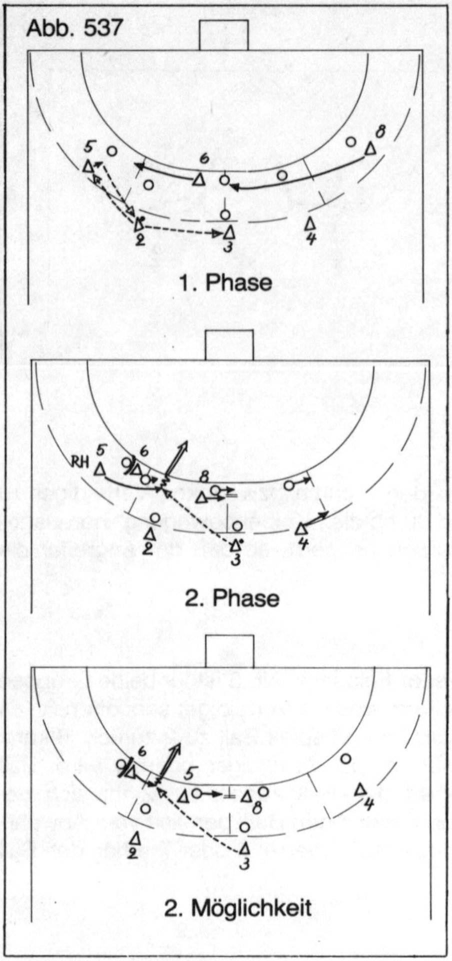

1. Phase

2. Phase

2. Möglichkeit

Abb. 539

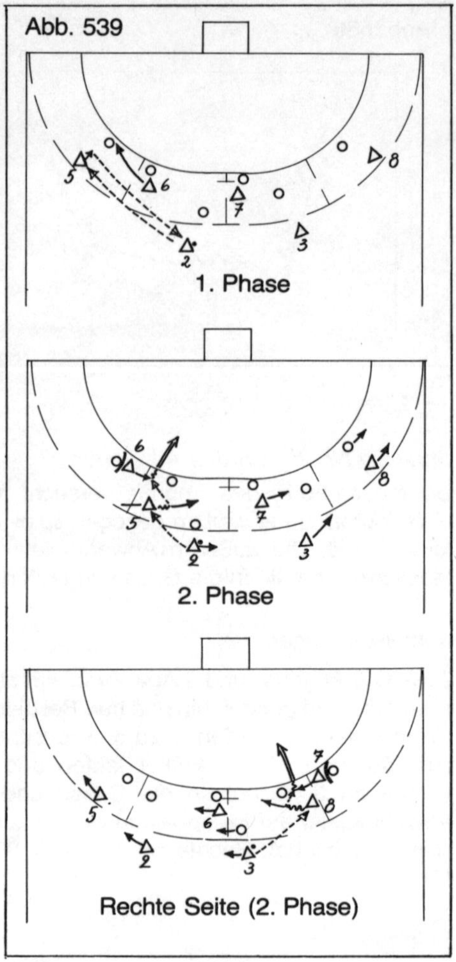

1. Phase

2. Phase

Rechte Seite (2. Phase)

Abb. 538

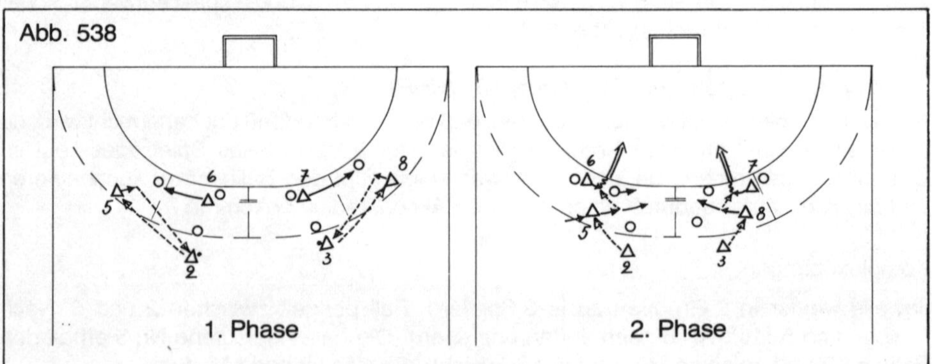

1. Phase

2. Phase

Abb. 540

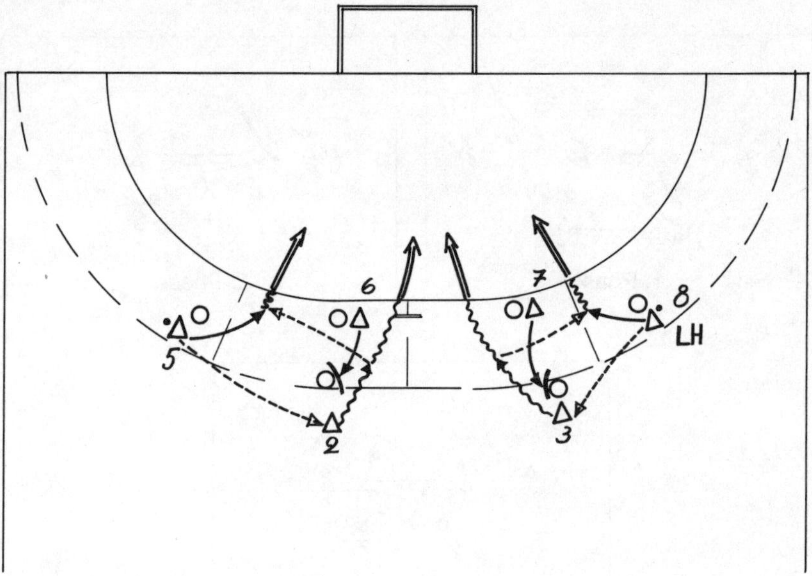

Rechte Seite: 3 zu 8, 7 sperrt, 8 zu 3, 3 zu 8, 8 gibt Rückhandpaß zu 7 (Abb. 538).

Spielzug

Linke Seite

2 zu 5, 5 zu 2, 6 läuft Sperre; 2 zu 5, 5 im RHP zu 6.

Rechte Seite

3 zu 8, 8 zu 3, 7 läuft Sperre; 3 zu 8, 8 im RHP zu 7 (Abb. 539).

4:2-Abwehrformation

Bei der 4:2-Abwehrformation kann man von 2 Abwehrreihen sprechen. Dabei stehen die beiden vorgezogenen Spieler der ersten Abwehrreihe in Höhe der Freiwurflinie, während die beiden Außenstehenden die Torraumlinie nicht verlassen. Diese Abwehrformation wird meistens angewendet, um gute Fernschützen abzublocken. Dadurch wird es für den Angriff schwer, Tore aus der zweiten Reihe zu werfen. Die angreifende Mannschaft muß nun versuchen, den Aktionsradius der beiden vorgezogenen Spieler zu verkleinern oder sie für kurze Zeit in ihrer Abwehraktion ganz auszuschalten. Dies wird vor allem durch die Sperre möglich. Außerdem entstehen am Kreis Lücken, da die 4 Abwehrspieler nicht die ganze Fläche ausnützen können. Auf diesen Erkenntnissen muß man die Spielzüge aufbauen.

Abb. 541

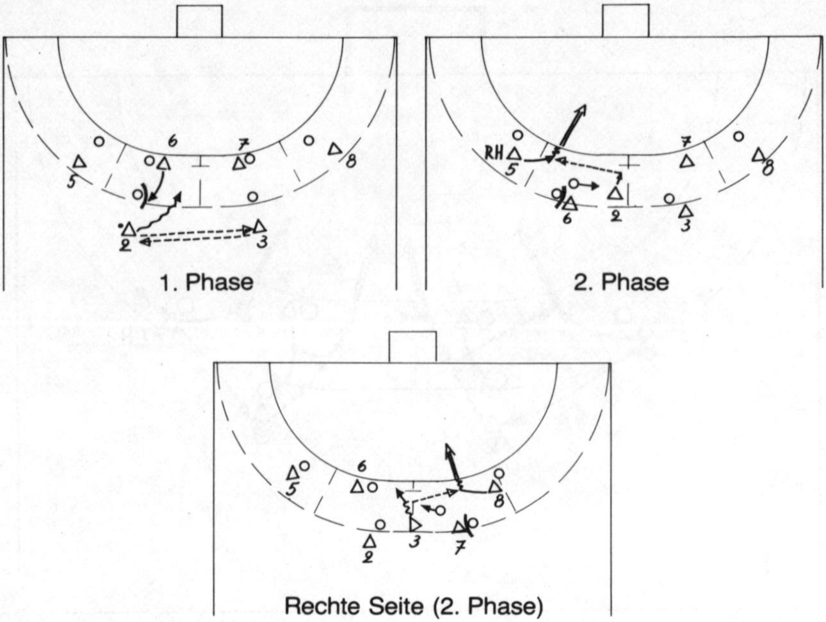

Spielzug Nr. 1: ,,Sperre eines vorgezogenen Spielers"

Komplexübungen

3 Angriffs- und 3 Abwehrspieler; 5 zu 2, 6 läuft Sperre, 2 läuft am Abwehrspieler vorbei. Entweder wirft er selbst oder spielt den Ball zu 5.
Rechte Seite: 8 zu 3, 7 läuft Sperre, 3 läuft am Abwehrspieler vorbei. Entweder wirft er selbst oder spielt den Ball zu Nr. 8 (LH) (Abb. 540).

Spielzug

2 zu 3, 6 sperrt, 2 erhält den Ball von 3; wirft entweder selbst oder spielt zu 5. Weitere Möglichkeit: Nr. 6 setzt sich nach Sperre ab und erhält den Ball von 2 gespielt.

Rechte Seite: 3 zu 2, 7 sperrt, 3 spielt zu 8 oder 7 (Abb. 541).

Spielzug Nr. 2: ,,Kleines Abräumen"

Komplexübung

Jeweils 3 Angriffs- und 3 Abwehrspieler; Ball pendelt zwischen 5 und 2 und 3 und 8. Spieler 6 und 7 laufen zur Sperre nach außen. In diesem Augenblick laufen 5 und 8 herein und erhalten von 2 und 3 den Ball. Gehen die Abwehrspieler mit, so spielt man den Ball zu 6 und 7 (Abb. 542).

Abb. 542

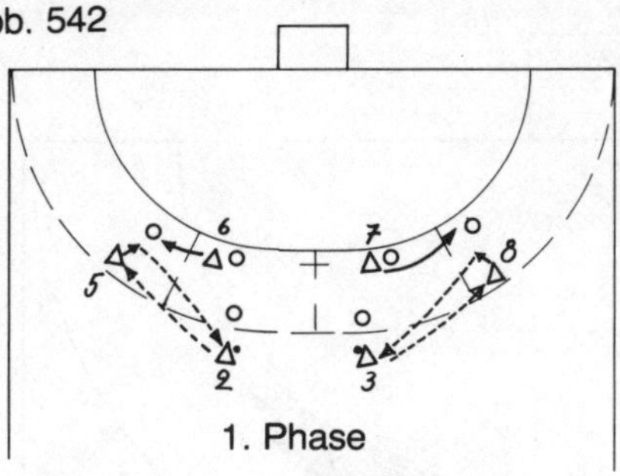

1. Phase 2. Phase

Spielzug

Linke Seite: 2 zu 5, 6 sperrt, 5 zu 2; 5 läuft nach innen und erhält den Ball von 3 zugespielt. Ist 5 gedeckt, löst sich Nr. 6 aus der Sperre und wird angespielt.

Rechte Seite: 3 zu 8, 7 läuft Sperre, 8 zu 3. 8 läuft nach innen und erhält den Ball von 2 zugespielt, Variation wie oben (Abb. 543).

Falls es Nr. 6 nicht gelingt, den Abwehrspieler auf Außenposition zu sperren, ist dies das Startzeichen für Nr. 3. 3 spielt 2 an, erhält den Ball von 2 zurück. In diesem Moment läuft 6 eine Sperre, und 3 kommt auf außen zum Wurf (Abb. 544).

Abb. 543

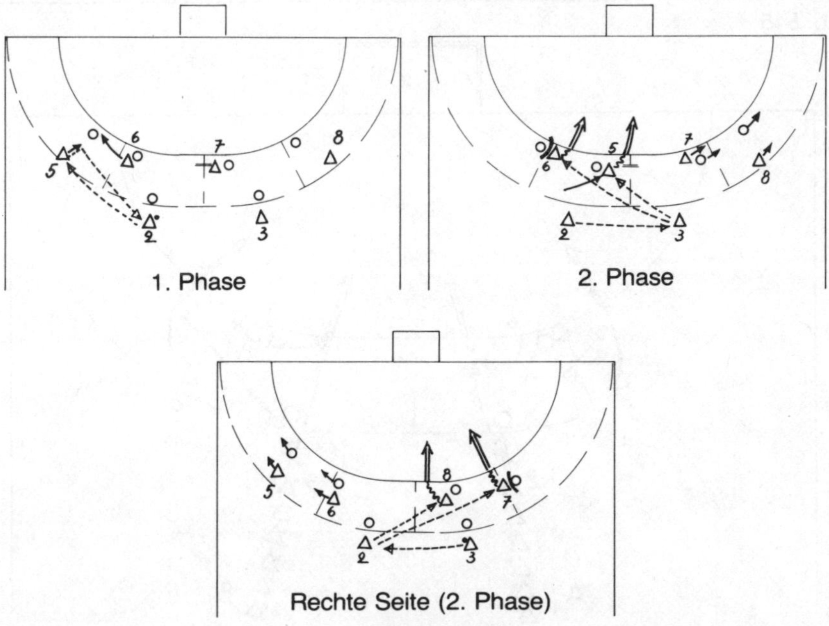

1. Phase 2. Phase

Rechte Seite (2. Phase)

Abb. 544

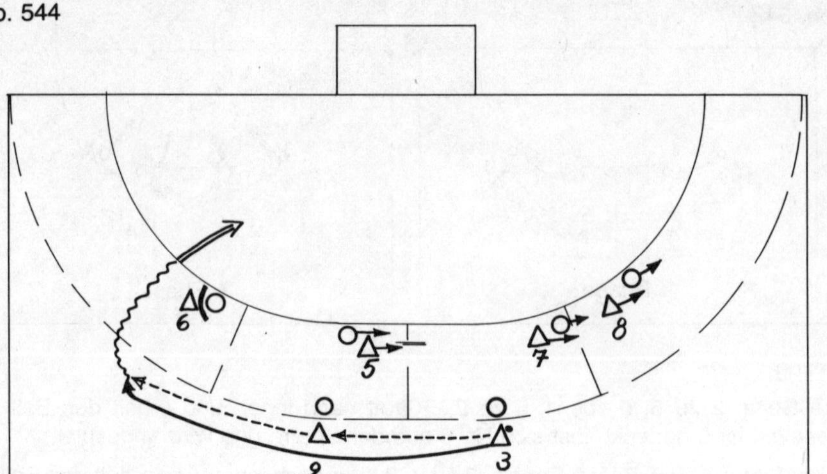

Variationsmöglichkeit

Abb. 545

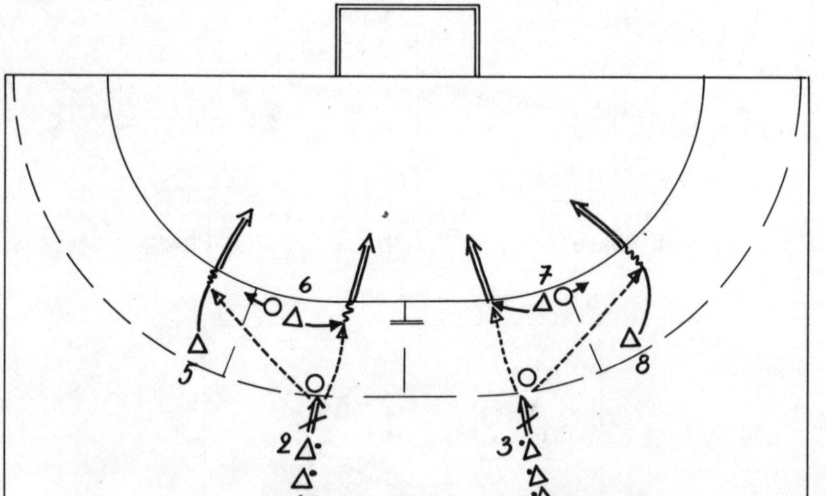

Abb. 546

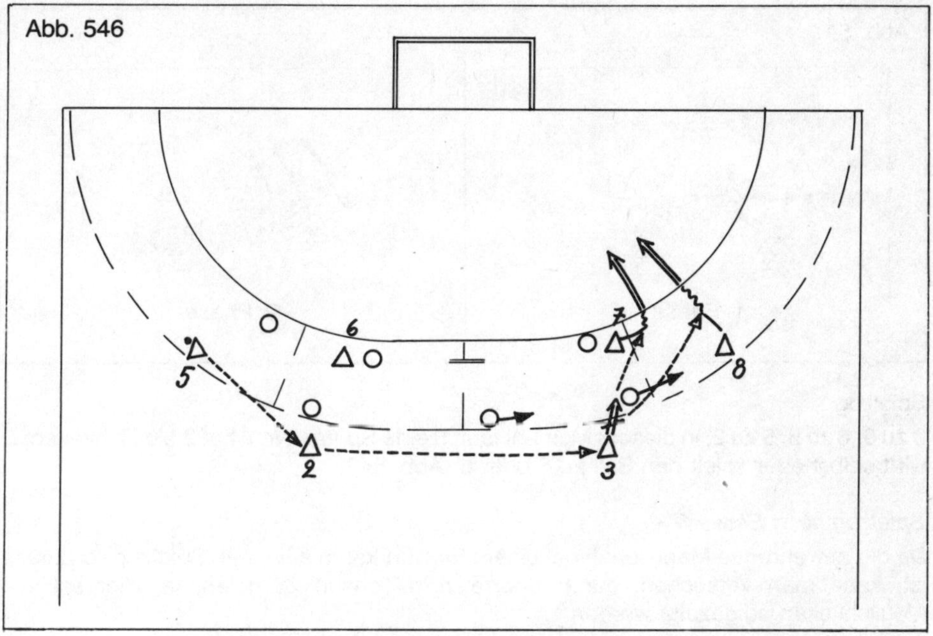

3:3-Abwehrformation

Diese Abwehrformation wird bei uns selten angewendet. Sie verlangt von jedem Abwehrspieler eine enorme Einzelarbeit, da man sehr häufig auf eine Manndeckung umschalten muß. Die Abwehrspieler müssen läuferisch und technisch gut ausgebildet sein, um die großen Entfernungen schnell zu überwinden. Die Schwäche dieser Abwehrformation liegt auf den Außenpositionen und am Kreis. Deshalb werden die Spielzüge auf diese Schwächen ausgerichtet.

Spielzug Nr. 1: „Überzahl auf rechts und links"

Komplexübungen

2 Gruppen A und B; Spieler 6 und 7 am Kreis, 5 und 8 auf Außenposition. Nr. 2 und 3 werden nah gedeckt. Nach Wurfantäuschung von 2 und 3 lösen sich 6 und 7 von ihren Abwehrleuten. Dadurch werden 5 und 8 frei zum Anspiel (Abb. 545).

Spielzug

5 zu 2, 2 zu 3, 3 täuscht Wurf an, in diesem Moment setzt sich 6 nach links ab, und Nr. 3 kann entweder 8 oder 7 anspielen (Abb. 546).

Spielzug Nr. 2: „Sperre eines vorgezogenen Spielers"

Komplexübung

Hier können die Komplexübungen von Spielzügen gegen eine 4:2-Abwehrformation verwendet werden.

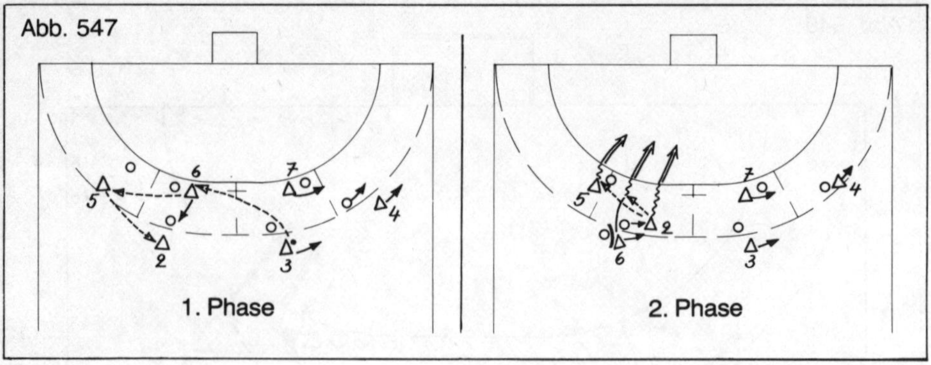

Spielzug

3 zu 6, 6 zu 5, 5 zu 2; in diesem Moment läuft 6 eine Sperre. Nr. 2 hat 2 Möglichkeiten: Er wirft selbst oder spielt den Ball zu 5 oder 6 (Abb. 547).

Spielzug nach Einwurf

Da die abwehrende Mannschaft bei einem Einwurf kaum auf einen Spielzug vorbereitet ist, kann man versuchen, durch Sperre zum Torwurf zu gelangen. Hier sollen 2 Möglichkeiten aufgezeigt werden.

Torwurf durch Sperren einer Gasse

1 führt Einwurf aus, spielt zu 2; in diesem Moment laufen 6 und 5 eine Sperre, wodurch eine Gasse entsteht, in die 1 nach Erhalt des Balles von 2 hereinstößt (Abb. 548).

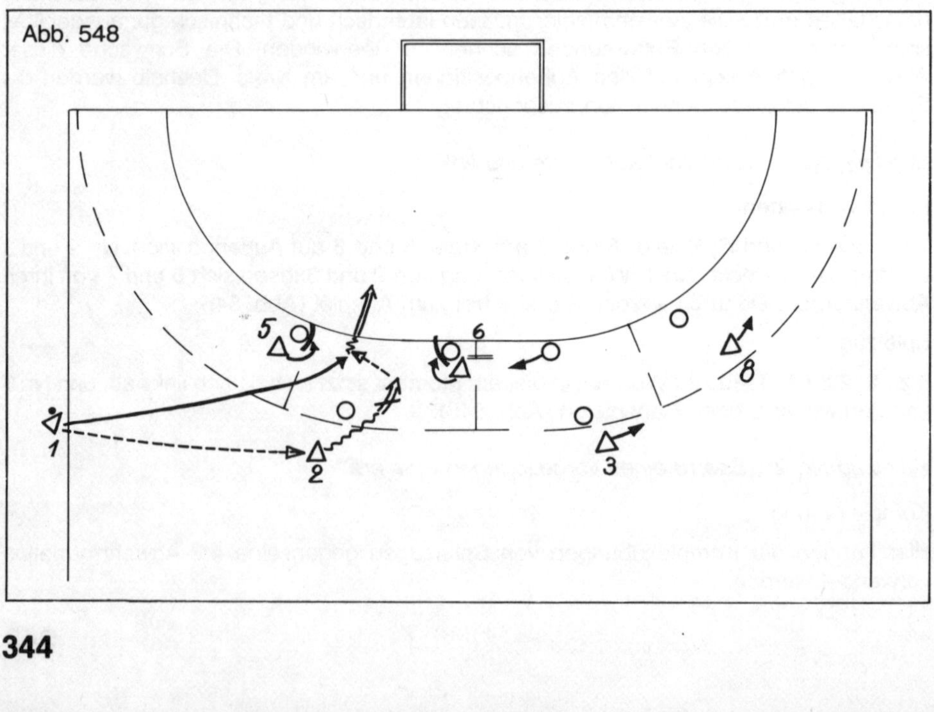

Abb. 549

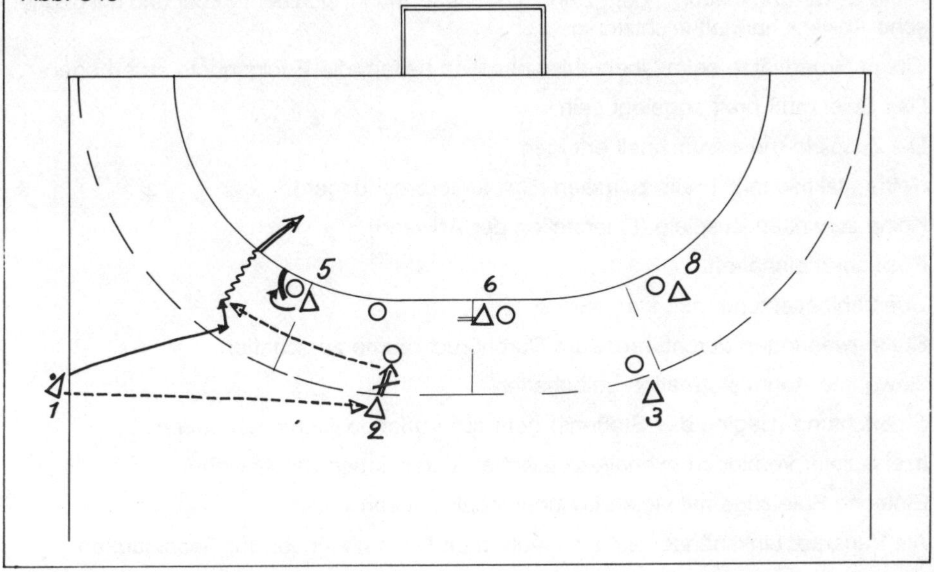

Torwurf durch Außensperre

1 zu 2, 2 täuscht Sprungwurf an; 5 läuft eine Außensperre, und 1 erhält von 2 den Ball und wirft (Abb. 549).

e. Angriff in Über- und Unterzahl

Der Schiedsrichter hat das Recht, bei Verstoß gegen gewisse Regeln, den Spieler für 2 Minuten oder ganz des Feldes zu verweisen. Für die angreifende Mannschaft ergeben sich daraus 2 Möglichkeiten:

Der Spieler der gegnerischen Mannschaft wird hinausgestellt, folglich ergibt sich eine Überzahl 6:5 für den Angreifer.

Der Spieler der eigenen Mannschaft wird des Feldes verwiesen, folglich 5:6 Unterzahl für den Angriff.

Angriff in Überzahl

In den letzten Jahren ist ein interessantes Phänomen aufgetreten. Bei Auswertungen von Überzahl- und Unterzahlangriffen hat sich gezeigt, daß der Prozentsatz der erfolgreichen Überzahlangriffe immer mehr im Fallen begriffen ist. Der Grund ist darin zu suchen, daß für den Angreifer in Überzahl ein psychischer Druck (Leistungszwang) entsteht, der noch durch die Erwartungshaltung der Zuschauer verstärkt wird. Sie haben die 2 Minuten „im Rücken", es „muß" ein Tor erzielt werden, und die Folge davon sind unüberlegte Aktionen, wobei meistens die Vorbereitungsphase fehlt. Genau umgekehrt verhält es sich mit dem Angreifer in Unterzahl. Er kann gelöst spielen, der Zuschauer hat keine Erwartungshaltung, der „Dennoch-Effekt" macht sich bemerkbar und die gegnerische Abwehr handelt leichtsinnig.

Einige Grundsätze beim Überzahlspiel sollen helfen, die Erfolgsquote zu erhöhen:

Das Spiel muß breit angelegt sein.

Die Zuspiele müssen schnell erfolgen.

Keine „taktischen" Fouls zulassen (Spielunterbrechungen).

Keine zu weiten Zuspiele (Querstellen der Abwehr!).

Positionen einhalten.

Überzahlbesetzung muß klar sein.

Stoßbewegungen durchführen, um Durchbruchräume zu schaffen.

Gewohnte Angriffsformation beibehalten.

Stoßrichtung (Beginn des Stoßens) geht auf Außenposition nach außen.

Kreisspieler verhindert schnelles seitliches Verschieben der Abwehr.

Einfache Spielzüge mit vielen Lösungsmöglichkeiten.

Als Variante: Linkshänder auf Linksaußen und Rechtshänder auf Rechtsaußen

Angriffsformation 3:3 oder 2:4 (4:2)

Abb. 550

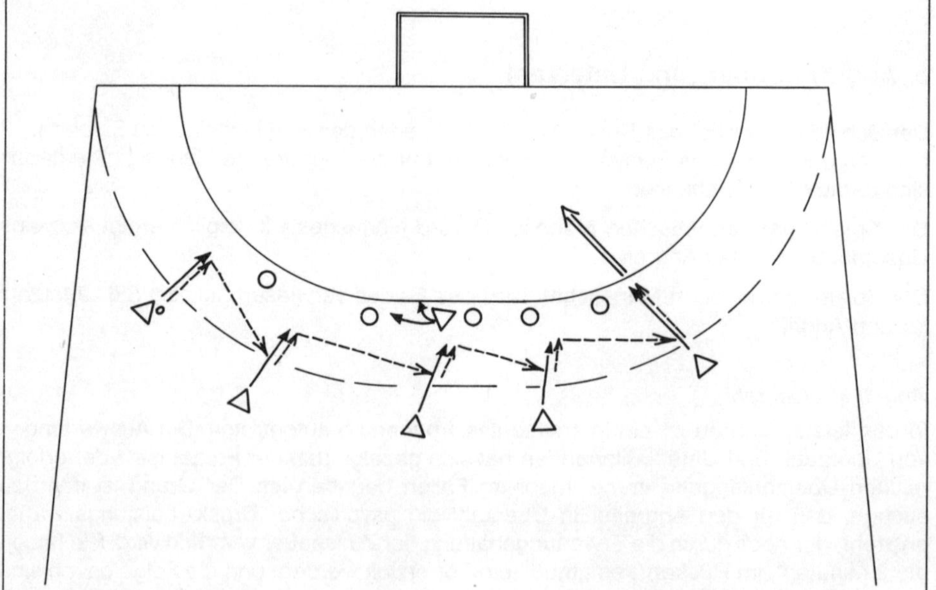

Die Abwehr wird in einer 5:0 (4:0)-Formation abwehren, seltener 4:0+1 oder 3:0+1. Durch diese Abwehrformation ergeben sich vor allem Lücken auf den Außenpositionen, die natürlich die Abwehr durch schnelles Verschieben auszugleichen versucht. Deshalb muß der Angriff sehr schnelle Ballwechsel mit Stoßen spielen, um zum Erfolg zu kommen. Die Angriffsformationen können 3:3 oder 2:4 sein. Wichtig ist hierbei die Wiederholung der Gruppenarbeit mit Stoßen.

Angriffsformation 3:3

Durch schnelles Stoßen, beginnend auf der Außenposition, versucht man, den Rechtsaußen oder Linksaußen frei zu bekommen. Der häufige Fehler ist auch hier wieder ein zu schneller Abschluß. Untersuchungen des Autors haben gezeigt, daß zum Beispiel Bundesligamannschaften im Schnitt nach 25 sec den Überzahlangriff zum erstenmal abgeschlossen haben.

Der Ballwechsel von links nach rechts sollte mindestens 3- bis 4mal erfolgen, ehe ein Wurf erfolgt. Wichtig ist auch hierbei, daß die Zeit des Überzahlspiels von der Trainerbank durchgegeben wird. Bleibt die Abwehr trotz Stoßens defensiv, so muß natürlich nach einer gewissen Zeit geworfen werden. Wird der Kreisspieler flüchtig gedeckt, erhält er den Ball zugespielt.

Möglichkeiten

Stoßen in der 3:3-Angriffsformation (Abb. 550).

Anspiel an den Kreisspieler (Abb. 551).

Abb. 551

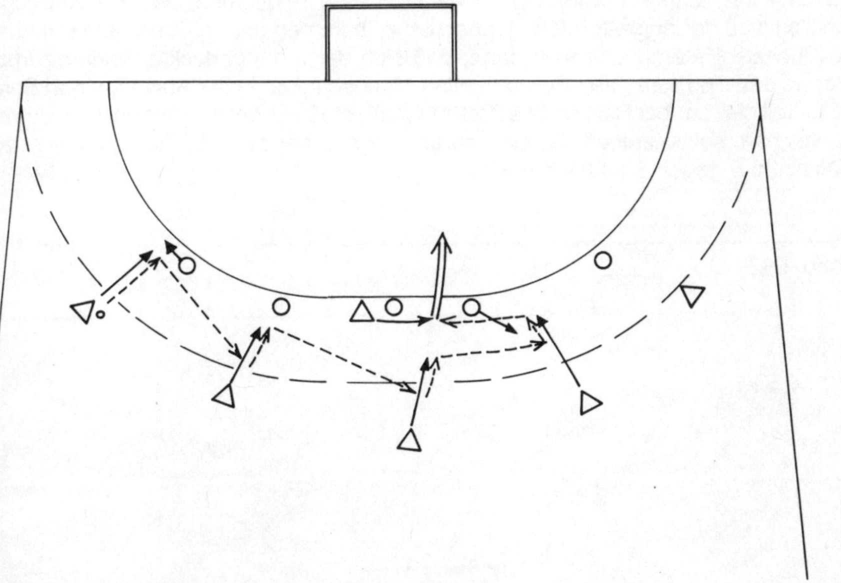

Angriffsformation 2:4

Bei dieser Angriffsformation werden die Abwehrspieler stark am Kreis gebunden. Dadurch ergeben sich häufig Lücken für die Rückraumspieler. Treten die Abwehrspieler heraus, können die Kreisspieler angespielt werden (Abb. 552).

Angriff in Unterzahl

Beim Angriff in Unterzahl richtet sich die Taktik nach dem jeweiligen Ergebnis bzw. der Zeit. Man kann hierbei folgende Möglichkeiten unterscheiden:

Angreifende Mannschaft liegt nach Toren vorne

Hier wird der Angreifer versuchen, im Rahmen der Regeln ein ,,Sicherheitsspiel" aufzuziehen und nur bei sehr guten Torchancen zu werfen.

Angreifende Mannschaft liegt nach Toren im Rückstand

Hier müssen wiederum folgende Möglichkeiten unterschieden werden:

Im Verlauf des Spiels
Kurz vor Schluß

Im Verlauf des Spiels

Trotz des Torerückstandes darf der Angreifer nicht in eine Panikstimmung geraten. Er muß versuchen, so offensiv wie möglich zu spielen und seine Schützen aus der 2. Reihe einzusetzen. Die Würfe dürfen allerdings nur bei guten Torchancen erfolgen. Jeder Ballverlust infolge Unterzahl bedeutet für die gegnerische Mannschaft ein Tor mehr. In Unterzahl erzielte Tore zählen praktisch doppelt.

Häufig geht die Abwehr in der Überzahl dazu über, den entscheidenden Spieler (Spielmacher, starker Werfer, . . .) in Manndeckung zu nehmen. Dadurch versuchen sie, den Spielfluß der angreifenden Mannschaft zu hemmen und zu überhastetem Abspielen zu verleiten. Es empfiehlt sich dann, daß sich der manngedeckte Spieler zurückzieht oder an den Torraum geht. Ferner stellen Mannschaften in der Abwehr einen Spieler an die Mittellinie, um bei Ballbesitz sofort im Gegenstoß werfen zu können. Die angreifende Mannschaft sollte keinen Spieler zurückziehen, sondern die dadurch entstandene Gleichzahl 5 gegen 5 taktisch nützen.

Abb. 552

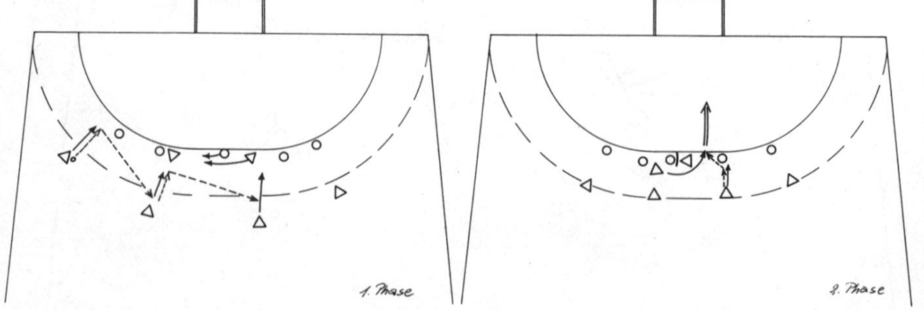

Kurz vor Schluß

Hier muß die angreifende Mannschaft den Torerückstand so schnell wie möglich aufholen. Liegt die Mannschaft nur mit einem Tor im Rückstand, so wird sie, um eventuell ein Unentschieden zu retten, bis kurz vor Schluß spielen und dann den aussichtsreichsten Werfer einsetzen. Liegt eine Mannschaft mit 2–3 Toren im Rückstand, müssen die Würfe im Rahmen des Möglichen vermehrt werden.

f. Freiwürfe

Der Freiwurf ist heute zu einem taktischen Mittel geworden. Leider verstehen es nur wenige Mannschaften, dieses Mittel voll auszuschöpfen. Nachdem sich bei Olympischen Spielen und Weltmeisterschaften durch Auswertung feststellen ließ, daß häufig die Rangfolge in der Tabelle und im Foulspiel ungefähr gleich war, versuchte man dies auszuwerten. Man kam zu folgenden Ergebnissen:

Man darf ungestraft ein Foulspiel begehen, da der Gegner den Freiwurf nicht verwerten kann.

Es sind nur wenige Freiwurfvarianten bekannt, so daß der Gegner sich sehr schnell darauf einstellen kann.

Meistens werden Freiwurfvarianten auf halblinker Position durchgeführt. Dies gibt dem Gegner die Möglichkeit, die Fouls auf bestimmten Positionen zu polarisieren.

Welche Forderungen werden an eine Freiwurfvariante als taktisches Mittel gestellt?

Die Freiwurfvariante muß verschiedene Lösungswege offenlassen.

Die Mannschaft muß Freiwurfvarianten auf halblinker, mittlerer und halbrechter Position ausführen können.

Sie sollte auf jeder Position mindestens 2 Varianten beherrschen, um die Abwehrspieler zu täuschen.

Die Art der Variante richtet sich vor allem nach dem Spielermaterial.

Man sollte keine direkten Freiwürfe ausführen.

Der Werfer hinter der Zweier- oder Dreiergruppe muß gefährlich sein.

Bewegungsgrundsätze beim Freiwurf

Je nach Abwehrformation werden die Positionen besetzt. Die Angriffsreihe muß weit auseinandergezogen sein, um die Abwehrspieler vom Ort des Geschehens abziehen zu können.

Nach Abspiel bewegen sich alle Spieler entsprechend der spieltaktischen Absicht im richtigen zeitlichen Ablauf (Timing).

Die Sperre muß regelgerecht durchgeführt werden.

Der Ballbesitzer täuscht Sprungwurf an und zieht die Aufmerksamkeit der Abwehr auf sich.

Beim Hochsteigen zum Wurf läuft der vorher bestimmte Werfer in die Abwehrlücke.

Die restlichen Spieler verhalten sich „raumentlastend".

Abb. 553

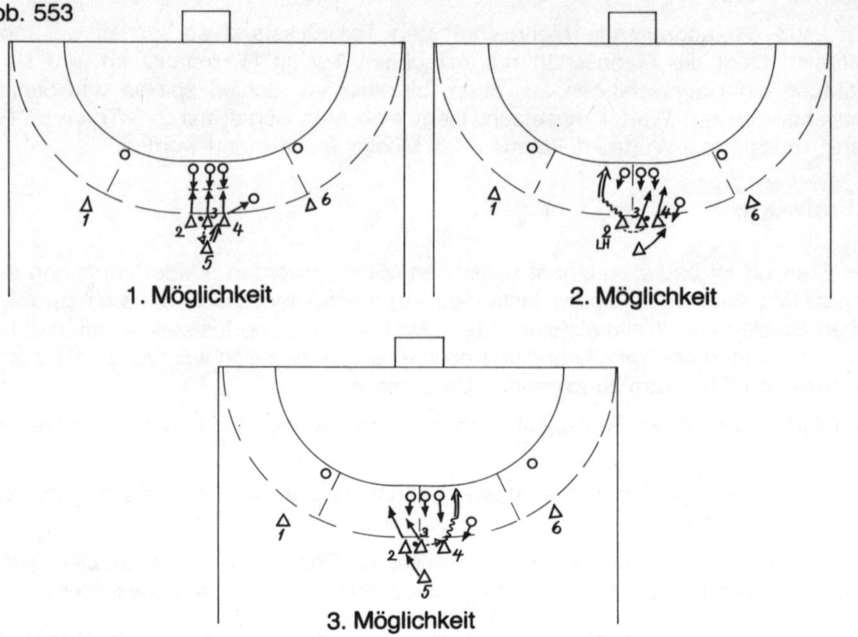

Bei der Ausführung von Freiwürfen spricht man nicht von Spielzügen, sondern von Freiwurfvarianten. In diesem Teil kann man natürlich nur einige wenige aufzeigen, und sie sollen Anregungen zum Weiterentwickeln geben.

Einfache Freiwurfvarianten

Bei den hier gezeigten 3 Möglichkeiten werden 3 Spieler zum Wurf gebracht. Entweder wirft Nr. 5 über die Abwehr oder 2 und 4 durch Schlagwürfe hüfthoch. Die restlichen Spieler bilden eine Mauer und sperren dem Schützen den Weg frei (Abb. 553).

Freiwurfvarianten über mehrere Stationen

Außenspieler kommt zum Wurf

2 zu 4; Spieler 1, 2 und 3 laufen schräg nach innen zum Kreis, 4 täuscht Sprungwurf an, spielt zu 5 (Wurfantäuschung), Ball zu 6 und Wurf (Abb. 554).

Sperren einer Gasse

Der Rückraumspieler kann Links- oder Rechtshänder sein. Zuspiel zum Rückraumspieler Nr. 4, Nr. 2 und 3 laufen je eine Sperre am Torraum. Das Zuspiel kommt nach angetäuschtem Sprungwurf zum Außenspieler Nr. 5, dieser stößt und spielt den Ball zum hereinlaufenden Spieler Nr. 1 (Abb. 555).
Variante: Wird Nr. 1 angegriffen, erfolgt der Paß nach außen.

Abb. 554

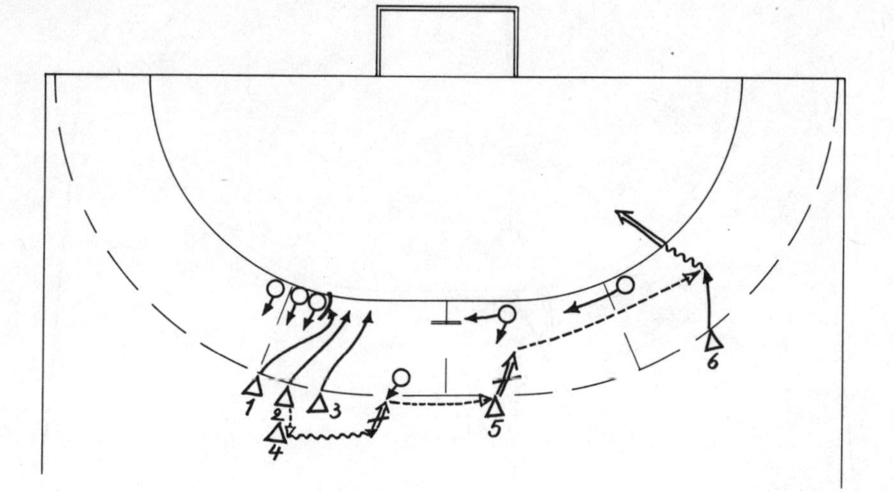

Sperre für Linkshänder

Ein LH in der Mitte. 2 spielt zu 4, 4 täuscht einen Sprungwurf an. 1 errichtet eine Sperre am Torraum, 2 (LH) erhält im Rückhandpaß den Ball von 4 und versucht zu werfen. Wird er angegriffen, erfolgt das Zuspiel nach außen (Abb. 556).

Abb. 555

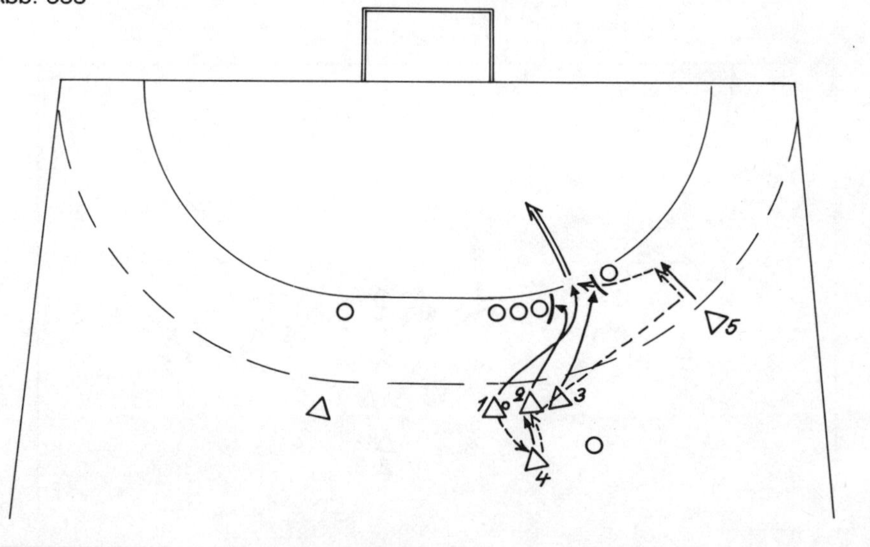

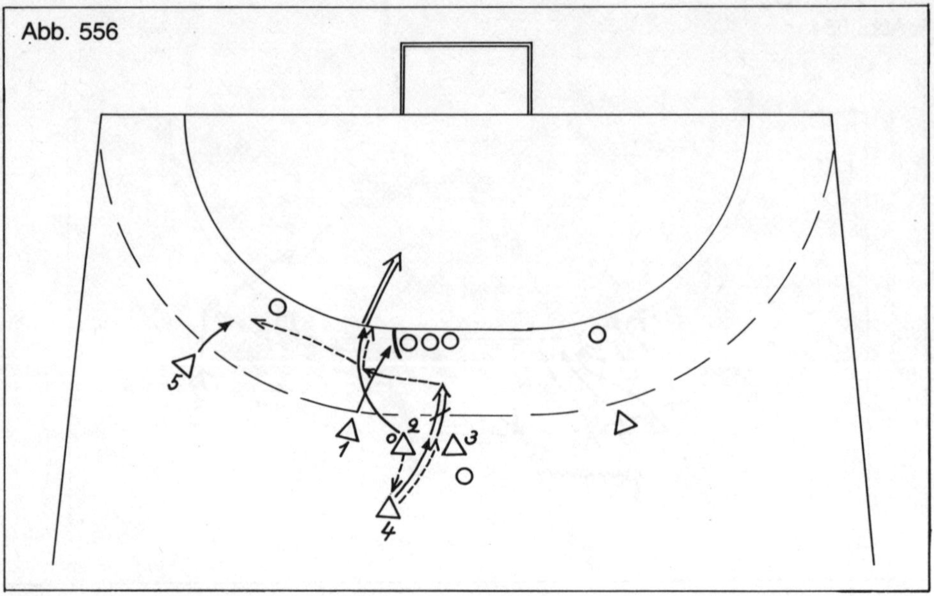

Sperre am Kreis mit Paß

3 zu 2, 4 läuft Sperre am Kreis, 3 geht in die Abwehr; 2 spielt zu 6, und 2 setzt sich nach rechts ab. 3 läuft in die entstandene Lücke und erhält von 6 den Paß (Abb. 557).

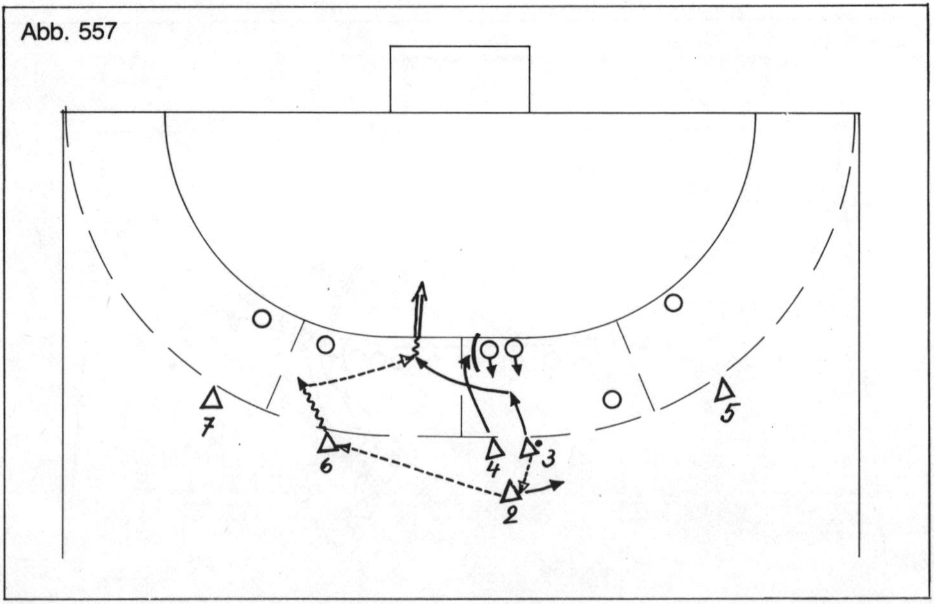

Regelwidrige Abwehr durch Stoßen – Strafwurf

D. Spielbeobachtung und Auswertung

I. Formen der Spielbeobachtung

II. Möglichkeiten der Auswertung

III. Formblätter

D. Spielbeobachtung und Auswertung

In den letzten Jahren hat sich auch bei uns die Erkenntnis durchgesetzt, daß die Spielbeobachtung zu einer festen Aufgabe des Trainers und seiner Helfer geworden ist. Sie verfolgt den Zweck, die Stärken und Schwächen der eigenen und gegnerischen Mannschaft festzuhalten und trainingsmäßig auszuwerten. Hierzu ist es dringend notwendig, daß sich der Trainer im Laufe der Zeit einen kleinen Stab von Beobachtern heranzieht, die diese Aufgaben übernehmen. Die Zielstellung der Spielbeobachtung sollte eindeutig, klar und zuverlässig sein. Man darf sich auf keinen Fall in Einzelheiten verlieren, sondern muß den Blick für das Ganze behalten.

Welche Möglichkeiten bietet die Spielbeobachtung dem Trainer?

1. Die Beobachtung der individuellen technischen, taktischen und konditionellen Leistung und die daraus resultierenden Rückschlüsse auf die Trainingsgestaltung.

2. Die Beobachtung der technischen und taktischen Leistung der Gruppe und der Mannschaft und die daraus resultierenden Rückschlüsse auf die Trainingsgestaltung.

3. Die Konzeption des Gegners in Angriff und Abwehr und die entsprechende Einstellung der Mannschaft.

4. Die Beobachtung veranlaßt den Spieler zu einem kritischen Überdenken seiner Leistung.

I. Formen der Spielbeobachtung

1. Die freie Spielbeobachtung

Diese Form der Spielbeobachtung ist leider immer noch die häufigste. Die flüchtigen Eindrücke, die der Trainer oder Beobachter vermittelt bekommt, lassen keinen nachhaltigen Eindruck zurück. Sie werden sehr schnell von Ereignis zu Ereignis überlagert. Die Effektivität ist gering.

2. Die schriftliche Spielbeobachtung

Sie umfaßt die graphische und schriftliche Beobachtung auf vorbereiteten Formblättern. Hierbei können Aktionen einzelner Spieler, Gruppen oder der ganzen Mannschaft festgehalten werden. Die Eintragungen erfolgen in Form von Strichen, Symbolen oder unter Verwendung der Code-Tafel. Diese Form gewährleistet eine gute Auswertung und kann laufend vervollständigt werden.

3. Die akustische Spielbeobachtung

Die entsprechenden Informationen werden auf Band gesprochen. Die chronologische Reihenfolge ist durch das Spielgeschehen festgelegt. Der Spielbeobachter kann hierbei dem Spielgeschehen folgen und erfährt keine Ablenkung durch Aufzeichnungen. Er muß allerdings anschließend viel Zeit aufwenden, um das akustisch gespeicherte Material auf Formblätter zu übertragen und auszuwerten. Eine Sofortinformation der Spieler ist kaum möglich.

4. Die Spielbeobachtung durch Film und Videoband

Der Film und die Videoaufnahme sind sicherlich am genauesten und erfassen nicht nur Einzelaktionen, sondern das ganze Spielgeschehen. Der Film wird aber für die meisten Vereine infolge der hohen Kosten nicht in Frage kommen, das Videoband mit Einschränkungen (4000–5000 DM). Wichtig ist beim Videorecorder die Qualität der Kamera und damit die Schärfe der Aufnahme. Ferner muß ein guter Standort gewählt werden. Die Erfahrung hat gezeigt, daß ein bloßes Abspielen des Bandes keine großen Erfolge zeitigt. Hier ist es dringend notwendig, bestimmte Szenen mehrmals ablaufen zu lassen oder die gleiche Szene bei Verwendung eines zweiten (!) Aufnahmegerätes ca. 8- bis 10mal hintereinander aufzunehmen. Somit kann der Spieler seinen Bewegungsablauf verfolgen und Angriffs- und Abwehrverhalten der eigenen und der gegnerischen Mannschaft überprüfen. Der Nachteil ist darin zu suchen, daß die Auswertung (Abspielen des Bandes) sehr viel Zeit in Anspruch nimmt.

Wir müssen bei unseren Mannschaften allerdings davon ausgehen, daß hauptsächlich die schriftliche Spielbeobachtung und mit Einschränkungen die Beobachtung mit dem Videorecorder praktiziert wird. Außerdem steht den Mannschaften nicht ein Stab von Beobachtern zur Verfügung, sondern häufig nur 1–2 geschulte Beobachter. Deshalb hat der Autor seine Auswahl von Formblättern auf das Mögliche beschränkt und unter dem Titel „Spielbeobachtung Hallenhandball – Formblätter für Trainer, Übungsleiter und Betreuer“ beim Verlag dieses Buches, der CD-Verlagsgesellschaft, herausgegeben. Die Spielbeobachtung auf diesen Formblättern ist mit keinem großen finanziellen Aufwand verbunden, leicht verständlich und kann mit 1 bis 2 Helfern durchgeführt werden.

Ein Minimum an Aufwand, ein Maximum an Erfolg!

II. Möglichkeiten der Spielauswertung

A. Sofortauswertung

Hierbei ist es notwendig, daß der Beobachter mit auf der Auswechselbank oder in deren Nähe seine Aufzeichnungen macht. Durch schnelle Information (Polarisierung von Würfen, Abwehrschwächen . . .) an den Trainer können sofort entsprechende Anweisungen zu den Spielern durchgegeben werden.

Abb. 558

CODE: Tor-Felder

innerhalb – außerhalb – Latte – Pfosten

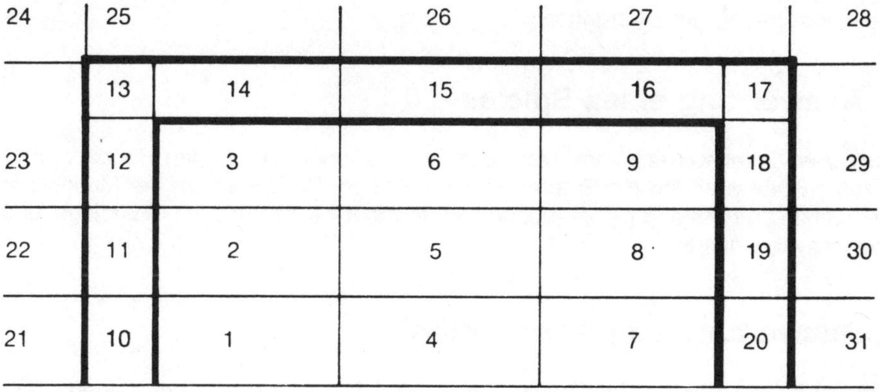

32 = Wurf in die Abwehr

CODE: Spielfeld-Felder

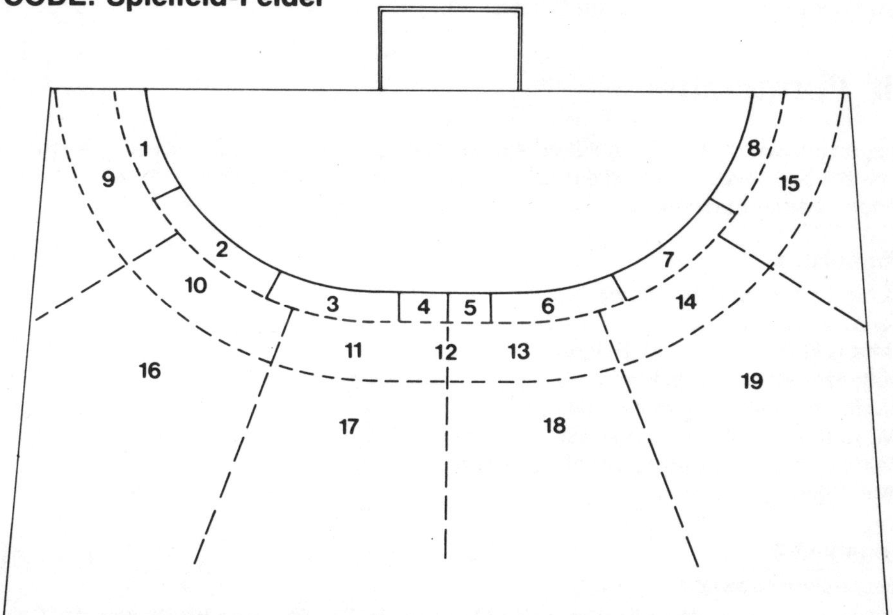

20 = Wurf aus gegnerischem Feld

21 = Wurf aus gegnerischem Torraum

Formblatt 1

B. Halbzeitauswertung

Durch kurze Information und Blick auf die Formblätter kann der Trainer die Schwächen und Stärken des Gegners und der eigenen Mannschaft erkennen. Dadurch wird es dann erst möglich, die Mannschaft für die zweite Halbzeit besser einzustellen und die freie Spielbeobachtung gut zu ergänzen.

C. Auswertung eines Spieles

Nach dem Spiel werden vom Trainer in Zusammenarbeit mit den Beobachtern die Bogen ausgewertet und die Ergebnisse festgehalten. Sie sollten bei der Mannschaftsbesprechung am Anfang (!) der Woche veröffentlicht werden und als Grundlage für den Wochenzyklus dienen.

D. Auswertung von Abschnitten

Dadurch ist es möglich, bestimmte Spieler und Mannschaften über längere Zeit zu beobachten und ein umfassenderes Bild zu erhalten. Hierbei kann man dann auch die Entwicklung der Leistung und damit Leistungsfortschritte oder -rückschritte erkennen. Angenehm für den Trainer ist auch das Zurückgreifen auf die Auswertung der Vorrunde oder der ganzen vergangenen Saison.

III. Formblätter

Insgesamt wurden 7 Formblätter ausgewählt, die sämtliche Bereiche in Angriff und Abwehr beinhalten. Sie sind einfach zu handhaben, und man kann sich sehr schnell mit ihnen vertraut machen.

Formblatt 1

Code für Tor- und Spielfelder
Torzone mit 9 Feldern
Latte und Pfosten mit 11 Feldern
Außenzone mit 11 Feldern
Würfe von der Torraumlinie mit 8 Zonen
Würfe aus der Nahwurfzone mit 7 Zonen
Würfe aus der Fernwurfzone mit 4 Zonen
(Abb. 558)

Formblatt 2

Beobachtungszweck

Anfertigung eines Wurfbildes mit der Möglichkeit, die Tor- und Wurffelder der Spieler festzulegen. Würfe aus verschiedenen Spielen sollten mit verschiedenen Farben eingezeichnet werden. Grobaussage über Position in Abwehr und Angriff und seine Stärken und Schwächen.

Abb. 559

Einzelspieler-Wurfbild und Positionsbild

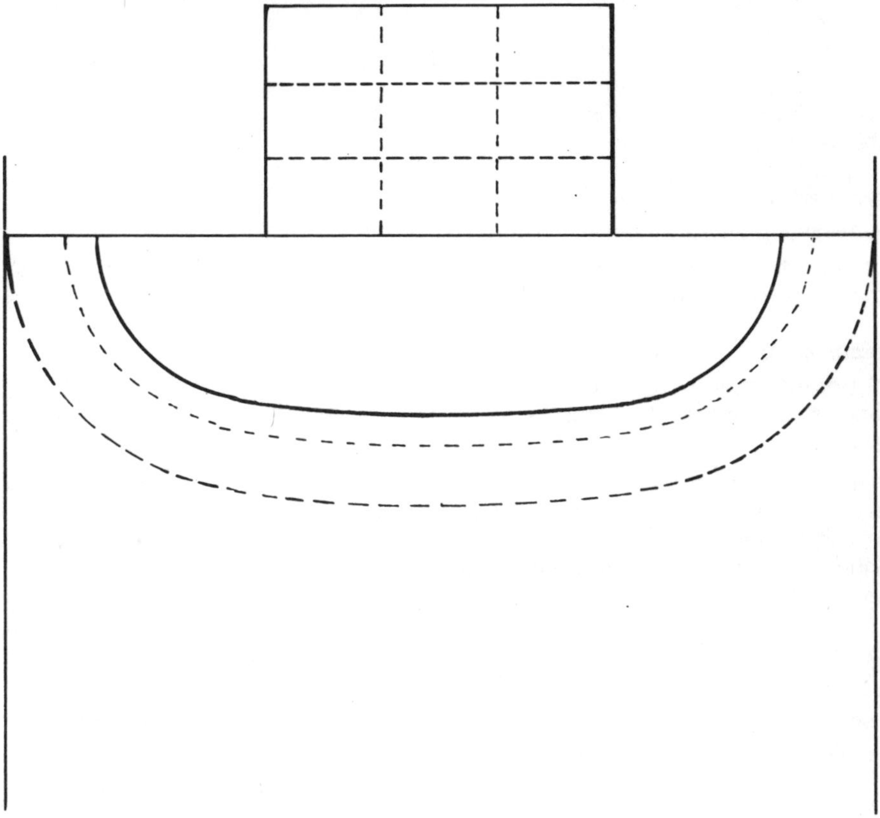

Name ______________________ Vorname ______________________

Verein ______________________

Position:

Abwehr ______________ Angriff ______________ Länderspiele/Auswahlspieler ______________

Stärken ______________________

____

Schwächen ______________________

____

Formblatt 2

Durchführung

Die Würfe werden vom Abwurfpunkt zum Tor mit einer Linie gezeichnet und am Ende mit Symbolen versehen.

+	Torerfolg
○	abgewehrt
–	vorbei
P	Pfosten
L	Latte
1, 2, 3	Reihenfolge der Würfe

(Abb. 559)

Formblatt 3

Beobachtungszweck

Aussage über das Abwehrverhalten einzelner Spieler und daraus resultierend über die Abwehrformationen der Mannschaft.

Durchführung

Bei Bemerkungen werden im oberen Teil die besonderen Merkmale der Abwehr im Mannschaftsverband hervorgehoben (z. B. „schieben nicht", „schlechtes Verständnis").

Ferner werden die besonderen Aktionen eines jeden Spielers in der Abwehr festgehalten und eingetragen. Nach einiger Zeit können dann die Positionen in der Abwehrformation mit Rückennummern eingetragen werden. Beim Wechsel der Abwehrformation können die restlichen Skizzen benützt werden.
(Abb. 560)

Formblatt 4

Beobachtungszweck

Aussage über das Angriffsverhalten einzelner Spieler und daraus resultierend über die Angriffsformen der Mannschaft.

Durchführung

Bei Bemerkungen werden im oberen Teil die besonderen Merkmale der Abwehr im Mannschaftsverband hervorgehoben (z. B. „schieben nicht", „schlechtes Verständnis").

Ferner werden die besonderen Aktionen eines jeden Spielers in der Abwehr festgehalten und eingetragen. Nach einiger Zeit können dann die Positionen in der Abwehrformation mit Rückennummern eingetragen werden. Beim Wechsel der Abwehrformationen können die restlichen Skizzen benützt werden.
(Abb. 561)

Abb. 560

Abwehr

Spiel ______ Datum ______

Beobachtete Mannschaft ______ Beobachter ______

Abwehrformation

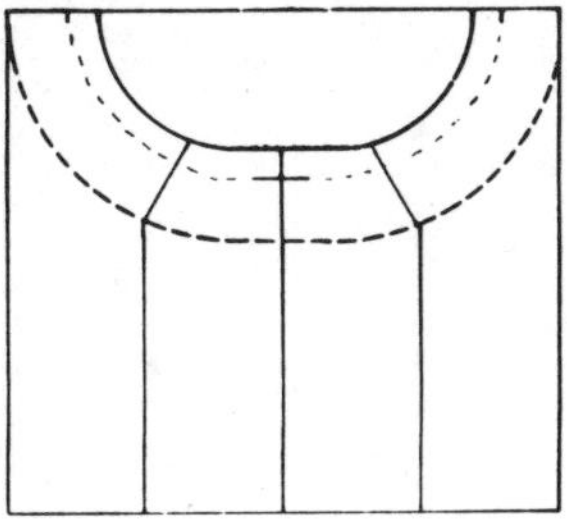

Abwehrformation

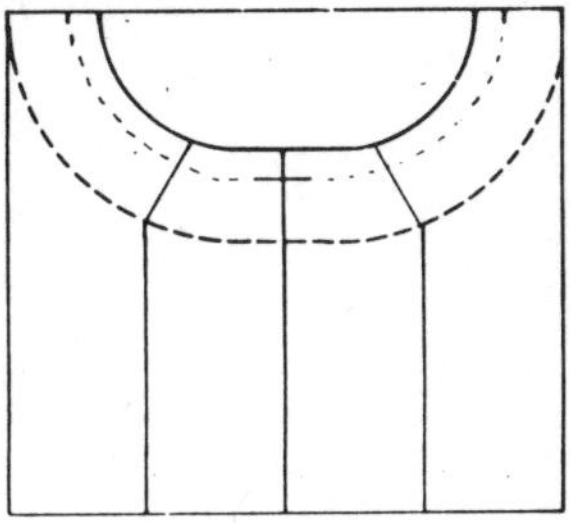

Abwehrformation

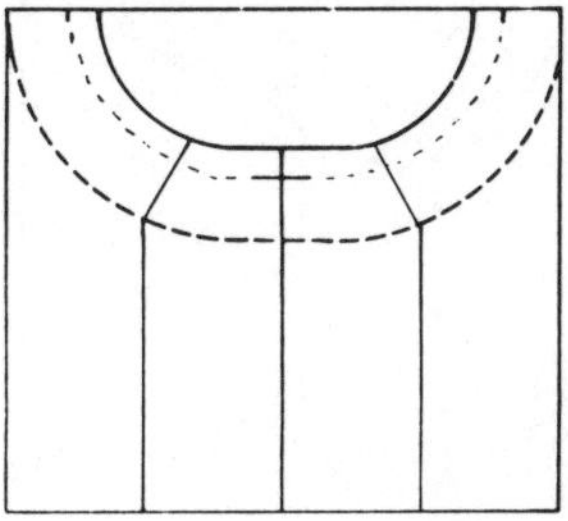

Bemerkungen

Nr.	Name	Bemerkungen

Abwehrverhalten der Mannschaft

Formblatt 3

Abb. 561

Angriff

Spiel ______________________________ Datum ______________

Beobachtete Mannschaft ______________________________ Beobachter ______________

Angriffsformation

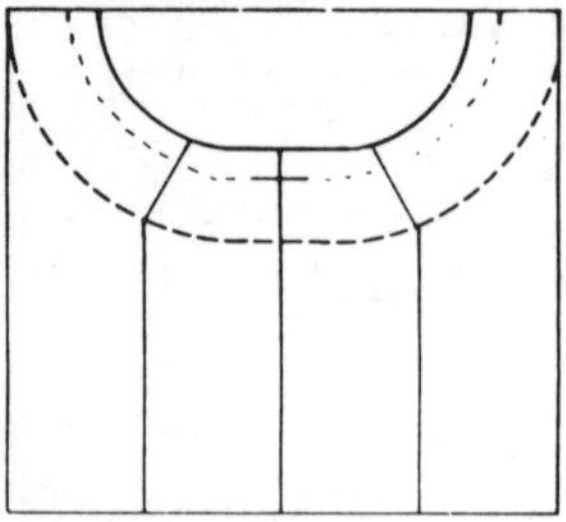

Angriffsformation

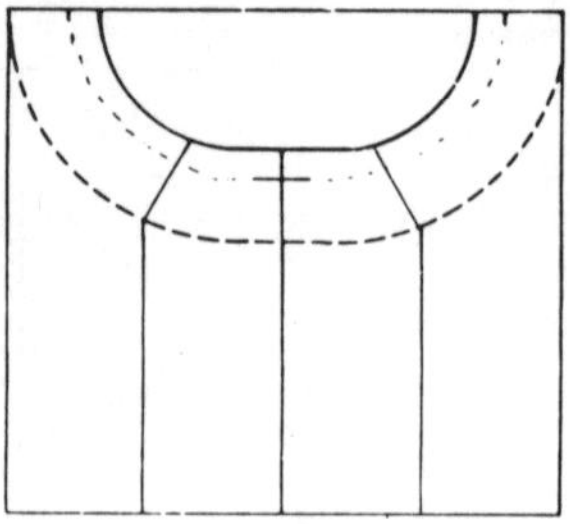

Angriffsformation

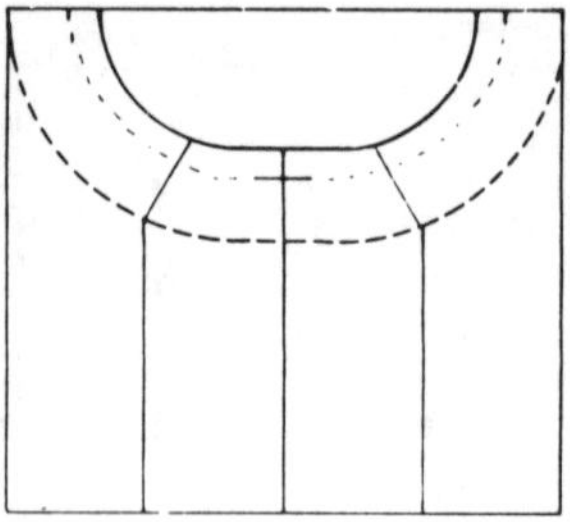

Bemerkungen

Nr.	Name	Bemerkungen

Angriffsverhalten der Mannschaft

Formblatt 4

Abb. 562

Torwart/Werfer

Spiel ____________________ Datum ____________________

Beobachtete Mannschaft ____________________ Beobachter ____________________

7 m

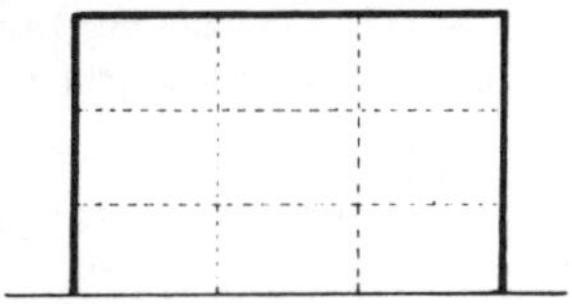

Werfer Nr.

7 m

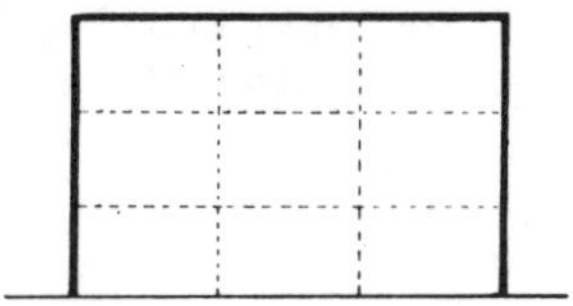

Werfer Nr.

7 m

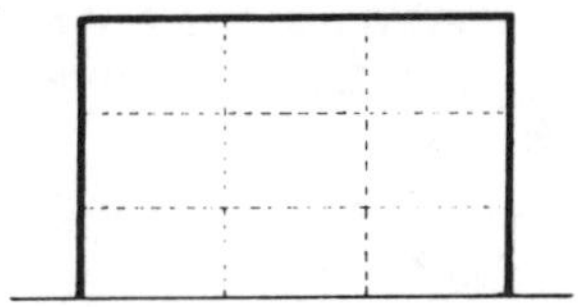

Werfer Nr.

Bemerkungen ____________________

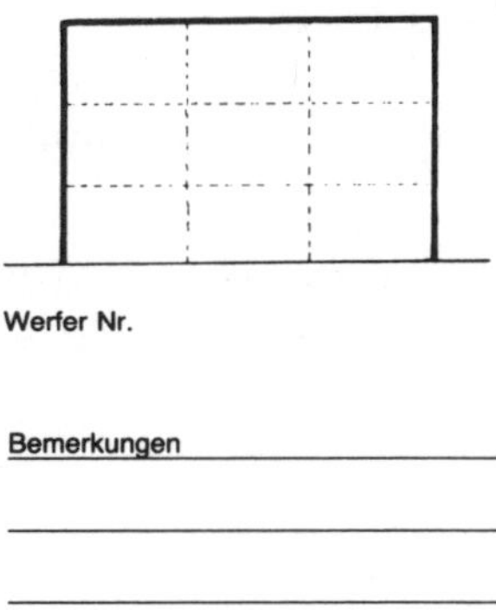

Werfer Nr.

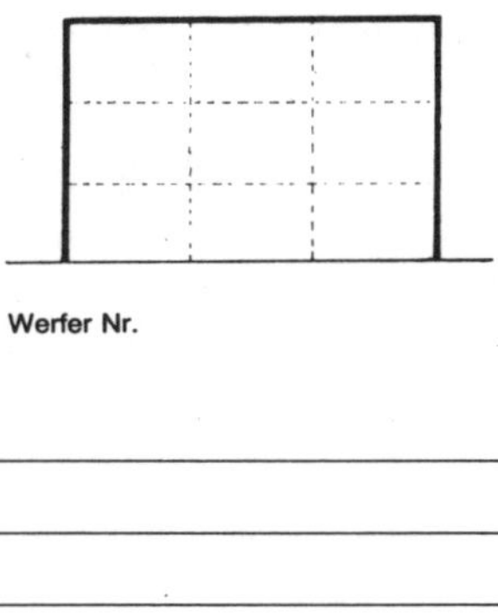

Werfer Nr.

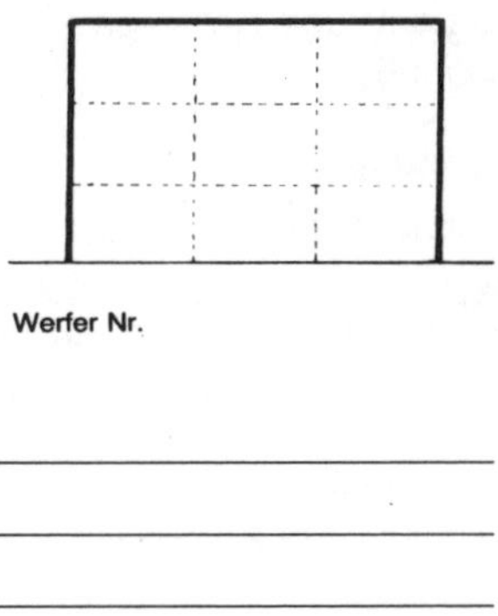

Werfer Nr.

Bemerkungen ____________________

Würfe von vorn ____________________

Würfe aus spitzem Winkel ____________________

Würfe aus dem Rückraum ____________________

Zusammenarbeit mit der Abwehr ____________________

Offensivverhalten ____________________

Formblatt 5

Formblatt 5

Beobachtungszweck

1. Aussage über die Ausführung eines Siebenmeterwurfes, Torzonen in chronologischer Reihenfolge.

2. Aussage über das Verhalten des Torwarts bei Würfen von bestimmten Positionen.

Durchführung

1. Jeder Werfer hat 6 Wurfbilder zur Verfügung. Torzonen werden genau vermerkt. Besondere Eigenschaften bei der Wurfausführung werden unter Bemerkungen registriert.

2. Das Verhalten des Torwarts bei Würfen aus verschiedenen Positionen wird festgehalten. Ferner kann die Zahl der Würfe notiert werden (gehalten, nicht gehalten).
(Abb. 562)

Formblatt 6

Beobachtungszweck

Spielsituationen können in ihren einzelnen Phasen notiert werden. Spielzüge werden nachgezeichnet.

Durchführung

Die Lauf- und Ballwege werden entsprechend dem Spielverlauf festgehalten.
(Abb. 563)

Formblatt 7

Beobachtungszweck

Angriffsphasen werden notiert, wobei der Gegenstoß und der erweiterte Gegenstoß zu unterscheiden sind. Außerdem können die Lauf- und Ballwege der Spieler auf allen Positionen festgehalten werden.

Durchführung

Die Lauf- und Ballwege werden entsprechend dem Spielverlauf festgehalten.
(Abb. 564)

An dieser Stelle verweisen wir auf den vom Autor dieses Buches entwickelten Formularblock „Spielbeobachtung Hallenhandball", der zur Beobachtung der individuellen technischen, taktischen und konditionellen Leistung der eigenen und gegnerischen Mannschaften und Spieler hervorragend geeignet ist. Er ist, wie das hier vorliegende Buch „Hallenhandball", bei der CD-Verlagsgesellschaft, Stuttgart, erschienen und ermöglicht Trainer, Coach, Übungsleiter und Betreuer eine schnelle und übersichtliche Spielbeobachtung. Der Block ist ein heute geradezu unersetzliches und notwendiges Hilfsmittel bei der Trainingsarbeit.

Abb. 563

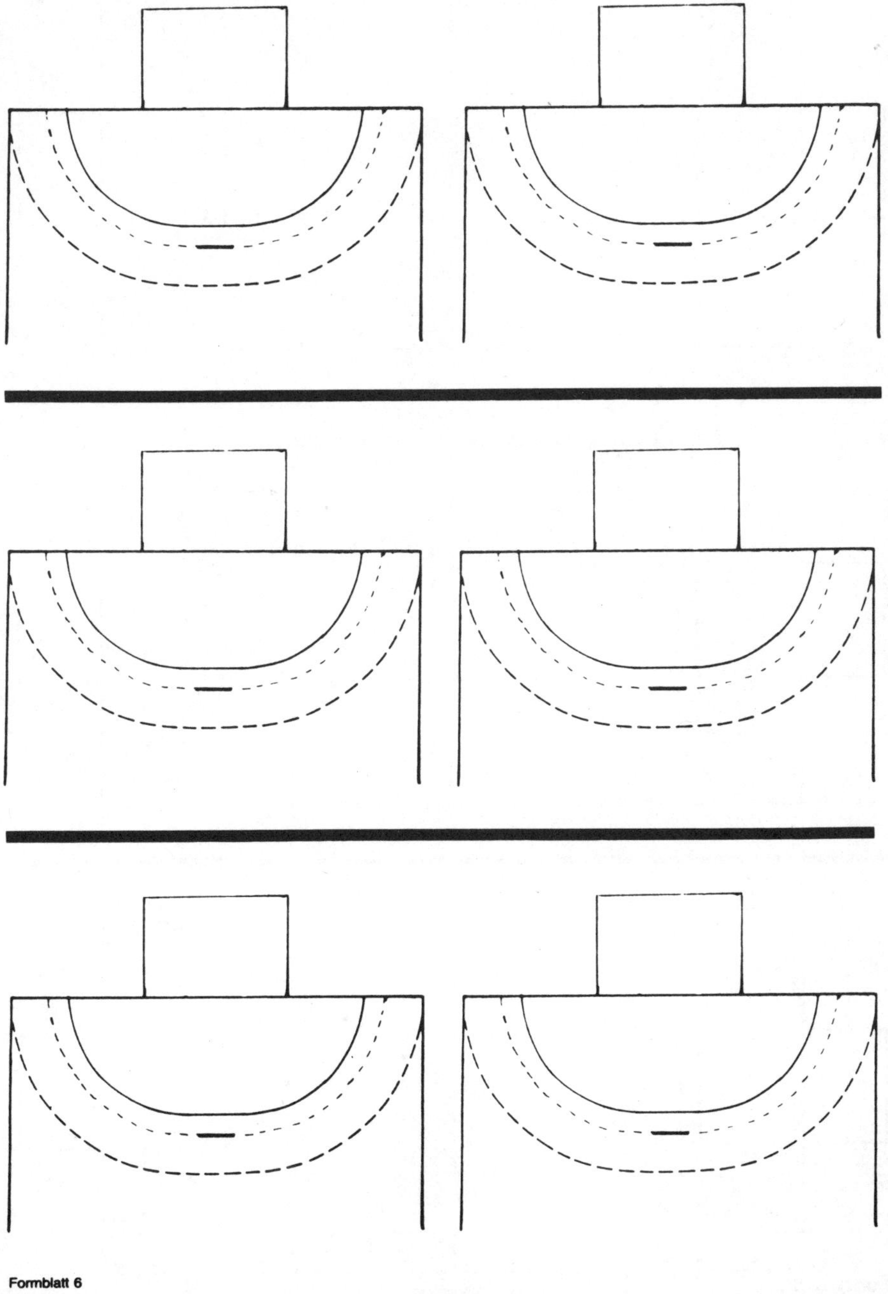

Formblatt 6

Abb. 564

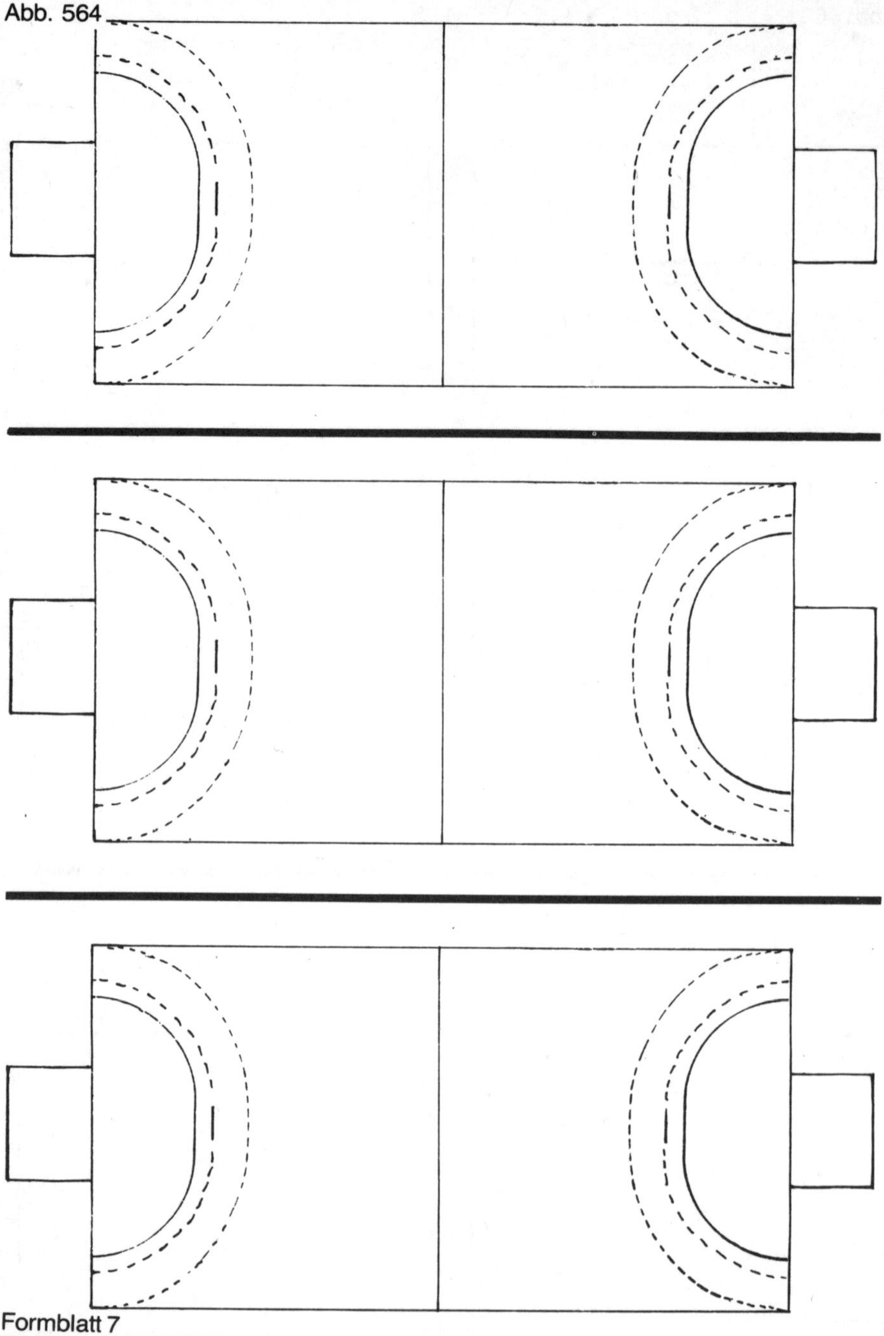

Formblatt 7

Vergebliche Torwartabwehr!

E. Planifizierung und Periodisierung des Trainingsprozesses

I. Was kann planifiziert werden?

II. Wovon ist die Planifizierung abhängig?

III. Wie wird die Planifizierung periodisiert?

E. Planifizierung und Periodisierung des Trainingsprozesses

Es ist heute kein Geheimnis mehr, daß der Erfolg einer Mannschaft weitgehend vom planmäßigen Trainingsaufbau in methodischer, pädagogischer und psychologischer Sicht abhängt. Die Trainingsplanung ist ein relativ junges Teilgebiet der Trainingslehre. Sie garantiert eine optimale Leistungsausschöpfung der Spieler zu bestimmten Zeiten. Sie ist, und dies muß man ganz besonders betonen, nur *ein* leistungsbestimmender Faktor von vielen. Allerdings wird der Trainer, der nur „von Woche zu Woche lebt", in Zukunft kaum mehr Erfolg verbuchen können. Der Handballspieler steht in einem *ganzjährigen* zyklischen Trainingsprozeß, und dies verlangt eine Planung von großen und kleinen Einheiten (Makro- und Mikrozyklen). Die Spielmannschaften haben dazu das Problem, daß sie fast an jedem Wochenende „spielen müssen". Der Individualsportler kann viel leichter planen, denn er kann seine Leistungshöhepunkte nach den Meisterschaften ausrichten (Regionale Meisterschaften, Deutsche Meisterschaften, Europameisterschaften).
Der Spieler muß außerdem wissen, warum und wofür er trainiert. Dies erlaubt dem Trainer eine Motivation über lange Zeiträume hinweg. Ferner sollte der Spieler an der Gestaltung des Programms in allen Perioden geistig beteiligt sein.
In der Bundesrepublik Deutschland gibt es bei niederklassigen Mannschaften noch das Problem des Feldhandballspiels. Jede Mannschaft, egal welche Klasse, muß sich darüber im klaren sein, wenn sie leistungsorientiert arbeitet, daß das Feldhandballspiel lange nicht das gehalten hat, was man sich davon versprach. Ein Hallentorwart sollte nie im großen Tor spielen, da er vollkommen andere Bewegungsabläufe durchführt. Auch die vielzitierte Laufschulung ist problematisch, da die Bewegungen in der Halle kurz und schnell sind, im Feldhandball dagegen in Richtung einer zyklischen Bewegung gehen. Durch die Kürzung der Vorbereitungsperiode muß die Mannschaft sehr viele Nachteile in Kauf nehmen, die kaum durch Vorteile aufgewogen werden.
Ein tägliches Training muß heute für die oberste Spielklasse gefordert werden. Bei keiner Mannschaft, auch nicht bei Jugendmannschaften, darf die Zahl der Trainingseinheiten unter 2 gehen. Die Nationalmannschaft hat gezeigt, daß mit intensiver Vorbereitung im Verein und in der Auswahl der Leistungsvorsprung der Ostblockstaaten abgebaut werden konnte und die Weltmeisterschaft 1978 errungen wurde. Außerdem hat Vlado Stenzel bestätigt, daß nicht nur die Erhöhung der Trainingseinheiten von Bedeutung ist, sondern vor allem die *Erhöhung der Intensität* und der damit verbundenen *Effektivität.*

Die Planifizierung wird in 3 Bereiche gegliedert und entsprechend in 3 Fragen abgefaßt:

I. Was kann planifiziert werden?

II. Wovon ist die Planifizierung abhängig?

III. Wie wird die Planifizierung periodisiert?

I. Was kann planifiziert werden?

1. Das Ziel der Mannschaft (Platz) am Ende der Saison.
2. Verbesserung der Kondition (Schnelligkeit, Ausdauer, Kraft, Gewandtheit).
3. Verbesserung der Spieltechnik.
4. Verbesserung der Spieltaktik.
5. Verbesserung der Einstellung des Spielers zum Spiel, zur Mannschaft, zum Schiedsrichter, zum Trainer und u. U. zum Publikum.

II. Wovon ist die Planifizierung abhängig?

Die Trainingsplanung richtet sich nach den äußeren Umständen, der psychischen und physischen Verfassung der Spieler.

1. Äußere Umstände

Wetterbedingte Faktoren (Halle, Kleinfeld), Möglichkeiten der Hallenbelegung, Ballmaterial, Trainerbesetzung, Trainingsbesuch der Spieler, Teilnahme an der Großfeldrunde, Terminkalender (Pokal, Turniere).

2. Physische Verfassung der Spieler

Gesundheitszustand der Spieler, Widerstandskraft, Statur, spezifische Kraft und Alter des Spielers.

3. Psychische Verfassung der Spieler

Wie schon oben erwähnt, hängt sehr viel davon ab, ob der Spieler langzeitmotiviert ist und ob es der Trainer versteht, diese Motivation aufrechtzuerhalten. Ferner kommen noch folgende Gesichtspunkte hinzu: Wie endete die letzte Saison? Gab es Unstimmigkeiten mit dem Trainer? Wie ist das Verhältnis der Spieler untereinander? Kommen neue Faktoren während der Saison hinzu (Examen, berufliche Weiterbildung, familiäre Schwierigkeiten usw.)?

III. Wie wird die Trainingsplanung periodisiert?

Nachdem die Ziele festgelegt wurden, kann man beginnen, die einzelnen Punkte in Perioden zusammenzufassen. Wir unterscheiden folgende Zeiträume:

1. Perspektivplan über 2–3 Jahre
2. Jahresplan
3. Trainingspläne innerhalb eines Jahresplans (Vorbereitungsperiode, Wettkampfperiode, Übergangsperiode)
4. Wochenpläne
5. Tagespläne
6. Individuelle Pläne

1. Perspektivplan über 2–3 Jahre

Ein Trainer muß versuchen, sich über diese langen Zeiträume hinweg gewisse Ziele in konditioneller, technischer und taktischer Hinsicht zu setzen. Außerdem ist es unerläßlich, das Spielermaterial zu sichten und sich folgende Fragen vorzulegen:

Welche Spieler scheiden im Laufe der nächsten Jahre aus?
Welche rücken von der Jugend nach?
Auf welchen Positionen kann man sie einsetzen?
Welche Spieler benötige ich zusätzlich?
Wird die Altersdifferenz innerhalb der Mannschaft nicht zu groß?

2. Jahresplan

Entsprechend dem Perspektivplan wird der Jahresplan mit den entsprechenden Zielen ausgerichtet. Wie schon vorher erwähnt, müssen wir in der Bundesrepublik Deutschland auch den Feldhandball mit einplanen, so daß es insgesamt 3 Trainingszyklen gibt, die wiederum in Makrozyklen (4–6 Wochen) unterteilt sind.

3. Trainingspläne innerhalb eines Jahresplans

Wir unterscheiden hierbei 3 Perioden:

a. Die Übergangsperiode

b. Die Vorbereitungsperiode

c. Die Wettkampfperiode (Abb. 565)

Die Übergangs- und Vorbereitungsperiode sind eng miteinander verzahnt.

Abb. 565

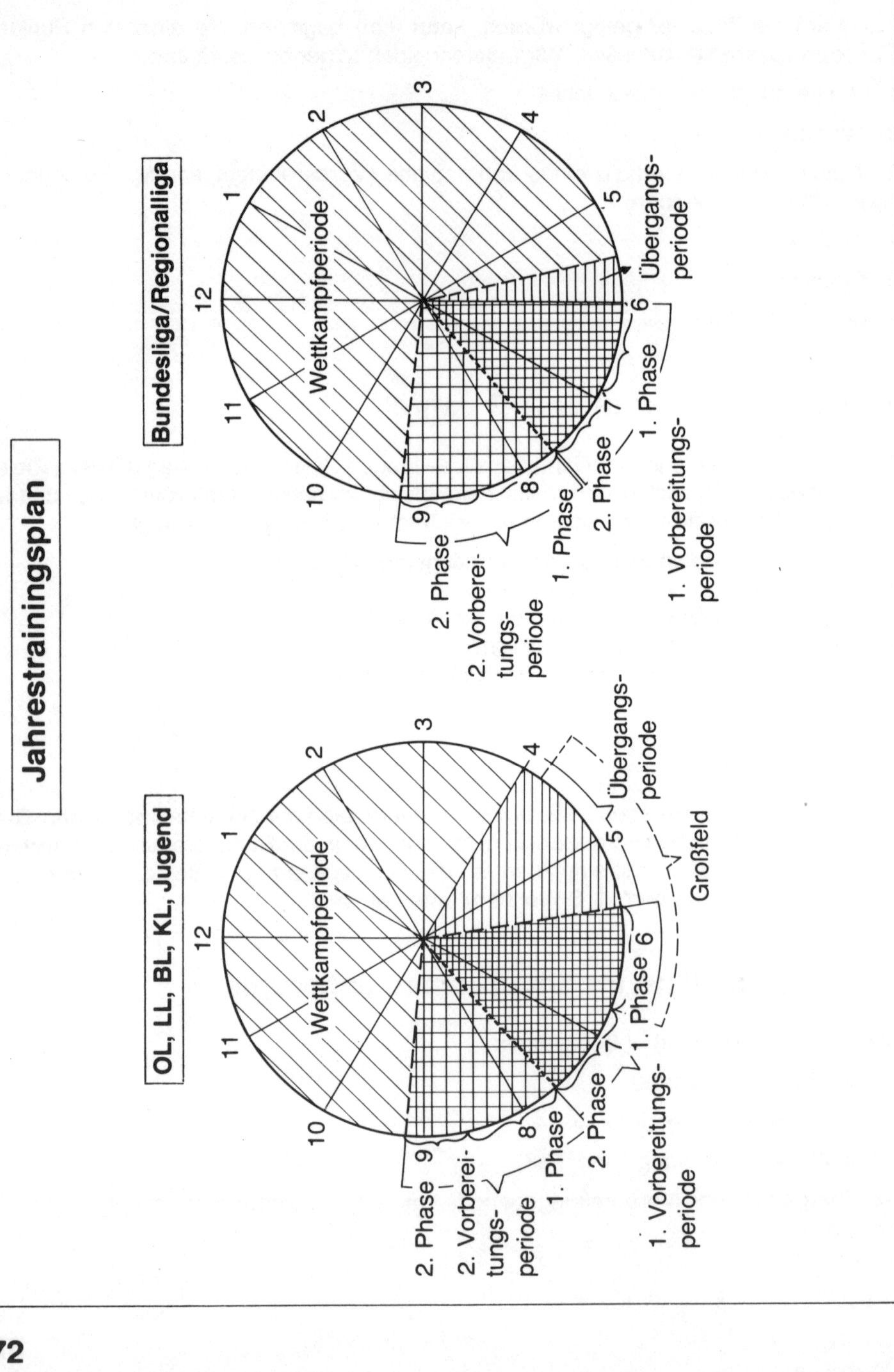
Jahrestrainingsplan
OL, LL, BL, KL, Jugend
Wettkampfperiode
12
1
2
3
4
5
6
7
8
9
10
11
Übergangs-
periode
Großfeld
2. Phase
1. Phase
2. Phase
1. Phase
2. Vorberei-
tungs-
periode
1. Vorbereitungs-
periode
Bundesliga/Regionalliga
Wettkampfperiode
12
1
2
3
4
5
6
7
8
9
10
11
Übergangs-
periode
1. Phase
2. Phase
1. Phase
2. Phase
2. Vorberei-
tungs-
periode
1. Vorbereitungs-
periode

a. Die Übergangsperiode

Während dieser Zeit wird der Umfang und die Intensität des Trainings reduziert. Der Erholung gehört der Vorrang. Sie bildet die Grundlage für die neuen Belastungen in der Vorbereitungsperiode. Damit vermeidet man auch eine psychische und physische Überlastung der Spieler. Man muß allerdings deutlich darauf hinweisen, daß diese Zeit eine „aktive Erholphase" ist und keine Trainingsruhe eintreten sollte. Viele Vereine nehmen hier die Großfeldrunde mit herein. Dies ist sehr problematisch, da die Vorbereitungsphase dann hinausgeschoben werden muß.

Das Problem während dieser Phase liegt darin, daß der Spieler ein bestimmtes Niveau halten und trotzdem ein gewisser Formrückgang da sein sollte. Der Einstieg in die Vorbereitungsperiode muß auf einem bestimmten Leistungsniveau sein. Hierzu gehört auch, daß man mit den Spielern auf Nachbardisziplinen umsteigt (Fußball, Basketball, Volleyball), um eine größere Bewegungsbreite zu erreichen.

Die Länge der Übergangsperiode ist je nach Spielklasse verschieden, sie sollte aber zwischen 4 und 6 Wochen liegen (Bundesliga nur 2–3!).

b. Die Vorbereitungsperiode

Hierbei unterscheiden wir 2 Makrozyklen (2 Phasen), und zwar die allgemeine Vorbereitungsperiode (1. Makrozyklus) und die spezielle Vorbereitungsperiode (2. Makrozyklus), die am Ende mit der sog. Vorwettkampfperiode zusammenfällt.

Allgemeine Vorbereitungsperiode

In dieser Phase sollten die allgemeinbildenden Teile im Vordergrund stehen. Athletische Ausbildung wie Ausdauer, Kraft und Schnelligkeit, gepaart mit technischen Fertigkeiten. Wichtig wäre noch einmal zu erwähnen, daß man heute das athletische Training nicht mehr isoliert vom technischen und taktischen Training sieht, sondern dies als Einheit behandelt. Das Verhältnis zwischen allgemeinbildenden Übungen und der Technik/Taktik liegt ungefähr bei 2 : 1. Der Trainingsumfang nimmt gegen Ende des 1. Makrozyklus zugunsten der Intensität ab. In diese Zeit fallen seit 2 Jahren die Pokalspiele, so daß der Trainer auch diesen Gesichtspunkt berücksichtigen muß.

Spezielle Vorbereitungsperiode

Die spezielle Vorbereitungsperiode setzt ungefähr am 1. Juli ein. Leider fällt sie bei den meisten Spielern mit der Urlaubsperiode zusammen. Man muß den Spielern klarmachen, daß eine bewegungslose Zeit das Leistungsniveau sehr schnell abbaut. Ein aktiver Urlaub, der mit allen Spielern koordiniert werden sollte (innerhalb max. 4 Wochen!), räumt viele Schwierigkeiten aus dem Weg. Diese Phase bringt dem Spieler die optimale Form, wobei die allgemeinen Trainingsaufgaben von den speziellen abgelöst werden. Spezielle Athletik und spielspezifische Entwicklung von Technik und Taktik stehen im Vordergrund. Die Wettkampfsituation wird in die Schulung einbezogen. Die *Intensität* des Trainings ist *größer* als der Umfang.

Abb. 566

Trainingsschwerpunkte

1. Vorbereitungsperiode: 1. Phase	1. Vorbereitungsperiode: 2. Phase	2. Vorbereitungsperiode: 1. Phase	2. Vorbereitungsperiode: 2. Phase	Wettkampfperiode	Übergangsperiode
40% Grundlagenkondition 10% spez. Kond. K S 30:20 [50]	25% Grundlagenkondition 25% spezifische Kondition B A 10:40 [50]	25% spezifische Kondition 30:40 K S 5% Grundlagenkondition [30]	25% spezifische Kondition 20:10 B A 5% Grundlagenkondition [30]	20% spezifische Kondition 30:50:10:10 [20]	Entlastung des Organismus Ersatzsportarten individuelle Freizeit
20% Technik elementar 10% Technik komplex	10% Technik elementar 20% Technik komplex	30% Technik elementar/komplex	30% Technik Taktik	40% Technik elementar/komplex (Verbindung mit spez. Kondition)	abschalten Einstieg in VP 1 mit 50%
20% Taktik Spiele [50]	20% Taktik Spiele [50]	30% Taktik (Theorie) 10% Spiele [70]	40% Spiele (Theorie) [70]	40% Taktik Spiele (Theorie) [80]	

Ein dritter Gesichtspunkt erscheint noch wichtig. Der Spieler muß im Hinblick auf die Wettkämpfe pädagogisch-psychologisch betreut werden. Er muß den Belastungen des Spiels in einer hektischen Atmosphäre gewachsen sein, er muß psychisch stabilisiert werden. Seine Wettspielbereitschaft muß optimal sein. Das Verhältnis liegt jetzt bei 1 : 2, sogar 1 : 3 dem Ende zu. Je besser das Einstiegsniveau ist, desto kürzer können auch die Vorbereitungsperioden sein (Abb. 566).

c. Die Wettkampfperiode

Nachdem die Voraussetzungen für die Wettkämpfe gegeben sind, ist es die Aufgabe des Trainers, die sportliche Form während dieser Phase auf einer bestimmten Höhe zu halten. Dabei muß er vor allem die Wochenpläne (Mikrozyklen) sehr genau ausarbeiten, um die Mannschaft taktisch auf den neuen Gegner einzustellen. Der Inhalt des Trainings besteht aus komplexen Übungen, die vor allem die technisch/taktischen Elemente der Gruppe und der Mannschaft enthalten. Da die Wettkampfperiode über 6–8 Monate (!!!) geht, ist es kaum möglich, die Spieler permanent im optimalen Leistungszustand zu halten. Der Wechsel zwischen Leistungshöhepunkten, Erholungsphasen und Neuaufbau ist vom Trainer je nach Perspektive einzuplanen. Dadurch kann er auch die Wettkampfmüdigkeit auf ein Mindestmaß reduzieren. Die Belastungskurve läuft hierbei als Wellenlinie (Abb. 567). Wichtig ist hierbei noch einmal, daß vor allem die Qualität des Trainings erhöht wird und somit eine effektivere Trainingsgestaltung daraus resultiert. Überlegenswert wäre auch eine zweigeteilte Saison mit einer Pause im Dezember-Januar. Damit wäre dann gewährleistet, daß eine Art Vorbereitungsperiode zwischen Vor- und Rückrunde geschoben werden kann und die 8 Monate dauernde Wettkampfperiode unterbrochen wäre.

4. Wochenpläne (Mikrozyklus)

Der Wochentrainingszyklus ist die kleinste zyklische Einheit. Der Aufbau des Wochenzyklus orientiert sich deutlich an den Wettkampfspielen am Wochenende. Er kann bei Regional- oder Bundesligamannschaften folgendes Aussehen haben (Abb. 568):

Montag: Ausgleichstraining mit individueller Schulung bei geringer Intensität.

Dienstag: Allgemeines athletisches Training mit hoher Intensität. Positionsspezifische Schulung.

Mittwoch: Spezielle Athletik und Komplexübungen in der Gruppe und Mannschaft mit höchster Intensität

Donnerstag: Vorbereitung auf das nächste Spiel – taktische Schulung der Mannschaft – mittlere Intensität.

Freitag: Trainingsfrei – Fahrt zu Auswärtsspielen

Samstag: Wettkampf

Sonntag: Trainingsfrei – Sauna, Massage

Bei 2–3maligem Training ist entsprechend zu verfahren. Die Vorbereitung des Programms muß gewissenhaft durchgeführt werden. Stoffliche Gliederung, Intensität, Umfang, Dauer und Schwerpunkte sind aufzuführen.

Abb. 567

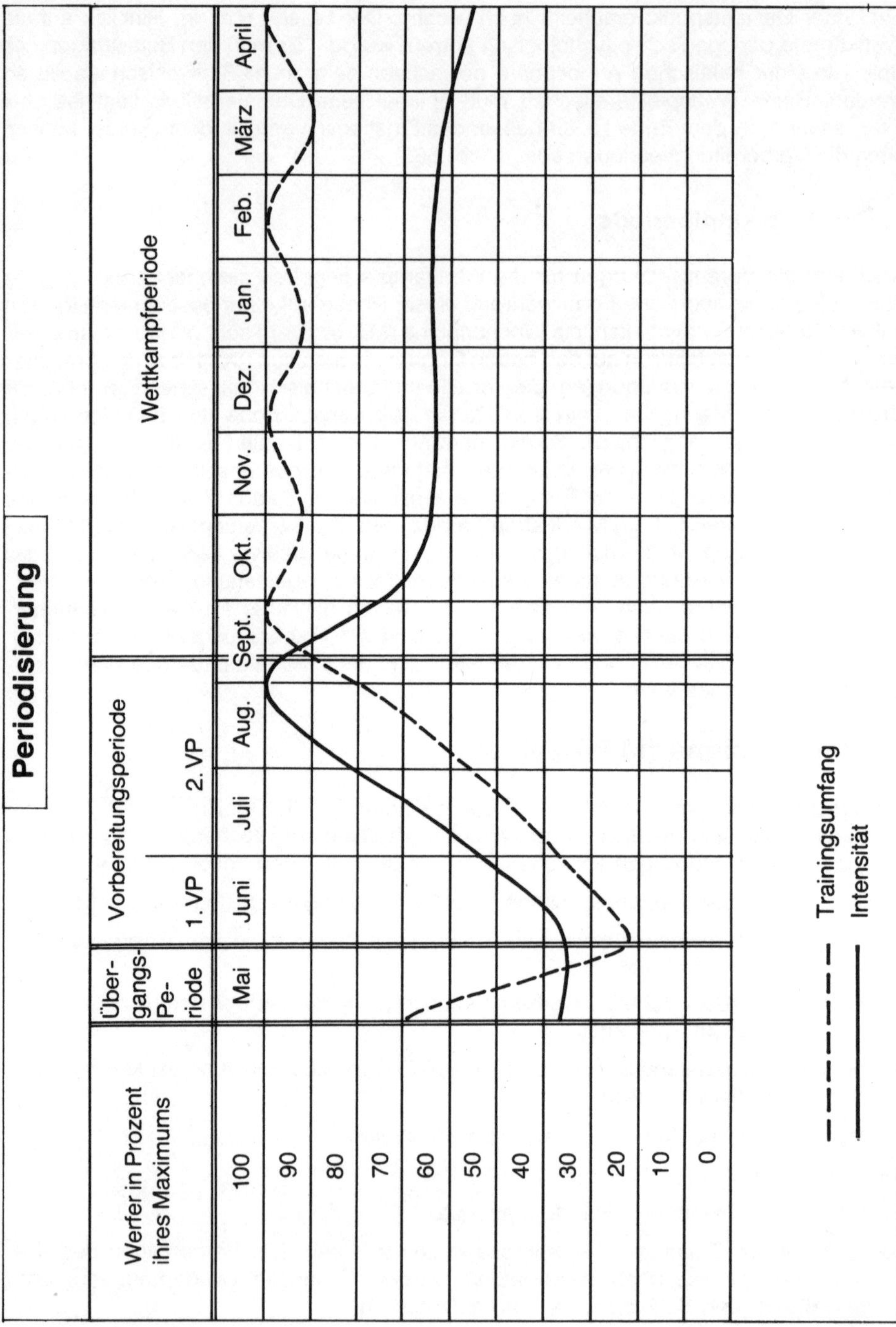

Periodisierung
Werfer in Prozent ihres Maximums
Über-gangs-Pe-riode
Vorbereitungsperiode
1. VP
2. VP
Wettkampfperiode
Mai
Juni
Juli
Aug.
Sept.
Okt.
Nov.
Dez.
Jan.
Feb.
März
April
100
90
80
70
60
50
40
30
20
10
0
Trainingsumfang
Intensität

Abb. 568

Wochenzyklus

Mo	Di	Mi	Do	Fr	Sa	So
Individuelle Schulung, Wurftraining, spez. Kondition	Positionsspezifische Schulung, Wurfkraft, spez. Kondition	Taktik, Wurftraining, Spiel	Taktik, Schnelligkeit, Vorbereitung auf nächstes Spiel	Trainingsfrei, Anfahrt zu Auswärtsspielen	Spiel	Trainingsfrei, Sauna, Massage
90–120′	90–120′	90–100′	60–90′	—	60′	

Intensität

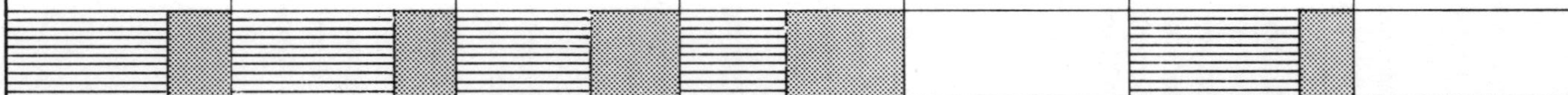

Mo	Di	Mi	Do	Fr	Sa	So
Individuelle Schulung, Wurftraining, spez. Kondition (Kraftraum)	Trainingsfrei, Sonderaufgaben	Taktik, positionsspezifische Schulung, spez. Kondition	Taktik, Vorbereitung auf nächstes Spiel, Schnelligkeit	Trainingsfrei	Spiel	Trainingsfrei, Familie
90–120′		90–100′	60–90′	—	60′	

Intensität

5. Tagespläne

Der gute Aufbau einer Trainingseinheit ist die Voraussetzung für die Erzielung einer hohen Effektivität. Man kann die Einheit in 3 Teile gliedern: Einleitung, Hauptteil, Ausklang.

Die Einleitung dauert etwa 15–20 Minuten und bereitet den Organismus, den Kreislauf und die Muskulatur spezifisch auf den Hauptteil vor. Dabei steigt die Intensität langsam an.

Der Hauptteil umfaßt ca. 45–60 Minuten, wobei man wiederum Schwerpunkte setzen sollte: Technisch-taktisch, athletisch-technisch usw. Anzuraten ist, komplexe Übungsformen zu wählen und nur einen Schwerpunkt abzuhandeln. Dabei achtet der Trainer auf exakte Ausführung und korrigiert bei falschen Bewegungsabläufen. Die Intensität des Hauptteils ist sehr groß. Den Ausklang nach dem kurzen Trainingsspiel bildet eine Gymnastik zum Abreagieren für die Spieler.

Der Aufbau einer Trainingseinheit soll zuerst an einem Schema und anschließend an 2 praktischen Beispielen erläutert werden.

a. Schema des Aufbaus einer Trainingseinheit[1] siehe Abb. 569

b. Lehrstunde mit einer Mannschaft siehe Abb. 570

6. Individuelle Trainingspläne

Da eine Mannschaft aus Individuen besteht, ist es sehr schwer, für alle die angemessene Belastung zu finden. Oft treten auch Trainingsrückstände durch Krankheit oder berufliche Belastung auf. Dieser Nachholbedarf muß durch individuelle Trainingspläne ergänzt werden. Der Spieler kann auch bei genügender Selbstdisziplin nach Anweisung des Trainers alleine arbeiten. Außerdem muß man noch Auswahl- und Nationalspieler berücksichtigen, die gesonderte Arbeitspläne erhalten.

Hierbei ist es wichtig, daß der Trainer eine Art Bestandsaufnahme über den IST-WERT jedes Spielers anfertigt, um ihn zum SOLL-WERT zu bringen. Seine Prognose drückt sich in Form eines Trainingsplans aus, den jeder Spieler erhält. Außerdem sollte der Trainer darauf hinwirken, daß die Spieler ein bestimmtes Programm zur Aufwärmung kennen, um sich selbständig vor einem Spiel oder einem Training vorbereiten zu können. Man nennt dies standardisierte Aufwärmung.

---

1) DHB-Anschauungstafel Nr. 2

Abb. 569

Aufbau einer Trainingsstunde

Thema

Stoff	Zeitplan	Gerät
Kondition Technik Taktik Psycho- logie	Vorbereitungs- Wettkampf- Übergangs- Periode	Raumverhält- nisse Zahl der Geräte Beschaffen- heit Aufbau

Gruppe

Mannschaft
Alterszusammen- setzung Entwicklungs- störungen Persönliche Verhältnisse Belastungs- fähigkeit

Methode

Lehrweg	An- forderung	An- schauung
Freie Lehrarten Gebundene Lehrarten Lernschritte Zeitfolge	Bewegung — Ruhe Belastung — Entlastung Spannung — Lösung Leistungs- kontrolle	Wandtafel Magnettafel Anschauungs- tafel Dias Film

Geplanter Stundenverlauf

Thema	Zeiteinteilung	Übungsfolge	Ordnungsrahmen	Hilfsmittel	Stundenkritik

Abb. 570

Trainingseinheit

Thema: Verbesserung des Gegenstoßes und des erweiterten Gegenstoßes	Geräte 20 Bälle	Anschauungsmaterial	Lehrtafel
	Ort Halle (20/40 m)	Trainingszeit	120 Minuten
Phase 2. Phase Vorbereitungsperiode	Tag 24. 8.		

Zeit	Übungsfolge	Ordnungsrahmen	Hilfsmittel
30'	Geschicklichkeitsübungen, Hakenschlagen, Seit- und Rückwärtslaufen, Schattenprellen Tempoläufe mit Ball über 20—30 m (ca. 15 Wiederholungen) Slalomläufe mit Ball 20 m (ca. 10 Wiederholungen)	Partnerform Reihe	—
15'	Weite Zuspiele; aufnehmen rollender und springender Bälle aus dem Lauf; Wurfübungen aus dem Lauf; Transportpässe	Partnerform, Linie Reihe, Einzelarbeit	—
45'	1.) Wurf aufs Tor — Gegenstoß mit Wurf (Raum/Zeitgefühl) 2.) Wurf aufs Tor — 2 Spieler starten — Zuspiel des TW — Torwurf 3.) Mit Gegenspieler 4.) Überzahl 3 Gegner 5.) 6 gegen 6 mit Gegenstoß 6.) Zuspiel an Aufbauspieler — Transportpässe — Torwurf 7.) Verbindung der Gegenstoßspieler und Aufbaureihe — Wurf aufs Tor — Start der Außenspieler — 2 Abwehrspieler laufen mit — Zuspiel an Aufbauspieler — Erweiterter Gegenstoß mit 4 Spielern gegen 2 — Torwurf, falls möglich, Einsatz der Außenspieler 8.) 6 gegen 6 mit Sonderaufgaben	Reihe Gruppe Mannschaft	Lehrtafel
20'	Spiel mit Aufgaben (siehe oben)	Mannschaft	
10'	Abschlußbesprechung		

Freiwurf mit Sperre

Sprungwurf nach Freiwurfvariante

F. Testverfahren für Handballspieler

I. Grundsätze

II. Handballtest

III. 7-Bälle-Test

IV. Abwehrtest

V. Ausdauertest

F. Testverfahren für Handballspieler

Der Test hat den Vorteil, daß er unter fest vorgegebenen Bedingungen gesicherte Aussagen über bestimmte Merkmale machen kann. Die äußeren Bedingungen sind für alle die gleichen, was im Wettkampf nicht möglich ist. Man versucht, objektiv zu messen. Der Trainer erhält dadurch die Möglichkeit, Aussagen über die Leistungsfähigkeit seiner Spieler in allen Phasen des Jahresplanes zu machen.

Um die Gütekriterien der Objektivität (Sachlichkeit), Reliabilität (Zuverlässigkeit) und Validität (Gültigkeit) zu erfüllen, müssen einige Grundsätze zur Durchführung von Tests eingehalten werden.

I. Grundsätze

1. Die Testübungen müssen so ausgewählt sein, daß aufgrund der Ergebnisse eine Aussage über die zu testenden Eigenschaften möglich ist.
2. Es müssen einfache Übungen ausgewählt werden, die die Teilnehmer zumindest in der Grobform beherrschen und schon häufig durchgeführt haben.
3. Die Auswertung des Tests muß unabhängig von der Person des Auswerters sein.
4. Der Zeitaufwand muß so gering wie möglich bleiben.
5. Der Test soll auch im Hinblick auf das Ziel das messen, was angegeben wird.
6. Es muß eine Motivation bei der Gruppe für Tests geweckt werden.
7. Auswertung der Tests nur im Hinblick mit der Leistung im Wettkampf.
8. Tests dürfen nicht geübt werden.

II. Handballtest

Ein Handballspieler muß gewisse Grundfähigkeiten besitzen, die es zu verbessern gilt. Um den Zuwachs an Leistung messen zu können, werden sie in Form von Tests im Training eingebaut.

1. Schnelligkeitsausdauer
2. Wurfkraft
3. Sprungkraft
4. Wurfkraft und Koordination

Abb. 571

1. Schnelligkeitsausdauer

Start ist an der Längsseite der Halle. Sprint über 5mal 20 m bis zur gegenüberliegenden Seitenlinie und zurück. Dies wird 3mal wiederholt (1 Min. Pause). Insgesamt gelaufene Strecke: 300 m. Zeitnahme beim Start und beim Überlaufen der Seitenlinie nach 100 m. Die 3 Zeiten werden addiert (Abb. 571).

2. Wurfkraft

Als Test wird der Handballweitwurf mit dem 800-g-Ball durchgeführt. Von 3 Versuchen wird der beste gewertet. Ausgangsstellung: Füße parallel. 3 Schritte Anlauf.

3. Sprungkraft

Der ,,jump and reach"-Test erlaubt eine einigermaßen genaue Aussage über die Sprungkraft des Spielers (siehe S. 36, Abb. 36).

Ferner kann man den ,,Beidbeinigen Sprungkrafttest" über die Länge des Basketballfeldes (26 m) machen. Es wird die Anzahl der benötigten Sprünge gezählt (Abb. 572).

Variation: Mit dem linken oder rechten Bein!

4. Wurfkraft und Koordination

Der Ball wird aus 5 bis 8 m Entfernung an die Wand geworfen und immer wieder gefangen. Der Ball darf den Boden nicht berühren. Anzahl der Würfe in 1 Minute? (Abb. 573).

Abb. 572

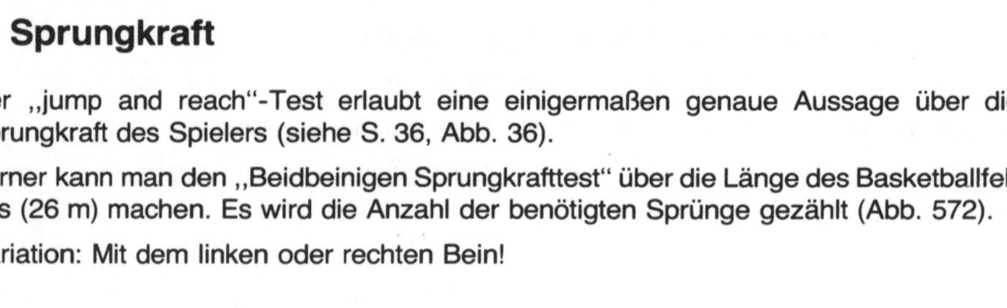

Abb. 573

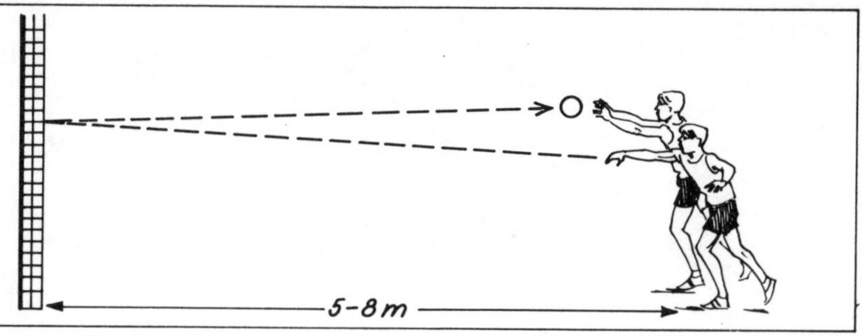

III. 7-Bälle-Test

In einer Entfernung von 20 m von der Torlinie werden 7 Bälle bereitgelegt. In jeder Torecke hängt oben ein Reifen, unten ist je ein einteiliger Kasten aufgestellt. Der Spieler nimmt den ersten Ball auf (Zeitnahme), prellt 3- bis 4mal und wirft mit einem Sprungwurf innerhalb des Freiwurfraumes. Er muß durch die Reifen bzw. einen der beiden Kasten treffen. Er darf nicht mehr als 2 Würfe auf einen Reifen oder Kasten abgeben. Die Bälle müssen nacheinander ins Tor befördert werden. Jeder Treffer wird gezählt. Nach dem 7. Wurf wird die Mittellinie wieder überlaufen und die Zeit gestoppt. Für jeden Fehlwurf gibt es $^1/_7$ der Gesamtzeit Zuschlag. Außerdem werden Kreisübertritt, Schrittfehler, 1- bis 2maliges Prellen mit 3 Sekunden Strafe belegt (Abb. 574).

Beispiel der Berechnung der Endzeit:

Endzeit = Gesamtzeit (gestoppt)	± Fehlwürfe (Strafzeit)
80 sec = 56 sec	+ 3 FW (3mal 8 sec = sec)
56 sec = 56 sec	– keinen Fehlwurf 0 sec

Abb. 574

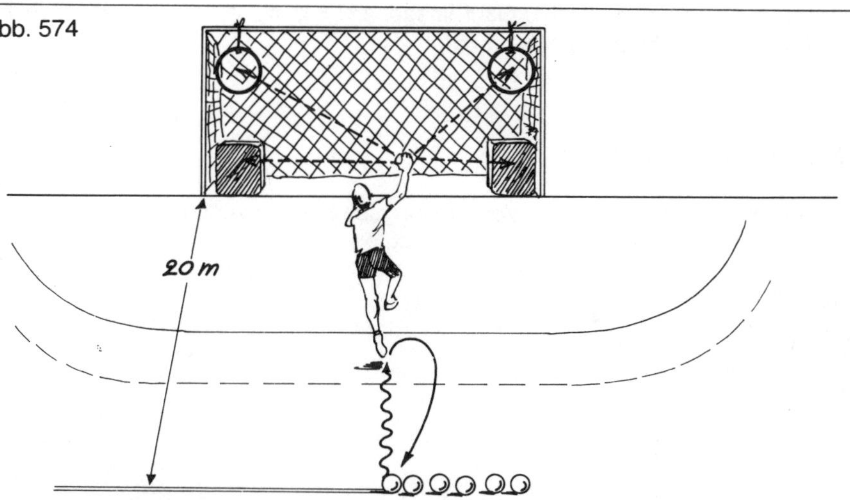

Abb. 575

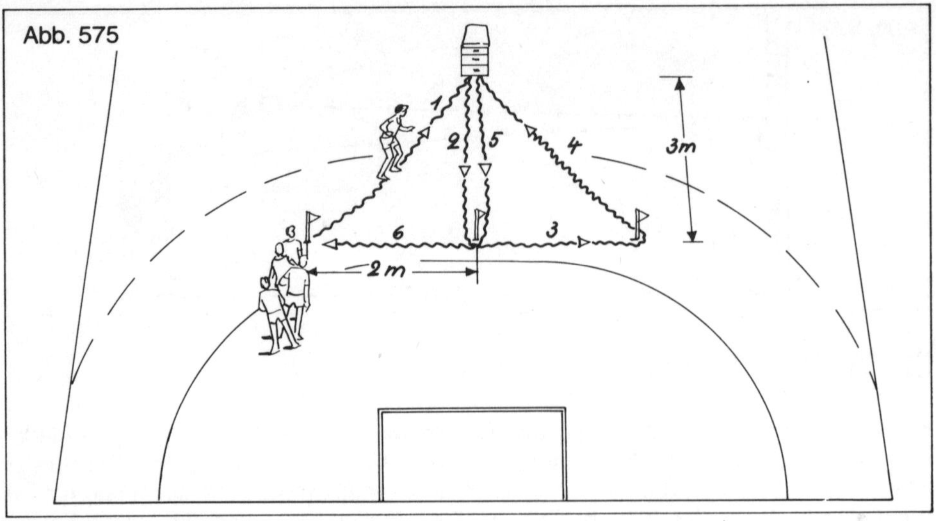

IV. Abwehrtest

0,5 m von der Mitte der Torraumlinie ist ein Mal aufgebaut. Im Abstand von 2 m links und 2 m rechts (parallel zur Torraumlinie) ebenfalls je ein Mal (Stange, Fahne). 3 m von der mittleren Malstange entfernt befindet sich ein Kasten. Der Start erfolgt am linken Mal. Steppen zum Kasten, berühren der Kastenoberfläche, umsteppen des hinteren Males, steppen nach rechts um die Fahne, steppen zum Kasten, zurück um das Mal zum Ausgangspunkt. Dies zählt als 1 Umlauf. Insgesamt 5 Umläufe mit Zeitnahme. Achten auf die Technik des Steppens! (Abb. 575).

V. Ausdauertest

Dieser Test findet vor allem in der Vorbereitungsphase Anwendung. Die Spieler laufen 12 Minuten auf einer Rundbahn. Nach 12 Minuten wird die gelaufene Strecke gemessen. Hierbei ist es ratsam, 50-m-Teilstücke abzustecken. (Richtwerte: A-Jugend 3,0 km; Junioren: 3,050 km)

Knickwurf von der Außenposition

G. Sportmedizin – Erste Hilfe

I. Hinweise für die Erste Hilfe

II. Typische Verletzungen beim Hallenhandball

III. Erste Hilfe am Spielfeld

IV. Erste Hilfe bei Knochenbrüchen, Gelenkverletzungen, Sehnen- und Muskelschäden

V. Die Aufgaben des Schiedsrichters aus sportmedizinischer Sicht

G. Sportmedizin – Erste Hilfe

Die sportmedizinischen Darstellungen sollen Spieler, Betreuer, Trainer und Schiedsrichter Hinweise für die Erste Hilfe geben und zusätzlich helfen, Sportverletzungen, soweit das möglich ist, zu vermeiden.

I. Hinweise für die Erste Hilfe

Im Hallenhandballsport gibt es Verletzungen, die zwar in jeder anderen Sportart und auch im täglichen Leben vorkommen, aber nicht in dem Ausmaß und der Häufigkeit.

Der Betreuer einer Mannschaft muß zumindest in der „Ersten Hilfe" ausgebildet sein. Jede Mannschaft muß mit einem „Erste-Hilfe-Koffer" ausgerüstet sein, der Inhalt muß von einem Sportarzt zusammengestellt und regelmäßig überprüft werden. Die Art und Anzahl der Schienen (gepolsterte Drahtleiterschienen, aufblasbare Arm- und Beinschienen) müssen zweckentsprechend sein. Dabei ist das Verbandmaterial, keimfreie Verbandpäckchen, einzeln verpackte Mullbinden und elastische Binden, das wichtigste Utensil. Man soll darauf achten, daß selbsthaftende Verbandmaterialien verwandt werden. Auf der Haut klebende Materialien sind unerwünscht und unzweckmäßig, da sie bei Schweißabsonderungen und Überempfindlichkeit schon nach kurzer Zeit Hautschädigungen setzen können. Bei der ersten Hilfe entfallen alle Verbände mit Puder, Salben und desinfizierenden Mitteln. Oberstes Gebot ist es, daß alle frische Wunden, ob groß oder klein, keimfrei abgedeckt und verbunden werden. Die angelegten Verbände sollen in der Regel bis zur endgültigen Versorgung durch den Arzt unverändert belassen werden.

Die Erste Hilfe spielt sich auf dem Handballfeld und auch in der Halle etwas anders ab als z. B. bei Verkehrsunfällen, da die Absicherung des Unfallortes im wesentlichen entfällt. Es muß mit Überlegung und Vernunft gehandelt werden, und zwar nach den Gesichtspunkten: Ursachen – Folgen – Maßnahmen. Der Hilfe-Leistende muß seine Grenzen kennen und darf niemals versuchen, den Arzt zu ersetzen. Bei lebensbedrohlichen Zuständen muß er in der Lage sein, die erforderlichen Maßnahmen zu ergreifen. Die Hilfe am Unfallort bedeutet: Bergung – Lagerung – Versorgung – Betreuung – falls notwendig Arzt – und Transport.

Den Spielern sollten die Grundsätze der Ersten Hilfe, die erfreulicherweise in den Schulen und von den verschiedensten Hilfsorganisationen gelehrt werden, bekannt sein. Je besser und eingehender Spieler und Betreuer über die Erste Hilfe informiert sind und sie die praktischen Übungen erlernt haben, um so geringer ist die Gefahr der zusätzlichen Schädigung durch falsch angewandte Hilfeleistung. Jede Sportanlage, ob freier Platz oder Halle, muß einen zweckgebundenen Raum für die Erste Hilfe zur

Verfügung haben. Dieser Raum muß sorgfältig, zusammen mit dem Sportmediziner, geplant und ausgerüstet werden, damit wirksame Hilfe, insbesondere bei Schwerverletzten und Schwerkranken, geleistet werden kann.

Die Notwendigkeit eines Telefonanschlusses ist selbstverständlich.

Zum Spielerpaß gehört der Impfpaß!

Der Spieler sollte den Betreuer darauf aufmerksam machen, wenn er nicht ausgeheilte Verletzungen oder Erkrankungen hat, die seine Leistungsfähigkeit herabsetzen. In diesen Fällen muß ohne Einschränkung dafür gesorgt werden, daß diese Sportler nicht aufgestellt werden oder zumindest geschont werden müssen. Kein Spieler darf eingesetzt werden, wenn er selbst merkt, daß vorzeitige Ermüdung, Gewichtsabnahme, Appetitmangel, Schlaflosigkeit oder Unlust am Sport überhaupt vorliegen. Je jünger der Sportler ist, um so dringender ist die strenge Beachtung des oben Gesagten. Gerade der Jugendliche und besonders ehrgeizige Spieler überschätzt sich leicht und neigt dazu, Verletzungen und Erkrankungen zu verharmlosen.

II. Typische Verletzungen beim Hallenhandball

Bevor man sich der Ersten Hilfe im einzelnen zuwendet, möchte ich eine Reihe von Verletzungen schildern, die für den Handball als typisch gelten können.

Wie bei allen Sportverletzungen spielen der Bewegungsablauf, die Schnelligkeit, die Elastizität und Kondition des Spielers eine ausschlaggebende Rolle. Selbstverständlich ist das Reaktionsvermögen für die Sicherheit des Spielers vielfach ausschlaggebend. Aus den bildlichen Darstellungen dieses Buches sind die Verletzungsmöglichkeiten vielfach bereits vorgezeichnet.

Die aufgeführten Voraussetzungen gehören zum festen Trainingsprogramm. Je besser die Körperbeherrschung, desto geringer das Gefahrenmoment der Verletzung.

Der Moment der Drehung des Spielers beim Schlag- oder Sprungwurf kann für die Verletzung oder auch Verletzungsmöglichkeit entscheidend sein. Die Drehung erfolgt während des Bewegungsablaufes zunächst über die Lenden- und anschließend über die Brustwirbelsäule. Schon bei diesem Haltungsablauf, der gleichzeitigen Kraftanwendung und Muskelanspannung, kann es zu heftigen plötzlichen Muskelschmerzanfällen im Bereich der langen Rückenmuskulatur und der Wirbelsäule kommen. Im extremen Fall können Abrißbrüche an den Dorn- und Querfortsätzen der Wirbelsäule entstehen. Das geschilderte Gefahrenmoment ist beim Sprungwurf weniger gegeben, da der Spieler im entscheidenden Moment in der „Luft hängt". In dieser Spielphase kann er schon durch geringen körperlichen Angriff aus dem Gleichgewicht gebracht werden. In diese Situation können sich vielfach die Schiedsrichter nur schwer hineindenken, da ihnen die physiologischen Möglichkeiten nur ungenügend bekannt sind. Beim Rückhandwurf steht die Drehbewegung im Vordergrund, und die Möglichkeit der angeführten Verletzungen ist im gleichen Maß gegeben. Es muß also schon beim Training darauf geachtet werden, daß die lange Rückenmuskulatur kräftig und zugleich elastisch ausgebildet ist. Anabolica waren dabei schlechte Hilfsmittel, und es wird sich so mancher Spieler darauf besinnen, daß er Muskelkraft und Leistung erarbeiten muß.

Je kräftiger, spannungs- und entspannungsfähiger diese Muskelpartien sind, um so geringer ist das Anfälligkeitsmoment und die Verletzungsgefahr.

Bei den Fallwürfen kommt es zum „gewollten Sturz" im Verlauf des Bewegungsablaufes. Der Rechtshänder fällt zunächst auf das linke Knie und anschließend auf die linke Hand. Dabei sind neben dem Handgelenk das Ellbogen- und Schultergelenk, das Knie und vor allem die Schleimbeutel vor der Kniescheibe gefährdet. Es treten gehäufte Blutergüsse in den Knie- und Ellbogenschleimbeuteln auf, die zu Knorpeleinlagerungen führen und in vielen Fällen spätere operative Behandlung notwendig machen. Um das zu vermeiden, tragen gerade die „Kreisläufer" zunehmend gepolsterte Knie- und Ellbogenschützer. Das Handgelenk ist besonders gefährdet und jeder beim Sturz auftretende Schmerz, mit oder ohne Schwellung, kann auf einen Bruch am unteren Speichenende und am Kahnbein hindeuten. Der behandelnde Arzt wird bei schmerzhaften Schwellungen im Handgelenk zur vorübergehenden Ruhigstellung raten und nach mehreren Röntgenkontrollen, wohlmöglich im Verlauf von Wochen, entscheiden können, ob und wie lange Ruhigstellung und Spielpause erforderlich ist. Der übersehene Kahnbeinbruch ist oft Leichtfertigkeit des Spielers, der eine harmlose Verstauchung annimmt und sich nicht in ärztliche Behandlung begibt. Der frische Kahnbeinbruch ist auf der ersten Röntgenaufnahme nur schwer erkennbar. Der schlecht geheilte oder nicht fest gewordene Kahnbeinbruch stellt eine dauernde Beeinträchtigung im Arbeitsleben dar. Das Handballspiel wird dem Spieler unmöglich gemacht.

Bei den Dreh- und Seitfallwürfen stürzt der Spieler meist auf die entgegengesetzte Seite des Wurfarmes und schlägt mit der Beckenseite auf dem Boden auf. Auch hier kann es zu schmerzhaften Schleimbeutelblutungen in Hüftgelenkhöhe kommen. Von dieser Verletzung ist der Torwart besonders stark betroffen. Eine weitere gefürchtete Verletzung bei diesen Stürzen sind die Teil- oder völligen Zerreißungen am Schultereckgelenk. Der Spieler verspürt sofort einen heftigen Schmerz an der umschriebenen Stelle am äußeren Schlüsselbeinende. Es kann zu einer fühlbaren Stufenbildung kommen, wobei das äußere Schlüsselbeinende auf Druck auf- und abfedert. Bei starker Muskelbeschichtung ist die Stufenbildung gelegentlich nicht sichtbar und auch kaum zu fühlen. Die Bandzerreißung heilt narbig aus, wobei die Stufenbildung erhalten bleibt. In den meisten Fällen kann der Spieler nach einigen Wochen ohne Beschwerden den Sport wieder aufnehmen.

Die Schulterausrenkung kann bei Stürzen auf den gestreckten Arm erfolgen, aber eher noch, wenn von einem Abwehrspieler von hinten in den Wurfarm des Gegners hineingehakt wird. Die Verrenkung erfolgt vielfach nach vorn unten. Mit der Beseitigung dieser Verrenkung ist es aber nicht getan. Der Oberarmkopf steht wieder in der Gelenkpfanne, aber die Teilzerreißung der Gelenkkapsel heilt nur zögernd aus. Ist das nicht der Fall, so kann es erneut zur Auskugelung des Gelenkes kommen und man spricht dann bereits von der gewohnheitsmäßigen Schultergelenksverrenkung. Konservative Maßnahmen bringen da nichts mehr, sondern die Stabilität des Gelenkes muß operativ wieder hergestellt werden. Bei dem beschriebenen Sturz auf den gestreckten Arm oder bei Stürzen auf die Schulter selbst kommt es gehäuft zu Schlüsselbeinbrüchen. Diese Brüche sind im Kinder- und Jugendalter meist harmlos und heilen in wenigen Wochen aus. Beim Erwachsenen kommt es durch den starken Muskelzug zur Verkürzung des Schlüsselbeins, da sich die Bruchstücke übereinanderschieben. Die Ausheilung der Brüche erfordert einen längeren Zeitraum und der Spieler darf nicht eher wieder spielen, bis feststeht, daß der Bruch knöchern einwandfrei fest und belastungsfähig ist. Bei besonders unglücklichen Stürzen kann zusätzlich eine Verletzung des Nervengeflechtes an der Schulter entstehen.

Gerade bei Stürzen bei gestrecktem Arm ist das Ellbogengelenk besonders gefährdet. Am Speichenköpfchen kommt es zu sogenannten Meißelbrüchen, die leicht übersehen werden können, in Fehlstellung ausheilen und eine Einschränkung des Drehvermögens zur Folge haben. Bei schweren Stürzen kann die Oberarmrolle oder auch der Ellenhaken brechen und auseinandergesprengt werden. Diese schweren Verletzungen sind beim erwachsenen Spieler nicht sehr häufig, beim kindlichen und jugendlichen Spieler allerdings besonders gefürchtet, da die Brüche sich in den Wachstumslinien abspielen.

Es gibt kaum einen Spieler, der nicht im Verlauf seiner aktiven Zeit zum Teil erhebliche Fingergelenkschäden erlitten hat. Man spricht geradezu vom Handballfinger.

Die Fangtechnik des Balles ist im Buch bildhaft dargestellt. Wenn der scharf geschossene Ball auf die gestreckten Finger auftrifft, kommt es zu stumpfen Strecksehnenabrissen an den Endgliedern mit sofortiger Unfähigkeit, den Finger im Endgelenk selbsttätig zu strecken.

Weitere Verletzungen sind die schmerzhaften Teilzerreißungen in den Mittelgelenken. Die Finger schwellen schnell an und können dann ohne Schmerzen weder gebeugt noch gestreckt werden. Bei der Teilzerreißung der Gelenkkapsel ist das Mittelgelenk sofort instabil, d. h. es kann seitlich abnorm aufgeklappt werden. Die völlige Ausrenkung in diesen Gelenken ist häufig. Die Fingergrundgelenke sind weniger betroffen, da sie beim Aufprall des Balles stärker nach handrückenwärts überstreckt werden können. Die Fangtechnik läßt erkennen, wie gefährdet das Daumengrund- und Daumensattelgelenk ist. Leider werden von vielen Spielern diese Verletzungen nicht ernst genommen. Die Behandlung erfolgt zu spät und Dauerschäden mit Gelenkverdickungen, bleibender Lockerung des Bandapparates sowie Bewegungseinschränkung und Behinderung sind die Folge.

Traumatologische Verletzungen im Hüftgelenk sind selten. Brüche im Bereich des Oberschenkelkopfes und Oberschenkelhalses werden bei Erwachsenen kaum beobachtet. Auch die Sehnenverletzungen der Anspreizmuskulatur, wie sie im Fußball oft vorkommen, gibt es im Handballspiel kaum, da langes Hereingrätschen in Richtung Ball nicht dem Spiel entspricht. Eine Ausnahme macht der Torwart, der vielfach mit Fußabwehr rettet. Auch die sogenannte „Hampelmannabwehr“ geschieht durch starkes Abspreizen der Beine in den Hüftgelenken. Der entstehende Sehnenschmerz ist sehr hartnäckig und wird erst durch längere Ruhe allmählich abklingen. Es darf nicht verschwiegen werden, daß die Recidivgefahr groß ist.

Um welche Wurftechniken es sich auch handelt, unter Einbeziehung der Dreh-, Fall- und Knickwürfe, ist der Bandapparat der Kniegelenke, und hier gerade das Innenband, extremer Belastung ausgesetzt. Dies um so mehr, wenn auf das hinten oder seitlich gestellte Bein ein Abwehrspieler stürzt. Bei erfolgtem Sturz mit direkter oder indirekter Gewalteinwirkung tritt in zahlreichen Fällen sofort ein stärkster Schmerz an der Innenseite des Kniegelenks auf, wobei der Spieler oft unfähig ist, noch einen weiteren Schritt zu gehen. Der sofortige Schmerz liegt immer an der gleichen Stelle, etwa 2–3 cm oberhalb des inneren Kniegelenkspaltes, also am oberen Ansatz. Wenn das Knie nach dieser Verletzung in Streckstellung nach außen aufklappbar ist, liegt eine schwere Verletzung des Innenbandes vor. Ist der Gelenkspalt isoliert druckschmerzhaft und läßt sich der Unterschenkel nur unter heftigsten Schmerzen nach außen drehen, muß mit einer Schädigung des Innenmeniskus gerechnet werden, vor allem wenn zusätzlich eine Streckhemmung im Kniegelenk vorliegt. Bei sehr schweren und unglücklichen Stürzen kann es zu kombinierten Band- und Meniskusverletzungen kommen. Das geschieht dann, wenn auf das abgespreizte Bein des Spielers ein Gegenspieler von der Außenseite stürzt. Dabei sind selbst die seltenen Kreuzbandabrisse möglich. Bei all diesen Verletzungen kommt es je nach Schwere zum sofortigen blutigen Erguß im Kniegelenk, aber auch bei „leichteren“ Verletzungen des Innenbandes oder Innenmeniskus ist die Fachbehandlung bis zur völligen Ausheilung unabdingbar, da es sonst zum Punkt des geringsten Widerstandes wird. Als Faustregel kann man den Spielern sagen, daß ständige Schmerzen an der Innenseite des Knies bei Sprungübungen aus der Hocke auf einen Meniskusschaden hinweisen, auch wenn er bei der Untersuchung sich sonst nicht bestätigen läßt.

Die Fußgelenkverletzung ist die häufigste Sportverletzung beim Spiel mit dem Ball, also auch beim Basketball und Fußball.

Die Landung nach dem Sprungwurf erfolgt immer auf einem Bein. Wenn die Landung durch einen Gegenspieler gestört wird, ist die Möglichkeit des Übertretens im Fußgelenk besonders groß. Es entsteht ein heftiger Schmerz an der Spitze des äußeren Knöchels, die Schwellung wird in wenigen Minuten sichtbar, und der Spieler ist oft nicht in der Lage, den Fuß auf die Außenkante zu stellen und probeweise zu belasten. Man sollte nicht mehr von Verstauchung sprechen, sondern es liegt fast immer eine ernst zu nehmende Band- und Sehnenschädigung vor. Wenn das Trauma und die Landung nach dem Sprung besonders stark ist, kann gleichzeitig der Außenknöchel und sogar der Innenknöchel abreißen. Bei dieser sehr schweren Verletzung findet gleichzeitig auch eine Teilverrenkung im Fußgelenk nach außen statt. Das Ganze ist leicht daran zu erkennen, daß das Fußgelenk völlig instabil ist. Die operative Behandlung, die in der Regel notwendig sein wird, und die intensive Nachbehandlung werden sich über Monate erstrecken. Die Folgeschäden können ein Ausmaß haben, daß der Spieler gezwungen ist, seinen Leistungssport aufzugeben. In diesen Fällen ist auch mit gut angepaßtem Innenschuh keine ausreichende Stabilität zu erreichen.

Das Spiel selbst ist derart schnell geworden, daß es dem verletzten Spieler nicht mehr möglich ist, den genauen Bewegungsablauf und Unfallhergang zu schildern. Während des Spiels ist die Muskulatur und damit auch der Sehnenapparat der größten Anspannung ausgesetzt. Es kann zu feinen Muskelfasereinrissen kommen, die von den Spielern wenig beachtet und von vielen Faktoren abhängig sein können, z. B. können Traumen und ungenügende Kondition, Unterkühlung, vorzeitige Ermüdung des Muskels, aber auch Stoffwechselstörungen die Ursache sein.

Quere Muskelabrisse sind vom Verletzten selbst leicht zu erkennen. Er fühlt an der Schädigungsstelle eine querverlaufende Eindellung des Muskels. Eine mehr oder weniger starke Blutung braucht über das Ausmaß des Muskelrisses nichts auszusagen. Die alte Bezeichnung „Muskelzerrung“ sollte nicht mehr gebraucht werden, denn die Zerrung geht immer mit einer Faserschädigung einher.

Viel zuwenig Beachtung finden Blutergüsse im Muskelgewebe. Durch direkte Gewalteinwirkung zerreißen die Muskelgefäße und das Blut quillt den Muskel gleichsam auf. Der Spieler wird sich wegen der heftigen Schmerzen auswechseln lassen und es empfiehlt sich die inzwischen überall gebräuchliche örtliche Kälteanwendung. Das ist anzuraten, abzulehnen ist jedoch die Massage des Muskels unmittelbar nach der Verletzung. Der Spieler muß so lange mit dem Sport aussetzen, bis der Bluterguß völlig abgebaut ist und die Muskulatur ohne Schmerzen beansprucht werden kann. Die Verknöcherung des geschädigten Muskels ist ein gefürchteter Spätschaden. Diese Verknöcherungen können ein Ausmaß annehmen, daß z. B. an der Streckseite des Oberschenkels eine fühlbare knöcherne Platte besteht, die es unmöglich macht, daß der Geschädigte das Bein im Kniegelenk bis zur Endstellung abbiegen kann. Wenn Monate nach einer Muskelverletzung die Spannung und Entspannung nicht voll durchführbar ist, besteht der Vedacht auf eine beginnende oder bereits im Röntgenbild sichtbare Muskelverknöcherung.

Die gefürchteten Abrisse an der Achilles- und Kniescheibensehne am Übergang zum Muskel treten gehäuft bei alternden Sportlern auf, bei denen bereits eine Vorschädigung vorliegt. Die Dehnungsfähigkeit des Muskels läßt beim 30jährigen Sportler bereits nach, und damit wird die Gefahr des Sehnen-, Muskelsehnenabrisses größer.

Gerade die Muskel-, Sehnen- und Bandverletzungen bedürfen einer fachgerechten Behandlung. Das ist um so wichtiger, weil die Muskelregeneration anatomisch und funktionell sehr gering ist. Die geschädigte Muskel- und Sehnenpartie bleibt der Punkt des geringsten Widerstandes, besonders bei Spielern, die bereits ihren körperlichen Leistungshöhepunkt überschritten haben.

Jeder Spielleiter und Trainer muß wissen, daß bestimmte Verletzungen bei noch nicht abgeschlossenem Knochenwachstum typisch sind. Besonders gefährdet ist das Skelettsystem des Kindes und Jugendlichen (etwa bis 18 Jahren). Die Schäden an den knöchernen Wachstumszonen werden allzu häufig übersehen. Jede gelenknahe Verletzung muß gerade bei Kindern und Jugendlichen möglichst bald der ärztlichen Untersuchung und Behandlung zugeführt werden, damit Spätschäden an diesen Wachstumszonen nach Möglichkeit vermieden werden. Bei schweren Schäden in den Wachstumslinien kann es je nach Grad der Gewalteinwirkung zu verzögertem oder auch überschießendem Längenwachstum kommen. Die Gefahrenzonen liegen unterhalb des Oberarmkopfes, der Ellbogengelenke sowie dicht oberhalb der Handgelenke. Analog an den unteren Gliedmaßen, Hüftgelenk, Kniegelenk und unterem Schien- und Wadenbeinbereich.

Wenn jüngere Spieler nach Höchstbelastungen über einen längeren Zeitraum ständig über Schmerzen in der Wirbelsäule oder auch in den Gelenken klagen, so sollte das ein Alarmzeichen sein, da Entwicklungsstörungen an der Wirbelsäule oder auch Frühknorpelschäden an den Gelenken die Ursache sein können. Die Diagnose ist häufig nicht einfach, der Spieler muß in jedem Fall aussetzen bis zur Abklärung des Befundes.

Die akute Sportverletzung, die unfallmäßig entstanden ist, kann zwar gelegentlich Probleme aufwerfen, ist aber als Ganzes übersehbar. Im Gegensatz dazu stehen die vielen kleinen Gewalteinwirkungen, die in der Summierung einen Spätschaden hervorrufen können. Nehmen wir als Beispiel das Kniegelenk. Durch die vielfachen Sprungwürfe, im Training oft mehr als 100, erfolgt bei jedem Sprung die gleiche Belastung. Zunächst wird der Knorpel nur wenig reagieren, bis es zu einem entzündlichen Schub mit Reizerguß im Kniegelenk kommt. Der unter Erfolgszwang stehende Spieler wird darauf dringen, möglichst schnell wieder fit zu sein. Der Arzt ist an diesem Erfolgszwang beteiligt. Die Gefahr besteht darin, daß es bei diesen Warnzeichen, nämlich Erguß im Gelenk, nicht bleibt, sondern daß die Summierung allmählich zu einem Knorpelschaden führt, der womöglich nicht mehr reparabel ist. Dies kann nur vermieden werden, wenn Spieler, Trainer und Arzt „zusammenarbeiten". Jede, auch die kleinste Gelenkschädigung muß restlos ausheilen. In einer besonderen Gefahrenzone befinden sich die älteren Spieler, deren Gelenkschäden bekannt sind, die aber in jedem Fall mit vollem Risiko weiterspielen wollen. Hier liegt die Verantwortung beim Trainer und Sportmediziner.

Der Trainer wird seine eigenen Vorbereitungspläne für jedes Spiel haben. Es ist also sein Ziel, die Mannschaft mit den Auswechselspielern auf die Minute topfit auf das Spielfeld zu schicken. Das sogenannte Aufwärmen vor dem Spiel ist das letzte Hilfsmittel, den höchsten Grad der Fitneß zu erreichen. Leider wird das Aufwärmen häufig mit Aufheizen verwechselt, und die Spieler kommen bereits mit durchnäßtem Trikot und schweißgebadet auf das Feld. Wenn das der Fall ist, hat der Spieler schon vor Spielbeginn etwas von seiner Leistungssubstanz verloren. Zwischen Aufwärmephase und Anpfiff besteht ein toter Zeitraum, der 10 Minuten durchaus betragen kann. Das Zeremoniale, Begrüßung, Vorstellung, Durchsage der Mannschaftsaufstellung, Schiedsrichternamen, Auslosen und vieles andere mehr, sind die Ursache. Dieser tote Zeitraum wird von zahlreichen Spielern gefürchtet, weil sie ihren Rhythmus nach der Aufwärmung wieder verlieren.

III. Erste Hilfe am Spielfeld

Der verletzte, behandlungsbedürftige Spieler soll das Feld, soweit er kann, sofort verlassen.

Der auf das Feld gerufene Arzt, Sanitäter und Betreuer müssen so schnell wie möglich entscheiden, was mit dem Verletzten zu geschehen hat. Die Behandlung findet auf der Spielerbank und wenn nötig, im Sanitätsraum statt.

Frische Wunden werden nach den Grundsätzen der Ersten Hilfe behandelt, d. h. sie werden mit keimfreiem Material versorgt. Die Art der Endversorgung muß der Arzt entscheiden. Jede frische Wunde muß möglichst bald, spätestens jedoch nach Ablauf von 7 Stunden versorgt sein, da sonst eine operative Wundversorgung nicht mehr möglich ist. Das hat eine verzögerte Heilung zur Folge. Diesen Grundsatz müssen reisende Mannschaften streng beachten. Je früher und fachgerechter die Wundversorgung erfolgt, um so glatter der Heilverlauf.

Jede Verletzung kann einen Schock auslösen. Die wichtigsten Anzeichen sind: schneller Puls, blasses Aussehen, frieren, Schweißausbruch, Übelkeit, allgemeine Unruhe. Der Geschädigte wird flach auf dem Rücken gelagert und die unteren Gliedmaßen hochgelegt. Der Verletzte muß sofort in Decken gepackt werden, um zusätzlichen Wärmeverlust zu vermeiden. Der Spieler darf nicht allein gelassen werden. Der Puls ist in Abständen von einigen Minuten zu kontrollieren. Alkoholfreie Getränke können nach Abklingen des Schocks langsam zugeführt werden. So lange der Schock nicht völlig überwunden ist, darf der Sportler nicht eingesetzt werden. Spieler, die einen Schock erlitten haben, sollten fachintern durchuntersucht werden. Bei Bewußtseinsstörungen und Kreislaufversagen ohne bekannte Ursache wird man sich wie bei der Schockbehandlung verhalten.

Gewalteinwirkung auf den Schädel sind beim Handballspiel nicht sehr häufig. Gefährdet ist jedoch der Torwart, wenn er aus kurzer Entfernung von einem scharf geschossenen Ball voll in das Gesicht getroffen wird oder er sich bei einer Abwehrparade an den Torpfosten verletzt. Die klassischen Zeichen der Gehirnerschütterung sind die Bewußtlosigkeit, die Erinnerungslücke, das Erbrechen oder Übelkeit. Lebensgefahr besteht dann, wenn die Tiefe der Bewußtlosigkeit nach kurzer Ansprechbarkeit wieder auftritt. Regelmäßige Pulskontrolle ist unbedingt notwendig. Je langsamer der Puls wird, um so mehr besteht die Wahrscheinlichkeit einer Hirnblutung. Die Zeichen des Schädelgrundbruches sind die Blutung aus Nase, Ohren und in die Augenhöhlen. Diese Blutungen treten jedoch nicht immer sofort auf, sondern erst nach einigen Stunden. Der Verletzte wird auf die rechte Körperseite gelagert, der Kopf nackenwärts überstreckt, wenn notwendig, Speisereste oder Erbrochenes aus dem Mund entfernt. Der Verletzte muß liegend mit dem Rettungswagen transportiert werden. Die Aufzeichnungen über die Pulsverhältnisse sind dem behandelnden Arzt mitzuteilen. Bei den Gesichtsverletzungen steht der Nasenbeinbruch in der Häufigkeit an der Spitze. Es blutet aus den Nasengängen. Die sichtbare Fehlstellung der Nase bestätigt die Diagnose. Der Spieler muß vom Feld genommen werden, er gehört in ärztliche Behandlung und wird vor Ablauf von 3 Wochen am Wettkampf nicht teilnehmen können. Das Training kann nach 10 Tagen aufgenommen werden.

Jochbeinbrüche, die ebenfalls durch direkte Gewalteinwirkung entstehen, sind nicht selten. Das eingedrückte Jochbein und die oft damit verbundene Sehstörung ist ein ernst zu nehmendes Unfallgeschehen, das in klinische Fachbehandlung gehört. Der Spieler wird vor Ablauf von 6 Wochen mit dem Sport nicht beginnen dürfen.

Stumpfe Bauchverletzungen kommen beim Hallenhandball nur selten vor. Trotzdem sind Fälle bekannt, wo angreifende Spieler mit großer Geschwindigkeit gegen das vorgestreckte Knie des Abwehrspielers aufprallen. Damit ist die Gefahr der Milzzerreißung oder der Leberblutung gegeben. Auf die gleiche Weise kann es zu Einrissen der Nieren kommen. Diese Verletzungen führen sofort zum Schock und zu starken Schmerzen. Der Ernst der Situation wird schon durch das Verhalten des Verletzten gekennzeichnet. Der Verletzte wird auf dem Rücken gelagert, mit Decken vor Wärmeverlust geschützt. Durch Unterlagern der Unterschenkel und Abwinkeln der Knie sollen die Bauchdecken entspannt werden. Es dürfen keine Getränke verabfolgt werden. Die Schmerzen und zunehmende Bauchdeckenspannung sind Alarmzeichen! Sofortiger Notruf – Abtransport in ein Krankenhaus.

Eine sehr häufige Verletzung ist diejenige des knöchernen Brustkorbes. Durch Sturz auf den Gegner oder durch Schlag mit dem Ellbogen kommt es zu schmerzhaften Prellungen des Brustkorbes und damit der Rippen oder auch zum Rippenbruch. Der Spieler verspürt sofort einen umschriebenen Schmerz, meist an der Außenseite des Brustkorbes, der in den nächsten Stunden nachläßt und nach einem Tag immer heftiger wird. Die Klärung, ob es sich um einen Bruch oder womöglich um einen Reihenbruch handelt, kann nur durch Röntgenaufnahmen festgestellt werden. Die Verletzungen, solange es sich nicht um Reihenbrüche handelt, sind in der Regel harmlos, aber sie brauchen bis zur Schmerzfreiheit bis zu 3 und 4 Wochen. Im Sinne der Ersten Hilfe empfiehlt sich ein circulärer Brustkorbverband mit einer elastischen Binde. Auch hier ist örtliche Kälteanwendung schmerzlindernd. Für einige Spiele wird der Verletzte ausfallen, wobei jedoch ein leichtes Lauftraining ausgeführt werden kann, um einen Konditionsabfall zu vermeiden.

IV. Erste Hilfe bei Knochenbrüchen, Gelenkverletzungen, Sehnen- und Muskelschäden

Man muß unterscheiden zwischen offenen Brüchen, also Brüchen mit sichtbarer Wunde und geschlossenen Brüchen. Die Wunde bei offenen Brüchen muß keimfrei abgedeckt und verbunden werden. Bei allen Knochenbrüchen ist es wichtig, daß durch die Ruhigstellung auf der herkömmlichen Drahtleiterschiene, oder besser aufblasbaren Schiene, eine Schmerzlinderung erreicht wird und zusätzliche Gefahren der Verschiebung des Bruches vermieden werden.

Die Brüche im Bereich des Schultergürtels, also Schlüsselbein, Schulterblatt, Schultergelenk und Oberarmkopf, werden am einfachsten im Tragetuch unter Fixierung des Armes am Brustkorb ruhiggestellt. Brüche im Bereich des Oberarmschaftes, Ellbogens und Unterarms auf Drahtleiterschiene, wenn vorhanden, in der aufblasbaren Schiene lagern. Knochenbrüche ohne Verschiebung sind vielfach äußerlich nicht sichtbar, nur die Belastungsunfähigkeit und die Schmerzen weisen auf einen Bruch hin. Auch gebrochene Gliedmaßen können bewegt werden!

Die Ruhigstellung auf der Schiene soll immer die benachbarten Gelenke mit einschließen, z. B. müssen beim Unterschenkelbruch der Fuß, Unterschenkel, Knie bis oberes Drittel Oberschenkel ruhiggestellt sein. Das gleiche gilt auch für die Ruhigstellung des Armes. Man denke daran, Schienen sind in vielen Fällen zu kurz, aber nie zu lang. Verrenkungen in den großen und kleinen Gelenken, wie bereits beschrieben, werden durch die Verformung und Fehlstellung sichtbar. Es darf vom Erste-Hilfe-Leistenden nicht versucht werden, die Verrenkung zu beseitigen, da ein zusätzlicher Knochenbruch in vielen Fällen nicht ausgeschlossen werden kann und bei dem Einrenkungsversuch zusätzlicher Schaden gesetzt werden kann. Ruhigstellung und Schienung erfolgen in der geschilderten Weise.

Die Beseitigung der Verrenkung ist Sache des Arztes, denn nur dieser kann entscheiden, nach welcher Methode und in welcher Betäubungsart vorgegangen werden soll.

Brüche an den unteren Gliedmaßen dürfen nur liegend und fachgerecht im Sanitätswagen transportiert werden. Sollte es bei einem schweren Sturz zu heftigsten Schmerzen in der Wirbelsäule oder im Beckenbereich kommen, muß der Verletzte sofort flach auf dem Rücken gelagert werden. Ob eine knöcherne Wirbelsäulenverletzung oder etwa ein Beckenbruch vorliegt, kann nur durch ärztliche Untersuchung geklärt werden. Es ist also wichtig, den Verletzten sofort unter größter Schonung fachgerecht zu transportieren und dem nächsten Krankenhaus zuzuführen. Niemals darf in einem solchen Fall behelfsmäßiger Transport erfolgen.

Oberstes Gebot der Ersten Hilfe ist „Niemals schaden“. Es ist menschliche und gesetzliche Pflicht, bei Unglücken, Not und Gefahr Hilfe zu leisten.

V. Die Aufgaben des Schiedsrichters aus sportmedizinischer Sicht

Die bereits in der 3. Auflage angesprochenen Probleme haben zum Teil lebhafte Diskussionen ausgelöst. Die Schiedsrichter verhielten sich sehr unterschiedlich. Die Skala reichte von Ablehnung bis Anerkennung.

Gerade deshalb will der Verfasser mit den folgenden Zeilen Vorschläge machen, um die Verletzungsgefahr und Gesundheitsschädigung beim Hallenhandball herabzusetzen.

Meines Erachtens ist es erforderlich, daß der Unparteiische nicht allein über die Erste Hilfe am Unfallort unterrichtet ist, sondern er muß auch so weit geschult sein, daß er erkennt, wenn ein Spieler, das gilt vornehmlich für Kinder und Jugendliche, bedrohlich erschöpft oder, wie es in der Boxersprache heißt, bereits stehend k.o. ist.

Der Schiedsrichter muß eingreifen dürfen, wenn ein Spieler nach einem Kopftrauma benommen ist und sich nur im Unterbewußtsein torkelnd und unsicher auf dem Platz bewegt.

Ein Spieler, der stark aus der Nase blutet, muß vom Spielfeld genommen werden, auch wenn sich der Schiedsrichter damit gegen die Meinung der Mannschaftsbetreuer stellt.

Wenn ein Spieler vor Erschöpfung am Spielfeldrand erbricht und sofort weiterspielt, muß der Schiedsrichter eingreifen können und dafür Sorge tragen, daß dieser Spieler einem Arzt vorgestellt wird.

Es wird wenig davon Gebrauch gemacht, ein Spiel zu unterbrechen, um einen anwesenden Arzt zu bitten, über die weitere Spielfähigkeit eines Sportlers mitzuentscheiden. Zum Vergleich sei auf die Entscheidungsbefugnis des Ringarztes beim Boxen hingewiesen.

Der Veranstalter sollte die Schiedsrichter vor dem Spiel wissen lassen, daß ein Arzt in der Halle ist, und dieser sollte den Unparteiischen vor dem Spiel vorgestellt werden. Es empfiehlt sich, daß der Hallenarzt sich an dem dafür bestimmten Platz bei den Sanitätern aufhält, der vor dem Spiel den Schiedsrichtern bekanntgegeben wird.

Damit entfällt auch, daß Arzt und Helfer bei einem Unfall gesucht und ausgerufen werden müssen. Man sollte bei derartigen Situationen jede Dramatik vermeiden. Der Sportarzt kann in vielen Fällen Helfer und Berater der Schiedsrichter sein.

Dr. med. H. Bongen
Facharzt für Chirurgie, Sportmedizin
Gaussweg 22, 7320 Göppingen

Drehfallwurf

H. Probleme der Mannschaftsführung

I. Zum Rollenverständnis innerhalb der Mannschaft (Gruppe)

II. Führungsstile

III. Vom Führungsstil bestimmte Merkmale

IV. Führung in verschiedenen Situationen

H. Probleme der Mannschaftsführung

Viele Trainer erwarten von den Sportpsychologen, daß sie wie ein Apotheker nur in die richtige Schublade zu greifen haben und das entsprechende „Arzneimittel" und damit das „Patentrezept" hervorzaubern können. Dies soll und kann nicht das Ziel der Sportpsychologie sein. Jede Situation ist anders gelagert und erfordet andere Maßnahmen. Es gibt allerdings bestimmte Erfahrungswerte, die sich in der Praxis bewährt und durch eine Art „Rückkopplung" in der Sportpsychologie bestätigt haben. Der Trainer kann durch diese Anregungen eine Standortbestimmung durchführen, und es bleibt ihm nachher vorbehalten, eigene Wege zu gehen. Um den Überblick zu erleichtern, ist dieses Kapitel mehrfach gegliedert:

I. Zum Rollenverständnis innerhalb der Mannschaft (Gruppe)

II. Führungsstile

III. Vom Führungsstil bestimmte Merkmale

IV. Führung in verschiedenen Situationen

1. Mittelfristige Maßnahmen

a. Information über eine bestimmte gegnerische Mannschaft

b. Vorbereitung der Mannschaft in technisch-taktischer Hinsicht

2. Kurzfristige Maßnahmen

a. Vor dem Wettkampf

b. Unmittelbar vor dem Wettkampf

c. Während des Wettkampfes

d. In der Halbzeitpause

e. Nach dem Wettkampf

I. Zum Rollenverständnis innerhalb der Mannschaft (Gruppe)

Der Trainer einer leistungsorientierten Mannschaft muß sich heute mit gruppendynamischen Prozessen befassen und sich darüber im klaren sein, wie eine Mannschaft zu kennzeichnen ist. Die Mannschaft ist eine soziale *Gruppe* mit bestimmten Zielen (Wettkampf, Leistung). Die Mitglieder der Mannschaft sind wechselseitig aufeinander bezogen (sympathisch, unsympathisch). Diese Beziehungen werden mit der Zeit stabil, und es ergeben sich Strukturen, in welcher jeder eine bestimmte Rolle einnimmt (Kapitän, Spaßmacher, Spielmacher). Der Trainer hat nun die Aufgabe, die Mannschaft zu führen. Er muß ein Leistungsziel vor Augen haben, die Rollenstruktur seiner Mannschaft kennen und die Aktivität der Gruppe erhalten.

Der Trainer (Führer) ist ebenfalls in das Gefüge der Mannschaft eingebaut. Er ist Fachmann, Vermittler von Lehrinhalten, Betreuer im Wettkampf, Seelendoktor und Funktionär. Sicherlich gibt es kaum einen Trainer, der diese Rollen alle beherrscht. Heute neigt man immer mehr zu der Ansicht, daß diese Rollen und Merkmale (selbstsicher, flexibel, einsichtig) in einer Art Wechselwirkung zwischen Trainer und Spieler entstehen. Es gibt also keinen Unterschied zwischen dem erfolgreichen und weniger erfolgreichen Trainer, d. h., es gibt die Persönlichkeit des Trainers *überhaupt nicht.* Sicherlich schließt dies nicht aus, daß der Trainer verschiedene Anlagen mitbringen sollte (Intelligenz, Bereitschaft), das meiste kann aber erworben und durch Führung und Erfahrung erlernt werden.

II. Führungsstile

Man unterscheidet heute 4 Führungsstile:

1. Autokratischer Führungsstil
2. Demokratischer Führungsstil
3. Laissez-faire-Stil
4. Scheinbar demokratischer Führungsstil (Prof. Gabler)

Welcher Führungsstil hat sich im Leistungssport als erfolgreich erwiesen?

1. Autokratischer Führungsstil

Man könnte ihn mit den Attributen diktatorisch, patriarchalisch umschreiben. Jede Maßnahme des Trainers (Führers) wird vorgegeben (früher UdSSR). Der Gruppenerfolg ist dann hoch, wenn die Maßnahme fest im Griff ist. Der Trainer ist meist sehr stark leistungsorientiert. Dieser Führungsstil ist am meisten verbreitet und hat sich sicherlich auch bewährt.

Vorteile

liegen auf der Hand: leicht zu praktizieren, kostet wenig Aufwand und Zeit, hohe Entscheidungsgeschwindigkeit (z. B. beim Auswechseln), Versuch, alle Vorstellungen durchzusetzen, Athleten fühlen sich entlastet (dadurch Konzentration auf Leistung).

Nachteile:

Geringe Identifikation mit dem einzelnen (man steht nicht dahinter, ,,Drückebergerei"), oppositionelle Haltung der Geführten (häufig Konfliktsituation), labile Leistungsmotivation, Störungen von außen leicht möglich, geringe Selbstkritik des Trainers.

2. Demokratischer Führungsstil

Man könnte diesen Stil mit kooperativ, partizipativ . . . umschreiben. Das Mitspracherecht der Spieler steht im Vordergrund. Die Stimmung in der Gruppe ist freundlich, besseres „Klima". Zwischen den Spielern und dem Trainer bestehen intensive Beziehungen, der Trainer ist personenorientiert. Er ist mehr *Berater* als Trainer. Dies alles schließt eine leistungsorientierte Arbeit nicht aus! Dieser Führungsstil erzeugt eine stärkere Identifikation des Athleten mit der Mannschaft, er ist dabei auch bereit, mehr Verantwortung zu tragen und seine Leistung und seine Entscheidung selbstkritisch zu betrachten. Erfolge und Mißerfolge sind mehr auf den Spieler zurückführbar, die einzelnen Aufgaben werden auf einzelne Spieler verteilt. Man erhält den *mündigen Athleten.*

Die Nachteile liegen darin, daß alle Entscheidungen *begründet* werden müssen, was oft eine Überforderung des Trainers und Spielers bedeutet. Wenn dieser Führungsstil gelingt, ist er mit Sicherheit der *erfolgreichste.* Trotzdem müssen an dieser Stelle Einschränkungen gemacht werden: Die Anpassung der Spieler dauert sehr lange, er ist nicht für alle Situationen anwendbar (während des Spiels) und für Ältere besser geeignet.

3. Laissez-faire-Stil

Bei dieser Art der Führung ist keine erkennbare Richtung mehr vorhanden, man läßt die Spieler alles „machen". Hier kann kein Erfolg möglich sein und er scheidet deshalb aus dieser Reihe aus.

4. Scheinbar demokratischer Führungsstil

Durch Manipulation versucht man den Spieler zu beeinflussen. Man arbeitet als Trainer mit „Tricks". Dies kann sehr erfolgreich sein, solange es der Spieler nicht entdeckt. Dann besteht allerdings die Gefahr, daß der Trainer als „unwahr" abgestempelt und ihm die Vertrauensbasis entzogen wird.

III. Vom Führungsstil bestimmte Merkmale

Wie erreicht nun der Trainer durch seinen Führungsstil bestimmte Merkmale der Mannschaft, die erfolgversprechend sind?

1. Harmonie/Konflikt

In der Literatur war früher häufig zu lesen, daß Konflikte leistungsfördernd seien. Hier muß man sehr große Einschränkungen machen. Handball ist ein Mannschaftsspiel und keine Individualsportart. Es wäre sicherlich gefährlich, persönliche Konflikte in die

Mannschaft absichtlich hineinzutragen. Man kann nämlich den Verlauf solcher Konflikte kaum kontrollieren und kennt auch die Ziele nicht. Sie wirken sich sicherlich leistungshemmend aus.

Beispiel: Rückraumspieler „schneidet“ Kreisspieler – kaum mehr Anspiel! Die Harmonie sollte sowohl in der Mannschaft als auch auf dem Spielfeld vorhanden sein.

2. Kooperation/Konkurrenz

Ziel ist hierbei die Kooperation (besser: wenig Konkurrenz), Konkurrenz wirkt auch hier leistungshemmend. Man muß allerdings eine Ausnahme machen: Konkurrenz zwischen Ersatz- und Stammspielern ist wünschenswert, da sie durch Bank und Spielfeld getrennt sind.

3. Homogenität/Heterogenität

Die Mannschaft sollte leistungsmäßig homogen sein, aber heterogen (verschieden) bezüglich der Rollenverteilung. Der Trainer muß sich deshalb mit der Entwicklung der Rollenstruktur befassen, und er muß in Erfahrung bringen, welche Rolle für einen bestimmten Spieler die optimale Leistung und Lösung bringt.

4. Individuelle Leistungsorientierung/Bedürfnis nach Gruppenerfolg

Versuche im Schwimmen haben gezeigt, daß Schwimmer, die in Staffelwettbewerben eingesetzt waren, mehr Leistung brachten als in Einzelrennen. Die Begründung dafür ist, daß eine gruppenbezogene Leistungsmotivation auftritt, ein Bedürfnis nach dem

Abb. 576 **Kreislauf** (Skizze)

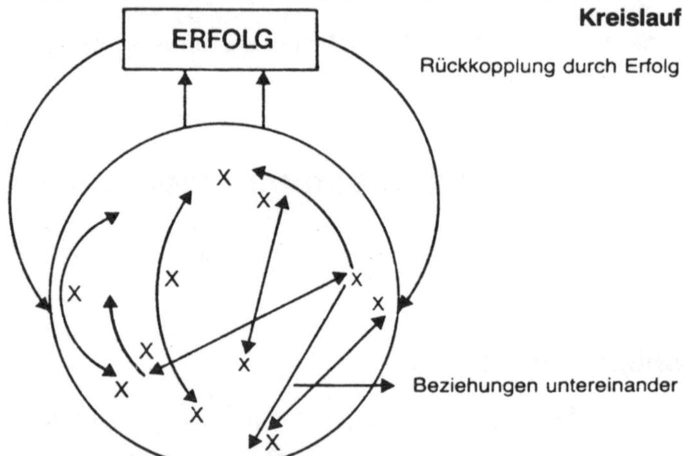

Erfolg der Gruppe. Dies kann u. U. wichtiger sein als das individuelle Leistungsziel. Durch die Unterscheidung innerhalb der Leistungsmotivation in erfolgsorientierte und mißerfolgsorientierte Typen (selbstsicher, optimistisch – Angst vor Mißerfolg) wird vor allem die zweite Gruppe vom Erfolg der Mannschaft mitgetragen. *Deshalb* sind emotionale (gefühlsmäßige) Beziehungen untereinander wichtig (Abb. 576).

Als Fazit darf man sagen, daß positive Beziehungen unter den Spielern eine gute Zusammenarbeit bringen, sie bringen auch den Erfolg! Dieser Erfolg bringt wiederum verstärkte Beziehungen.

IV. Führung in verschiedenen Situationen

Hierbei unterscheiden wir zwischen mittel- und langfristigen Maßnahmen. Ich gehe hierbei von einer leistungsorientierten Mannschaft aus, die 2- bis 3maliges wöchentliches Training absolviert. Auch hier muß ganz deutlich gesagt werden, daß diese Maßnahmen (Kondition, Technik, Taktik) niemals ersetzt werden können. Der Psychologe ist kein Ersatz für das Training!

1. Mittelfristige Maßnahmen

a. Information über eine bestimmte Mannschaft

b. Vorbereitung der Mannschaft in technisch-taktischer Hinsicht

a. Information über eine bestimmte Mannschaft

Dem Trainer stehen heute viele Möglichkeiten zur Verfügung, den Gegner als auch die eigene Mannschaft zu beobachten. Freie Spielbeobachtung, schriftliche, akustische und filmische Spielbeobachtung sind möglich. Alles muß vom Trainer zusammengetragen und gesichtet werden. Hier empfiehlt es sich, sich auf wenige Möglichkeiten zu beschränken. Es ist hier auch nicht ratsam, ganze Video-Bänder mit kompletten Spielen vorzuführen, da die Aufmerksamkeit schnell erlahmt. Es ist sinnvoller, aber auch aufwendiger, bestimmte Szenen (Sperren, Spielzüge, individuelle Abwehrreaktionen, Torwartabwehr . . .) auszusuchen und wiederholt abzuspielen, um den Spielern die Gelegenheit zu geben, sich mit den Stärken und Schwächen des Gegners zu beschäftigen und sie mental zu verarbeiten.

Bei der gegnerischen Mannschaft sollten auch die negativen Seiten herausgestellt werden, um das Selbstvertrauen zu heben. Die Maßnahmen werden gemeinsam besprochen. Viele Trainer begehen hier den Fehler, daß sie den kommenden Gegner und einige Spieler als unüberwindlich darstellen oder die Spieler sogar als Heroen herausheben. „Torwart hält fast alles", „die Rückraumwürfe vom Spieler X sind kaum zu halten", „er ist so schnell wie keiner von euch" sind Platitüden, die nur eine Angstpsychose erzeugen und nichts aussagen.

b. Vorbereitung der Mannschaft in technisch-taktischer Hinsicht

Fast bei jeder Diskussion taucht bei den Trainern das Problem auf, wann die Mannschaftsaufstellung bekanntgegeben werden soll. Viele tun dies am letzten Trainingsabend, manche schon am ersten der Woche. Meine persönlichen Erfahrungen gehen dahin, die Bekanntgabe der Aufstellung auf den letzten Tag zu legen, da sich während der Woche (vor allem bei unterklassigen Mannschaften Beruf, Studium, Militär, Krankheit) doch einige Veränderungen ergeben könnten, die kaum einplanbar sind. Wichtig ist, daß man den Grund für eine Nichtnominierung bekanntgibt, bei empfindlichen Spielern unter vier Augen. Man sollte sich ferner davor hüten, den Spielern auf der „Ersatzbank" falsche Hoffnungen zu machen, die sich nicht ausbezahlen. Eine klare Abgrenzung in

Stammspieler

Auswechselspieler

Ersatzspieler

ist erstrebenswert und läßt trotzdem noch einen bestimmten Spielraum zu. Interessant sind hierbei Untersuchungen, daß diejenigen Mannschaften am meisten Erfolg haben, die den kleinsten Kader zum Einsatz gebracht haben. Eine klare Vorstellung sollte bei der Mannschaft über das taktische Konzept herrschen. Festgelegt werden muß der Siebenmeterwerfer (Ersatzmann dafür) und außerdem die Besetzung bei Unter- und Überzahl (bei Unterzahl mit Ersatzmann). Die Benennung der Spieler und Positionen muß klar sein und ebenfalls die Einstellung auf die Schiedsrichter.

2. Kurzfristige Maßnahmen

a. Vor dem Wettkampf (5 h bis 1 h)

Es ist darauf zu achten, daß alle Störfaktoren ausgeschaltet werden und die neuesten Informationen bereitliegen (aus Presse, Rundfunk, Spielbeobachter . . .). Die letzte große Besprechung findet ca. 3 bis 4 h vor dem Spiel statt. Der Raum muß hierfür geeignet sein. Auf keinen Fall sollte dies im Bus oder auf einem Spaziergang geschehen. Deshalb ist rechtzeitige Ankunft bei Auswärtsspielen wichtig. Am günstigsten ist die Besprechung in einem Lokal (Nebenzimmer) ca. 5–10 km vom Spielort entfernt.

Hierbei wird noch einmal das taktische Konzept wiederholt, wobei alle Spieler hinter der Spielidee stehen müssen. Auf keinen Fall sollte man hier Grundsatzdiskussionen über Abwehr- und Angriffsformationen führen. Angestaute Aggressionen können und sollen hierbei entladen werden. In solch einer Situation muß man sich einen „Schuldigen" suchen, der als „Blitzableiter" herhalten muß (Presse, Kassier, Vorstand). Man spricht deshalb auch vom „Blitzableitereffekt".

b. Direkt vor dem Wettkampf

Die Mannschaft sollte ca. 60 Minuten vor dem Wettkampf geschlossen in der Halle und 30 Minuten vor Beginn umgezogen sein. Im Umkleideraum ist außer dem Masseur und

Trainer niemand anwesend (kein OB, kein Mäzen, keine Presse, kein Vorstand!!). Je nach individueller psychischer Verfassung sollte man Spieler ansprechen, andere in Ruhe lassen und nur durch Blicke aufmuntern.

Die Aufwärmphase dauert ca. 25 Minuten. Die Spieler müssen das Programm kennen und selbständig durchführen. Viele meinen immer noch, daß passives Aufwärmen (Massagen, heiße Bäder, Einreiben) ausreichen würde.

Der Ablauf stellt sich folgendermaßen dar:

5–10 Minuten Einlaufen mit Dehnungs- und Lockerungsübungen

5–10 Minuten Gewöhnung an Ball und Raum (Boden, Licht). Individuelle Angriffs- und Abwehrbewegungen

5–10 Minuten Komplexübungen mit Torwürfen

Die letzten 5 Minuten in der Kabine dienen noch einmal der psychischen Motivation. Man muß Unteraktivierte aktivieren, Aktivierte dämpfen (Abbau von Spannungen und Nervosität). Ritualisierte Handlungen bei der Mannschaft und den Einzelspielern unbedingt belassen (Schreien, Kreise bilden, Stofftiere).

Die physische Aufwärmung und psychologische Motivation ergeben dann einen *optimalen Vorstartzustand:*

Einsatzfreude

günstige Erregung

wachsende Ungeduld

angespannte Erwartung

c. Während des Wettkampfes

Taktik und Technik des Auswechselns

Die Auswechselbank sollte vom Trainer, Masseur oder Arzt, Mannschaftsbetreuer (schon fraglich) und den Auswechselspielern besetzt sein. Hierbei ist es wichtig, daß die Anweisungen und sämtliche verbalen Äußerungen nur vom Trainer kommen. Alle anderen auf der Bank müssen sich zurückhalten. Das Sprachrohr gegenüber der Mannschaft kann nur *ein* Mann, nämlich der Trainer sein. Er muß auch häufig überprüfen, ob er auch wirklich von der Auswechselbank führt. Er sollte eine gewisse Ruhe ausstrahlen, aber sich trotzdem verständlich äußern. Die Anweisungen, die vom Trainer kommen, müssen mit den Spielern „trainiert" worden sein. Hier kann man sich mit Hilfe von Zeichen (Code) verständigen, das *optische* Signal steht im Vordergrund. In der Hektik des Spiels gehen akustische Signale – Übermittlungsversuche – meist unter (ca. 75 % der Signale werden nicht aufgenommen) und erzeugen zusätzlich noch Verwirrung. Akustische Signale sollten nur dann vermittelt werden, wenn der Spieler sich sehr nahe bei der Auswechselbank befindet und das Angriffsspiel in der *Aufbauphase* ist. Der Übermittler hat die Aufgabe, die Informationen weiterzuleiten. Dies geschieht am besten während der Abwehr, da die Mannschaft hier am geschlossensten ist. Ferner ist es wichtig, daß auch ein Code für das „Verstehen" der Information einstudiert wurde. All diese Punkte wirken sich auf die Mannschaft beruhigend aus und machen es dem Gegner sehr schwer, taktische Varianten frühzeitig zu erkennen.

Untersuchungen haben auch hier ergeben, daß kein Zusammenhang zwischen Wechselhäufigkeit und Spielerfolg besteht, sogar das Gegenteil ist der Fall. Treten mehr als ein Spieler über die Linie, so kommen die Spieler nur einzeln herein, d. h., für jeden Spieler, der ausgewechselt wird, kommt ein anderer Spieler auf seine Position. Das Wechseln sollte nicht hektisch durchgeführt werden. Eine Ausnahme bildet das schnelle (nicht hektische) Wechseln bei Über- und Unterzahl der eigenen Mannschaft. Ziel der Verständigung zwischen Trainer und Spieler ist die *Automatisierung* innerhalb der Verständigung!

d. In der Halbzeitpause

Hier besteht noch die Möglichkeit, auf das Spiel einen starken Einfluß zu nehmen. Die ersten 2 Minuten der Pause dienen nur der Entspannung. Hier wird kaum etwas gesprochen, die Spieler nehmen Erfrischungen zu sich. Auf keinen Fall Diskussionen. Die restlichen 5 bis 7 Minuten dienen dem Trainer dazu, eine sachliche Analyse der ersten Halbzeit zu geben. Hier sollten keine langen Monologe gehalten werden, sondern der Trainer muß sich auf 2 bis 3 Schwerpunkte beschränken. Klare Anweisungen, gegebenenfalls Einzelkritik und Beseitigung aller Störfaktoren sind die wichtigsten Elemente.

e. Nach dem Wettkampf

Die Spielanalyse erst am nächsten Trainingstag mit den Spielern durchgehen. Auf keinen Fall sofortige Äußerungen nach dem Spiel, ob positiv oder negativ. Der Trainer muß aktiv werden bei der Verarbeitung von Erfolg und Mißerfolg.

V. Praktische Konsequenzen für den Trainer

1. Erfahrungsaustausch des Trainers bei vielen Seminaren und Lehrgängen

2. Beschäftigung mit der Psychologie

3. Es gibt also nicht den Trainer, sondern der Trainer muß erst werden.

Trotz dreifacher Abwehr zum Torwurf

I. Literaturverzeichnis

I. Literaturverzeichnis

1. Didaktik – Methodik

Fetz	Methodik der Leibesübungen	Frankfurt 1975
Fetz	Grundbegriffe der Methodik der Leibesübungen	Frankfurt 1972
Hanebuth	Grundschulung zur sportlichen Leistung	Frankfurt 1961
Harre	Trainingslehre	Berlin 1975
Dietrich/Landau	Beiträge zur Didaktik der Sportspiele	Schorndorf 1974
Bernett	Grundformen der Leibeserziehung	Schorndorf 1965
Paschen	Didaktik der Leibeserziehung	Frankfurt 1966
Recla	Methodik der Leibesübungen	Graz 1969
Recla/Koch	Beiträge zur Didaktik und Methodik der Leibesübungen	Schorndorf 1970
Schmitz	Lernen in der Leibeserziehung	Schorndorf 1970
Schmitz	Studien zur Didaktik der Leibeserziehung	Schorndorf 1966/67
Schaller	Zur pädagogischen Theorie des Spiels	Ahrensburg 1973
Seybold/Brunnhuber	Didaktische Prinzipien der Leibeserziehung	Schorndorf 1973
Stiehler	Methodik des Sportunterrichts	Berlin 1974
Autorengruppe	Das Spiel – Kongreßbericht	Frankfurt 1959

2. Bewegungslehre

Fetz	Bewegungslehre der Leibesübungen	Frankfurt 1972
Fetz/Ballreich	Grundbegriffe der Bewegungslehre der Leibesübungen	Frankfurt 1974
Donskoi	Grundlagen der Biomechanik	Berlin 1975
Hochmuth	Biomechanik sportlicher Bewegungen	Berlin 1974
Koch/Bernhard/Ungerer	Motorisches Lernen – Üben – Trainieren	Schorndorf 1972
Meinel	Bewegungslehre	Berlin 1975
Rieder	Bewegungslehre des Sports	Schorndorf 1973

3. Tests

Ballreich	Grundlage sportmotorischer Tests	Frankfurt 1970
Dassel/Haag	Fitneßtest	Schorndorf 1975
Fetz/Kornexl	Anleitungen zu sportmotorischen Tests	Frankfurt 1973
Rapp/Schoder	Motorische Testverfahren	Stuttgart 1977
Wurdel	Sportmotorische Testbatterien und motorische Lernfähigkeit	Ahrensburg 1972
Volkamer	Zur Problematik motorischer Entwicklungstests	Schorndorf 1971

4. Sportmedizin

Deuser	Schnell wieder fit	Offenbach 1974
Heipertz	Sportmedizin	Stuttgart 1972
Heiß/Frohwalt	Unfallverhütung beim Sport	Hilden 1971
Mellerowicz/Meller	Training	Berlin 1972
Mellerowicz	Der Kreislauf des Jugendlichen bei Arbeit, Training und Sport	Frankfurt 1965
Möckelmann	Leibeserziehung und jugendliche Entwicklung	Schorndorf 1967
Neumann	Die sportliche Leistung im Jugendalter	Frankfurt 1967
Nöcker	Die biologischen Grundlagen der Leistungssteigerung durch Training	Schorndorf 1974
Nöcker	Die Ernährung des Sportlers	Dortmund 1968

Knebel	Biomedizin und Training	Berlin 1972
Steinbach	Medizinisch-psychologische Probleme der Wettkampfvorbereitung	Berlin 1971

5. Psychologie

Carl	Psychologie in Training und Wettkampf	Berlin 1973
Gabler	Aggressive Handlungen im Sport	Schorndorf 1976
Gabler	Leistungsmotivation im Hochleistungssport	Schorndorf 1975
Kemmler	Psychologisches Wettkampftraining	München 1973
Kohl/Czwalina	Psychologische und pädagogische Untersuchungen zum Sportspiel	Schorndorf 1970
Lenk	Leistungsmotivation und Mannschaftsdynamik	Schorndorf 1970
Neumann	Leib – seelische Entwicklung im Jugendalter	München 1964
Veit	Untersuchungen zur Gruppendynamik von Ballspielmannschaften	Schorndorf 1971
Ueberle	Trainingsleitung und Mannschaftsführung in den Sportspielen	Schorndorf 1971

Trainingsplanung

Harre	Trainingslehre	Berlin 1975
Martin	Grundlagen der Trainingslehre	Schorndorf 1977
Matwejew	Periodisierung des sportlichen Trainings	Berlin 1972

6. Allgemeine Ausbildung

Dassel/Haag	Circuit – Training in der Schule	Schorndorf 1973
Jonath	Circuit – Training	Berlin 1972
Forstreuter	Körperschule ohne Gerät	Frankfurt 1974
Kreidler	Konditionsschulung durch Spiele	Schorndorf 1974
Kruber	Leichtathletik in der Halle	Schorndorf 1973
Lutter/Rieder	Medizinball	Donauwörth 1964
Werschoshanskij/Adam	Modernes Krafttraining im Sport	Berlin 1972

7. Kleine Spiele und Kleine Sportspiele

Döbler	Kleine Spiele	Berlin 1975
Geißler	Freudvolle Spiele	Frankfurt 1973
Heuse/Marx	Spiele für alle in Hof und Halle	Wuppertal 1970
Hagedorf/Bisanz/Duell	Das Mannschaftsspiel	Frankfurt 1972
Kerkmann	Wir spielen in der Grundschule	Schorndorf 1970
Koch	Kleine Sportspiele	Schorndorf 1973
Löscher	Kleine Spiele für viele	Berlin 1974
Meusel	Lauf-, Rauf- und Ballspiele	Frankfurt 1972
Wiemann	Spielt mit	Frankfurt 1975
Autorenkollektiv	Übungsformen für die Sport-Spiele	Berlin 1973

8. Spielreihe

Alberti/Rothenberg	Spielreihen in der Spielschulung	Schorndorf 1973
Dietrich/Landau	Beiträge zur Didaktik der Sportspiele	Schorndorf 1974
Müller	Einführung des Handballspiels in Spielreihen, Band 1	Mettlach 1976
Roes	Einführung des Handballspiels im 5. Schuljahr	Schorndorf 1974
Singer	Spielschule Hallenhandball	Stuttgart 1978

9. Handball

Brach	Handball neu und spielgerecht	Berlin 1968
Endert/Langhoff	Schüler spielen Handball	Berlin 1972
Heger	Handball für Schule und Verein	Wien 1970
Hattig	Handball	Niedernhausen 1978
Käsler	Vom Erlernen zum wettkampfmäßigen Spiel	Schorndorf 1974
Klein/Geilenberg	Das Handballspiel für Feld und Halle	Essen 1970
Koch	Moderne Übungsformen im Hallenhandball	Reichenbach 1967
Konzag	Übungsformen für die Sportspiele	Berlin 1973
Kuchenbecker	Hallenhandball – Abwehrsysteme	Berlin 1977
Müller/Baier	Handball – Lehrgang	Mettlach 1974
Müller	Beiträge zur Trainings- und Wettkampfentwicklung im Handball, Band 1–12, Band 16	Mettlach 1976
Mraz/Schädlich	Zum Angriffsverhalten	Berlin 1972
Roes	Einführung des Handballspiels im 5. Schuljahr	Schorndorf 1974
Singer	Hallenhandball	Stuttgart 1976
Singer	Handball – leichtgemacht	Stuttgart 1966
Singer	Spielschule Hallenhandball	Stuttgart 1978
Singer	Spielbeobachtung Hallenhandball	Stuttgart 1978
Stein/Federhoff	Handball	Berlin 1967
Trosse	Handball	Hamburg 1977
Vick/Busch/Fischer/Koch	Schulung des Hallenhandballs, Teil 1	Berlin 1972
	Teil 2	Berlin 1976
Wellershoff	Hallenhandball – Training	Dortmund 1967

10. Lehrmappen

Südbadischer Handballverband	Rumänische Handballschule	Steinbach 1970
Handballverband Saar	Hallenhandball	Saarbrücken 1970
Hägele	Hallenhandball	Stuttgart 1970
Internationale Freiburger Handballschule	Internationale Freiburger Handballschule	Freiburg 1974

11. Lehrhilfen

Bayrischer Handballverband	Lehrhilfen für den Handballübungsleiter	München
Badischer Handballverband	Für den Übungsleiter	Karlsruhe
Handballverband Württemberg	Trainerrundbrief	Stuttgart
Deutscher Handballbund	Lehrhilfen	Berlin
Kuchenbecker/Käsler	Beiträge zur Leistungsschulung im Hallenhandball	Berlin
Bayrischer Handballverband	Schriftenreihe Heft 1–12	München

12. Geschichte des Handballs

Apfel	Handball International (Bildband)	Celle
Millermann IHF	Geschichte des internationalen Handballs	Bern 1960
Stenzel	Handball – Faszination	München 1978
Wagner	Handball 1972	Dortmund 1972